janet cardiff & george bures miller

wienand

lehmbruck museum

museum tinguely

janet cardiff & george bures miller

wilhelm-lehmbruck-preisträger
der stadt duisburg und
des landschaftsverbandes
rheinland 2020

wilhelm lehmbruck prize-winners
of the city of duisburg and
the rhineland
regional council 2020

herausgegeben von/
edited by söke dinkla und/and roland wetzel

inhalt
contents

vorwort
foreword

Das Werk von Janet Cardiff und George Bures Miller richtet sich an alle Sinne. Es erkundet insbesondere die skulpturale Qualität von Geräuschen, Klängen und Musik. Ihre Arbeiten sind Vehikel für individuelle Exkursionen, die eine nostalgische Faszination für wunderkammerartige Erfahrungswelten mit den multimedialen Möglichkeiten unserer heutigen Lebensrealität verbinden. Wer sich auf den Weg macht, ihre Werke zu erkunden, begibt sich auf Reisen, taucht in fremde Köpfe und poetische Welten ein. Den Anfang ihrer über 30-jährigen Karriere als Künstlerpaar machten Hörstücke und *Soundwalks*, die die aktive Teilnahme einfordern und diese wunderbare Entgrenzung und Offenheit des Hörens erlebbar machen: Sie entlastet alle anderen Sinne und wirkt wie eine meditative Versenkung. Ähnlich wie unser Geruchssinn ist das akustische Gedächtnis ein hochpräzises und leistungsfähiges Erinnerungssystem, das die Wahrnehmung prägt und in seiner Offenheit, Körperlichkeit und Anschlussfähigkeit dem visuellen Gedächtnis vielleicht sogar überlegen ist.
Cardiff und Millers einzigartiges Schaffen ist angetrieben von einer Faszination für imaginative kulturelle Praktiken wie das Schreiben und Erzählen, Film und Kino, (Puppen-)Theater, Oper, Gesang, Musik und Klang in jeglicher Form. Bewusst arbeiten sie mit dem Unbewussten, mit Träumen, die fantastische und oft disruptive Assoziationsräume eröffnen. Ihre Werke sind als bewegende Hörstücke für alle Sinne oder als komplexe, immersive, interaktive und oft auch kinetische Rauminstallationen ausgestaltet. Für ihre Klanglandschaften verwenden sie spezielle Tontechniken wie das Ambisonic-Raumklang-System, um räumliche und vielschichtige Klangerfahrungen zu ermöglichen.
Das Ausstellungsprojekt, das vom Frühjahr bis zum Sommer 2022 im Duisburger Lehmbruck Museum und im Sommer 2023 in Basel im Museum Tinguely Station macht, stellt das Werk von Cardiff und Miller mit einer repräsentativen Auswahl von teils raumgreifenden Werken umfassend vor und präsentiert ihre neueste Arbeit, den *Escape Room*, erstmalig in Europa. Ein großer Teil der Werke ist sowohl in Duisburg als auch in Basel zu sehen. Einige Abweichungen und Ergänzungen in der Werkauswahl haben sich aufgrund des unterschiedlichen Raumangebotes ergeben. In Duisburg ist die Ausstellung verbunden mit der Verleihung des Wilhelm-Lehmbruck-Preises an das Künstlerpaar im Jahr 2020. 1976 hatte sich als dritter Preisträger nach Eduardo Chillida und Norbert Kricke Jean Tinguely in die illustre Reihe der Preisträger eingereiht, was zur Folge hatte, dass bedeutende Werke des Künstlers Eingang in die Sammlung des Lehmbruck Museum fanden. Raumgreifende Werke von Tinguely wie das *Märchenrelief* von 1978 und das große Relief *Das kleine Männchen* von 1981, die mit der Unterstützung der Peter-Klöckner-Stiftung erworben werden konnten, sind ebenso wie die kleine poetische Skulptur *Baluba XIII* von 1961 für die Sammlung in Duisburg bis heute prägend. Vor allem für die jungen Besucher:innen sind sie besondere Anziehungspunkte. Der Aspekt des Märchenhaften, der Verzauberung und der

The work of Janet Cardiff and George Bures Miller addresses all the senses. In particular, it explores the sculptural quality of noises, sounds and music. Their works are vehicles for individual excursions that join a nostalgic fascination for curiosity cabinet-like experiential worlds with the multimedia possibilities of our current life reality. Those who set out to explore their works embark on journeys, immerse themselves in unfamiliar imaginations and poetic worlds. Their more than thirty-year career as an artist couple began with audio pieces and *Soundwalks*, which demand active participation and make this wonderful dissolution of boundaries and openness of hearing experienceable, relieving all other senses and having a meditative effect. Similar to our sense of smell, acoustic memory is a highly precise, high-performance memory system that influences perception and is perhaps even superior to visual memory in its openness, physicality and compatibility.
Cardiff and Miller's unique body of work is impelled by a deep interest in imaginative cultural practices such as writing and story-telling, film, (puppet) theatre, opera, song, music and sound of any kind. They work consciously with the unconscious, including dreams, which open up fantastic and often disruptive associative spaces. Their works are designed as moving audio pieces for all the senses or as complex, immersive, interactive and often kinetic space installations. They use specific technologies for their sound landscapes, like the ambisonic surround sound system, in order to make possible spatial and multifaceted sensory experiences.
The exhibition project, which can be seen from spring to summer 2022 in the Lehmbruck Museum in Duisburg and in summer 2023 in Basel's Museum Tinguely, comprehensively introduces the work of Cardiff and Miller with a representative selection of, in some cases, quite expansive works and presents their latest work, *Escape Room*, for the first time in Europe. A large proportion of the works can be seen both in Duisburg and in Basel. Some deviations from and additions to the selection of works have resulted due to the varying space possibilities. In Duisburg, the exhibition goes hand in hand with the latest presentation of the Wilhelm Lehmbruck Prize to the artist couple in 2020. In 1976, following Eduardo Chillida and Norbert Kricke, Jean Tinguely became the third prizewinner and joined the illustrious ranks; therefore important works of the artist have been included in the collection of the Lehmbruck Museum. Expansive works by Tinguely, such as *Fairytale Relief* from 1978 and the large relief *The Small Man* from 1981, which was able to be acquired with the assistance of the Peter Klöckner Foundation, are still just as characteristic of the collection today as is the small, poetic sculpture *Baluba XIII* from 1961. These works are special attractions, particularly for young visitors. Aspects of the fairytale, of enchantment and of playful appropriation, characterise the work of Cardiff and Miller just as they do that of Tinguely. Cardiff and Miller emphasise their fasci-

spielerischen Aneignung prägt das Werk von Cardiff und Miller ebenso wie dasjenige Tinguelys. Cardiff und Miller betonen ihre Faszination für die Selbsttätigkeit der Maschine in Tinguelys Werk und bezeichnen ihn als einen ihrer wichtigsten Einflüsse.

Die Ausstellung *Janet Cardiff & George Bures Miller* ist in enger Zusammenarbeit mit Janet und George entstanden. Für den inspirierenden Dialog und für ihre überaus großzügige Unterstützung mit Leihgaben danken wir ihnen sehr herzlich. Danken möchten wir auch der Sammlung Goetz, Ingvild Goetz, München, für weitere wichtige Leihgaben.

Ein großer Dank geht an Zev Tiefenbach, den Studiomanager der Künstler, und an Nina Hülsmeier, die stellvertretende Direktorin des Lehmbruck Museums, für ihr überaus großes Engagement und ihre Einsatzbereitschaft, mit der sie die Vorbereitung und Organisation aller Arbeitsbereiche der Ausstellung übernommen haben. Danken möchten wir allen Katalogautor:innen, Dr. Stefan Trinks für seinen fundierten Essay, Ronja Friedrichs für ihre prägnanten Werktexte sowie den Weggefährt:innen der Künstler für ihre persönlichen Statements. Zu nennen sind hier Dr. Ralf Beil, Theresa Bergne, Dr. Fiona Bradley, Frish Brandt, Carolyn Christov-Bakargiev, Carlo Crovato, Ingvild Goetz, Jacqueline Grandjean, Laura Kikauka, Kasper König, Atsuko Koyanagi, Hiromi Kurosawa, James Lingwood, Lawrence Luhring und Roland Augustine, Titus Maderlechner, Dr. Lars Nittve, Keiko Okamura, Kitty Scott und Sam Woods. Jessica Keilholz-Busch und Ronja Friedrichs danken wir für ihre sorgfältige Redaktion und das Katalogmanagement. Dem Wienand Verlag Köln danken wir ebenso wie cyan Berlin für die schöne Kataloggestaltung.

Das Lehmbruck Museum dankt dem Landschaftsverband Rheinland mit seiner Vorsitzenden der Landschaftsversammlung Anne Henk-Hollstein und der Direktorin Ulrike Lubek, dem Land Nordrhein-Westfalen und seiner Ministerin für Kultur und Wissenschaft Isabel Pfeiffer-Poensgen, der Stadt Duisburg und dem Oberbürgermeister Sören Link sowie der Kulturdezernentin Astrid Neese und allen Mitgliedern des Kulturausschusses für die Förderung ebenso wie der Brost-Stiftung und ihrem Vorstandsvorsitzenden Prof. Bodo Hombach für die Finanzierung dieser Publikation.

Dank der Unterstützung des Ministeriums für Kultur und Wissenschaft des Landes Nordrhein-Westfalen und der Kunststiftung NRW mit ihrem Präsidenten Prof. Dr. Dr. Thomas Sternberg und mit ihrer Generalsekretärin Dr. Andrea Firmenich konnte das Lehmbruck Museum die Arbeit *Sad Waltz and the Dancer Who Couldn't Dance* ankaufen, die fortan Teil der ständigen Sammlung des Lehmbruck Museums ist.

Der Duisburger Hafen AG (duisport) und ihrem Vorstandsvorsitzenden Markus Bangen danken wir besonders für die großzügige Unterstützung der Transporte. Ein herzlicher Dank für ihre Unterstützung gilt ebenso der GEBAG Duisburger Baugesellschaft mbH und ihrem Geschäftsführer Bernd Wortmeyer, der Kanadischen Botschaft und dem Botschaftsrat Jean Ducharme und der Kulturattachée Katharina Fichtner sowie der Galerie Luhring Augustine. Dem Freundeskreis des Lehmbruck Museums mit seinem Vorsitzenden Rainer Grillo, seinen stellvertretenden Vorsitzenden Dr. Doris König und Dr. Otmar Franz sowie den privaten Unterstützer:innen Paul Köser, Ursula und Dr. Reimund Göbel sowie allen Förder:innen, die ungenannt bleiben möchten, danken wir sehr herzlich.

Das Team des Lehmbruck Museums hat mit großem Engagement und Enthusiasmus die Ausstellung realisiert. Allen voran gilt unser großer Dank Thomas Buchardt für das umsichtige Aufbaumanagement, dem technischen Team Christof Hellmann, Oliver Kanaß und Christian Komorowski für die Bewältigung der baulichen Herausforderungen, den Restaurator:innen Petra Lohmann und André Schweers sowie Maren Ullrich und Andreas Benedict für die Presse- und Öffentlichkeitsarbeit, Jörg Mascherrek für die Veranstaltungsorganisation, Sybille Kastner für das Vermittlungsprogramm. Weiterhin danken wir der Direktionsassistentin Marja Wardenga und der Administration mit Marcus Hommers und Heike Eiermann sowie allen weiteren beteiligten Mitarbeiterinnen und Mitarbeitern.

Die Ausstellung in Basel wurde ermöglicht durch das großzügige Kulturengagement von Roche, welches das Museum Tinguely seit seiner Gründung vollumfänglich trägt.

Für die engagierte Umsetzung dieser Ausstellung in Basel danken wir allen Mitarbeiterinnen und Mitarbeitern des Museum Tinguely. Ein herzlicher Dank geht an die wissenschaftliche Mitarbeiterin Tabea Panizzi, die mit großem Engagement und großer Umsicht wesentlich zum Gelingen des Projektes beigetragen hat. Danken möchten wir auch dem Registrar und Exhibition Manager Daniel Boos, den Restaurator:innen Chantal Willi und Jean-Marc Gaillard, der technischen Abteilung mit Matthias Fluri und Roland Manteiga, der Kommunikationsabteilung mit Isabelle Beilfuss und Janine Moroni sowie dem Aufbauteam und allen weiteren involvierten Mitarbeiter:innen.

Dr. Söke Dinkla Direktorin Lehmbruck Museum, Duisburg
Roland Wetzel Direktor Museum Tinguely, Basel

nation with the self-activity of the machine in Tinguely's work and identify him as one of their most important influences.

The exhibition *Janet Cardiff & George Bures Miller* originated in close cooperation with Janet and George. We offer them our warm thanks for the inspiring dialogue and for their very generous support with loans. We would like to thank the Goetz Collection, Ingvild Goetz, Munich, for further important loans. Many thanks go to Zev Tiefenbach, the artist's studio manager, and to Nina Hülsmeier, the deputy director of the Lehmbruck Museum, for their great commitment and willingness to help with the preparation and organisation of all areas of the exhibition. We would like to thank all catalogue authors, including Dr Stefan Trinks for his well-founded essay, Ronja Friedrichs for her incisive work texts, and the friends and colleagues of the artists for their personal statements. Here we would like to individually name Dr Ralf Beil, Theresa Bergne, Dr Fiona Bradley, Frish Brandt, Carolyn Christov-Bakargiev, Carlo Crovato, Ingvild Goetz, Jacqueline Grandjean, Kasper König, Atsuko Koyanagi, Hiromi Kurosawa, James Lingwood, Lawrence Luhring and Roland Augustine, Titus Maderlechner, Dr Lars Nittve, Keiko Okamura, Tilman Ritter, Kitty Scott and Sam Woods. We thank Jessica Keilholz-Busch and Ronja Friedrichs for their careful editing and management of the catalogue. We thank both the Wienand Verlag in Cologne and cyan Berlin for the lovely catalogue design.

The Lehmbruck Museum thanks the Rhineland Regional Council, with President of the Rhineland Regional Assembly Anne Henk-Hollstein and its director Ulrike Lubek; the federal state of North Rhine-Westphalia and Minister of Culture and Science Isabel Pfeiffer-Poensgen; the City of Duisburg and Mayor Sören Link, as well as the Head of Culture Astrid Neese and all members of the cultural committee for the funding, the Brost Foundation and its chairperson Prof. Bodo Hombach for the financing of this publication.

Thanks to the support of the Ministry of Culture and Science of the federal state of North Rhine-Westphalia and the Kunststiftung NRW, with its president add period after Prof Thomas Sternberg and general secretary Dr Andrea Firmenich, the Lehmbruck Museum was able to purchase the work *Sad Waltz and the Dancer Who Couldn't Dance*, which will in future be part of the collection of the Lehmbruck Museum.

We offer special thanks to the Duisburger Hafen AG (duisport) and its chairperson Markus Bangen for the generous assistance with transport. Sincere thanks for their support also go out to GEBAG Duisburger Baugesellschaft mbH and its managing director Bernd Wortmeyer, the Canadian Embassy and the Embassy Counsellor Jean Ducharme, the Cultural Attaché Katharina Fichtner and the Luhring Augustine Gallery. We offer our very warm thanks to the Circle of Friends of the Lehmbruck Museum, with its chairperson Rainer Grillo and deputy chairpersons Dr Doris König, and Dr Otmar Franz, as well as the private supporters Paul Köser, Ursula and Dr Reimund Göbel, and all supporters who wish to remain unnamed.

The team of the Lehmbruck Museum realised the exhibition with a great deal of dedication and enthusiasm. Our greatest thanks go to Thomas Buchardt for the meticulous set-up management, the technical team of Christof Hellmann, Oliver Kanaß and Christian Komorowski for mastering the structural challenges, restorers Petra Lohmann and André Schweers, as well as Maren Ullrich and Andreas Benedict for the press and publicity work, Jörg Mascherrek for the event organisation, Sybille Kastner for the educational programme and the assistant to the director Marja Wardenga and the administration with Marcus Hommers and Heike Eiermann, as well as all other employees involved.

The exhibition in Basel was made possible through the generous cultural commitment of Roche, which has completely sponsored the Museum Tinguely since its founding.

We thank all employees of the Museum Tinguely for the dedicated realisation of this exhibition in Basel. Warm thanks go to the scientific staff member Tabea Panizzi, who made a central contribution to the success of the project with a great degree of commitment and care. We would also like to thank the registrar and exhibition manager Daniel Boos, the restorers Chantal Willi and Jean-Marc Gaillard, the technical department with Matthias Fluri and Roland Manteiga, the communication department with Isabelle Beilfuss and Janine Moroni, and the set-up team and all other involved staff.

Dr Söke Dinkla Director of the Lehmbruck Museum, Duisburg
Roland Wetzel Director of the Museum Tinguely, Basel

interview with janet cardiff und/and george bures miller im gespräch

anne henk-hollstein Vorsitzende der Landschaftsversammlung Rheinland/
President of the Rhineland Regional Assembly

ulrike lubek Direktorin des Landschaftsverbandes Rheinland/
Director of the Rhineland Regional Council

sören link Oberbürgermeister der Stadt Duisburg und Kuratoriumsvorsitzender der Stiftung Wilhelm Lehmbruck Museum/
Mayor of the City of Duisburg and Chairperson of the Board of Trustees of the Stiftung Wilhelm Lehmbruck Museum

isabel pfeiffer-poensgen Ministerin für Kultur und Wissenschaft des Landes Nordrhein-Westfalen/
Minister for Culture and Science of North Rhine-Westphalia

bodo hombach Vorstandsvorsitzender der Brost-Stiftung/
Chairperson of the Board of the Brost Foundation

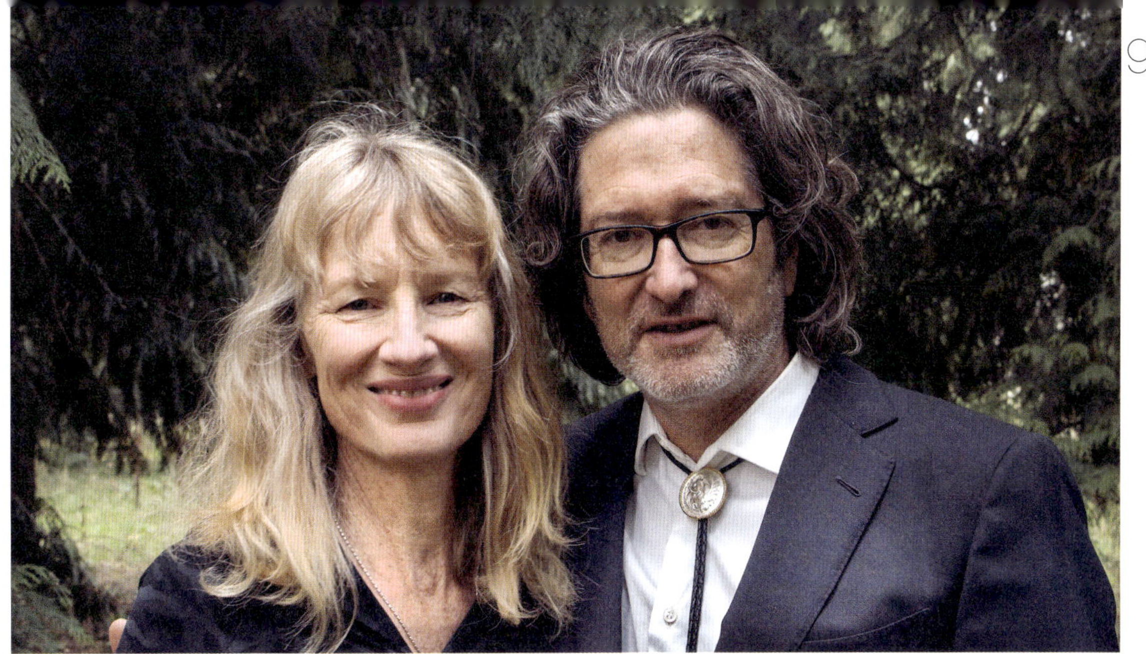

Janet Cardiff & George Bures Miller, 2020

Anne Henk-Hollstein und Ulrike Lubek: Was bedeutet für Sie beide die Auszeichnung mit dem Wilhelm-Lehmbruck-Preis, einem der international renommiertesten Preise für Bildhauerei?
George Bures Miller: Es ist eine große Ehre, in die Reihe von Künstlerinnen und Künstlern aufgenommen worden zu sein, denen der Preis zuvor verliehen wurde.
Janet Cardiff: Für mich kam es ein wenig überraschend, denn normalerweise sehe ich uns nicht als »Bildhauer«.

Sören Link: Mit welchen der bisherigen Preisträger:innen des Wilhelm-Lehmbruck-Preises fühlen Sie sich künstlerisch am meisten verbunden, und welche Bedeutung hat ein Vorbild oder eine Inspirationsquelle für Sie?
JC: Eines meiner absoluten Lieblingskunstwerke ist das herabfallende Klavier *Konzert für Anarchie* von Rebecca Horn. Heute kann ich eine Verbindung zwischen der Tänzerin in *Sad Waltz* und dieser Arbeit sehen. Dieselbe Art von Animation eines leblosen Objekts. Ein ähnliches Pathos. Ich denke, dass einige unserer Arbeiten über eine ähnliche Ästhetik verfügen wie manche von ihren, und ich bewundere ihre Arbeit sehr.
GBM: Das ist eine schwierige Frage. Unter den vorherigen Preisträger:innen sind viele, die mich auf die eine oder andere Weise inspiriert haben. Vermutlich haben mich Tinguely und Beuys am stärksten beeinflusst.

Isabel Pfeiffer-Poensgen: Viele Ihrer Arbeiten haben einen theatralen oder filmischen Charakter, indem Sie eine plastische Welt »erzählen« und ein lebendiges Storytelling verfolgen. Was bedeutet das für die Präsentation Ihrer Werke im Museum?
JC: Ja, wir verwenden gerne filmische oder erzählerische Elemente auf spielerische, manchmal kubistische Weise… Ich denke auch, dass virtuelle Performances ein Thema für diese Ausstellung sind.
GBM: Wenn wir eine Ausstellung planen, versuchen wir, Werke einzubeziehen, die im Kontrast zueinander stehen, sich nicht zu ähnlich sind. Wir wollen, dass das Publikum immer wieder überrascht ist, wenn es einen neuen Raum betritt.
JC: Wir überlegen, wie jedes Stück im Verlauf der Ausstellung funktionieren könnte, und wir wollen auch, dass das Publikum in der Lage ist, Verbindungen zwischen den Werken herzustellen. So entsteht vielleicht eine Beziehung zwischen der einsamen Stimme des physisch abwesenden Mannes in *Opera for a Small Room* mit den körperlosen Stimmen in *The Forty Part Motet*.
GBM: Ein Problem beim Ausstellungsdesign ist die Schallisolierung. Das kann für das Museum eine Herausforderung sein — alle unsere Arbeiten müssen voneinander isoliert werden, weil jede Klangüberlagerung sie ruinieren könnte.

Anne Henk-Hollstein and Ulrike Lubek: What does the distinction of the Wilhelm Lehmbruck Prize, which has to date been one of the few prizes specifically awarded for sculpture, mean to the two of you?
George Bures Miller: It's a great honour to be included on such a list of artists as the previous recipients of the Wilhelm Lehmbruck Prize.
Janet Cardiff: For me it was a little surprising as I don't usually identify us as being »sculptors«.

Sören Link: With which of the previous winners of the Wilhelm Lehmbruck Prize do you feel the closest artistic connection, and what does a role model or a source of inspiration mean to you?
JC: One of my all-time favourite artworks is the falling piano *Concert for Anarchy* by Rebecca Horn. I can now see a connection between the dancer in *Sad Waltz* and that work. The same kind of animation of an inanimate object. A similar kind of pathos. I think some of our work definitely has a similar aesthetic to some of her works and I am such a great admirer of hers.
GBM: That's a difficult question. So many of the previous winners are artists who have been inspirational to me in one way or another. I guess Tinguely and Beuys would be the two who have influenced me the most.

Isabel Pfeiffer-Poensgen: Many of your works have a theatrical or cinematic character, in that you »tell« a sculptural world and pursue lively storytelling. What does that mean for the presentation of your works in the museum?
JC: Yes, we do like to use cinematic or narrative tropes in playful, sometimes cubistic ways… I also think virtual performance pieces are a theme for this show.
GBM: When we plan a show, we try to include works that contrast with each other — that are not too similar. We want the audience to be surprised as they encounter each new room.
JC: We try to think of how each piece works within the flow of the show and we also want the audience to be able to make connections between them. Say, the lonely absent voice of the man in *Opera for a Small Room* connecting with the bodiless voices in *The Forty Part Motet*.
GBM: One problem in the show design is sound isolation. This can be challenging for the museum as all of our works need to be isolated from each other because any sound overlap could ruin them.

Bodo Hombach: Sie arbeiten als Künstlerpaar miteinander. Hat jeder von Ihnen einen bestimmten Schwerpunkt bei der Produktion eines Werkes? Wenn ja, welchen? Gibt es überhaupt eine eindeutige Aufgabenverteilung?
JC: Wir vergleichen uns häufig mit einem Paar, das zusammen kocht. Wenn George das Hauptgericht kocht, mache ich den Salat oder schneide das Gemüse. Wir bewegen uns umeinander herum, ohne groß darüber nachzudenken. Bei den Kunstwerken ist es ganz ähnlich, obwohl einige zunehmend technischer werden und George sich um den Großteil der Technik kümmert. Ich übernehme mehr die handwerklichen oder praktischen Arbeiten, zum Beispiel die geformten und bemalten Teile der Marionetten in *Sad Waltz*. George bringt dann die Fäden an, fügt die Teile präzise zusammen und richtet das Steuerungssystem ein.
GBM: Aber viele Arbeiten wie *The Paradise Institute* oder die *Walks* beginnt Janet meistens mit einem groben Drehbuch, das ich lese und kommentiere, im Anschluss drehen wir beide mit Assistent:innen und Schauspieler:innen. Dann folgt der komplexe Prozess des Schneidens und Nachschneidens, der neuen Drehs usw. Ich beginne mit der groben Bearbeitung des Videos oder Soundtracks gemäß Drehbuch beziehungsweise Route, und dann überarbeitet Janet das Gesprochene immer wieder, bis uns in der Regel die Zeit davonläuft.
JC: George übernimmt immer die Endredaktion, während ich neben ihm sitze und Feedback gebe. Er ist ein geduldiger Perfektionist — ich bin das nicht.
GBM: Bei einer Installation wie *Escape Room* beginnt jeder von uns mit den Dingen, die uns am meisten interessieren. Ich habe angefangen, mit der Software zu experimentieren, die das Ganze steuern sollte, habe die diversen Gitarren-Soundtracks komponiert und am Computer mit dem CAD-Programm die Gebäude entworfen; Janet hat die Nachbildungen skizziert, über verlassene Orte recherchiert, Drehbücher geschrieben und mit dem Bau der eigentlichen Modelle begonnen. Letztendlich kommt alles im Studio zusammen.

Anne Henk-Hollstein und Ulrike Lubek: Hat die Auszeichnung mit dem Wilhelm-Lehmbruck-Preis Sie konkret zu einem neuen Kunstwerk inspiriert oder arbeiten Sie an einer neuen Arbeit und können schon mehr Details verraten? Inwiefern war der Preis eine wirkliche Unterstützung?
GBM: Er hat dazu beigetragen, die Produktion von *Escape Room* zu finanzieren, die wir in unserer Ausstellung im Lehmbruck Museum zeigen. An diesem neuen Werk haben wir bereits intensiv gearbeitet, als wir von dem Preis erfuhren.
JC: Wir hatten das Werk für eine Ausstellung in der New Yorker Luhring Augustine Gallery konzipiert, und ich möchte aus einer Beschreibung dieser Schau zitieren: »Im Hinterzimmer der Galerie betreten die Besuchenden eine in jeder Hinsicht immersive Installation, *Escape Room* (2021). Bei dem lediglich schwach erhellten Raum scheint es sich um das Atelier von Cardiff und Miller zu handeln, voll mit Arbeitstischen, auf denen sich die Projekte, Werkzeuge und Materialien der beiden ausbreiten. Überall im Raum sind aufwendige, von den Künstlern gebaute Dioramen zu sehen: das Modell einer Kathedrale, ein Wohnblock, eine Fabrik, ein Hafenviertel. Jedes davon verkörpert eine kleine Dystopie, Zivilisationen, die auf irgendwie unheimliche Weise von ihren Einwohnern aufgegeben wurden, Spuren von einem erzwungenen Exodus, die zeigen, dass etwas schiefgelaufen ist. Soundeffekte, Musik und fragmentarische Erzählungen entstehen in Reaktion auf die Bewegungen der Betrachtenden und lassen diese ganz in die Umgebung eintauchen. Im nächsten Moment wird die Illusion zerstört, und die Betrachtenden werden sich der konstruierten Umgebung und ihres eigenen Voyeurismus voll und ganz bewusst.«

Sören Link: Mich faszinieren besonders Ihre *Video Walks*, mit denen Sie weltberühmt geworden sind. Durch sie kann man Städte und Orte auf eine ganz neue Art kennenlernen.
JC: Ja, die Teilnehmer:innen werden sich vieler verschiedener Welten und Zeitlinien bewusst, die sich überschneiden. Es handelt sich um eine Art körperliches Kino, das die tatsächlichen Orte für die Menschen, die sie erleben, verändert. Das Merkwürdige daran ist, dass der kleine Bildschirm sehr stark in den Vordergrund tritt, was die Teilnehmenden in gewisser Weise dazu bringt, ihr eigenes Gefühl dafür, welches die »echte« Zeit ist, die sie gerade erleben, zu hinterfragen.
GBM: Sie vermitteln schon fast eine hypnotische Erfahrung.

Bodo Hombach: You work together as an artist duo. Does each of you have a certain focus for the production of a work? If yes, please tell us about it. Is there even such a thing as a clear division of tasks?
JC: We often make the analogy that it's like a couple making dinner together. If George is doing the main meal, then I'll make the salad or I'll cut up veggies. We move around each other without thinking about it too much. For the artworks it's very similar, although some of the works are becoming so much more technical and George handles most of the technology. I do more of the craftwork or »hands on« work: for example, the moulded and painted parts of the puppets for *Sad Waltz*. Then George attaches the strings and puts the parts together precisely, as well as fabricating the control system.
GBM: But with many of the works like *The Paradise Institute* or the *Walks*, Janet usually starts the process with a rough script which I read and comment on, then the shooting is both of us with assistants and actors. Then comes the complex process of editing and re-editing and re-shooting, etc. I start the basic video/audio edit according to the script or route, then Janet is constantly re-editing dialogue until, usually, we run out of time.
JC: George always does the final editing while I sit beside him and give feedback. He is a patient perfectionist whereas I'm not.
GBM: On an installation like *Escape Room*, we each start doing the things that interest us the most. I started experimenting with the software that would run the piece, composing the various guitar soundtracks, and designing CAD buildings in the computer; Janet sketched mockups, did research on abandoned sites, wrote scripts and started the building of the physical models. Eventually it all comes together in the studio.

Anne Henk-Hollstein and Ulrike Lubek: Did the Wilhelm Lehmbruck Prize directly inspire you to create a new work of art? If not, are you working on a new work and can you provide us with some more details? How was the prize a source of support in real terms?
GBM: Well, it helped fund the production of *Escape Room*, which we'll show in our exhibition at the Lehmbruck Museum. We were already hard at work on this when we received notification of the prize.
JC: We had been planning it for an exhibition at Luhring Augustine Gallery in New York. Here's a description from that show: »In the back room of the gallery, visitors enter a fully immersive installation, *Escape Room* (2021). The dimly lit room appears to be Cardiff and Miller's studio, full of worktables scattered with the artists' projects, tools, and materials. Elaborate dioramas built by the artists are found throughout the space: a model of a cathedral, an apartment building, a factory, a waterfront. Each portrays a mini-dystopia, civilizations that have been eerily abandoned by their inhabitants, leaving traces of something gone wrong, a forced exodus. Sound effects, music, and fragments of narratives are emitted in response to the viewer's movements, immersing the viewer within the surroundings. At other moments, the illusion is dismantled, allowing the viewer to become keenly aware of the constructed environment and their own voyeurism within it.«

Sören Link: Especially your *Video Walks*, with which you have become world-famous, fascinate me. With them, one can become familiar with the cities and places in an entirely new way.
JC: Yes, the participant becomes aware of many different worlds and timelines overlapping. They are a type of physical cinema that changes the actual locations for the people experiencing them. The strange thing that happens is that the little screen becomes very dominant and in ways this makes the participant question their own sense of which »real« time it is that they are experiencing.
GBM: They are almost a hypnotic experience as well.

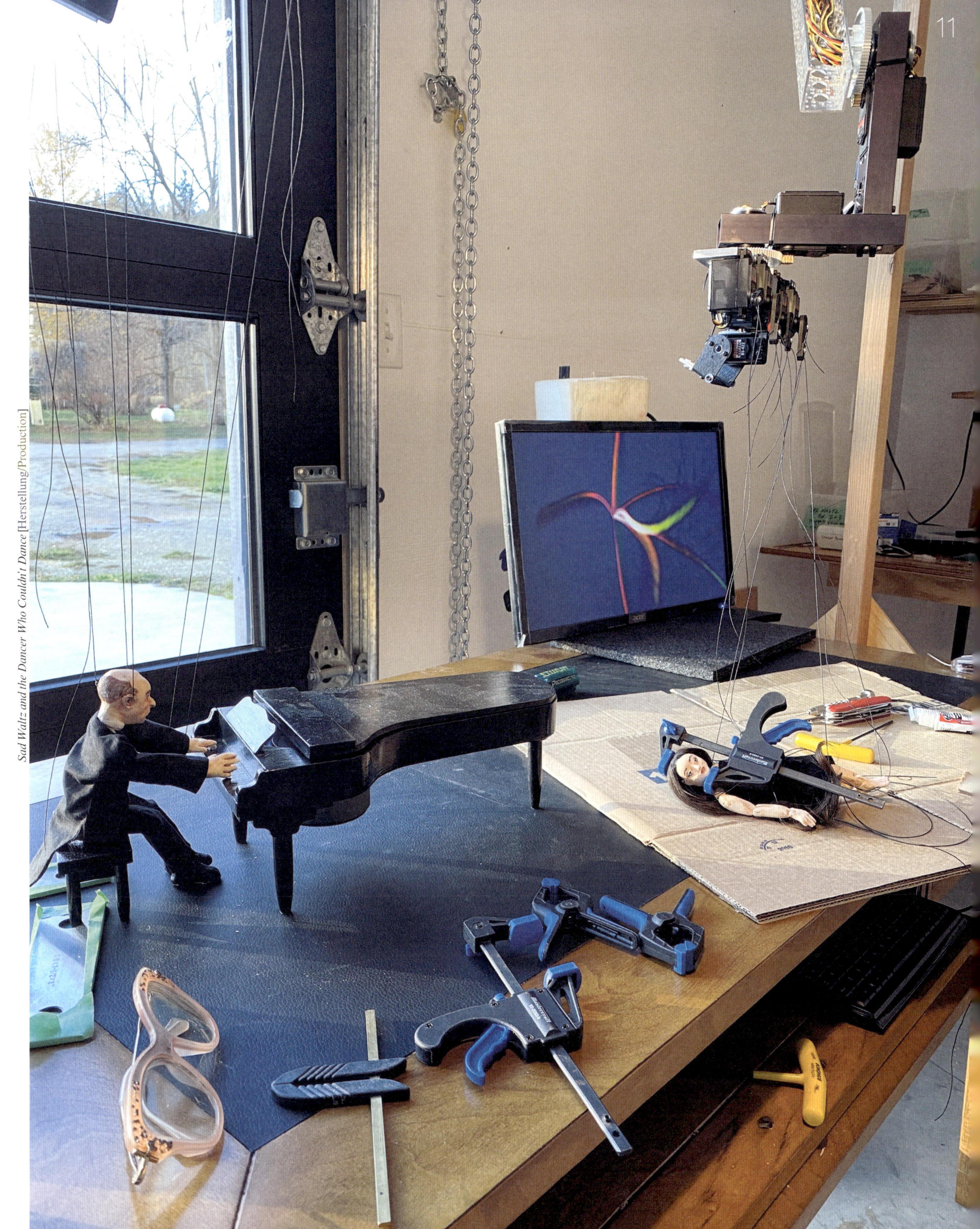

Sad Waltz and the Dancer Who Couldn't Dance [Herstellung/Production]

Isabel Pfeiffer-Poensgen: Sie waren 1997 mit Ihrer Arbeit *Münster Walk* Teil der ersten Skulptur Projekte in Münster. Ist der museale oder der öffentliche Raum für Sie als Arbeitsfeld interessanter? Wo sehen Sie die Potenziale oder Unterschiede?
JC: Die Arbeit an einem Werk, das in einem Museum oder einer Galerie ausgestellt werden soll, ist etwas ganz anderes, als ein Werk für den öffentlichen Raum zu schaffen. Ortspezifische Arbeiten entwickeln wir als Reaktion auf einen vorhandenen Ort … es ist fast wie die Lösung eines Problems oder Rätsels und hat mehr damit zu tun, wie unsere künstlerische Sensibilität auf den Ort und seine Geschichte reagiert.
GBM: Der Ort muss außerordentlich interessant sein, ansonsten leidet das Werk. Wir sind aus Erfahrung klug geworden, weshalb wir bei der Entscheidung für ortspezifische Auftragsarbeiten inzwischen sehr vorsichtig und wählerisch sind.
JC: Im Atelier zu arbeiten ist etwas ganz anderes. Das hat viel mit Spielen, Erkunden und Diskutieren zu tun. Es kann ja alles passieren, und wir gönnen uns den Luxus, uns Zeit zu nehmen und unserer Intuition zu folgen, um wirklich herauszufinden, was wir tun wollen.

Sören Link: Wie nähern Sie sich einem neuen Ort, einer neuen Stadt? Und was zeichnet diese Orte aus, wenn Sie einen Walk vorbereiten?
JC: Die *Video* und *Audio Walks* erfordern eine Menge Vorbereitung.
GBM: In der Regel besuchen wir eine Stadt drei- bis viermal über einen Zeitraum von ein bis zwei Jahren.
JC: Bei den ersten Besuchen durchwandern wir zahlreiche Viertel und versuchen, eine Route zu finden, die in vielerlei Hinsicht interessant ist, nicht nur physisch, sondern auch gedanklich und historisch…
GBM: … und manchmal sehen wir bei diesen Entdeckungstouren etwas, das die Idee für eine Geschichte liefert. Oder wir erleben eine interessante Szene, die für die endgültige Arbeit schließlich nachgestellt wird.
JC: Wenn wir die Route einmal gefunden haben, konzentrieren wir uns auf das Drehbuch. Das können wir wieder zu Hause in Kanada machen, mit unseren Video- Rohaufnahmen und dem Recherchematerial.
GBM: Die abschließende Produktionsreise dauert meistens drei bis vier Wochen, in denen wir vor Ort leben und das gesamte Stück drehen und bearbeiten. Das ist ein langer, intensiver Prozess.

Sören Link: Wäre Duisburg eine Option?
JC: Ich war noch nie in Duisburg… aber ich habe Bilder von einem alten Stahlwerk dort gesehen, das absolut beeindruckend aussieht … wäre wahrscheinlich aber zu gefährlich. Was meinst du, George?
GBM: In und um Duisburg gibt es viele Orte, die für einen *Video Walk* sehr interessant wären. :-)

Bodo Hombach: Eindringliche Erzählungen sind für Ihre Arbeiten unverzichtbar. Sind Sprachbarrieren ein Problem, wenn es um die internationalen Wahrnehmung Ihrer Werke geht?
JC: Bis zu einem gewissen Grad ist die Sprachbarriere für viele unserer Arbeiten definitiv ein Problem. Wir versuchen, wenn möglich, Übersetzungen oder Transkriptionen zur Verfügung zu stellen. Bei den *Walks* beauftragen wir meistens Schauspieler:innen des jeweiligen Landes, um die englischen Stimmen zu ersetzen.
GBM: … aber das ist immer schwierig. Es ist schwer, den Tonfall von Janets Stimme zu treffen, die etwas Unerklärliches hat, das sie besonders macht. Das Problem beim Engagement von Schauspieler:innen ist, dass sie »Schauspieler:innen« sind und dazu ausgebildet wurden, auf bestimmte Art aufzutreten. Janets Darstellung gleicht schon fast einer Anti-Performance, ihre Stimme klingt fast wie die Gedanken in deinem eigenen Kopf.

Anne Henk-Hollstein und Ulrike Lubek: Wie stehen Sie zu den folgenden Aussagen des Wilhelm-Lehmbruck-Preisträgers von 1986 Joseph Beuys: »Denken ist Plastik« oder »Alles ist Plastik«? Haben Sie solche Einsichten in Ihrer Kunst inspiriert oder gar geleitet? Oder sind Sie ganz anderen Maximen gefolgt?
JC: Dem kann ich nur zustimmen. Einige meiner besten Skulpturen entstehen in meinem Kopf.
GBM: Ich habe meine Kunstausbildung an einer sehr konservativen Schule begonnen, an der in Malerei und Bildhauerei die Nachkriegsmoderne der späten 1950er Jahre verehrt und alles andere abgelehnt wurde. Als ich Janet zum ersten Mal traf, hatte sie ein Buch über Joseph Beuys, und die Entdeckung seines Werks und seiner Schriften hat mir die Augen geöffnet.

Isabel Pfeiffer-Poensgen: You were part of the first Skulptur Projekte in Münster in 1997 with your work *Münster Walk*. What is more interesting for you as a field of work, the museum or the public space? Where do you see potential or differences?
JC: Working on something that will be shown in a museum or gallery is quite different than creating a public work. The site works are created as a response to an existing place… it's almost like solving a problem or a puzzle and has to do more with how our artistic sensibility responds to that place and its history.
GBM: The location also has to be extremely interesting, or the piece suffers. We have found this out the hard way, so we are now very cautious and particular about choosing site commissions.
JC: Working in the studio is completely different. It involves a lot of play, exploration and discussion. Anything can happen and we allow ourselves the luxury of taking our time and following our intuition to really figure out just what we want to do.

Sören Link: How do you approach a new place, a new city, and what distinguishes these places when you prepare a *Video Walk*?
JC: The *Video* and *Audio Walks* take quite a bit of preparation.
GBM: We usually visit a city three to four times over a one- to two-year period.
JC: In the early visits we walk many areas trying to find a route that is interesting in multiple ways, not just physically but conceptually and historically…
GBM: …and maybe we witness something in these wanderings that provides a thread of a story. Or just an interesting scene that ends up being re-enacted for the final piece.
JC: Once we find the route, then we focus on the script writing. This we can do back home in Canada, using all our rough video and research materials.
GBM: The final production trip is usually about three to four weeks where we live on site and shoot and edit the entire piece. It's a long, intensive process.

Sören Link: Would Duisburg be an option?
JC: I've never been to Duisburg… but I've seen pictures of an old steel mill there that looks absolutely amazing… but probably unsafe. What do you think, George?
GBM: There are numerous sites in and around Duisburg that would be very interesting for a *Video Walk*. :)

Bodo Hombach: Emphatic narrations are indispensable for your work. Are language barriers a problem with regard to the international recognition of your works?
JC: To a certain extent the language barrier is definitely a problem for many of our works. We try to provide translations when possible, or transcripts. With the *Walks* we usually hire an actor in the language of the country to replace the English voices.
GBM: …but it's always more difficult. It's hard to reproduce the tone of Janet's voice, which has something inexplicable about it that makes it special. The problem with hiring actors is that they are »actors« and they have been trained to perform in a certain way. Janet's version is almost like an anti-performance; her voice sounds almost like thoughts inside your head.

Anne Henk-Hollstein and Ulrike Lubek: What do you think about the following statements of the winner of the Wilhelm Lehmbruck Prize of 1986, Joseph Beuys: »Thinking is sculpture« or »Everything is plastic«? Have such insights inspired you or even guided you in your art? Or have you followed entirely different maxims?
JC: I would totally agree. Some of my best sculptures happen in my mind.
GBM: I started my art education at a very conservative school where late 1950s modernist painting and sculpture were revered and anything else was shunned. When I first met Janet, she had a book on Joseph Beuys, and discovering his work and writings was eye-opening for me.

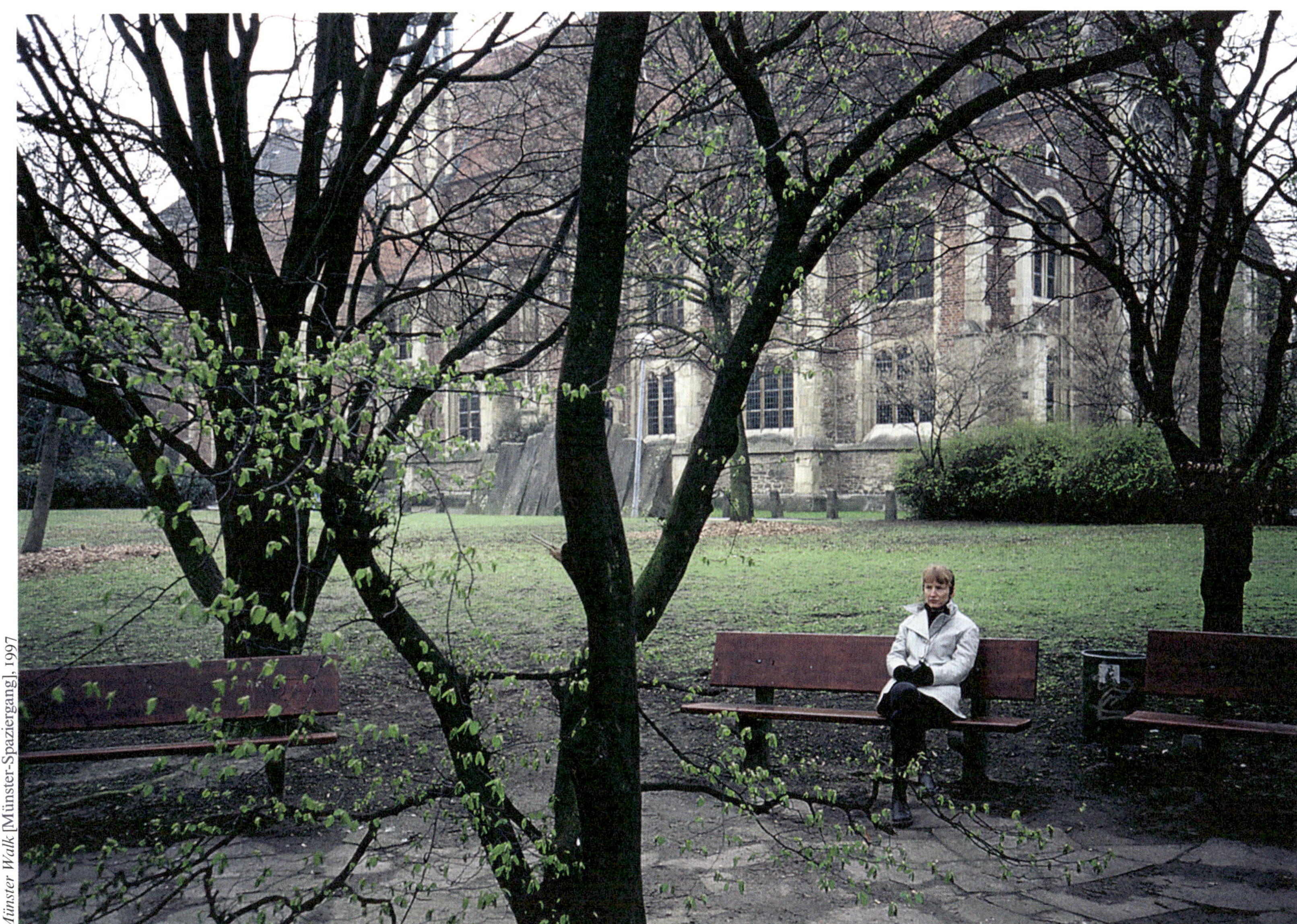

Münster Walk [Münster-Spaziergang], 1997

Sören Link: Welche Rolle spielen bei Ihren Arbeiten technische Innovationen, durch die Sie, zum Beispiel bei den *Video Walks*, ein ganz neues Kunsterlebnis ermöglichen? Werden Sie zukünftig auch mit weiteren Neuerungen wie Virtual Reality arbeiten?

GBM: Nun, die *Video Walks* sind entstanden, weil es sehr kleine Videokameras mit einem Kopfhörerausgang gab. Irgendwann, 1998 oder 1999, hatten Janet und ich gerade einen neuen Camcorder gekauft und spielten in unserem Wohnzimmer damit herum. Janet filmte mich, dann verließ ich den Raum, um mir einen Kaffee zu holen, und sie spulte das Band zurück und spielte es ab, während sie die Kamera noch auf den Sessel hielt, auf dem ich gesessen hatte.

JC: Mir fielen sofort diese seltsamen, sich überschneidenden Realitäten auf, während ich auf dem Display diesen Geist beobachtete, der sich im selben Raum wie ich befand. Das war faszinierend und gruselig zugleich, und ich fing an, das Reale und das Aufgenommene durcheinanderzubringen. Ich wusste sofort, wir müssen einen Video-Spaziergang machen, und in Zusammenarbeit mit Madeleine Grynsztejn konnten wir den ersten *Video Walk* für die 53. Carnegie International finanzieren.

GBM: Nebenbei bemerkt: Interessanterweise dachten wir zu einem bestimmten Zeitpunkt, die *Video Walks* seien am Ende, weil die Hersteller die kleinen Camcorder nicht mehr mit Kopfhörerbuchsen ausstatteten. Damit waren sie für uns nutzlos, aber innerhalb eines Jahres kam ein neues Gerät auf den Markt, das dieses Problem löste: der Apple iPod Touch und noch später dann das iPhone.

JC: Technologische Innovationen sind auch für viele unserer anderen Arbeiten ein wesentlicher Faktor gewesen. Als wir mit *The Forty Part Motet* begannen, gab es keine erschwinglichen Wiedergabesysteme, um vierzig einzelne Tonspuren zu synchronisieren. Doch während der Planungsphase brachte Tascam ein erschwingliches digitales Gerät mit vierundzwanzig Tonspuren heraus.

GBM: Davon konnten zwei synchronisiert werden, wodurch wir achtundvierzig Spuren abspielen konnten. Leider stürzten sie mindestens ein- oder zweimal pro Woche ab.

JC: Diese Arbeit wurde mehrmals nachgerüstet, so dass sie jetzt auf einem sehr zuverlässigen System läuft (klopft auf Holz).

GBM: Wir werden ziemlich oft gefragt, ob wir Interesse haben, etwas mit Virtual Reality (VR) zu machen. Ich habe bisher noch nichts gesehen, das so überzeugend ist, dass ich damit arbeiten möchte. Doch wer weiß, die Technik wird jedes Jahr besser… allerdings Virtual-Reality-Brillen oder GPS-gestützte Augmented Reality sind für mich etwas sehr Kompliziertes und Sperriges an sich. Ich bevorzuge einfache Anwendungen und einfache Technologien. Die *Audio Walks* begannen mit nichts weiter als einem Walkman und einem Kopfhörer, und doch haben sie eine eindrucksvolle Reise entstehen lassen, die alles übertrifft, was ich bislang in einem VR-Headset gesehen habe. Vielleicht liegt das daran, dass sie die Vorstellungskraft der Benutzer:innen auf eine Art und Weise aktivieren, wie es Virtual Reality bisher noch nicht geschafft hat.

Bodo Hombach: Wie denken Sie wird sich die Gattung »Skulptur« weiterentwickeln, welche Erwartungen haben Sie an die Kunst des 21. Jahrhunderts?

JC: Das Konzept der Bildhauerei hat sich in den letzten Jahrzehnten bereits stark verändert. Es gibt praktisch keine Grenzen mehr, und heute ist so vieles virtuell, dass die Dreidimensionalität [der Skulptur] auf dem Prüfstand steht

GBM: Ist eine virtuelle Welt eine Skulptur?

Sören Link: What role does technical innovation, through which you initiate an entirely new art experience, for example, with the *Video Walks*, play in your work? Will you also work with other innovations like virtual reality in future?

GBM: Well, the *Video Walks* came about because of the availability of very small personal video cameras that had headphone outputs. Sometime in 1998–99 we had just bought a new camcorder, and Janet and I were playing around with it in our living room. Janet was shooting me and then I left the room to get a coffee and she rewound the tape and played it back, still pointing the camera at the chair where I had been sitting.

JC: Immediately I was aware of these strange overlapping realities, watching this ghost on the screen inside the same room with me. It felt fascinating and creepy and I became confused as to what was real and what was recorded. I knew right away that we had to do a *Walk* using video, and working with Madeleine Grynsztejn we were able to fund the first *Video Walk* as part of the 53rd Carnegie International.

GBM: As an aside: it was interesting that at one point we thought that the *Video Walks* were dead because manufacturers had stopped putting headphone jacks on their small camcorders. So they were useless to us, but within a year a new device was released that solved that problem — the Apple iPod Touch, and then much later the iPhone.

JC: Technological innovation has been a key factor in producing many of our other works as well. When we first started producing *The Forty Part Motet* there weren't affordable playback systems available for forty separate tracks to be synced together. It was during the process of planning that Tascam released an affordable digital twenty-four track device.

GBM: Two of these could be synced together to give us forty-eight tracks of playback. Unfortunately, they crashed probably at least once or twice a week.

JC: That work has been upgraded several times so that now it's on a very reliable playback system (knock on wood).

GBM: We are asked quite often whether we would be interested in doing something with VR or not. I've yet to see anything that is compelling enough to make me want to work with it. Who knows, however… the tech gets better every year… but for me there's something very complicated and cumbersome about head-mounted displays or GPS augmented reality. I prefer simple uses of technology and simple technology. The *Audio Walks* started with nothing but a Walkman and headphones, and yet they create an immersive journey that surpasses anything I've seen in a VR headset. Maybe that's because they trigger the viewer's imagination in ways that, so far, VR has not been able to achieve.

Bodo Hombach: How do you think the genre of sculpture will continue to develop? What expectations do you have for art in the twenty-first century?

JC: The concept of what sculpture is has already changed so much in the past few decades. There are really no limits anymore and so much is virtual now, which begs the question of 3D.

GBM: Is a virtual world a sculpture?

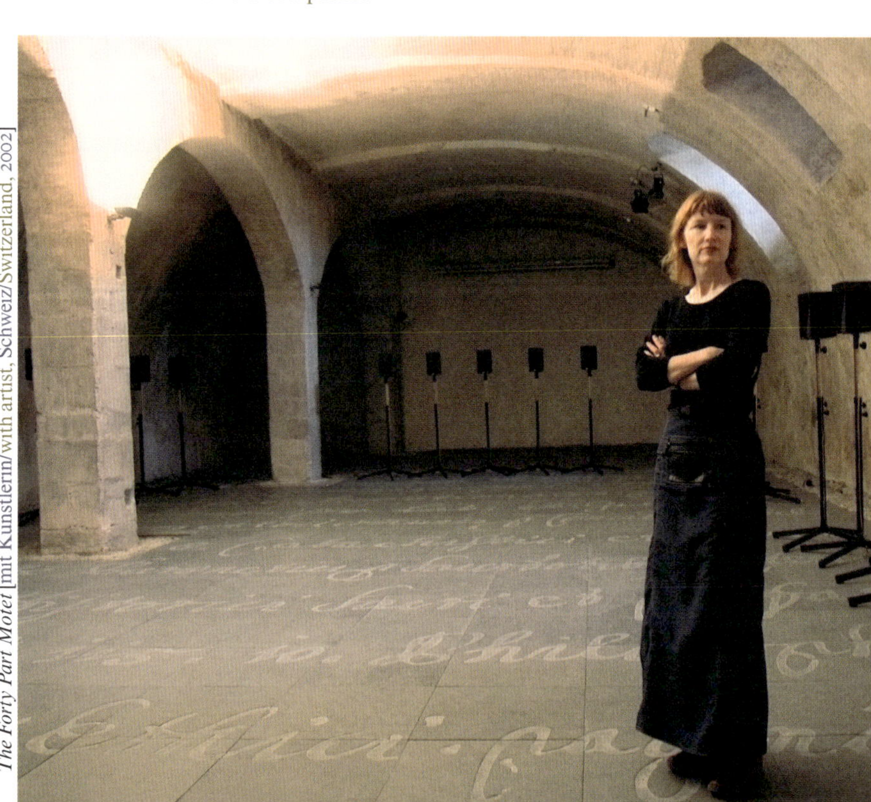

The Forty Part Motet [mit Künstlerin/with artist, Schweiz/Switzerland, 2002]

Isabel Pfeiffer-Poensgen: Marionetten spielen in einigen Ihrer Installationen eine wichtige Rolle. Was fasziniert Sie an diesen Miniaturwelten? Haben Sie auch einmal daran gedacht, Puppenspielerin oder Puppenspieler zu werden?

JC: Ich finde es interessant, dass die Menschen so viel Mitgefühl für Marionetten haben … dass diese kleinen Teile aus Plastik, Metall und anderen Materialien zu etwas Anthropomorphem werden. Es ist so, als würdest du als Kind mit Puppen spielen, und die Puppen haben Persönlichkeiten, die du ihnen gegeben hast, und dies ist für dich so real. Beim *Sad Waltz* habe ich Angst um die Tänzerin, wenn sie sich in den Marionettenschnüren verfängt, obwohl ich weiß, dass das so programmiert ist. Dieser eigentümliche anthropomorphe Effekt tritt auch bei den Robotern in *The Killing Machine* auf. Sie werden geradezu zu fühlenden Wesen.

GBM: Marionetten haben etwas, das viele Menschen fasziniert. Liegt es daran, dass wir uns in diese Welten hineinversetzen und so in sie eintauchen, oder liegt es daran, dass wir von der Kunstfertigkeit, die mit der Herstellung lebensnaher Puppen einhergeht, fasziniert sind? Ich bin mir nicht sicher, aber es ist definitiv eine Art Magie oder Alchemie im Spiel.

JC: Zur Frage nach dem Marionettenspieler: Wir haben eine irgendwie geartete Liveaufführung noch nie in Betracht gezogen. Generell bevorzugen wir einen vermittelten Prozess.

GBM: …aber in den *Walks* wird deine Stimme doch zu einer Art Puppenspielerin, die die Leute mal hierhin, mal dorthin lenkt: »Bleib vor dem Brunnen stehen … biege rechts ab.« Du bist also schon eine Art Marionettenspielerin.

Isabel Pfeiffer-Poensgen: Eine Ihrer bedeutenden Arbeiten ist Teil der Kunstsammlung NRW in Düsseldorf: die Rauminstallation *The Dark Pool*, die eine Mischung aus chaotischem Laboratorium und verwaistem Wohnraum ist. Gibt es durch diesen Ankauf besondere Beziehungen zum Land Nordrhein-Westfalen?

JC: Wir waren so glücklich, dass wir *The Dark Pool* so viele Jahre in einem so fantastischen Museum zeigen konnten. Es war unsere erste Zusammenarbeit, daher war es für uns immer etwas ganz Besonderes. Wir hatten uns schon immer gegenseitig bei unseren Einzelwerken unterstützt, aber es war das erste Mal, dass wir vollständig als Team an einem Werk gearbeitet haben.

GBM: Das kam zustande, weil wir die Idee für das Stück schon so lange diskutiert hatten, dass wir uns nicht mehr daran erinnern konnten, wer es zuerst konzipiert hatte. Wir waren beide von dem Konzept fasziniert und wollten daran arbeiten, also beschlossen wir, es zusammen zu machen. Zunächst war es ungewohnt, denn es veränderte die Dynamik, mit der wir Kunst machten. Plötzlich waren wir ein Team, und wir mussten diskutieren, Kompromisse eingehen und gemeinsam entscheiden, was das Beste für das Werk war. Das war etwas ganz anderes als die Arbeit an unseren Solowerken.

JC: *Escape Room*, das in der Ausstellung im Lehmbruck Museum gezeigt wird, ist eine Art Fortsetzung von *The Dark Pool*. Zwei Künstler sitzen während der Pandemie in einem Raum fest und vertreiben ihre Zeit damit, kleine Welten zu schaffen, in die sie fliehen können.

Anne Henk-Hollstein und Ulrike Lubek: Welche Rolle weisen Sie dem Publikum zu?

JC: Wir bezeichnen das Publikum häufig als »Teilnehmende«. Sie sind es, die vor allem bei einer interaktiven Arbeit, wie bei einem *Walk* oder beim *Instrument of Troubled Dreams* das Werk vervollständigen. Ich habe oft gesagt, dass es die talentierten Teilnehmer:innen der *Walks* sind, die dafür sorgen, dass die physische Realität um sie herum mit dem aufgezeichneten Ton synchronisiert wird… mit ihrer Aufmerksamkeit und ihrem Bewusstsein lassen sie die Dinge Wirklichkeit werden.

Isabel Pfeiffer-Poensgen: Marionettes play a significant role in several of your installations. What fascinates you about these miniature worlds? Have you ever thought about becoming puppeteers?

JC: I do find it interesting that people have such empathy for marionettes… that these small pieces of plastic, metal and other materials become anthropomorphic. It's like playing with dolls when you're young and your dolls have personalities that you give them and it's so real for you. In *Sad Waltz* I feel anxious for her when she is caught up by the puppet strings even though I know it's programmed to happen. This strange anthropomorphic effect also happens with the robots in *The Killing Machine*. They become almost sentient beings.

GBM: There is something that a lot of people find fascinating about miniatures. Is it that we project ourselves into those worlds and thus become immersed in them, or is it because we become enamoured with the craft that comes with the making of convincing models? I'm not sure but there is definitely some sort of magic or alchemy involved.

JC: About the puppeteer question, we've never considered that or any sort of live performance yet. Generally, we like to go through a mediated process.

GBM: …but in the *Walks* your voice sort of becomes the puppet master directing people here and there: »Stop in front of the fountain… turn to the right.« So, you're already are a puppeteer of sorts.

Isabel Pfeiffer-Poensgen: One of your most important works is part of the Kunstsammlung NRW: the room installation entitled *The Dark Pool*, which is a mixture of chaotic laboratory and abandoned living space. Did special relationships with the Federal State of North Rhine-Westphalia arise from this purchase?

JC: We were so happy to have *The Dark Pool* shown for so many years in such an amazing museum. It was our first collaboration so it has always been very special to us. We had always helped each other on our solo artworks but it was the first time we worked fully as partners on a piece.

GBM: This came about because we'd been discussing the idea of the piece for such a long time that we couldn't remember who conceived it in the first place. We were both intrigued by the concept and wanted to work on it so we decided to do it as a collaboration. It was a strange process for us because it changed the dynamic of how we made art. All of a sudden, we were a team and we had to discuss and compromise and decide together what was best for the piece. It was totally different from working on our solo works.

JC: *Escape Room*, which will be in the Lehmbruck show, is kind of a sequel to *The Dark Pool*. Two artists stuck in a room during a pandemic, spending their time creating small worlds in which to escape.

Anne Henk-Hollstein and Ulrike Lubek: What role do you assign to the audience?

JC: We often call the audience »the participants«. Especially with an interactive work, like a *Walk* or *Instrument of Troubled Dreams*, they complete the work. I've often said that it's the talented participant in the *Walks* that makes the physical reality around them sync up with the recorded audio… they make things happen with their attention and awareness.

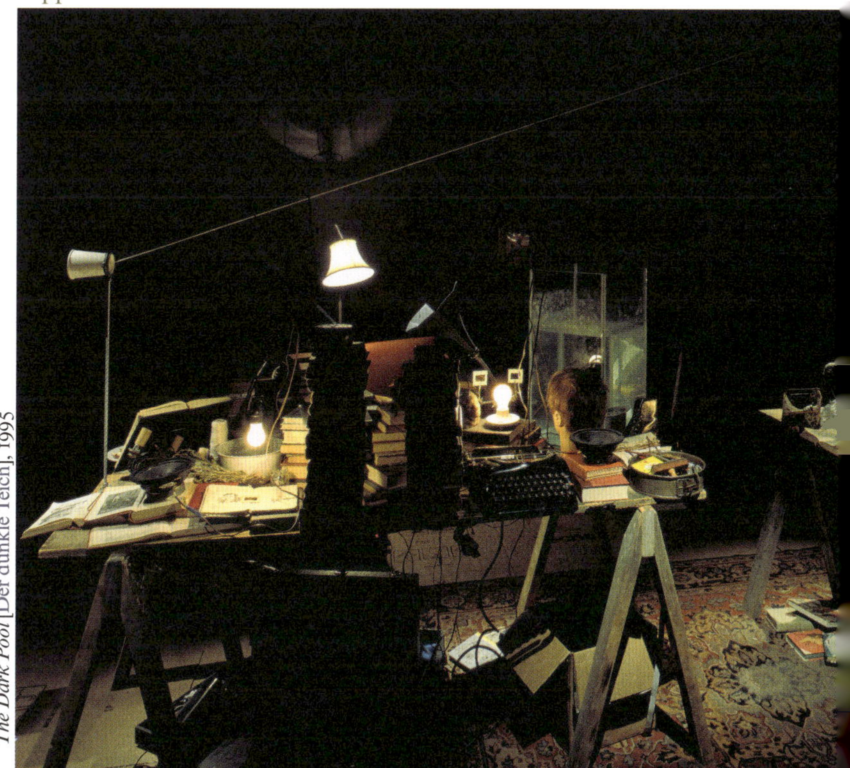

The Dark Pool [Der dunkle Teich], 1995

Bodo Hombach: Ein internationaler Kulturaustausch, einer der Förderschwerpunkte der Brost-Stiftung, bedeutet immer einen Perspektivenwechsel. Welche Perspektive hat Ihnen Ihr langjähriger Aufenthalt in Deutschland vermittelt, und welche Rolle spielt Deutschland für Sie in Ihrem künstlerischen Werdegang, aber vielleicht auch in Ihrem privaten? Wie wichtig ist Ihrer Einschätzung nach ein internationaler Kulturaustausch für Künstler:innen?

JC: Sie stellen eine Menge guter Fragen. Wir halten den internationalen kulturellen Austausch für fundamental, und für uns war er extrem wichtig — für uns war es super aufregend, ein Stipendium wie das des DAAD zu bekommen … eine Wohnung in Berlin, ein Atelier und dann noch ein Stipendium! Das hat unser Leben wirklich verändert.

GBM: Die Jahre in Deutschland waren eine bahnbrechende Erfahrung für uns und halfen uns, einige wichtige Arbeiten zu produzieren, von denen viele in dieser Ausstellung zu sehen sind.

JC: Uns ist aufgefallen, dass die Art und Weise, in der wir mit Erinnerung und Erzählen arbeiten, beim deutschen Publikum auf besondere Weise Anklang gefunden hat. Es scheint eine Geduld und Offenheit zu haben, die vielen nordamerikanischen Zuschauer:innen fehlt.

GBM: Und auch die Bereitschaft, viel längere und langweiligere Arbeiten zu ertragen. :-)

JC: Deutschland ist auch insofern etwas Besonderes, weil es so viele Talente gibt. Als wir Anfang der 2000er Jahre dort lebten, haben wir eine gegenseitige Befruchtung von Kunst, Tanz, Film, Musik und Theater wie nie zuvor erlebt.

GBM: Wir hatten die Gelegenheit, mit wunderbaren Menschen zusammenzuarbeiten wie etwa dem Kameramann Martin Kukula, dem Schauspieler Volker Spengler, dem Theaterregisseur Matthias Lilienthal, dem Komponisten Tilman Ritter, der Tänzerin Laurie Young und dem Tänzer Grayson Millwood, um nur ein paar zu nennen. Es war eine aufregende Erfahrung für uns, so vielen begabten Profis aus unterschiedlichen Bereichen zu begegnen, die bereit waren, mit uns zusammenzuarbeiten.

JC: Außerdem scheint es in Deutschland, im Gegensatz zu vielen anderen Ländern, so zu sein, dass man als Kunst- oder Kulturschaffender geschätzt und respektiert wird. Das finde ich wirklich großartig.

Anne Henk-Hollstein und Ulrike Lubek: Gibt es konkrete Ziele, welche Sie mit Ihrer Kunst verfolgen?

JC: Ich denke, ich versuche, bei den Betrachtenden einen Verlust des Ichbewusstseins hervorzurufen… oder sie in an einen anderen Ort zu versetzen, sei er nun virtuell, imaginär oder sogar physisch. In gewisser Weise ähnelt es einem Kinoerlebnis.

GBM: Für mich ist es am wichtigsten, das Herz anzusprechen. Wenn ein Werk eine emotionale Reaktion hervorrufen kann, die die Kontrolle des Intellekts ausschaltet, macht mich das sehr glücklich.

JC: Und wir mögen es, spielerische Erfahrungen zu schaffen.

Anne Henk-Hollstein und Ulrike Lubek: Wie würden Sie beide Ihre Vorstellung von Skulptur umreißen?

JC: 1996 nahm Kasper König an einem *Audio Walk* teil, den wir für das Louisiana Museum in Dänemark entwickelt hatten, und lud uns ein, für die Skulptur Projekte in Münster einen weiteren zu produzieren. Das war das erste Mal, dass jemand einen *Audio Walk* als skulpturales Erlebnis identifizierte.

GBM: … und ich denke, das war wichtig dafür, wie sich unser Denken über Skulptur verändert hat.

JC: … für den *Walk* in Dänemark haben wir ein Zitat von Henry Moore verwendet, der einmal gesagt hat, dass er Skulptur als eine Reise sieht. Ich denke also, es ergibt Sinn, die *Walks*, die buchstäblich Reisen sind, als Skulpturen zu betrachten.

GBM: In vielen unserer Arbeiten, nicht nur in den *Walks*, verwenden wir etwas, das wir »skulpturalen Klang« nennen. Es begann zunächst mit binauralen Aufnahmen über Kopfhörer, die die Zuhörenden einhüllen. Später verwendeten wir dies auch in unseren Installationen, in denen wir eine Vielzahl von Lautsprechern einsetzen, die das Publikum umgeben und die Klänge um es herumführen.

Das Interview wurde schriftlich geführt.

Bodo Hombach: An international cultural exchange, also a sponsorship focus of the Brost Foundation, always means a change of perspective. What perspectives has your residence of many years in Germany provided you with, and what role does Germany play for you in your artistic career, but perhaps also in your private life? In your opinion, how important is an international cultural exchange for artists?

JC: Lots of great questions there. We think it is very important to have international cultural exchange and for us it was extremely important… it was super exciting for us to be offered a scholarship such as the DAAD… an apartment in Berlin, a studio, and a stipend as well! It really changed our lives.

GBM: The years in Germany were a seminal experience for us and helped us produce several important works, many of which are in this exhibition.

JC: And we also realised that the way we work with memory and storytelling seemed to have a special connection with German viewers. They seem to have a patience and openness that is missing in a lot of North American audiences.

GBM: As well as a willingness to put up with much longer and more boring works. :)

JC: Germany has also been special for having access to so much talent. When we lived there in the early 2000s, we experienced a cross-pollination between art, dance, film, music and theatre that we had never encountered before.

GBM: We had the chance to work with amazing people such as cinematographer Martin Kukula, actor Volker Spengler, theatre director Matthias Lillienthal, composer Tilman Ritter, and dancers Laurie Young and Grayson Millwood, to name just a few. It was such a thrilling experience for us to encounter so many talented professionals in different media who were so open to working with us.

JC: As well, being an artist or a cultural worker in Germany seems to be valued and respected, unlike in so many other countries. I really admire that.

Anne Henk-Hollstein and Ulrike Lubek: Do you pursue concrete goals with your art?

JC: I think I strive to create a loss of awareness of one's self… or to transport the viewer to an alternative space, whether it's virtual, imaginary or even physical. In ways it's very similar to a cinematic experience.

GBM: For me the most important thing to pursue is the tug of the heart strings. If a work can elicit an emotional response that bypasses the restraint of the intellect, this makes me the happiest.

JC: And we like to create playful experiences.

Anne Henk-Hollstein and Ulrike Lubek: How would you both outline your conceptions of sculpture?

JC: In 1996 Kasper König experienced an *Audio Walk* that we did at the Louisiana Museum in Denmark and he invited us to produce another one for Skulptur Projekte Münster. It was the first time that someone had recognized the *Audio Walks* as a sculptural experience.

GBM: …and I think this was important to how our thinking about sculpture changed.

JC: …in the *Walk* in Denmark we used a quote from Henry Moore talking about how he viewed sculpture as a journey. So I guess it makes sense that the *Walks*, which are literal journeys, could be considered sculpture.

GBM: A lot of our work, not just the *Walks*, use what we call »sculptural sound«. This started with binaural recordings over headphones enveloping the listener, but then moved into our installations in which we use multiple speakers to surround the audience and move sounds around them.

The interview was conducted in writing.

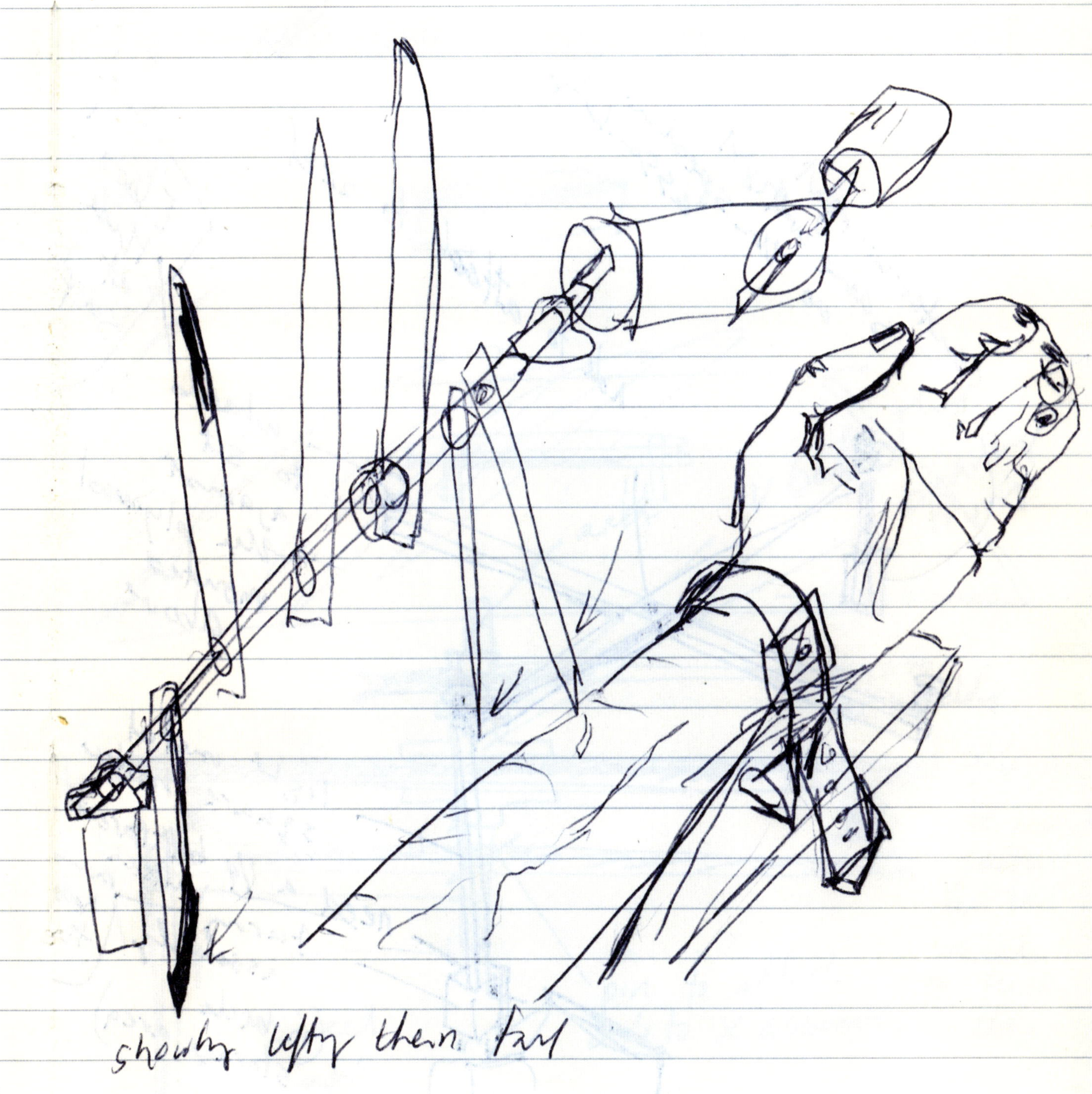

The Killing Machine [Skizzenbuch/Sketchbook, George Bures Miller]

söke dinkla

weltfluchten — weltmodelle

illusionsräume des 21. jahrhunderts von janet cardiff und george bures miller

flights from the world — models of the world

spaces of illusion of the twenty-first century by janet cardiff and george bures miller

Ist unsere Gedankenwelt weniger real als das, was wir anfassen können, oder als das, was wir sehen? Wir alle erleben tagtäglich, dass Gedachtes, Gefühltes und Gehörtes nicht in Opposition stehen zu einer objektiven, gegenständlichen Wirklichkeit. Es sind keine starren Gegensätze, oft sind es vielmehr verschiedene Ebenen einer Welt, die sich in unserem Erleben beständig wechselseitig beeinflussen. Das Geistige und das Materielle gelten seit der Antike als Gegensatzpaare; die fundamentale Frage, welcher Stellenwert dem Geistigen, welcher dem Materiellen in unserem Weltbild zukommt, wird in der Philosophie seit je kontrovers und teils erbittert diskutiert. In unserer durch technische Medien geprägten Wirklichkeit des 21. Jahrhunderts hat sich zunehmend die Einsicht durchgesetzt, dass sowohl das Geistige, die Welt der Ideen und Vorstellungen, als auch das Materielle, die Welt der Gegenstände, unsere Wahrnehmung der Wirklichkeit prägen. Beides existiert gleichzeitig, beides steht in Wechselwirkung miteinander. Unsere Gedanken, Gefühle und Vorstellungen, die durch die Kommunikation und Informationsvermittlung der Medien wesentlich geformt sind, bestimmen die Art und Weise, wie wir die Welt um uns herum wahrnehmen. Janet Cardiff und George Bures Miller sind die Bildner dieser Wirklichkeitswahrnehmung, die charakteristisch ist für das Weltbild im frühen 21. Jahrhundert.

Die Ausstellung von Cardiff und Miller im Lehmbruck Museum entführt uns in andere Welten. Wie Alice im Wunderland begeben wir uns auf eine Reise zu Orten und Ereignissen, in denen die Maßstäbe dessen, was wir als wirklich erachten, ins Wanken geraten. Die Klanginstallationen und Environments von Cardiff und Miller umfangen uns mit allen Sinnen, sie sind immersiv.[1] Wir tasten uns vorsichtig heran, sowohl körperlich als auch mental. Unsicher und zugleich voller Neugierde begeben wir uns — Forschenden gleich — auf eine Erkundungstour. In aufwändigen Arrangements kombinieren die Künstler ebenso souverän wie meisterhaft Elemente des Kinos, des Theaters, des Hörspiels, der Musik und der Klangkunst. Mit einer enormen Fantasie schöpfen sie aus den Möglichkeiten

1 Das Adjektiv »immersiv« beschreibt den Eindruck, sich in eine Umgebung mit dem ganzen Körper hineinzubegeben (»einzutauchen«) und diese in ihrer Räumlichkeit wahrzunehmen. Es wurde vor allem im Zusammenhang mit der technologischen Entwicklung von Computern verwendet, die über eine Datenbrille den Sehsinn so stimulieren, dass die Nutzer:innen den Eindruck haben, sie bewegten sich durch Kopf- bzw. Handbewegungen in einem dreidimensionalen Raum. Ein wesentlicher Aspekt ist die Möglichkeit, mit den eigenen Bewegungen Veränderungen der Raumdaten zu bewirken. Diese Möglichkeit zur Interaktion mit den visuell und auditiv zugänglichen Daten führt dazu, dass wir die Umgebung als eine der Wirklichkeit vergleichbare Umgebung akzeptieren. Um diese neuartige Umgebung zu benennen, wurde der Begriff der künstlichen Realität (Artificial Reality) bzw. der virtuellen Realität (Virtual Reality) geprägt. Vgl. dazu u. a. Howard Rheingold: *Virtuelle Welten. Reisen im Cyberspace*, Reinbek bei Hamburg 1992; Originalausgabe *Virtual Reality*, New York 1991.

Is our world of thought less real than what we can touch, or than what we can see? We all experience on a daily basis that what we think, feel and hear does not exist in opposition to an objective, representational reality. These are no rigid contrasts. Often, they are simply various levels of a world that are continually influencing one another in our experience. The mental and the material have been understood as contrastive pairs since antiquity; the fundamental question of what priority is assigned to the mental and what to the material in our understanding of the world has always been discussed in philosophy, controversially and sometimes with acrimony. In our twenty-first-century, characterised by technical media, the insight has increasingly asserted itself that both the mental realm, the world of ideas and imaginings, and the material realm, the world of things, shape our perception of reality. The two exist simultaneously, and correlate with one another. Our thoughts, feelings and imaginings, which are significantly shaped by the communication and mediation of information by the media, determine the manner in which we perceive the world around us. Janet Cardiff and George Bures Miller are the creators of this perception of reality that is characteristic for the world view in the early twenty-first century.

The exhibition of Cardiff and Miller in the Lehmbruck Museum transports us to other worlds. Like Alice in Wonderland, we embark on a journey to places and events where the standards of what we consider to be real begin to totter. The sound installations and environments of Cardiff and Miller enfold us with all senses; they are immersive.[1] We advance cautiously, both physically and mentally. Uncertain and at the same time full of curiosity, we embark on a voyage of discovery, like explorers. In sophisticated arrangements, the artists confidently and expertly combine elements of cinema, theatre, audio drama, music and sound art. With an enormous amount of imagination, they draw inspiration from the possibilities of known art forms and media and create their own entirely new genre. The works appeal in a previously unknown way to our senses of hear-

1 The adjective »immersive« describes the impression of entering an environment with the entire body (»immersing«) and perceiving this environment in its spatiality. It was primarily used in connection with the technological development of computers, which stimulate the sense of sight with data goggles such that users have the impression of moving in a three-dimensional space with movements of the head and hands. One central aspect is the possibility of affecting changes to the spatial data with one's own movements. This possibility for interaction with the visually and auditorily accessible data leads to us accepting the environment as one comparable with reality. The terms »artificial reality« and »virtual reality« were coined to name this novel environment. On this, among others, see Howard Rheingold, *Virtuelle Welten. Reisen im Cyberspace* (Reinbek near Hamburg, 1992); original edition *Virtual Reality* (New York, 1991).

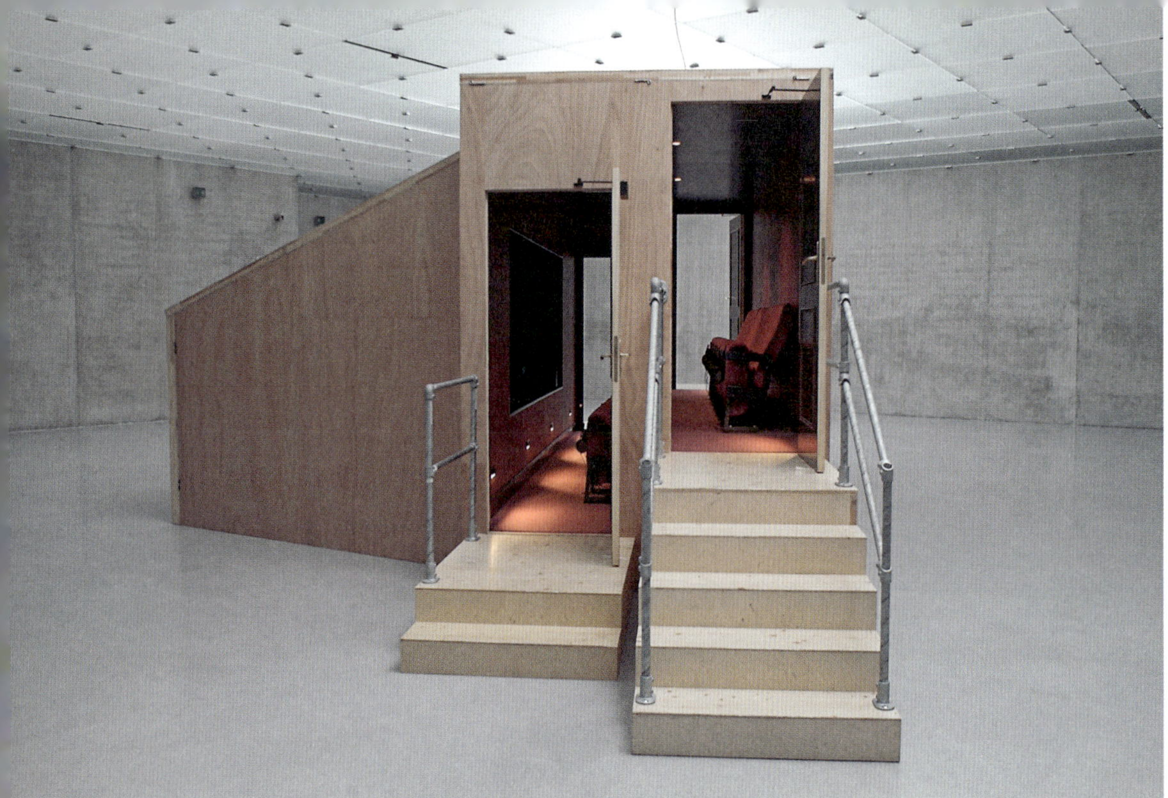
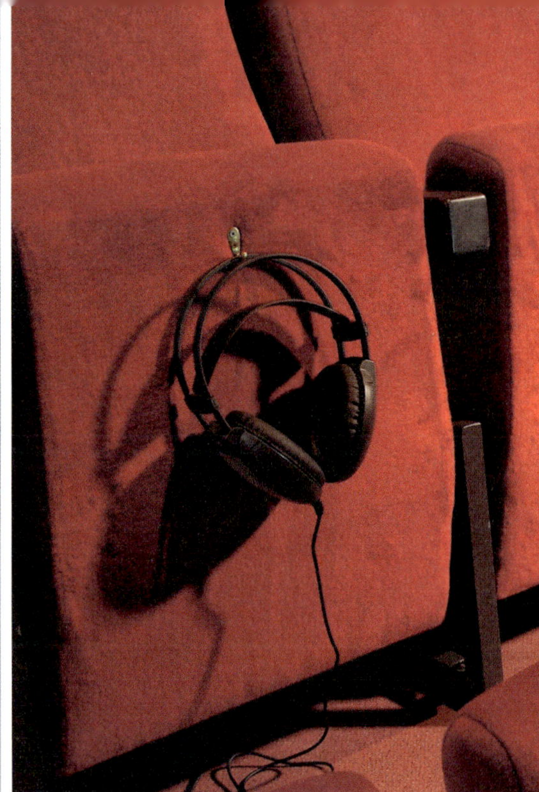

Abb./figs. 1–3: Cardiff & Miller, *The Paradise Institute* [Das Paradiesinstitut], 2001

der bekannten Kunstformen und Medien und kreieren ein ganz eigenes neues Genre. Die Werke appellieren auf zuvor ungekannte Weise an unseren Hörsinn, an unseren Sehsinn, unser Körperbewusstsein, an unsere Vorstellungskraft, unsere Gefühle und Erinnerungen. Sie erschaffen so virtuelle Räume, die ihre Wirkkraft sowohl durch die Präsenz und Aktivität des Körpers als auch durch unsere Vorstellungskraft und Emotionen entfalten.

> »Wir alle suchen nach der wirklichen, authentischen Erfahrung, die uns fühlen lässt, dass wir tatsächlich auf dieser Erde sind.«[2]

Die Ausstellung ist sorgfältig orchestriert: Den Auftakt macht mit *The Paradise Institute* ein Schlüsselwerk von Cardiff und Miller aus dem Jahr 2001 (Abb. 1–3). Es ist eine Holzkonstruktion, die wir über zwei Treppen betreten können. Im Innern erwartet uns das Halbdunkel eines kleinen Kinoraums mit zwei Reihen von bordeauxroten Samtsesseln. Die Funktion bestimmt die äußere Form der Holzarchitektur. Haben wir auf den roten Kinosesseln Platz genommen, schauen wir über eine Balustrade in das Modell eines Miniaturfilmtheaters mit einer Filmprojektion an der Stirnseite. Sobald wir die Kopfhörer aufgesetzt haben, die uns zur Verfügung gestellt werden, verfolgen wir nicht nur das Geschehen auf der Leinwand, sondern hören zugleich die Stimmen eines Publikums, das nicht anwesend ist und das wir nicht sehen können. Zu Beginn flimmert das Bild auf der Leinwand, wir hören Rascheln und Husten, und eine nahe flüsternde Stimme fragt: »Wo ist sie? […] Warum sind wir hier?« Der Zuschauerraum verdunkelt sich, und Schritte sind zu hören. Auf der Leinwand erscheint der Kopf eines schlafenden Mannes, und eine Stimme sagt: »Gestern Abend habe ich einen Mann unter meinem Fenster gehört. Ich lauschte seinen Schritten.« Die Stimme einer Krankenschwester ist zu hören: »Es ist jetzt Zeit aufzuwachen.« Ein Klingelton ertönt. Der Mann erwacht. Wir hören Flüstern, Autohupen, Husten, dann das Bild eines hupenden Kleinbusses im Morgengrauen auf einer leeren Straße aus der Vogelperspektive. Eine Person steigt aus dem Bus, Kirchenglocken läuten. Dazu sagt eine weibliche Stimme: »Es ist alles geregelt.« Ein Schuss knallt. Erst dann folgt die »passende« für eine Kriminalgeschichte charakteristische Musik. Die Atmosphäre ist geheimnisvoll, konspirativ, spannungsgeladen. Szenenwechsel: Der Bühnenauftritt einer Sängerin im Innern einer Bar. Wir werden Ohrenzeugen eines Telefongesprächs, in dem ein Mann sagt: »Ich

2 »Janet Cardiff und George Bures Miller im Gespräch mit Brigitte Kölle«, in: *The Paradise Institute*, Ausst.-Kat. Biennale von Venedig, Kanadischer Pavillon, Venedig 2001, S. 15, zit. nach: Brigitte Kölle: »Eine Reise in die Windungen unseres Gehirns«, in: *Janet Cardiff und George Bures Miller. Works from the Goetz Collection*, Ausst.-Kat. Haus der Kunst, München, Ostfildern 2012, S. 29.

ing and sight, our body consciousness, our power of imagination, our emotions and memories. In this way, they create virtual spaces that unfold their impact both through the presence and activity of the body and through our power of imagination and emotions.

> »We are all searching for the real, for the authentic experience that makes us really, really feel that we are actually here on this earth.«[2]

The exhibition is carefully orchestrated: it starts with *The Paradise Institute* (figs. 1–3), a key work of Cardiff and Miller from 2001. It is a wooden construction we can enter with two sets of stairs. Inside, we encounter the semi-darkness of a small cinema with two rows of Bordeaux-red velvet seats. The function determines the outer form of the wood architecture. Once we have taken a seat, we look over a railing into the model of a miniature movie theatre with a film projection on the front side. As soon as we have donned the provided headphones, we follow not only the happenings on the screen, we also hear the voices of an audience that is not present and that we cannot see. The image initially flickers on the screen; we hear rustling and coughing, and an almost whispering voice that asks: »Where is she? […] Why are we here?« The auditorium darkens and steps can be heard. The head of a sleeping man appears on the screen and a voice says: »Yesterday evening I heard a man below my window. I listened to his footsteps.« The voice of a nurse is heard: »It's time to wake up now.« A ring tone sounds. The man awakens. We hear whispers, car horns, coughs, then the image of a honking van in the early morning hours on an empty road, seen from a bird's-eye perspective. Someone climbs out of the van, church bells sound. One also hears a female voice: »It is all arranged.« A shot is fired. Only then does one hear the characteristic music »appropriate« for a crime story. The atmosphere is mysterious, conspiratorial, charged with tension. Scene change: the stage show of a singer in a bar. We become ear-witnesses to a telephone conversation in which a man says: »I've found the perfect place. Yes, in the middle of nowhere. […] I'll be there tomorrow.« The siren of a police car sounds.

2 »Janet Cardiff und George Bures Miller im Gespräch mit Brigitte Kölle«, in *The Paradise Institute*, exhib. cat. Venice Biennale, Canadian Pavilion (Venice, 2001), p. 15, cited from Brigitte Kölle, »Eine Reise in die Windungen unseres Gehirns«, in *Janet Cardiff und George Bures Miller. Works from the Goetz Collection*, exhib. cat. Haus der Kunst, Munich (Ostfildern, 2012), p. 29.

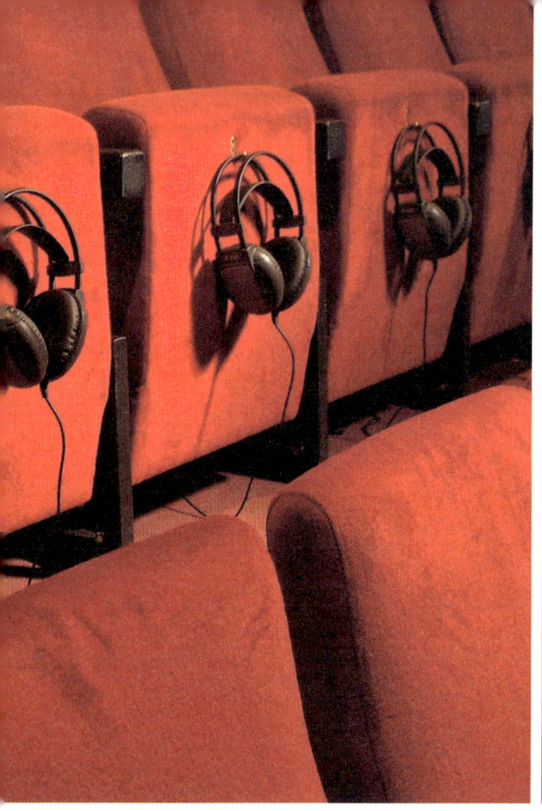

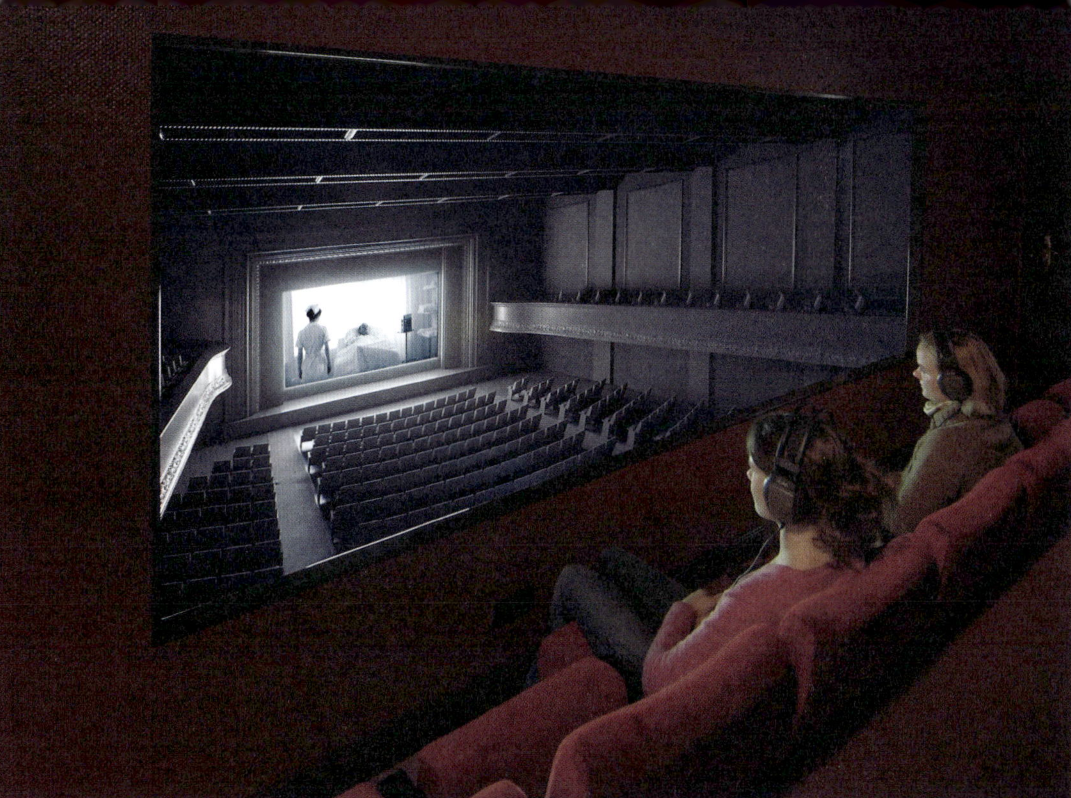

habe den perfekten Ort gefunden. Ja, mitten im Nichts. [...] Ich werde morgen dort sein.« Dann ertönt die Sirene eines Polizeiautos.

Der Film wird immer wieder von Stimmen und Klängen begleitet, die die erzählte Zeit des Leinwandgeschehens unterbrechen. Die Stimme, die sich den Zuschauern von Zeit zu Zeit nähert, kann die eigene innere Stimme sein oder die einer fiktiven Begleiterin. Sie sagt: »Ich habe etwas über diesen Film gelesen, er beruht auf einer wahren Geschichte über die Experimente, die das Militär in den 50er Jahren durchgeführt hat. [...] Oder vielleicht war es ein anderer Film?«[3] Immer wieder wandert die Stimme direkt in den Zuschauerraum: »Hast du geschaut, ob der Herd aus ist bevor wir weggegangen sind?« Ein lichterloh brennendes Haus ist zu sehen. Das Knistern der Flammen ertönt direkt neben uns.

Die Simulation körperlicher Präsenz

Das Besondere an der Erfahrung, die wir in *The Paradise Institute* machen, ist die körperliche Präsenz der Stimme einer abwesenden Person, die wir über die Kopfhörer wahrnehmen. Irritierend ist die Räumlichkeit des Tons, er lässt die Stimmen und Geräusche, die uns näherkommen, täuschend echt erscheinen.[4] Durch die besondere Qualität des binauralen Klangs sind wir noch stärker als im herkömmlichen Kino von der Außenwelt isoliert. Was aber ist die Außenwelt? Ist es die Welt der anwesenden Sitznachbarn im kleinen Kinoraum? Oder sind es die Stimmen der nicht anwesenden Personen, die sich uns von Zeit zu Zeit zu nähern scheinen? Wir sind hochkonzentriert und versuchen mit gesteigerter Aufmerksamkeit, die verschiedenen Ebenen der Klänge zu identifizieren, zu separieren, um sie unterschiedlichen Realitätsebenen zuordnen zu können. Das gelingt nur unvollständig; es bleibt eine Reihe von Lücken und Leerstellen, die wir mit unseren je individuellen Vorstellungen füllen. Die Erzählung verläuft nicht linear; sie ist strukturiert wie ein Hypertext, ein Text, der sich wie ein Rhizom verzweigt.[5] In *The Paradise Institute* erleben wir intensiv, wie unsere

3 Vgl. dazu auch *Janet Cardiff & George Bures Miller. The Killing Machine und andere Geschichten*, hrsg. von Ralf Beil und Bartomeu Marí, Ausst.-Kat. Institut Mathildenhöhe Darmstadt und Museu d'Art Contemporani de Barcelona, Ostfildern 2007, Abb. 7, S. 147.

4 Für die binaurale Aufnahme werden Minimikrofone an den Ohren eines Menschen oder an künstlichen Köpfen wie denen von Schaufensterpuppen befestigt. »Mit dieser Technik ist es möglich, die Anwesenheit physikalischer Phänomene zu suggerieren, die es gar nicht gibt«, so Cardiff in der Projektbeschreibung, in: *Skulptur. Projekte*, hrsg. von Klaus Bußmann u. a., Ausst.-Kat., Münster 1997, S. 83–85, hier: S. 83.

5 Den Begriff »Hypertext« prägte Theodor Nelson 1965; er definiert ihn als »nichtsequenziellen Text — ein Text, der sich verästelt und dem Leser Wahlmöglichkeiten bietet und den man besten auf einem interaktiven Bildschirm liest.« Theodor Holm Nelson: »Getting it Out of Our System«, in: *Information Retrieval*, Philadelphia, 1966, Washington D.C. u. a. 1967, S. 191–210.

The film is repeatedly accompanied by voices and sounds that interrupt the narrated time of the occurrences on the screen. The female voice that occasionally approaches the spectators could be our own inner voice or that of a fictitious companion. It says: »I read something about this film. It's based on a true story about the experiments the military carried out in the 1950s. [...] Or maybe it was another movie?«[3] The voice wanders again and again directly into the auditorium: »Did you check the stove before we left?« A house engulfed in flames can be seen. The crackling of the flames sounds directly next to us.

The Simulation of Physical Presence

What is special about the experience we have in *The Paradise Institute* is the physical presence of the voice of an absent person we perceive through the headphones. The spatiality of the sound is irritating; the voices and noises that approach us seem deceptively real.[4] Thanks to the unique quality of the binaural sound, we are isolated even more from the outside world than we would be in a conventional cinema — but what is the outside world? Is it the world of the person sitting next to you in the small cinema space? Or is it the voices of the absent people that seem to approach us from time to time? We are highly concentrated and attempt with intensified attention to identify and separate the various levels of sound, in order to assign them to distinct levels of reality. This is only partially successful; there is a series of gaps and spaces that each of us fills with our individual imaginings. The narrative does not progress in a linear fashion; it is structured like a hypertext, a text that branches off like a rhizome.[5] In *The Paradise Institute*, we experience intensely how our ability to differentiate real and unreal, true and false, fictitious and real begins to unravel. We begin

3 On this, see also *Janet Cardiff & George Bures Miller. The Killing Machine und andere Geschichten*, ed. Ralf Beil and Bartomeu Marí, exhib. cat. Institut Mathildenhöhe Darmstadt and Museu d'Art Contemporani de Barcelona (Ostfildern, 2007), fig. 7, p. 147.

4 For the binaural recording, mini-microphones are fastened to the ears of a human being or to artificial heads, like those of mannequins. »This technology makes it possible to suggest the presence of physical phenomena that doesn't exist at all«, according to Cardiff in the project description, in *Skulptur. Projekte*, ed. Klaus Bußmann et al, exhib. cat. (Münster, 1997), pp. 83–85, here p. 83.

5 Theodor Nelson coined the term »hypertext« in 1965; he defined it as »non-sequential text — a text that branches off and offers the reader possibilities of choice, and which one can best read on an interactive screen.« Theodor Holm Nelson, »Getting it Out of Our System«, in *Information Retrieval* (Philadelphia, 1966/Washington D.C. et al., 1967), pp. 191–210.

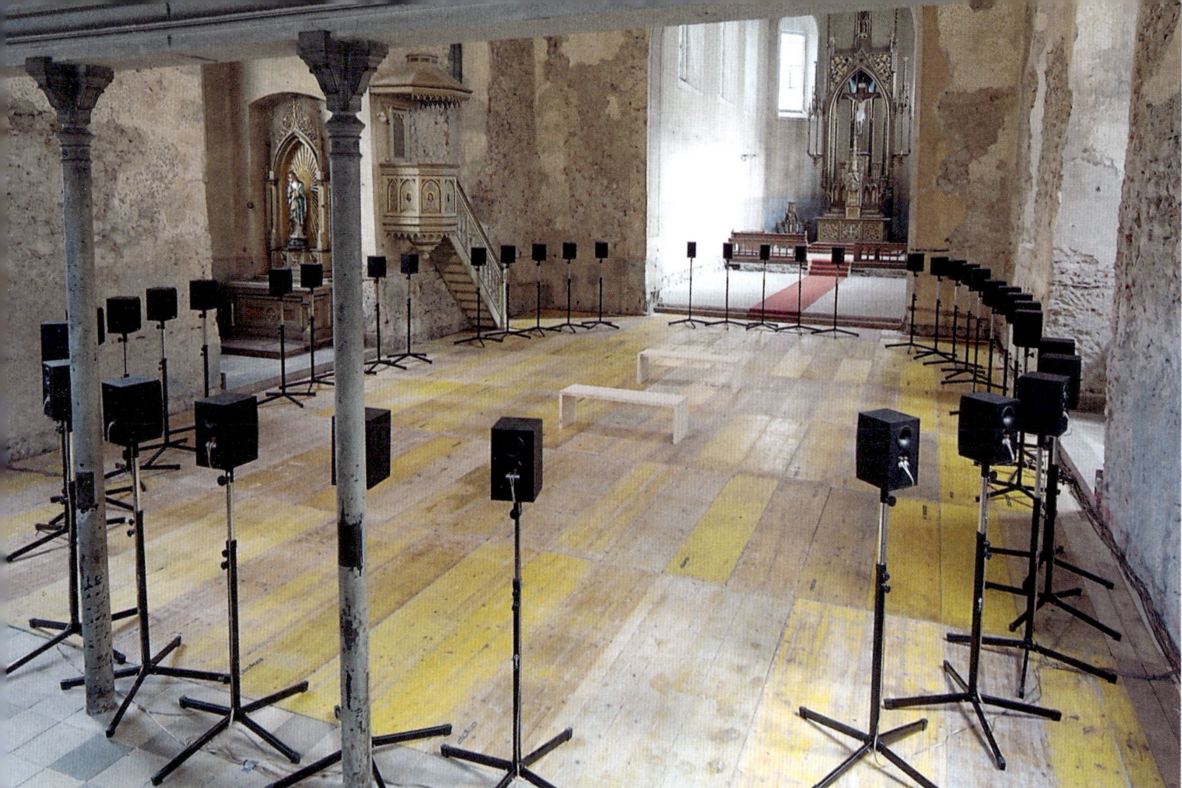

Abb./fig. 4: Cardiff & Miller, *The Forty Part Motet* [Die vierzigteilige Motette], 2001

Fähigkeit, echt und unecht, wahr und falsch, fiktiv und real voneinander zu unterscheiden, ins Wanken gerät. Wir beginnen unserer eigenen Wahrnehmung nicht mehr uneingeschränkt zu vertrauen. Das Werk kreiert einen Möglichkeitsraum, einen virtuellen Raum, dessen Erfahrung so intensiv ist, dass er sich mit dem realen Raum verschränkt. Die Fiktion gewinnt an Authentizität.

Cardiff und Miller nutzen die klassischen Elemente eines Kinoerlebnisses und legen die kinematischen Strategien offen. Cardiff nennt es »Kino vom Kino«.[6] Es geht nicht um das Einfühlen in das Leben von fiktiven Charakteren mit den klassischen Mitteln der Narration, sondern darum, mit den Mitteln des Kinos die Strategien des Kinos zu intensivieren und sie bewusst zu machen. Es ist eine mentale Aktivität, die dem kubistischen Verfahren vergleichbar ist.[7] Die Dekonstruktion der kinematischen Mittel verändert unsere Realitätswahrnehmung, es entsteht eine virtuelle Wirklichkeit, in der eine neue Sensibilität und Offenheit der Sinne wirksam wird.[8] Cardiff und Miller sind Bildhauer in einem neuen und zugleich ursprünglichen Sinn: Sie arbeiten in besonderer Weise mit der Immaterialität von Stimmen, Geräuschen und Klängen. Der Klang wird zum plastischen Material, das unser Denken und Fühlen und unsere Wahrnehmung der Welt prägt.

Virtualisierung des Raumes mit den Mitteln des Plastischen

Mit einer geschärften Wahrnehmung und den filmischen Bildern von *The Paradise Institute* vor unserem inneren Auge treten wir in die Helligkeit des großen Ausstellungsraums mit *The Forty Part Motet* (2001; Abb. 4). Wir sind unmittelbar von dem überwältigenden Klang des Gesangs umgeben, der aus 40 Lautspre-

6 »Janet Cardiff und George Bures Miller im Gespräch mit Doris von Drathen«, in: *Kunstforum International*, Bd. 156: »49. Biennale von Venedig«, 2001, darin: Michael Hübl: »Kanada«, S. 238–241, https://www.kunstforum.de/artikel/text-von-michael-hubl-und-ein-gesprach-von-doris-von-drathen-mit-george-bures-miller- und-janet-cardiff/ (zuletzt abgerufen: 24.1.2022).

7 Ebd.

8 Der Begriff der Virtualität bezieht sich im heutigen Verständnis auf das, was als Möglichkeit vorhanden ist. Er bezeichnet das, was »nicht echt« ist, »nicht in Wirklichkeit vorhanden, aber echt erscheint«. Vgl. Duden 2013. Der Begriff der Virtualität bzw. Virtualisierung bekommt mit der weiteren Verbreitung des Computers seit den 1970er und 1980er Jahren eine immer größere Relevanz in allen Bereichen der Gesellschaft. In diesem Zusammenhang bezeichnet er die Möglichkeit, mit Texten, Bildern und Tönen, die digital gespeichert und verarbeitet werden, auch interagieren zu können: »Auf eben dieser Möglichkeit zur direkten Wechselwirkung mit symbolischen Strukturen bezieht sich der Terminus der ›Virtualisierung‹«, erläutert Sybille Krämer. Vgl. dies.: »Was haben die Medien, der Computer und die Realität miteinander zu tun?«, in: *Medien, Computer, Realität. Wirklichkeitsvorstellungen und Neue Medien*, hrsg. von Sybille Krämer, Frankfurt am Main 1998, S. 9–26, hier: S. 13.

to no longer entirely trust our own perception. The work creates a space of possibility, a virtual space, the experience of which is so intense that it interlocks with the real space. The fiction becomes more authentic.

Cardiff and Miller use the classic elements of a cinema experience and reveal the cinematic strategies. Cardiff calls it »cinema of cinema«.[6] It is not about empathising with the life of fictitious characters with the classic means of narration, but rather about intensifying the strategies of cinema with the means of cinema, making us conscious of them. It is a mental activity that is comparable to the cubist process.[7] The deconstruction of the cinematic means changes our perception of reality. The result is a virtual reality in which a new sensitivity and openness of the senses takes effect.[8] Cardiff and Miller are sculptors in a new and at the same time primary sense: they work in a unique way with the immateriality of voices, noises and sounds. The sound becomes the sculptural material that defines our thoughts and feelings, as well as our perception of the world.

Virtualisation of the Space with Sculptural Methods

With an intensified perception, and the cinematic images of *The Paradise Institute* in our mind's eye, we enter the brightness of the large exhibition space with *The Forty Part Motet* (2001, fig. 4). We are immediately surrounded by the overwhelming sound of the singing originating from forty speakers. It captivates through the multivocality inherent to the piece. One hears the Renaissance choral motet *Spem in Alium* (Hope in any other) by Thomas Tallis, which probably

6 »Janet Cardiff und George Bures Miller im Gespräch mit Doris von Drathen«, in *Kunstforum International*, vol. 156, »49. Biennale von Venedig«, 2001, therein: Michael Hübl: »Kanada«, pp. 238–241 <https://www.kunstforum.de/artikel/text-von-michael-hubl-und-ein-gesprach-von-doris-von-drathen-mit-george-bures-miller-und-janet-cardiff/> accessed 24.1.2022.

7 Ibid.

8 The concept of virtuality as we understand it today refers to that which is present as possibility. It designates that which is »not real«, »does not exist in reality but appears real«. See Duden 2013. The term of virtuality or virtualisation is taking on ever greater relevance in all areas of society with the continuing spread of the computer since the 1970s and 1980s. In this connection, it designates the possibility to also interact with texts, images and sounds that are digitally stored and processed: »The term ›virtualisation‹ refers to precisely this possibility for direct interaction with symbolic structures«, Sybille Krämer explains. See ibid.: »Was haben die Medien, der Computer und die Realität miteinander zu tun?«, in *Medien, Computer, Realität. Wirklichkeitsvorstellungen und Neue Medien*, ed. Sybille Krämer (Frankfurt, 1998), pp. 9–26, here p. 13.

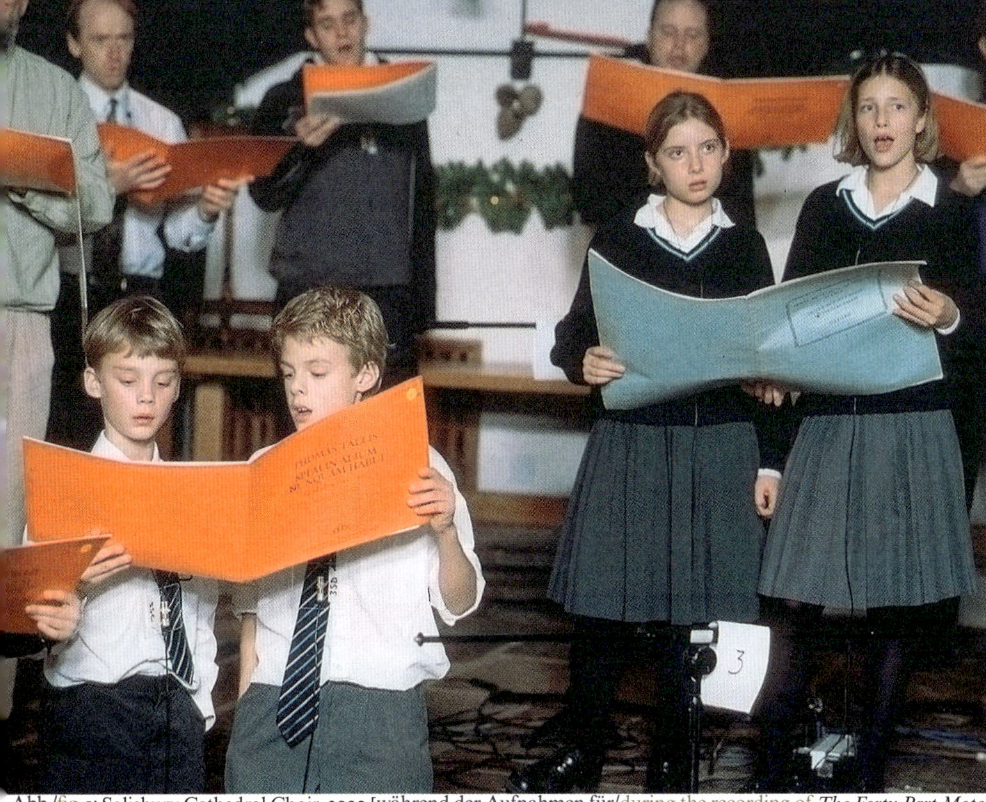

Abb./fig. 5: Salisbury Cathedral Choir, 2000 [während der Aufnahmen für/during the recording of *The Forty Part Motet*]

chern erklingt. Er besticht durch seine Vielstimmigkeit, die dem Stück eigen ist. Zu hören ist die Renaissance Chor-Motette *Spem in Alium* (Hoffnung auf einen anderen) von Thomas Tallis, die wahrscheinlich 1573 entstanden ist.[9] Sie erschafft im neutralen White Cube des Museums eine sakrale, spirituelle Atmosphäre. Jeder der Lautsprecher, die alle auf Stativen im Oval angeordnet sind, gibt eine Stimme wieder; es sind acht Chöre zu je fünf Stimmen, die a capella singen. Aufgenommen wurde das Stück vom Salisbury Cathedral Choir im mittelalterlichen Kirchenschiff der englischen Kathedrale. Jede einzelne Sängerin und jeder einzelne Sänger wurde mit einem Mikrofon ausgestattet, das den Gesang aufnahm (Abb. 5). Die Lautsprecher sind auf durchschnittlicher Ohrenhöhe angebracht, so dass die Installation uns einlädt, zwischen ihnen umherzuwandern.[10] Wir erleben, wie der Gesang von einem Chor zum anderen wandert. Von Zeit zu Zeit wechseln sich einander gegenüberliegende Chöre ab, so dass eine Art Wettstreit entsteht.[11] Anders als bei klassischen Konzerten erlaubt es die Installation durch die räumliche Positionierung der Lautsprecher die charakteristische Eigenständigkeit der Stimmen zu erleben. Wir wandern im Raum zwischen den Chören umher, kommen einzelnen Stimmen sehr nah und entfernen uns, um uns auf wieder andere zu konzentrieren. Wir hören, dass jede einzelne Stimme ihre Eigenheiten hat, und stellen uns die junge Sängerin, den älteren Sänger vor, »[…] hier einen selbstbewussten Tenor, da einen gequetschten Bariton, dort einen Jungen im Alt, der vielleicht bald in den Stimmbruch kommt. All die Stimmen provozieren Vorstellungen von Geschichten und Gesichtern.«[12]
The *Forty Part Motet* ist im Herzen der Ausstellung positioniert; diese Position entspricht der Bedeutung, die dieses Werk im Œuvre von Cardiff und Miller besitzt. Die Klangarbeit kann als auditiver Gegenpart zu *The Paradise Institute* verstanden werden, beide sind im selben Jahr entstanden. Während *The Paradise*

9 Zur Entstehungszeit gibt es unterschiedliche Angaben: Es gilt als wahrscheinlich, dass es zu Ehren des 40. Geburtstags der englischen Königin Elisabeth im Jahr 1573 entstanden ist. Vgl. dazu Nynne Martinusen: »Spem in Alium Nunquam Habui«, in: *Something Strange This Way. Janet Cardiff & George Bures Miller*, Ausst.-Kat. ARoS Aarhus Kunstmuseum, Aarhus 2014/15, S. 129f., hier: Fußnote 25, S. 144.

10 Vgl. dazu auch den Werktext von Ronja Friedrichs in diesem Buch, S. 116.

11 Janet Cardiff: »Er [der Ton] springt im Raum hin und her, und von überall kommen Stimmen, die eine das Echo der anderen. Wenn dich das ganze Ensemble aus allen 40 Lautsprechern umgibt und die Schallwellen deinen Körper treffen, kann das eine überwältigende emotionale Erfahrung sein.«, in: Aarhus 2014/15 (wie Anm. 9), S. 77.

12 Claudia Wahjudi: »Janet Cardiff/George Bures Miller. The Paradise Institute/Forty Part Motet, Hamburger Bahnhof, Berlin«, in: *Kunstforum International*, Bd. 159, S. 301–302, hier: S. 302.

originated in 1573.[9] It creates a sacral, spiritual atmosphere in the neutral white cube of the museum. Each of the speakers, arranged on tripods in the oval, reproduces a voice; there are eight choirs of five voices each, which sing a capella. The piece was recorded by the Salisbury Cathedral Choir in the medieval nave of the English cathedral. Each singer was equipped with a microphone for recording their singing (fig. 5). The speakers are placed at an average ear height, so the installation invites us to wander around among them.[10] We experience how the song wanders from one choir to the other. From time to time, choirs opposite to one another alternate, resulting in a kind of contest.[11] Unlike in classical concerts, the installation allows us to experience the characteristic individuality of the voices through the spatial positioning of the speakers. We stroll about in the room among the choirs, get very close to individual voices and then move away to concentrate on others. We hear that each individual voice has its own characteristics and imagine the young female singer, the older male singer: »here a self-confident tenor, there a crimped baritone, there a boy in alto, whose voice may soon break. All the voices provoke imaginings of stories and faces.«[12]
The Forty Part Motet is positioned at the heart of the exhibition; this position is in keeping with the importance this work has in the oeuvre of Cardiff and Miller. The sound work can be understood as the auditory counterpart to *The Paradise Institute*. Both originated in the same year. While *The Paradise Institute* deconstructs the powerful pictoriality of the cinema, *The Forty Part Motet* leads us into a potent body of sound, assigning us a new role as listeners: we find ourselves amidst the work. We are the ones who recreate the work anew, every moment, in our movement through the physically perceptible space of the sounds. Both works break with the established modes of action of the classic forms of performance: while the »auxiliary sounds« of the virtual audience draw us out

9 There are various claims as to the time of origin: it is likely that it originated on the occasion of the fortieth birthday of Queen Elizabeth in 1573. On this, see Nynne Martinusen, »Spem in Alium Nunquam Habui«, in *Something Strange This Way. Janet Cardiff & George Bures Miller*, exhib. cat. ARoS Aarhus Kunstmuseum (Aarhus, 2014/15), p. 129f., here footnote 25, p. 144.

10 On this, also see the work text of Ronja Friedrichs, p. 116 in this book.

11 Janet Cardiff: »It [the sound] jumps back and forth in the space, and voices come from every direction, one the echo of the other. When you are surrounded by the entire ensemble of all 40 speakers and the sound waves meet your body, that can be an overwhelming emotional experience«, in Aarhus 2014/15 (see note 9), p. 77.

12 Claudia Wahjudi, »Janet Cardiff/George Bures Miller. The Paradise Institute/Forty Part Motet, Hamburger Bahnhof, Berlin«, in *Kunstforum International*, vol. 159, pp. 301–302, here p. 302.

Institute die Bildmächtigkeit des Kinos dekonstruiert, führt uns *The Forty Part Motet* in einen wirkmächtigen Klangkörper, um uns als Zuhörer:innen eine neue Rolle zu geben: Wir befinden uns inmitten des Werks, wir sind diejenigen, die das Werk in unserer Bewegung durch den physisch wahrnehmbaren Raum der Klänge in jedem Moment neu erschaffen. Beide Werke brechen die etablierten Wirkmechanismen der klassischen Aufführungsformen: Während uns in *The Paradise Institute* die »Nebengeräusche« des virtuellen Publikums aus dem kinematischen Sog herausholen, sind wir es in *The Forty Part Motet* selbst, die die Totalität des Klangs aufheben, indem wir uns zwischen den Stimmen bewegen. Wir relativieren und steigern zugleich ihre Wirkung und setzen sie in unmittelbaren Bezug zu unserer Position im Raum. Auf diese Weise emanzipieren wir uns von der Totalität der Klangwirkung.

Ursprünge in der Avantgarde des 20. Jahrhunderts

Das Werk von Cardiff und Miller reflektiert historische und aktuelle Formen der Erzeugung von illusionistischen Räumen, die seit jeher Modelle für unser Verständnis von Welt bilden. Ihr Werk wurzelt zugleich in den Avantgardebewegungen der jüngeren Kunstgeschichte des 20. Jahrhunderts, in denen die Veränderbarkeit des Betrachterstandpunkts zu einem Leitthema wurde. Die Redefinition der Rolle der Betrachter:innen steht stellvertretend für ein neues Selbstbewusstsein des Menschen in der Gesellschaft, der sich von etablierten Konventionen zu lösen beginnt. Vorläufer sind hier die dadaistischen Performances und Theaterformen der Futuristen, in denen die Werke nicht länger für ein statisches Publikum konzipiert wurden.[13] Die körperliche Aktivierung der Betrachter:innen hat eine befreiende Wirkung; jenseits der fixen Vorgaben des Künstlers bekommt das Publikum eine selbstbestimmte Rolle, indem es zur (spielerischen) Aneignung des Werkes eingeladen wird. In der Musik knüpfte Eric Satie 1920 daran an und versuchte in seiner *Musique d'ameublement*, die klassische Sitzordnung des Publikums aufzubrechen, indem er es aufforderte, sich wie in einer Galerie durch den Raum hindurch zu bewegen.

13 Schon 1913 beschrieb Filippo Tommaso Marinetti eine neue Rolle des Publikums, das nicht mehr statisch und unbeweglich bleiben sollte: »Das Varieté-Theater ist das Einzige, das die Mitwirkung des Publikums anstrebt Anders als ein dummer Voyeur bleibt es nicht statisch, sondern beteiligt sich lautstark am Geschehen, am Gesang, begleitet das Orchester, interagiert mit den Schauspielern in überraschenden Aktionen und skurrilen Dialogen.«, Filippo Tommaso Marinetti: »The Variety Theatre (29. September 1913)«, zit. nach: Michael und Victoria Nes Kirby: *Futurist Performance*, New York 1986, S. 179–186, hier: S. 181.

of the cinematic pull in *The Paradise Institute*, in *The Forty Part Motet* it is we who overturn the totality of the sound by moving amongst the voices. We relativise and at the same time intensify their effect, placing them in an immediate relationship with our position in the space. In this way, we emancipate ourselves from the totality of the sound effect.

Origins in the Avant-Garde of the Twentieth Century

The work of Cardiff and Miller reflects historical and current forms of the generation of illusionistic spaces, which have always provided models for our understanding of the world. Their work at the same time has its roots in the avant-garde movements of the more recent art history of the twentieth century, in which the variability of the viewer standpoint became a central theme. The redefinition of the role of viewers is a proxy for a new self-confidence of the human being in society, beginning to free themselves from established conventions. Predecessors here are Dadaist performances and the theatre forms of the Futurists, in which works were no longer conceived of for static audiences.[13] The physical activation of viewers has a liberating effect; beyond the fixed specifications of the artist, the audience assumes a self-determined role, in which it is invited to (playfully) appropriate the work. In music, Eric Satie took up this notion in 1920, attempting to break up the classic seating arrangement of the audience in his »musique d'ameublement« by calling upon them to move through the space as in a gallery. John Cage invented new forms of performance in the 1960s with the »events« at

13 Already in 1913, Filippo Tommaso Marinetti described a new role of the audience, which should no longer remain static and immobile: »The Varieté theatre is the only form that strives for the participation of the audience. Different from a stupid voyeur, it doesn't remain static, but instead participates loudly in the happenings, in the song, accompanies the orchestra, interacts with the actors in surprising actions and bizarre dialogues.« Filippo Tommaso Marinetti, »The Variety Theatre (29 September 1913)«, cited from Michael and Victoria Nes Kirby, *Futurist Performance* (New York, 1986), pp. 179–186, here p. 181.

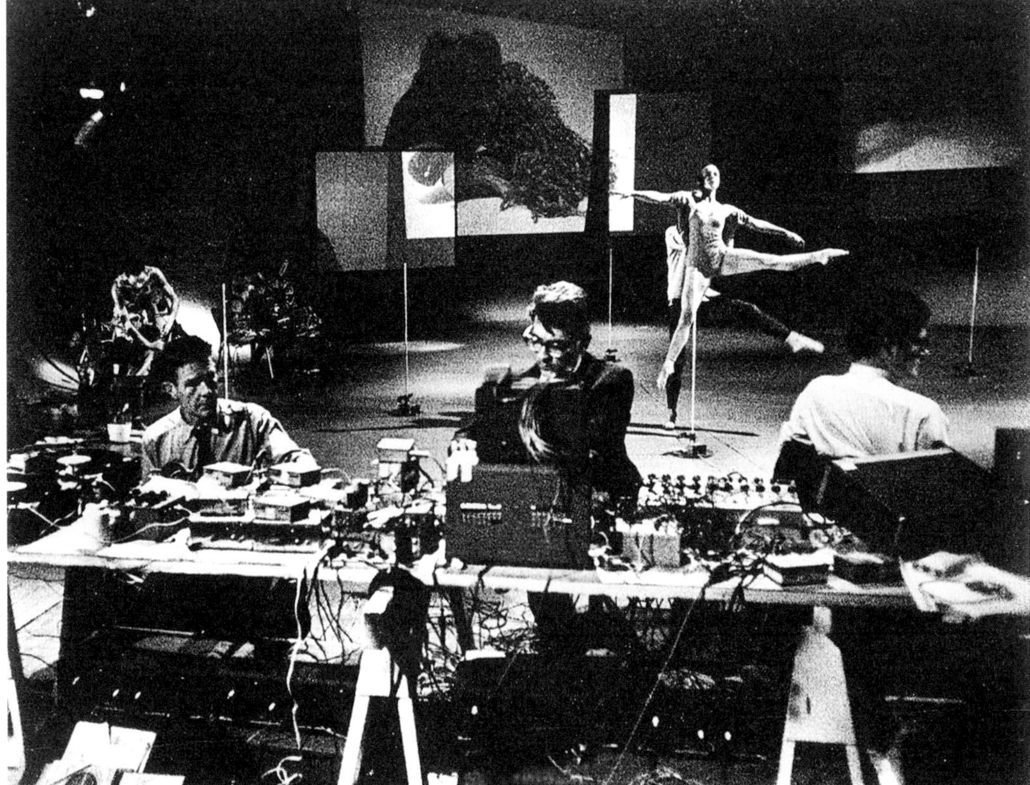

Abb./fig. 6: John Cage, *Variations V* [Variationen V], 1965

Mit den »Events« am Black Mountain College in North Carolina hat John Cage in den 1960er Jahren neue Formen der Aufführung erfunden.[14] In audiovisuellen Performances, wie beispielhaft in *Variations V* (1965; Abb. 6) setzten Cage und Merce Cunningham als Choreograph elektronische Klangsysteme ein, die über fotoelektrische Zellen auf die Bewegungen der Tänzer und auf die wechselnden Lichtintensitäten von Film und Videobildern reagierten.[15] Diese experimentellen Aufführungen können als Vorläufer der späteren interaktiven Environments gelten, wie sie von Cardiff und Miller geschaffen wurden. Dabei kommt akustischen Erfahrungen von Beginn an eine besondere Bedeutung zu. So hat Cage erstmals die Wahrnehmung der Stille nicht als akustisches Phänomen beschrieben, sondern als ganzheitliche Erfahrung des gesamten Körpers und des Geistes, die Bewusstseinsveränderung ermöglicht.[16]

Auf paradigmatischen Errungenschaften wie diesen bauen Cardiff und Miller in ihrem Werk auf. Während die Happenings und Events der 1950er und 1960er Jahre meist an eine traditionelle Bühnensituation gebunden waren, konzipieren Cardiff und Miller ihre Werke bewusst für den Ausstellungskontext. Ihr Interesse unterscheidet sich von den frühen Experimenten und richtet sich auf die skulpturalen Qualitäten des Klangs: »Es interessiert mich auch, wie Klang einen Raum physisch wie eine Skulptur entstehen lassen kann und wie sich ein Zuschauer einen Weg durch diesen physischen und doch virtuellen Raum bahnen kann«, so Janet Cardiff.[17] Damit definiert sie eine der wesentlichen Eigenschaften einer neuen Raum- und Wirklichkeitswahrnehmung, die sich in den 90er Jahren des 20. Jahrhunderts zu formieren begann. Sie beschreibt die Qualität eines virtuellen Raumes, der sich durch die Bewegung der Besucher:innen in deren Wahrnehmung erst konstituiert. So werden Cardiff und Miller zu Wegbereitern einer Kunst, die den Phänomenen der Virtualisierung eine neue plastische Form verleiht.

14 Cage ging es vor allem darum, die Zuhörenden wie die Aufführenden für Alltagsgeräusche und zufällig gefundene Töne zu sensibilisieren. So hat er die Rollenverteilung von Künstler:in (Komponist:in) und Aufführenden neu bestimmt und den Aufführenden eine größere Autonomie in der Interpretation der Notation eingeräumt.

15 Vgl. dazu Söke Dinkla: *Pioniere Interaktiver Kunst*, hrsg. vom Zentrum für Kunst und Medientechnologie Karlsruhe, Ostfildern 1997, S. 28ff.

16 Vgl. dazu Gabriele Jutz: »Grenzlinienkunst«, in: *See This Sound. Versprechungen von Bild und Ton*, hrsg. von Cosima Rainer, Stella Rollig, Dieter Daniels, Manuela Ammer, Ausst.-Kat. Lentos Kunstmuseum Linz, Köln 2009, S. 104ff. Siehe auch Dinkla 1997 (wie Anm. 15), S. 28ff.

17 Janet Cardiff zu »The Forty Part Motet«, in: *The Secret Hotel. Janet Cardiff und George Bures Miller*, hrsg. von Eckhard Schneider, Ausst.-Kat. Kunsthaus Bregenz, Köln u. a. 2005/06, S. 91.

Black Mountain College in North Carolina.[14] In audio-visual performances, such as in *Variations V* (1965, fig. 6), Cage and the choreographer Merce Cunningham used electronic sound systems that reacted, via photoelectric cells, to the movements of the dancers and the changing light intensities of film and video images.[15] These experimental performances can be seen as predecessors of subsequent interactive environments, like those created by Cardiff and Miller. In this context, acoustic experiences were of particular significance from the start. Cage thus for the first time described the perception of silence not as an acoustic phenomenon but as a holistic experience of the entire body and mind, which made a change of consciousness possible.[16]

Cardiff and Miller build upon such paradigmatic achievements in their work. While the happenings and events of the 1950s and 1960s were mostly bound to a traditional stage situation, Cardiff and Miller consciously conceive of their works for the exhibition context. Their interest differs from the early experiments and is oriented to the sculptural qualities of the sound: in Cardiff's words, they are »also interested in how sound may physically construct a space in a sculptural way and how a viewer may choose a path through this physical yet virtual space«.[17] In this way, Cardiff defines one of the central characteristics of a new perception of space and reality that began to form in the 1990s. She describes the quality of a virtual space that is first constituted in perception by the movement of visitors within it. Thus Cardiff and Miller become pioneers of an art that lends the phenomenon of virtualisation a new sculptural form.

14 Cage was especially interested in sensitising both listeners and performers to everyday sounds and randomly found tones. In this way, he redefined the role allocation of artist (composer) and performers, and granted the performers greater autonomy in the interpretation of the notation.

15 On this, see Söke Dinkla, *Pioniere Interaktiver Kunst*, publ. Zentrum für Kunst und Medientechnologie Karlsruhe (Ostfildern, 1997), p. 28ff.

16 On this, see Gabriele Jutz, »Grenzlinienkunst«, in *See this Sound. Versprechungen von Bild und Ton*, ed. Cosima Rainer, Stella Rollig, Dieter Daniels and Manuela Ammer, exhib. cat. Lentos Kunstmuseum Linz (Cologne, 2009), pp. 104ff. Also see Dinkla 1997 (see note 15), p. 28ff.

17 Janet Cardiff on »The Forty Part Motet«, in *The Secret Hotel. Janet Cardiff und George Bures Miller*, ed. Eckhard Schneider, exhib. cat. Kunsthaus Bregenz (Cologne et al, 2005/06), p. 91.

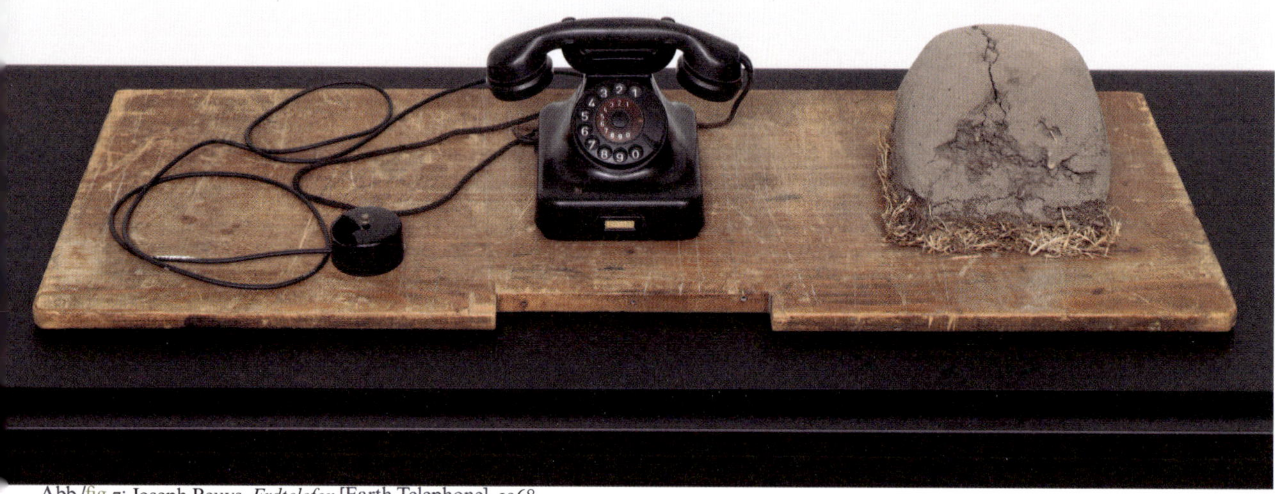

Abb./fig.7: Joseph Beuys, *Erdtelefon* [Earth Telephone], 1968

Interaktion als Verstärker der Realität

Die Werke von Cardiff und Miller sind technisch elaboriert. Beide Künstler begannen ihre Karriere in einer Zeit, in der die Rolle der neuen digitalen Technologien in Kunst und Gesellschaft grundsätzlich und kontrovers diskutiert wurde. Chancen und Verheißungen der Gestaltung einer neuen »künstlichen Welt« — einer »Artificial« oder »Virtual Reality« — standen Untergangsszenarien und Ängsten vor einem drohenden Eskapismus gegenüber. Cardiff arbeitete 1991 am Banff Centre for Arts and Creativity, einer der Ideenschmiede für Kunst und Technologie in Alberta, Kanada. Nahezu gleichzeitig wurden in Deutschland die Kunsthochschule für Medien in Köln und das Zentrum für Kunst und Medientechnologie in Karlsruhe gegründet. Jede neue Technik hat zu allen Zeiten die Künstler inspiriert und zu neuen Formen geführt. Diese Offenheit, Neugierde und Experimentierfreudigkeit prägen auch die Kunst und die Technologiebewegung des 20. Jahrhunderts. Gleichwohl steht insbesondere die Kunst, die digitale Medien einsetzt, bis in die heutige Zeit unter einem besonderen Legitimationsdruck. Zur Debatte stand gerade in den 1990er Jahren, ob und wie der Computer — mit seinem Ursprung in der Militärindustrie — in der Kunst in aufklärerischer Weise eingesetzt werden kann. Wie kann es gelingen, den Tendenzen der Rationalisierung und Automatisierung, für die der Computer steht, entgegenzuwirken?

Cardiff und Miller schlagen mit ihrem Werk einen ganz eigenen Weg ein, abseits des Mainstreams der Medienentwicklung: Für sie ist die Technologie eine Quelle der Inspiration. Sie gibt ihnen die Möglichkeit, eine neue Komplexität zu erzeugen, so dass sich in ihren Werken verschiedene Wahrnehmungsebenen überlagern. Cardiff und Miller werden selbst zu Entwicklern neuer Technologien. Ihre Werke sind technische Meisterwerke, ohne dass wir es ihnen ansehen. Anders als in vielen kommerziellen Anwendungen der »Artificial« oder »Virtual Reality« richten sich viele ihrer Werke nicht vor allem an unseren Sehsinn, um illusionistische Räume im Dreidimensionalen entstehen zu lassen. Sie perfektionieren vielmehr die Möglichkeiten des binaural aufgenommenen Raumklangs, um virtuelle Klangräume zu schaffen.

Kunsthistorisch wichtig ist vor allem die Erweiterung des Skulpturenbegriffs durch Joseph Beuys: Beuys bezieht sich mit seinem Begriff der »Sozialen Plastik« explizit auf das Werk von Wilhelm Lehmbruck, wenn er sagt, dass »seine Skulpturen eigentlich gar nicht visuell zu erfassen [sind]. Man kann sie nur erfassen mit einer Intuition, wobei einem ganz andere Sinnesorgane ihr intuitives Tor offen machen, und das ist vor allen Dingen das Hörende, das Sinnende, das Wollende, das heißt, es sind Kategorien in einer Skulptur vorhanden, die niemals vorher vorhanden waren.«[18] Der Beuys'sche Skulpturenbegriff beschreibt erstaunlich präzise die Eigenheiten des Werks von Cardiff und Miller. So wie

Interaction as an Amplifier of Reality

The works of Cardiff and Miller are technically elaborated. Both artists began their careers at a time in which the role of the new digital technologies in art and society were being fundamentally and controversially discussed. Chances and promises for the design of a new »artificial world«, an »artificial« or »virtual reality«, were juxtaposed with doom-and-gloom scenarios and fears of an ominous escapism. In 1991, Cardiff worked at the Banff Centre for Arts and Creativity, one of the think tanks for art and technology in Alberta, Canada. Almost simultaneously with this, the Academy of Media Arts was founded in Cologne and the Centre for Art and Media in Karlsruhe. Every new technology has always inspired artists and led to new forms. This openness, curiosity and love of experimentation also characterise the art and the technology movement of the twentieth century. Nevertheless, particularly art that uses digital media is even today still subject to a special degree of pressure to legitimate itself. Especially in the 1990s, it was being debated whether and how the computer, with its origins in the military-industrial complex, could be used in art in an enlightened way. How can one counteract the tendencies toward rationalisation and automation for which the computer stands?

With their work, Cardiff and Miller embark on their very own path, separate from the mainstream of media development: for them, technology is a source of inspiration. It enables them to generate a new complexity, so that various planes of perception overlap in their works. Cardiff and Miller themselves become developers of innovative technologies. Their works are technical masterpieces, without us being able to see this. Unlike in many commercial applications of »artificial« or »virtual reality«, many of their works do not primarily address our sense of sight, with the aim of creating illusionistic, three-dimensional spaces. Instead, they perfect the possibilities of binaurally recorded surround sound to create virtual sound spaces.

Of primary art-historical importance is the expansion of the concept of sculpture by Joseph Beuys: with his concept of »social sculpture«, he referred explicitly to the work of Wilhelm Lehmbruck when he said that »his sculptures cannot actually even be comprehended visually. One can only comprehend them with intuition, whereby entirely different sensory organs open their intuitive gate to one, this being primarily the sense of hearing — hearing, sensing, willing, meaning that there are categories present in a sculpture that had never been present previously«.[18] The Beuysian concept of sculpture describes the idiosyncrasies of the work of Cardiff and Miller with astonishing precision. Just as Lehmbruck's figures direct their gaze inward and draw on their own inner power, creativity and the potential of the spiritual are the actual essence of sculpture for Beuys. Thus it is no longer the forming of physical material that is of primary

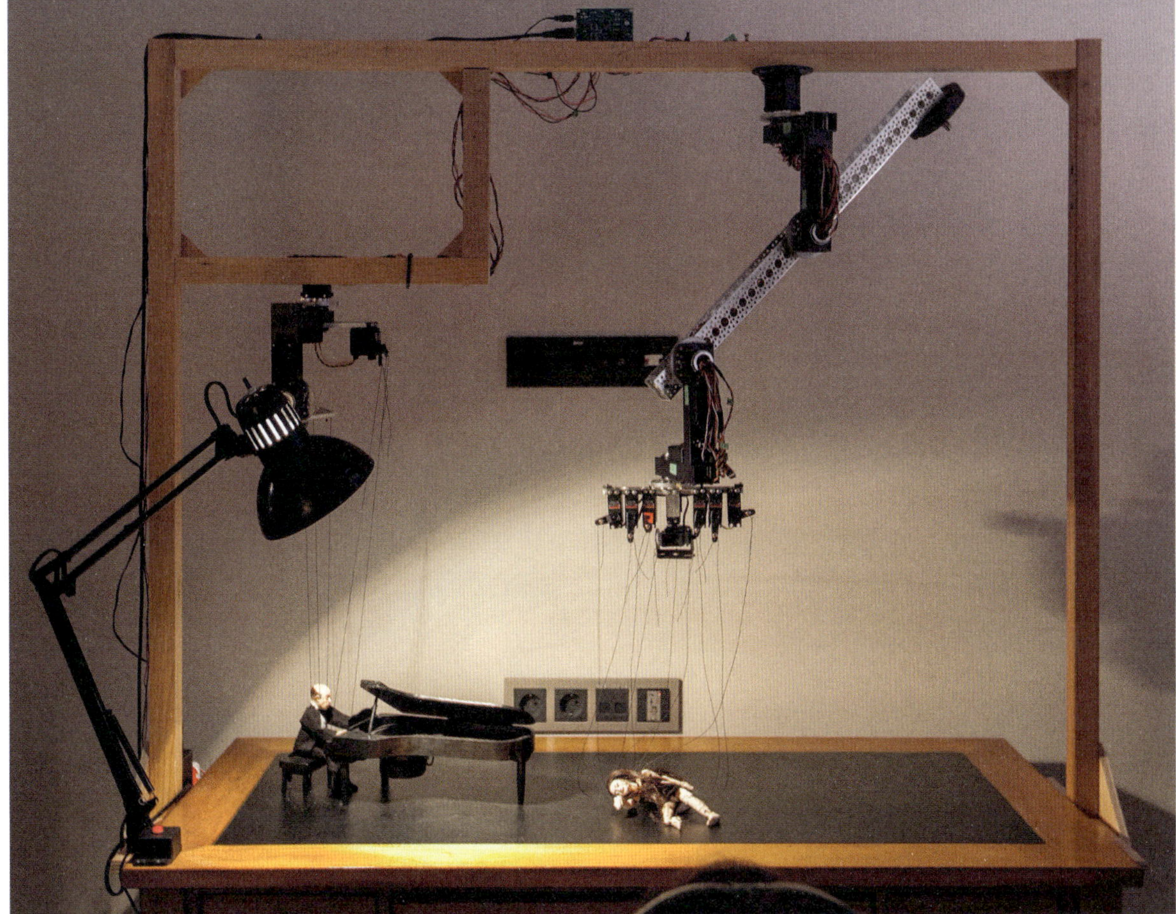

Abb./fig. 8: Cardiff & Miller, *Sad Waltz and the Dancer Who Couldn't Dance* [Trauriger Walzer und die Tänzerin, die nicht tanzen konnte], 2015

Lehmbrucks Figuren ihren Blick nach innen richten und aus ihrem Innern Kraft schöpfen, ist für Beuys die Kreativität und das Potenzial des Geistigen die eigentliche Essenz der Skulptur. Es geht also nicht mehr vor allem um die Gestaltung von physischem Material, sondern von seelischen Zuständen.[19] So wie die Skulpturen Lehmbrucks und die Arbeiten von Beuys das Geistige, die menschliche Kreativität ins Zentrum ihres Werkes stellen, so aktivieren die Klanginstallationen von Cardiff und Miller die Kraft unserer Imagination. Sie kreieren mit ihren Werken Gegenwelten zu der Dominanz des rationalen Denkens und zu hierarchisch organisierten Blickregimes gleichermaßen. Kreativität und Imagination sind Energien, die ein Gegengewicht zur technokratischen, kapitalistischen Wirtschaftsordnung schaffen können.

Beseelte Objekte

Cardiff und Miller verwenden in ihren Environments — ebenso wie Beuys (Abb. 7) oder Jean Tinguely[20] — Gegenstände aus dem Alltagsleben, die bereits eine Geschichte in sich tragen. In *Sad Waltz and the Dancer Who Couldn't Dance* (2015; Abb. 8) wird ein gebrauchter Schreibtisch zu einer Bühne eines Marionettentheaters für zwei Figuren. Eine grob geschnitzte Marionettentänzerin versucht zu dem »Traurigen Walzer« des armenisch-sowjetischen Komponisten Edward Mirsoján einen Tanz aufzuführen. Ihre Bewegungen werden von Fäden an einer robotischen Apparatur gesteuert. Eine männliche Marionette scheint ein kleines hölzernes Piano zu spielen. Beleuchtet wird die Szenerie von einer einfachen Schreibtischlampe. So schlicht das Setting anmutet, so dramatisch ist das Geschehen. Denn es will der Tänzerin einfach nicht gelingen, sich rhythmisch zur Musik zu bewegen. Sie bewegt sich ungelenk, mal stürzt sie zu Boden, mal baumelt sie an den Fäden in der Luft, um später scheinbar erschöpft zu

18 Joseph Beuys: »Dank an Wilhelm Lehmbruck. Rede zur Verleihung des Wilhelm-Lehmbruck-Preises 1986«, in: *Beuys — Lehmbruck. Denken ist Plastik, Lehmbruck — Beuys. Alles ist Skulptur*, hrsg. v. Stiftung Wilhelm Lehmbruck Museum, vertreten durch Söke Dinkla, und Kunst- und Ausstellungshalle der Bundesrepublik Deutschland, vertreten durch Eva Kraus, Ausst.-Kat. Lehmbruck Museum, Duisburg/KAH, Bonn, Berlin 2021, S. 13.

19 Vgl. dazu Söke Dinkla: »Das Unvollendete als plastisches Prinzip. Über geistige Gemeinsamkeiten von Wilhelm Lehmbruck und Joseph Beuys«, in: Duisburg/Bonn 2021 (wie Anm. 18), S. 14–21, hier: S. 16. Vgl. dazu auch das Interview mit Janet Cardiff und George Bures Miller in diesem Buch, S. 8–16.

20 Cardiff und Miller sehen in den kinetischen Skulpturen Jean Tinguelys eine wesentliche Inspiration für ihr eigenes Werk, so die Künstler im Rahmen der Verleihung des Wilhelm-Lehmbruck-Preises am 20. September 2020 im Lehmbruck Museum. Sie teilen mit Tinguely die Faszination der Selbsttätigkeit der Maschine, der sie eine oft groteske melodramatische Poesie verleihen.

importance but psychological states instead.[19] Just as the sculptures of Lehmbruck and the works of Beuys ascribe vital importance to the mental, to human creativity, the sound installations of Cardiff and Miller activate the power of our imagination. With their works, they create worlds counter to both the dominance of rational thought and to hierarchically organised regimes of the gaze. Creativity and imagination are energies that can provide a counterweight to the technocratic, capitalist economic order.

Inspired Objects

Cardiff and Miller, like Beuys (fig. 7) or Jean Tinguely,[20] use objects from everyday life that already bear a story in them in their environments. In *Sad Waltz and the Dancer Who Couldn't Dance* (2015, fig. 8), a used office table becomes a stage for a puppet play with two figures. A roughly carved marionette dancer attempts to perform a dance to the *Sad Waltz* by Armenian-Soviet composer Edward Mirsoján. The dancer's movements are controlled by strings connected to a robotic apparatus. A male marionette appears to play a small wooden piano. The scenery is illuminated by a simple desk lamp. As simple as the setting seems, the action is no less dramatic. This is because the dancer is simply unable to move rhythmically to the music. She moves awkwardly, sometimes falling to the ground, sometimes hanging in the air from her strings, only to then collapse, seemingly exhausted, to the floor and pull herself up once again, starting her attempts anew. No one shows enough insight or empathy to put an end to the futile efforts. The pianist continues playing interminably, the dancer moves in an endless loop. *Sad Waltz and the Dancer Who Couldn't Dance* presents the big issues in small things: it can be read as a parable for human inadequacies and for the insults

18 Joseph Beuys, »Dank an Wilhelm Lehmbruck. Rede zur Verleihung des Wilhelm-Lehmbruck-Preises 1986«, in *Beuys — Lehmbruck. Denken ist Plastik, Lehmbruck — Beuys. Alles ist Skulptur*, publ. Wilhelm Lehmbruck Museum Foundation, represented by Söke Dinkla, and Art and Exhibition Hall of the Federal Republic of Germany (Bundeskunsthalle), represented by Eva Kraus, exhib. cat. Lehmbruck Museum, Duisburg/KAH (Bonn/Berlin, 2021), p. 13.

19 On this, see Söke Dinkla, »Das Unvollendete als plastisches Prinzip. Über geistige Gemeinsamkeiten von Wilhelm Lehmbruck und Joseph Beuys«, in Duisburg/Bonn 2021 (see note 18), pp. 14–21, here p. 16. On this, also see the interview with Janet Cardiff and George Bures Miller in this book at present, interview on pp. 8–16.

20 Cardiff and Miller see a central inspiration for their own work in the kinetic sculptures of Jean Tinguely, according to the artists in the context of the presentation of the Wilhelm Lehmbruck Prize on 20 September 2020 in the Lehmbruck Museum in Duisburg. They share with Tinguely the fascination for the self-activity of the machine, to which they lend an often grotesque and melodramatic poetry.

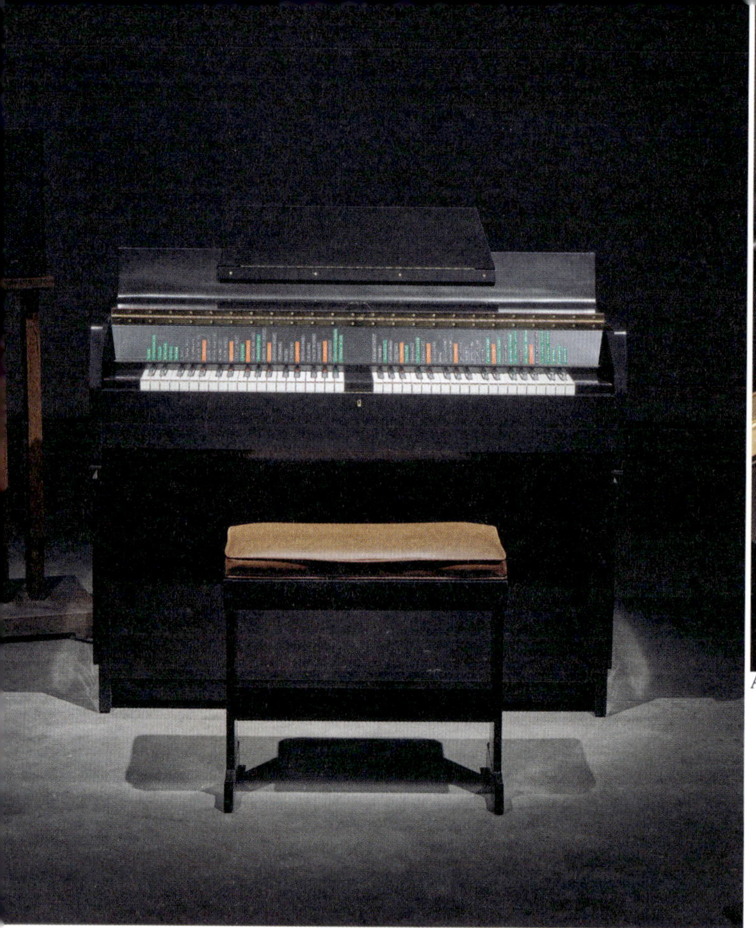

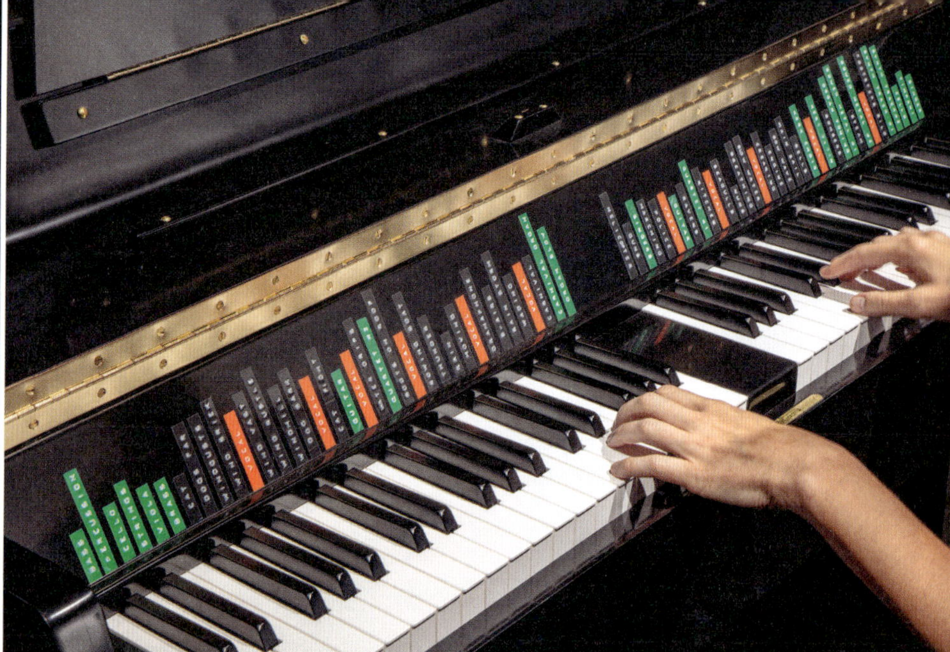

Abb./figs. 9+10: Cardiff & Miller, *The Instrument of Troubled Dreams* [Das Instrument der unruhigen Träume], 2018

Boden zu sinken und sich erneut aufzurappeln, um ihre Versuche von Neuem zu beginnen. Keiner hat ein Einsehen, keiner ausreichend Empathie, um dem hoffnungslosen Bemühen ein Ende zu bereiten. Der Pianist setzt sein Spiel unaufhörlich fort, die Tänzerin bewegt sich im endlosen Kreislauf. *Sad Waltz and the Dancer Who Couldn't Dance* zeigt das Große im Kleinen: Es kann als eine Parabel für menschliche Unzulänglichkeiten gelesen werden und für die Zumutungen, denen er ausgesetzt ist, ohne sich aus eigener Kraft daraus befreien zu können. Das Stück zeigt die Allmacht und Gnadenlosigkeit der Maschine und die Ohnmacht des Menschen in den maschinell gesteuerten Kreislauf einzugreifen, um das Geschehen zu verändern. Es ist eine melancholisch-dunkle Vision des Welttheaters. Allein die Schönheit der Musik spendet Trost.

Verschüttete Erinnerungen

Im nächsten Ausstellungsraum, den wir betreten, können wir selbst in die Rolle des »Klavierspielers« schlüpfen. Eine Klavierbank lädt uns ein, Platz zu nehmen und die Tasten eines Keyboards zu drücken. Es ist ein Nachbau eines Mellotrons aus den 1960er Jahren, ein elektromechanisches Keyboard, das die Aufnahmen eines Tonbandes wiedergibt, sobald eine der insgesamt 72 Tasten gedrückt wird.[21] (Abb. 9, 10) Der Ton erklingt aus 28 Lautsprechern und erfüllt den Raum mit Stimmen, Geräuschen, Klängen und Musik. Bestimmt wird der Soundtrack von der einprägsamen poetischen Stimme Cardiffs, die wir schon aus *The Paradise Institute* kennen: Sie erzählt: » Ich schließe meine Augen und drücke mein Gesicht in ihr Kissen. Ich kann ihr Haar noch immer riechen. Ich wachte heute morgen auf und hörte, wie meine Mutter sich im Badezimmer am Ende des Flurs die Zähne putzte und meine kleine Schwester mit ihrem Hund sprach. Sie verschwanden so schnell, als die Soldaten kamen. [Klopfgeräusche an der Tür] Ja, Mama, bis später. […] Mach den Abwasch, bevor du zur Arbeit gehst, okay? Ich habe sie nie wiedergesehen. Ich schließe meine Augen und drücke mein Gesicht in ihr Kissen. Ich kann immer noch ihr Haar riechen.«

Die Klänge, die wir selbst in Gang setzen, entfalten sich wie der Soundtrack eines Films, der vor unserem inneren Auge abläuft. Wir versetzen uns in die Rolle der Protagonisten, die sich in einem dunklen Raum vor der eintreffenden Polizei verstecken, wir hören den militärischen Gleichschritt von Soldaten, Maschinengewehrschüsse und immer lauter werdende Hubschraubergeräusche. Die Atmosphäre der Bedrohung weicht schließlich dem Lied einer Sängerin. Eine geister-

21 Das Mellotron wurde 1963 in Birmingham entwickelt und gebaut. Jede gespielte Taste drückt ein Stück Magnetband gegen eine Tonwelle. Wenn die Taste losgelassen wird, zieht eine Feder sie wieder in ihre Ausgangsposition. Vgl. https://de.wikipedia.org/wiki/Mellotron (zuletzt abgerufen am 24.1.2022).

to which human beings are subjected, without being able to free themselves by their own efforts. The piece shows the omnipotence and mercilessness of the machine and the inability of the human being to intervene into the mechanically controlled cycle to change events. It is a melancholy and dark version of the world theatre. Only the beauty of the music offers some comfort.

Submerged Memories

In the next exhibition room we enter, we can slip into the role of the »piano player« ourselves. A bench invites us to take a seat and press the keys of a keyboard. It is a reproduction of a mellotron from the 1960s, an electromechanical keyboard that reproduces the recordings of a tape when one of seventy-two keys is pressed (figs. 9, 10).[21] The polyphonic sound originates from twenty-eight speakers and fills the room with voices, noises, sounds and music. The soundtrack is defined by the memorable, poetic voice of Cardiff, with which we are already familiar from *The Paradise Institute*. She says: »I close my eyes and press my face into her pillow. I can still smell her hair. I woke up this morning and heard my mother brushing her teeth in the bathroom at the end of the hall and my little sister talking with her dog. They disappeared so quickly when the soldiers came. [The sound of knocking on the door] Yes, mom, see you later. […] Do the dishes before you go to work, okay? I never saw her again. I close my eyes and press my face into her pillow. I can still smell her hair.«

The sounds, which we set in motion ourselves, unfold like the soundtrack of a film running in our mind's eye. We assume the role of the protagonists, who are hiding in a dark room from the arriving police. We hear the military lock step of soldiers, the firing of machine guns and the increasingly louder sounds of helicopters. The threatening atmosphere finally makes way for the song. A ghostly voice tells of a little statue and a gramophone that was saved. »Our approach to audio technology is very similar to prints,« says Cardiff. »I was trained as a printmaker and practised the trade into the 1990s. One can use different sources

21 The mellotron was developed and built in Birmingham in 1963. Each key, when struck, pushes a piece of tape against a capstan. When let go, the key is pulled back to its original position. See <https://de.wikipedia.org/wiki/Mellotron> accessed 24.1.2022.

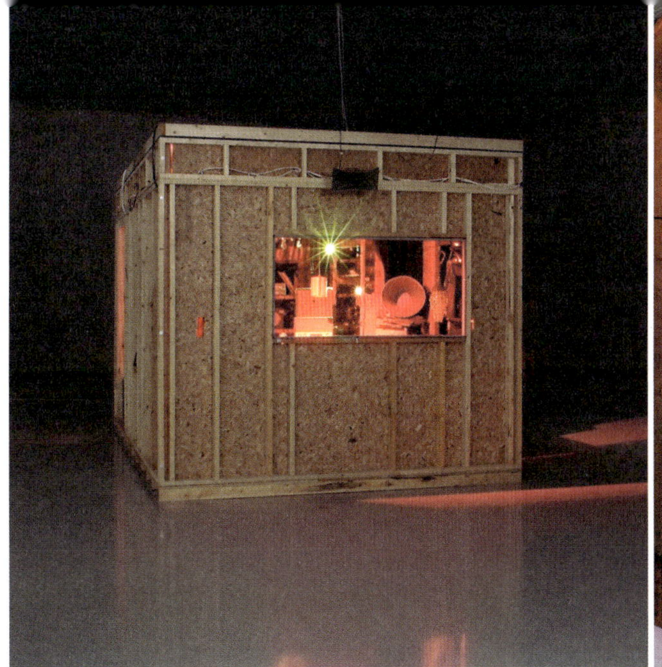
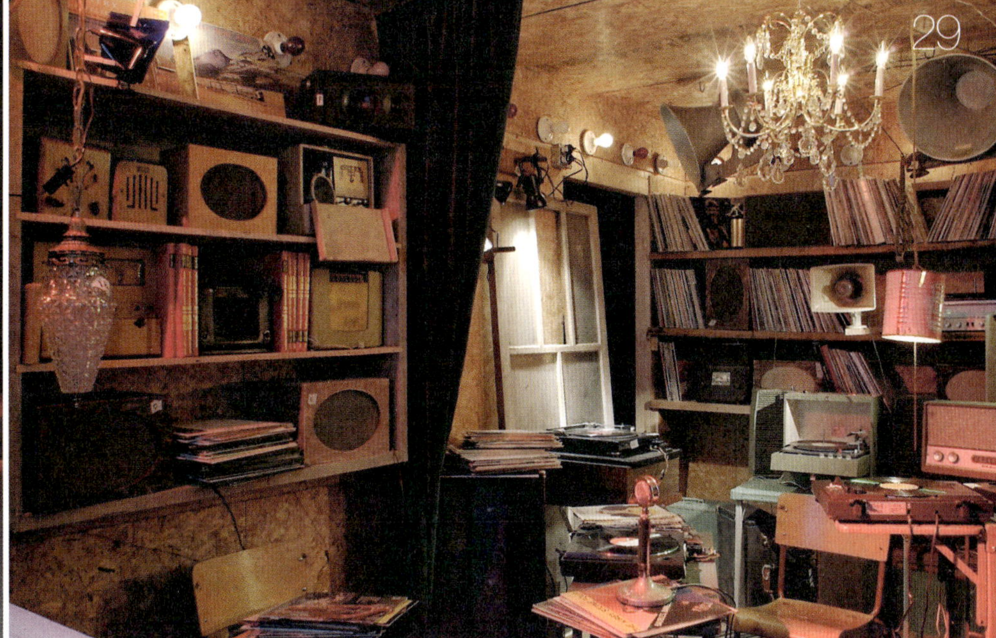

Abb./figs. 11+12: Cardiff & Miller, *Opera for a Small Room* [Oper für einen kleinen Raum], 2005

hafte Stimme berichtet von einer kleinen Statue und einem Grammofon, das gerettet wurde. »Unsere Annäherung an die Audiotechnik ist der Druckgrafik sehr ähnlich«, so Cardiff. »Ich bin als Druckgrafikerin ausgebildet und habe den Beruf bis in die 1990er Jahre ausgeübt. Man kann verschiedene Quellen jedweder Herkunft verwenden und dann in einer Collage zusammenbringen. Von der Idee her fand ich das immer interessant. Mit den Tonaufnahmen geschieht dasselbe: Man kann heute und vor zwanzig Jahren aufgenommenes Material verwenden und es durch die Audiotechnik perfekt zusammensetzen. Es ist eine Mischung von Zeit und Raum.«[22] Mit der systematischen Überlagerung verschiedener Zeit- und Raumebenen beschreibt Janet Cardiff das Konzept, das ihr Werk und auch unsere gegenwärtige Wahrnehmung der Wirklichkeit treffend charakterisiert.

Der Einsiedler — das Individuum des 21. Jahrhunderts

Im folgenden Ausstellungsraum bewegen wir uns zunächst in die Welt des Gegenständlichen und Sichtbaren: Wir nähern uns einem grob gezimmerten Holzraum, in den wir durch eine fensterartige Öffnung Einblick bekommen (Abb. 11). Wir schauen in einen überladenen Raum mit Megafonen, Verstärkern, acht Plattenspielern und unzähligen Schallplatten (fast 2000 Stück), die im gesamten Raum gestapelt sind (Abb. 12). In der Mitte des kleinen Raumes befindet sich ein historisches Radiomikrofon und rechts daneben ein alter Radioapparat umgeben von Lautsprechern, aus denen Geräusche, verschiedene Lieder, Arien und auch Popsongs, zu hören sind. Die Szenerie wird feierlich beleuchtet durch das schummrig goldene Licht eines opulenten gläsernen Kronleuchters und nackten Glühbirnen.
Rund um den Holzraum ist ein aufwendiges Lautsprechersystem installiert, aus dem der für Cardiff und Miller so charakteristische dreidimensionale Raumklang ertönt. Ähnlich wie in *The Paradise Institute* und auch zu Beginn von *The Forty Part Motet* hören wir zuerst das Hüsteln, Rascheln, Tuscheln und Kleiderrascheln des Publikums, begleitet von dem Stimmen der Streichinstrumente. Es führt uns in das Bühnengeschehen der »Oper für einen kleinen Raum« (*Opera for a Small Room*, 2005) ein.
Das Stück beginnt mit der Ankündigung einer männlichen Stimme: »In der Mitte einer Bühne sitzt ein Mann allein in einem Raum, umgeben von Lautsprechern, Plattenspielern und Platten.« Von Zeit zu Zeit sehen wir einen Schatten, der sich

22 Janet Cardiff und George Bures Miller im Interview mit Michael Juul Holm und Mette Marcus, in: *Janet Cardiff & George Bures Miller*, Ausst.-Kat. Louisiana Museum for Moderne Kunst, Humlebæk 2006, S. 18, zit. nach: Bartomeu Mari: »Janet Cardiff, George Bures Miller und andere Geschichten«, in: Darmstadt/Barcelona 2007 (wie Anm. 3), S. 12–35, hier: S. 32.

of any origin and then combine them in a collage. I always found that interesting as a result. The same thing happens with the sound recording: one can use material recorded today and twenty years ago and compile it perfectly with audio technology. It is a mixture of time and space.«[22] With the systematic superimposition of various planes of time and space, Janet Cardiff describes the concept that accurately characterises her work and our contemporary perception of reality.

The Hermit: The Individual of the Twenty-First Century

In the subsequent exhibition space, we initially move into the world of the figurative and the visible: we approach a crudely constructed wooden space, into which we have a view through a window-like opening (fig. 11). We look into a room cluttered with megaphones, amplifiers, eight record players and countless records (nearly 2,000), which are stacked throughout the room (fig. 12). In the middle of the small room is a historical radio microphone, and to the right of it an old radio apparatus, surrounded by speakers, from which noises, arias and even pop songs can be heard. The scenery is solemnly illuminated by the dim, golden light of an opulent glass candelabra and bare light bulbs.
A sophisticated speaker system is installed around the wooden room, from which the three-dimensional stereophony so characteristic of Cardiff and Miller sounds. Similar to in *The Paradise Institute* and at the beginning of *The Forty Part Motet*, we first hear the coughing, rustling and whispering of an audience, accompanied by the voices of the string instruments. It guides us into the happenings on the stage of *Opera for a Small Room* from 2005.
The piece begins with an announcement by a male voice: »A man sits alone in a room at the centre of a stage, surrounded by loudspeakers, record players and records.« From time to time we see a shadow moving through the room. Sequences of coloured light alternate, become weaker and then stronger, and pulse, underlining the rhythm of the music. The light transforms the space from the nostalgic room of a single man into the stage of a nightclub. Christy Lange compares the space with a »secret pulpit of a radio DJ« or with the »cabin of a radar

22 Janet Cardiff and George Bures Miller in interview with Michael Juul Holm and Mette Marcus, in *Janet Cardiff & George Bures Miller*, exhib. cat. Louisiana Museum for Moderne Kunst (Humlebæk, 2006), p. 18, cited from Bartomeu Marí, »Janet Cardiff, George Bures Miller und andere Geschichten«, in Darmstadt/Barcelona 2007 (see note 3), pp. 12–35, here p. 32.

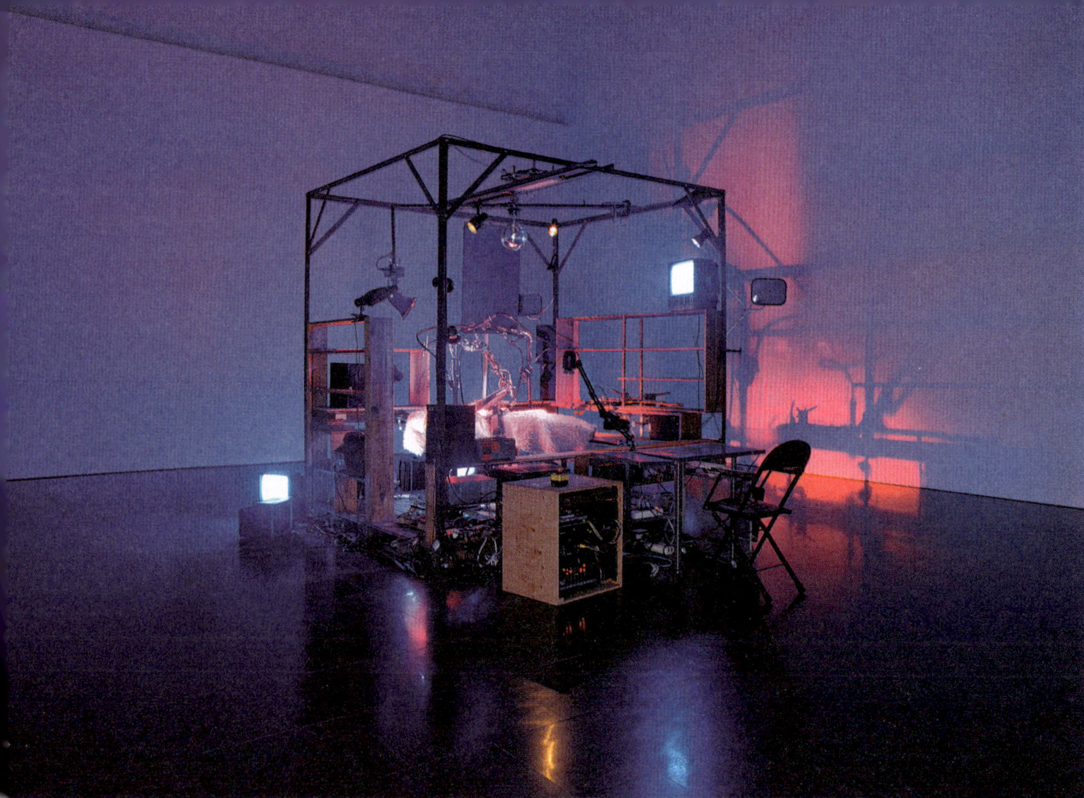

Abb./fig. 13: Cardiff & Miller, *The Killing Machine* [Die Tötungsmaschine], 2007

durch den Raum bewegt. Sequenzen von farbigem Licht wechseln sich ab, werden schwächer und wieder stärker, pulsieren, um den Rhythmus der Musik zu unterstreichen. Das Licht verwandelt den Raum von dem nostalgischen Zimmer eines alleinstehenden Herrn in die Bühne eines Nachtclubs. Christy Lange vergleicht den Raum mit einer »geheime[n] Kanzel eines Radio-DJs« oder mit der »Hütte eines Radartechnikers in Alaska, inmitten eines dunklen Winters«.[23] Die kleine hölzerne Zelle scheint die Behausung eines Einsiedlers zu sein, eines Sonderlings, der sich wie manisch mit einer Überfülle von technischen Tongeräten und Schallplatten umgibt, die er mit Akribie gesammelt und mit seinem Namen »R. Dennehy« beschriftet hat.

Cardiff und Miller reinszenieren Fragmente des möglichen Lebens eines ihnen unbekannten Mannes und verbinden es mit biografischen Begebenheiten ihres eigenen Lebens: Das Innere des Raumes ist die Nachbildung des Innern des Hauses, das beide gekauft hatten, als sie nach Kanada zogen.[24] Die Schallplatten gehörten einmal R. Dennehy, der in Salmon Arm in British Columbia gelebt hat. Cardiff und Miller kauften sie dort in einem Secondhand-Laden. Dennehy hatte vor allem Platten der großen Tenöre gesammelt. In *Opera for a Small Room* trifft die Enge der provinziellen Kleinstadt Salmon Arm auf die große Welt der Oper. Das Werk zeigt, wie im Verborgenen die unwahrscheinlichsten Lebensentwürfe, Leidenschaften und Sehnsüchte koexistieren. »Was uns interessiert, ist dieses extreme kulturelle Nebeneinander zwischen der Oper und der kleinen Westernstadt, in der R. Dennehy lebte. Woran dachte er, während er diese Platten hörte, die in fremden Städten am anderen Ende der Welt aufgenommen worden waren? [...] Hatte er eine Geliebte verloren und fand Trost in der Musik?«[25] Das Kabinett der Reminiszenzen an eine längst vergangene Apparatewelt der Tontechnik ist die Folie, auf der sich das Leben neu entfaltet. Die Oper für einen kleinen Raum kreiert einen Ort, der es ermöglicht, eine virtuelle Person wie in einem luziden Traum zu erschaffen. Trotz ihrer physischen Abwesenheit fühlen wir mit ihr mit; die ihr eigene Einsamkeit ist ein Charakteristikum des Menschen in der heutigen Zeit.

Ist das Böse, das Inhumane darstellbar?

Gegen Ende unseres Rundgangs erwartet uns *The Killing Machine* (Abb. 13–15): In einem abgedunkelten Raum nähern wir uns einer Apparatur, in deren Mitte sich ein skurriler Arztstuhl befindet, er ist bedeckt mit einem Kunstpelz und

23 Christy Lange: »Opera for a Small Room, 2005. Die Hypnotiseure«, in: Darmstadt/Barcelona 2007 (wie Anm. 3), S. 174–187, hier: S. 175.

24 Vgl. dazu Jörg Heiser: »Imagination: das Making-Of«, in: Bregenz 2005/06 (wie Anm. 17), S. 10–20, hier: S. 16.

25 Janet Cardiff und George Bures Miller: »Opera for a Small Room«, in: Bregenz 2005/06 (wie Anm. 17), S. 75.

technician in Alaska, in the midst of a dark winter«.[23] The small wooden cell appears to be the shelter of a hermit, an oddball who manically surrounds himself with an overabundance of technical audio equipment and records, which he has collected painstakingly and labelled with his name, »R. Dennehy«.

Cardiff and Miller restage fragments of the possible life of a man unknown to them and link it with biographical incidents from their own lives: the interior of the room is a recreation of the interior of the house they bought when they moved to Canada.[24] The records once belonged to R. Dennehy, who lived in Salmon Arm in British Columbia. Cardiff and Miller bought them there in a second-hand store. Dennehy mainly collected records of the great tenors. In *Opera for a Small Room*, the limitedness of the provincial small town of Salmon Arm meets the larger world of the opera. The work shows how the most improbable life plans, passions and longings secretly coexist. »We are interested in the extreme cultural juxtaposition between opera and the small western town in which R. Dennehy lived. What did he think about while listening to these records, recorded in cities halfway around the world? [...] Did he lose a lover and find solace in the music?«[25] The cabinet of reminiscences of a long-past apparatus world of sound technology is the film on which life unfolds again. *Opera for a Small Room* creates a place that makes it possible to create a virtual person, like in a lucid dream. Despite their physical absence, we empathise with them one's inherent loneliness is characteristic of the human being today.

Can Evil or Inhumanity Be Represented?

Toward the end of our tour, we encounter *The Killing Machine* (figs. 13–15). In a darkened room, we approach an apparatus, at the centre of which stands a bizarre examination chair. It is covered in fake fur and framed by a rectangular, metal rod system that creates a cage-like space. The chair is surrounded by two robotic arms, shelves, speakers, spotlights and various instruments such as a guitar. A brightly lit red button draws our attention and prompts us to »press

23 Christy Lange, »Opera for a Small Room, 2005. Die Hypnotiseure«, in Darmstadt/Barcelona 2007 (see note 3), pp. 174–187, here p. 175.

24 On this, see Jörg Heiser, »Imagination: das Making-Of«, in Bregenz 2005/06 (see note 17) , pp. 10–20, here p. 16.

25 Janet Cardiff und George Bures Miller, »Opera for a Small Room«, in Bregenz 2005/06 (see note 17), p. 75.

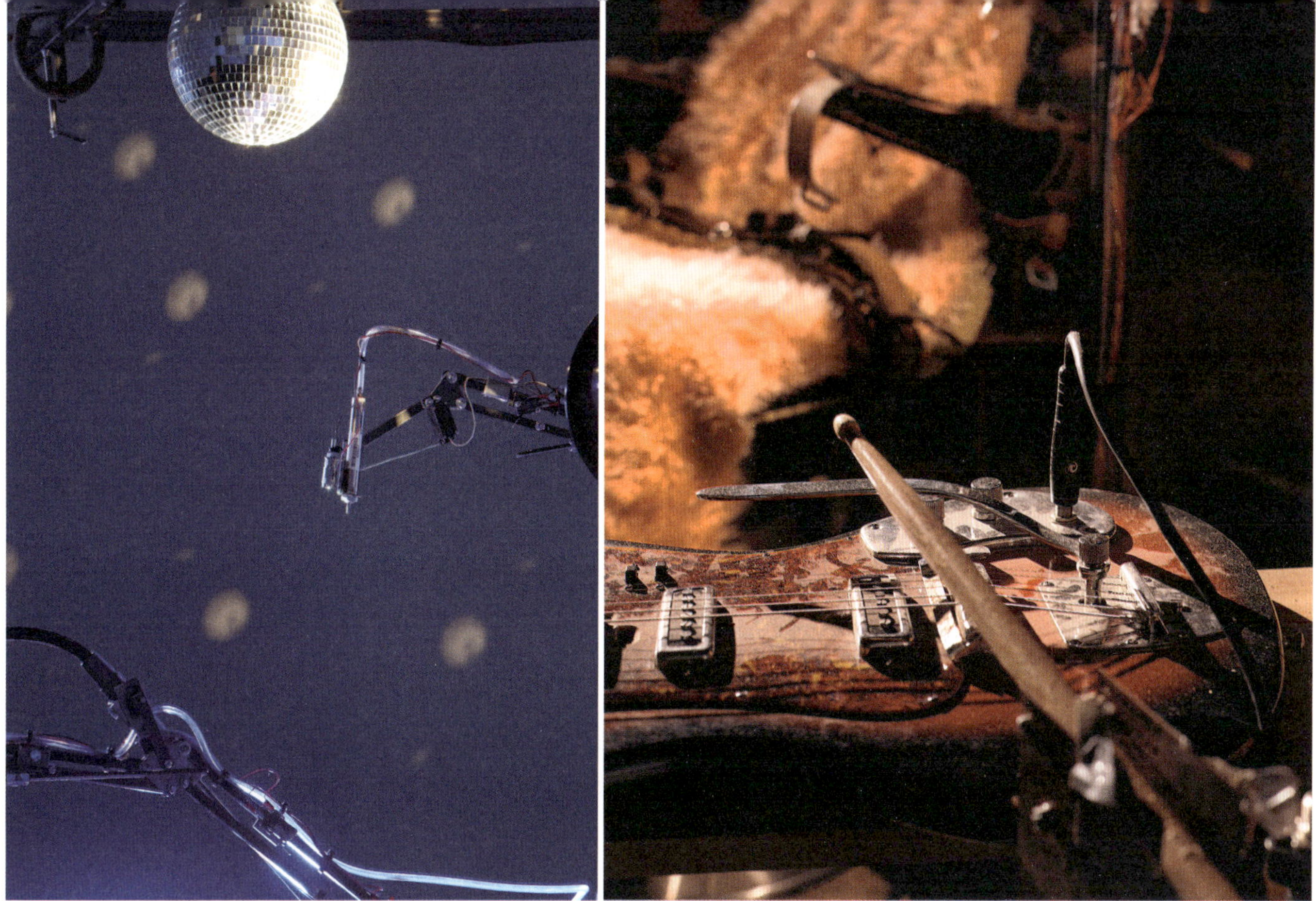

Abb./figs. 14+15: Cardiff & Miller, *The Killing Machine* [Die Tötungsmaschine], 2007

eingefasst von einem rechteckigen metallenen Gestänge, das einen käfigartigen Raum kreiert. Umgeben ist der Stuhl von zwei robotischen Armen, von Regalen, Lautsprechern, Scheinwerfern und Instrumenten, wie zum Beispiel einer Gitarre. Ein hell beleuchteter roter Knopf zieht unsere Aufmerksamkeit auf sich und fordert uns auf, ihn zu betätigen: »Hier drücken«. Sobald wir den Knopf gedrückt haben, wird es dunkel, und die Maschinerie setzt sich in Gang. Über dem Stuhl beginnt eine Stange mit einem Megafon eine kreisende Bewegung. Ein an derselben Stange angebrachter Scheinwerfer wirft Licht auf die Szenerie, er tastet sie wie ein Suchscheinwerfer ab. Das surrende Geräusch der Roboterarme geht über in die dissonanten Klänge einer E-Gitarre. An der Spitze der Arme befindet sich je eine metallene Nadel, die wie eine Injektionsspritze erscheint. Einer Schlange gleich inspiziert er den unsichtbaren Patienten auf dem Arztstuhl, reckt sich hoch auf, um dann seinem »Kopf« bedrohlich nahe zu kommen.

Die Roboterarme beginnen einen »Tanz«; beide werfen ihre Schatten an die Wände und verdoppeln so visuell ihre Bewegungen. Blitzschnell fahren sie ihre spitzen Nadeln aus, die Lehne des Zahnarztstuhls wird hydraulisch zurückgefahren, begleitet von kryptischen Ansagen aus dem Megafon, die Anweisungen geben. Die Roboterarme richten sich, Folterinstrumenten gleich, auf den »Patienten« aus und beginnen ihn mit ihren spitzen Nadeln zu attackieren.

Die Installation ist zuerst in rotes, dann violettes Licht getaucht, das steigert die Dramatik des Geschehens. Das Licht wechselt in ein unwirkliches Blau, und die »Roboterschlangen« scheinen sich zu sammeln, um zu einem neuen Angriff anzusetzen. Wieder und wieder fahren sie ihre Nadeln mit einem rhythmischen, klackenden Geräusch aus und nähern sich bedrohlich dem »Patienten«/Opfer. Die gesamte Installation und die Wände des Raumes werden jetzt von den Lichtreflexen einer Discokugel überzogen und in Bewegung versetzt. Ekstatisch bewegen sich die »Schlangen« auf ihrer »Bühne«. Der Arztstuhl entpuppt sich als Folterstuhl und wird zum Requisit einer grotesken Discoszenerie. Schließlich richtet sich die Lehne des Stuhls langsam wieder auf. Licht, Klang und Bewegung brechen abrupt ab.

The Killing Machine ist nicht nur eine Maschine, sondern erschafft einen Raum, allerdings mit einem entscheidenden Unterschied zur *Opera for a Small Room*: Es fehlen alle vier Wände. Während das Publikum in der *Opera for a Small Room* die Rolle der Voyeur:innen einnimmt, gewährt uns die *Killing Machine* den ungehinderten Überblick: Wie in einem Panoptikum können wir alles sehen. Der leere Arztstuhl macht uns bewusst, dass wir zu Augenzeugen eines intimen, eigentlich nicht öffentlichen Geschehens werden. Auch die plötzlich eintretende Dunkelheit impliziert, dass etwas passiert, das sich der öffentlichen Sichtbarkeit entzieht. Wir werden so nicht nur zu Voyeur:innen, sondern zu Kompliz:innen der Maschinerie.

here.« As soon as we have pressed the button, it grows dark and the machinery is activated. Above the chair, a rod with a megaphone commences with a circular motion. A spotlight attached to the same rod throws light on the scenery. It sweeps around it like a searchlight. The buzzing noise of the robot arms transitions into the dissonant sounds of an electric guitar. Metal needles that look like injection syringes are found at the tip of each arm. Like snakes, the arms inspect the invisible patient on the examination chair, raise themselves up and move their »heads« menacingly near.

The robot arms begin a »dance«, casting their shadows on the walls and thus visually doubling their movements. They extend their sharp needles as fast as lightning; the rest of the dentist chair moves downward hydraulically, accompanied by cryptic statements from the megaphone, which issues instructions. The robot arms aim themselves at the »patient« like torture instruments and begin to attack it with their sharp needles.

The installation is initially subsumed in red and then violet light, which intensifies the drama of the action. The light alters to an unreal blue, and the »robot snakes« appear to gather for a new assault. Again and again, they extend their needles with a rhythmic, clicking sound and ominously approach the »patient«/victim. The entire installation and the walls of the room are now covered by the light reflections of a disco ball and set into motion. The »snakes« move on their »stage« seemingly ecstatically. The examination chair reveals itself as a torture chair and becomes a prop for a grotesque disco scenery. The backrest of the chair finally begins to rise again slowly. Light, sound and motion stop abruptly.

The Killing Machine is not only a machine; it also creates a space — one, however, with a decisive difference from *Opera for a Small Room*. All four walls are missing. While the viewers in *Opera for a Small Room* assume the role of voyeurs, *The Killing Machine* allows us an unimpaired overview: as in a panopticon, we can see everything. The empty examination chair makes us aware that we have become eyewitnesses to an intimate, actually not public occurrence. The sudden darkness also implies that something is happening that evades public visibility. Thus we do not become voyeurs but instead accomplices of the machinery.

Like it or not, by pressing the red button we have become perpetrators. The torture would not occur without our initial action. It is this new consciousness that distinguishes the experience of *The Killing Machine* and makes it unique. We are unavoidably involved, entangled in the invisibly controlled processes of the apparatus; it is not possible for us to withdraw into the traditional role of distanced spectators.

The Killing Machine originated in Berlin in the years after 2000, which Cardiff and Miller describe as the »dark years«, under the impression of the violence of the Iraq War, the tortures in the detention camps of Abu Ghraib and the attack

Nolens volens sind wir durch das Drücken des roten Knopfes zu Täter:innen geworden. Ohne unsere initiale Aktion wäre die Folterung nicht geschehen. Es ist dieses neue Bewusstsein, das die Erfahrung der *Killing Machine* auszeichnet und einzigartig macht. Wir sind zwangsläufig involviert, verstrickt in die unsichtbar gesteuerten Abläufe des Apparates; es ist nicht möglich, dass wir uns in die überkommene Rolle des distanzierten Publikums zurückziehen.

The Killing Machine entstand in Berlin, in den Jahren nach 2000, die Cardiff und Miller als »dunkle Jahre« bezeichnen, unter dem Eindruck der Gewalt des Irak-Kriegs, den Folterungen in den Gefangenenlagern von Abu Ghuraib und der Attentate am 11. September 2001 in den USA.[26] Inspiration zu diesem Werk bot Franz Kafkas Kurzgeschichte *In der Strafkolonie* aus dem Jahr 1919, in der ein Forschungsreisender in einer Strafkolonie auf einer entlegenen Insel Zeuge eines grausamen Hinrichtungsverfahrens wird: Eine Maschine tätowiert in die Haut des Hinzurichtenden minutiös einen Text, der seine Schuld bezeichnet. Die Tätowiernadel gräbt sich stundenlang in die Haut ein, bis der Verurteilte auf grausame Art verblutet und stirbt.[27] Die Hinrichtungsmaschine bei Kafka ist der Inbegriff eines ausgeklügelten Unrechtssystems eines totalitären Staates: Sie exekutiert Urteile, die die Angeklagten nicht kennen und gegen die sie sich nicht verteidigen können. Die Funktion des Richters und Vollstreckers fallen zusammen; Legislative, Judikative, Exekutive sind ein und dieselbe. Zugleich übt diese mechanisch-elektrische Maschine eine große Faszination sowohl auf den Forschungsreisenden als auch auf den Vollstrecker aus: Ihre technische Perfektion verheißt das Erkennen der eigenen Schuld im Moment des Todes.[28]

The Killing Machine stellt die fundamentale Frage nach Recht und Unrecht, nach Gut und Böse, nach Täter und Opfer. Entstanden in einer Zeit der Kriege in Irak und Afghanistan stellt es jenseits dieser aktuellen Bezüge die Frage nach dem Wesen des Menschen, das ihn zu Krieg und Gewalt befähigt. Cardiff und Miller, die lange Zeit in Berlin gelebt haben, berühren in ihren Werken immer

26 Vgl. dazu den Text zur *Killing Machine* in: Aarhus 2014/15 (wie Anm. 9), S. 66, und »Artist Talk: One Work with Janet Cardiff and George Bures Miller«, am 3. Januar 2020 mit Glenn Lowry, Rockefeller Director des Museums of Modern Art, im Museum of Modern Art, New York. https://www.moma.org/calendar/events/6230 (zuletzt abgerufen: 24.1.2022).

27 Janet Cardiff und George Bures Miller kommentieren ihre *Killing Machine* wie folgt: »Diese Arbeit — teils von Franz Kafkas *In der Strafkolonie* (1919) und teils vom System der Todesstrafe in Amerika inspiriert — ist eine ironische Annäherung an Tötungs- und Foltermaschinen.« Zit. nach: Darmstadt/Barcelona 2007 (wie Anm. 3), S. 188.

28 Franz Kafka: *In der Strafkolonie* [1919], hrsg. von Alain Ottiker, Stuttgart 2017, siehe auch: https://de.wikipedia.org/wiki/In_der_Strafkolonie (zuletzt abgerufen: 24.1.2022).

on the USA on 11 September 2001.[26] Inspiration for this work was provided by Franz Kafka's short story from 1919 »In the Penal Colony«, in which an explorer in a penal colony on a remote island is witness to a cruel method of execution: a machine meticulously tattoos a text describing their crime into the skin of the person to be executed. The tattoo needle digs into the skin for hours, until the condemned person bleeds to death in a horrible manner.[27] The execution machine in Kafka's story is the embodiment of the sophisticated system of injustice of a totalitarian state: it executes judgements of which the accused are unaware and against which they cannot defend themselves. The function of the judge and executioner merge; legislative, judiciary and executive are one and the same. At the same time, this mechanical-electrical machine exerts a great fascination on both the explorer and the executioner: its technical perfection promises the recognition of one's guilt at the moment of death.[28]

The Killing Machine poses the fundamental question of justice and injustice, good and evil, perpetrator and victim. Originating in a period of war in Iraq and Afghanistan, it poses the question, extending beyond the contemporary points of reference, of the nature of the human being; that which makes it capable of war and violence. Cardiff and Miller, who have lived in Berlin for a long time, repeatedly touch upon the deeply rooted German traumas of two world wars in their works. This takes place especially poignantly in *The Killing Machine*, which touches upon the fundamental question revolving around the mechanisms of violence. Violence and control are increasingly not only physical in the information society of the twenty-first century; they are also exercised through the invisible omnipresence of the media. The panoptical perspective that characterises our viewer position in *The Killing Machine* makes the surveillance and control mechanisms tangible. Michel Foucault coined the term »panopticism« to describe an effective mechanism for disciplining and control in Western society that began to assert itself in the eighteenth century. It reaches its temporary zenith

26 On this, see the text on *The Killing Machine* in Aarhus 2014/15 (see note 9), p. 66; and »Artist Talk: One Work with Janet Cardiff and George Bures Miller«, on 3 January 2020 with Glenn Lowry, Rockefeller Director of the Museum of Modern Art, in the Museum of Modern Art, New York <https://www.moma.org/calendar/events/6230> accessed 24.1.2022.

27 Janet Cardiff and George Bures Miller comment on *The Killing Machine* as follows: »This work, partly inspired by Franz Kafka's ›In the Penal Colony‹ (1919) and partly by the system of the death penalty in America, is an ironic approach to killing and torture machines.« Cited from Darmstadt/Barcelona 2007 (see note 3), p. 188.

28 Franz Kafka, *In der Strafkolonie* [1919], ed. Alain Ottiker (Stuttgart, 2017); see also <https://de.wikipedia.org/wiki/In_der_Strafkolonie> accessed 24.1.2022.

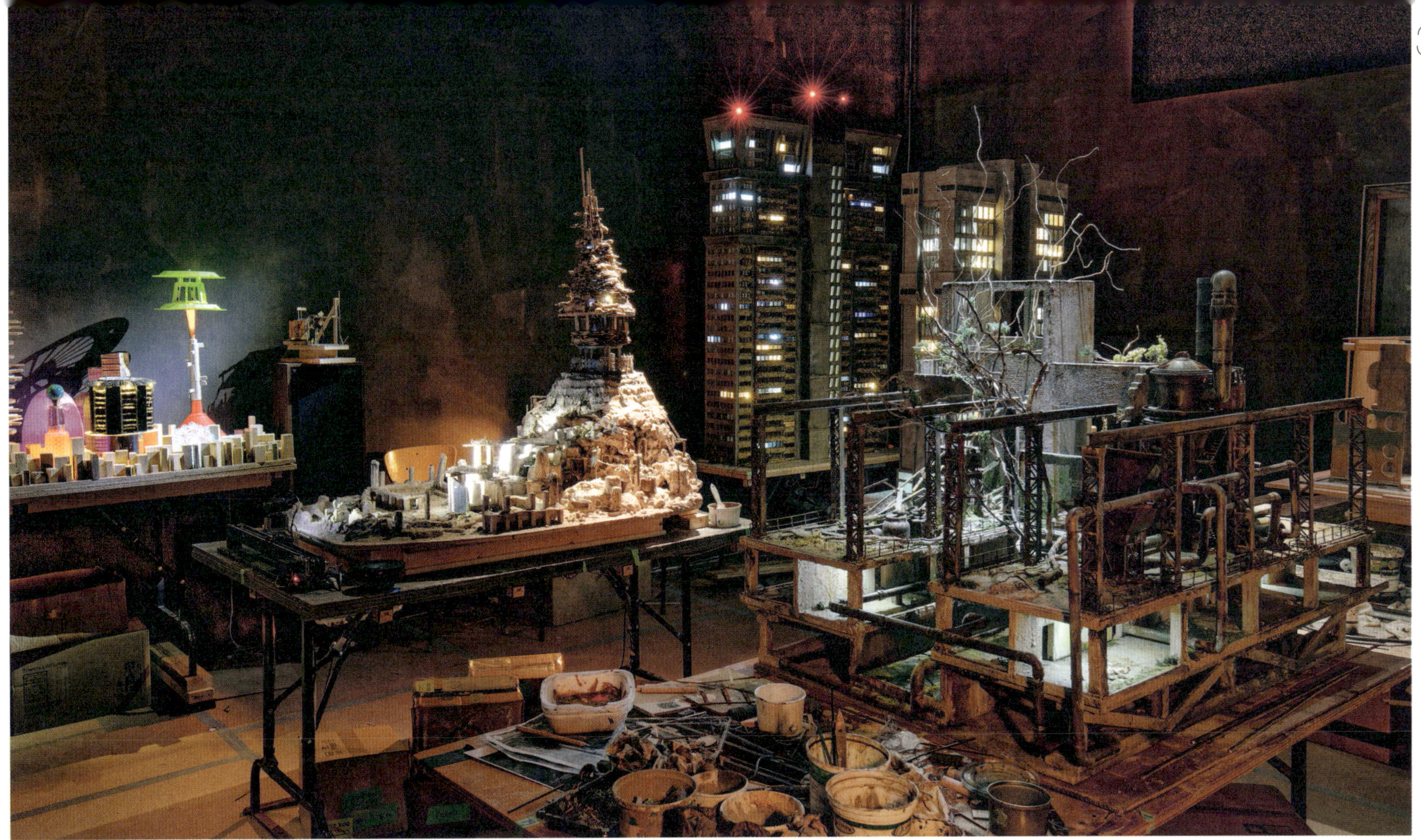

Abb./fig. 16: Cardiff & Miller, *Escape Room* [Fluchtraum], 2021

wieder die tief verwurzelten deutschen Traumata zweier Weltkriege. Besonders eindringlich geschieht dies in der *Killing Machine*, die an die fundamentale Frage nach den Mechanismen von Gewalt rührt. Gewalt und Kontrolle werden in der Informationsgesellschaft des 21. Jahrhunderts zunehmend nicht nur physisch, sondern auch durch die unsichtbare Omnipräsenz der Medien ausgeübt. Der panoptische Blick, der unsere Betrachter:innenposition in der *Killing Machine* charakterisiert, macht die Überwachungs- und Kontrollmechanismen spürbar. Michel Foucault beschreibt den von ihm eingeführten Begriff des »Panoptismus« als effektiven Mechanismus zur Disziplinierung und Kontrolle in der westlichen Gesellschaft, der sich seit dem 18. Jahrhundert beginnt durchzusetzen. In den Kontrollfunktionen der digitalen Netzwerktechnik findet er seinen vorläufigen Höhepunkt. *The Killing Machine* macht den dadurch entstehenden Teufelskreis des kybernetischen Systems erlebbar: Durch die permanente Möglichkeit der Beobachtung etabliert sich das System des ständigen gegenseitigen Überwachens: »Derjenige, welcher der Sichtbarkeit unterworfen ist und dies weiß, übernimmt die Zwangsmittel der Macht und spielt sie gegen sich selber aus; er internalisiert das Machtverhältnis, in welchem er gleichzeitig beide Rollen spielt; er wird zum Prinzip seiner eigenen Unterwerfung.«[29]

Cardiff und Miller zeigen die verschiedenen Aspekte von Menschlichkeit und Unmenschlichkeit jenseits einer simplen Dichotomie: Im Zentrum steht der Mensch mit seinen Manien, Obsessionen, Ängsten, Fantasien, mit seiner Verführbarkeit und Verwundbarkeit, die ihm eigen sind. In der Schlussszene bringen uns die fantastischen Lichtreflexionen der Discokugel, die den ganzen Raum in Bewegung versetzen, ins Taumeln, als wollten sie die Intensität der vorangegangenen Folterszenen auflösen. Von Zeit zu Zeit und am anrührendsten in der Schlusssequenz schlüpfen die Roboter aus ihrer Rolle als Folterer und bewegen sich rhythmisch im Einklang miteinander, magisch verwandeln sie sich in ein anmutiges Tanzpaar eines kunstvollen Balletts. Gerade dieses überraschende Finale trägt die Möglichkeit einer Befreiung von verwurzelten Ängsten und Traumata in sich — Cardiff spricht von »emotionaler Befreiung«.[30]

Der kybernetische Raum

Das neueste Werk von Cardiff und Miller, *Escape Room*, kann sowohl als Auftakt wie auch als Abschluss der Duisburger Ausstellung gelten, je nachdem, wie sich die Besucher:innen entscheiden. Es ist im Lehmbruck Museum zum ersten

29 Michel Foucault: *Überwachen und Strafen — Die Geburt des Gefängnisses*, Frankfurt am Main 1992, S. 260.

30 KQED Arts, One Collective Breath: *Janet Cardiff's ›The Forty Part Motet‹*, 4. Dezember 2015, Video, ab 4:52 Minuten, https://www.youtube.com/watch?v=rZXBia5kuqY. (zuletzt abgerufen: 24.1.2022).

in the control functions of the digital network technology. *The Killing Machine* makes the vicious circle of the cybernetic system resulting from this experienceable. The system of constant mutual surveillance establishes itself through the permanent possibility of observation: »He who is subjected to a field of visibility, and who knows it, assumes responsibility for the constraints of power; he makes them play spontaneously upon himself; he inscribes in himself the power relation in which he simultaneously plays both roles; he becomes the principle of his own subjection.«[29]

Cardiff and Miller present the various aspects of humanity and inhumanity beyond a simple dichotomy: the focus is on human beings with their manias, obsessions, fears and fantasies, with the corruptibility and vulnerability inherent to them. In the final scene, the fantastic light reflections of the disco ball, which set the entire room in motion, send us reeling, as if they wanted to disperse the intensity of the preceding torture scenes. From time to time, and most touchingly in the closing sequence, the robots abandon their role as torturers and move rhythmically in harmony with one another. They magically transform into a bold pair of dancers in an artful ballet. This surprising finale in particular bears the possibility of a liberation from rooted fears and traumas within it — Cardiff speaks of »emotional release«.[30]

The Cybernetic Space

Escape Room, the latest work by Cardiff and Miller, can be seen as both the start and the conclusion of the Duisburg exhibition, depending upon a visitor's decision. It can be seen for the first time in Europe in the Lehmbruck Museum and had its premiere in October 2021 in the New York exhibition *After the Summer of Smoke and Fire* in the Luhring Augustine Gallery. In *Escape Room* (figs. 16–19), we encounter central characteristics of the work of Cardiff and Miller in a dense form. As previously in *The Paradise Institute*, *Sad Waltz*, *The Instrument of Troubled Dreams*, *Opera for a Small Room* and *The Killing Machine*, we enter a dark-

29 Michel Foucault, *Überwachen und Strafen — Die Geburt des Gefängnisses* (Frankfurt am Main, 1992), p. 260.

30 KQED Arts, One Collective Breath: Janet Cardiff's »The Forty Part Motet«, 4 December 2015, video, as of 4:52 min. <https://www.youtube.com/watch?v=rZX Bia5kuqY> accessed 24.1.2022.

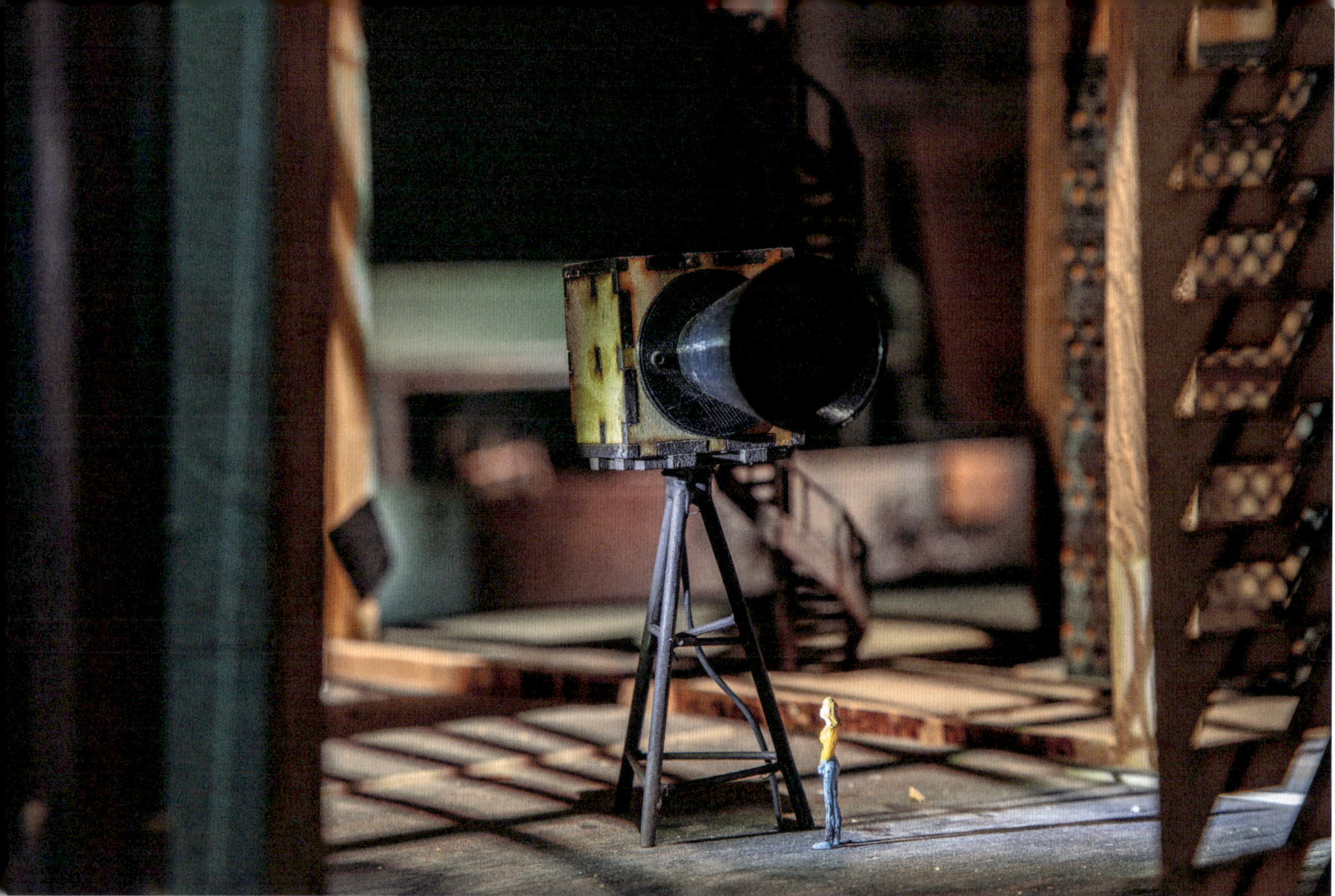

Abb./fig. 17: Cardiff & Miller, *Escape Room* [Fluchtraum], 2021

Mal in Europa zu sehen und hatte seine Premiere im Oktober 2021 in der New Yorker Ausstellung mit dem Titel *After the Summer of Smoke and Fire* in der Luhring Augustine Gallery. Im *Escape Room* (Abb. 16–19) begegnen uns wesentliche Charakteristika des Werkes von Cardiff und Miller in einer dichten Form. Wie bereits in *The Paradise Institute*, *Sad Waltz*, *The Instrument of Troubled Dreams*, *Opera for a Small Room* und *The Killing Machine* betreten wir einen abgedunkelten Raum. Die gesamte Installation ist begehbar und erinnert uns in ihrer Überfülle unwillkürlich an die *Opera for a Small Room*. Im Halbdunkel eines blauen Lichts begeben wir uns unsicher auf den Weg. Begleitet werden unsere ersten Schritte von Vogelzwitschern, gefolgt von dem Gesang einer Opernsängerin. Wir bewegen uns durch schmale Gänge zwischen Tischen hindurch, auf denen eine Vielzahl unterschiedlicher Objekte, Architekturmodelle, Skulpturen und Requisiten arrangiert ist. Es könnte das Studio der Künstler sein, mit Werkzeugen, Farbtuben und Bechern, Büchern und Fotografien und Notizen an der Wand. Gregory Volk beschreibt es in seiner Rezension der Ausstellung wie folgt: »[…] es ist vollgepackt mit Hinweisen auf die möglichen Bedeutungen und Einflussfaktoren der Skulpturen, darunter Fotos von eklektischen Gebäuden und eine Seite aus Jorge Louis Borges *Labyrinthen* (1962).«[31] *Escape Room* ist ein interaktives Environment: Über Sensoren lösen unsere Bewegungen Tonspuren und Lichter aus. Die einprägsamen Stimmen von Cardiff und Miller leiten uns durch die Szenerie: Wir schauen in ein kleines geöffnetes Kästchen mit einem Hügel, dessen Krateröffnung von innen türkis leuchtet, und hören Cardiffs Stimme: »Da ist ein wunderschönes, weites Feld. Man kann das Geräusch von Schaufeln hören. Die Kamera schwenkt zu zwei Männern, die mit Schaufeln ein großes Loch in den Boden graben […].« Das Licht wechselt zur blauschimmernden Kulisse einer verlassenen Industrieruine: »Wenn das Fabrikgebäude blau leuchtet, sieht es aus wie im Winter und als wäre das Metall mit einer Eisschicht bedeckt. Es ist genau die Art von gefrorener Oberfläche, an der man mit den Fingern kleben bleibt. So kalt war es hier noch nie. Ich weiß nicht, wie lange wir hier noch weiterarbeiten können. Wir sind jetzt nur noch zu zweit, also muss ich weitermachen.«

Wenn wir uns einer bergartigen Skulptur nähern, hören wir ein knarzendes Geräusch und das Licht wechselt in warmes Rot. Cardiff und Miller nennen dieses Gebäude auch »The Mud Castle«, das »Schlammschloss«, es hat eine raue, getreppte Oberfläche und gewährt durch kleine fensterartige Öffnungen Einblicke in sein Inneres. Cardiffs Stimme erzählt: »Man nennt es den Bienenstock

31 Vgl. dazu Gregory Volk: »The Profound Soul of Janet Cardiff and George Bures Miller«, in: *Hyperallergic*, 14. Oktober 2021. https://hyperallergic.com/684073/the-profound-soul-of-janet-cardiff-and-george-bures-miller/ (zuletzt abgerufen: 24.1.2022).

ened room. The entire installation is accessible and reminds us spontaneously in its profusion of *Opera for a Small Room*. We embark uncertainly upon our path in the semi-darkness of a blue light. Our first steps are accompanied by the twittering of birds, followed by operatic singing. We move through narrow spaces between tables, on which many different objects, architectural models, sculptures and props are arranged. It could be the studio of an artist, with tools, tubes of paint, cups, books, photographs and notes on the wall. In a review of the exhibition, Gregory Volk described it as follows: »it is stuffed full of clues to the possible meanings and influencing factors of the sculptures, including photos of eclectic buildings and a page from Jorge Louis Borges' *Labyrinths* (1962).«[31] *Escape Room* is an interactive environment: our movements trigger sounds and lights via sensors. The memorable voices of Cardiff and Miller lead us through the scenery: we look into a small, opened box with a hill, the crater opening of which is lit up turquoise from inside, and we hear Cardiff's voice: »There is a beautiful, broad field. One can hear the sound of shovels. The camera swivels to two men who are digging a big hole in the floor with shovels.« The light changes to the shimmering blue scenery of an abandoned industrial ruin: »When the factory building lights up blue, it looks like winter and as if the metal is covered by a layer of ice. It is precisely the kind of frozen surface that one's fingers remain stuck to. It has never been this cold here. I don't know how long I can keep working here. There are only the two of us now, so I have to keep going.«

When we approach a mountain-like sculpture, we hear a creaking sound and the light changes to warm red. Cardiff and Miller call this building »The Mud Castle«. It has a rough, stepped surface and provides views into its interior through small, window-like openings. Cardiff's voice tells us: »It is called the beehive because of the sounds one hears at night: many voices humming like a hundred bees […]. We must develop the technologies to build the tower and keep it under control.«

We can only continuously follow these brief sequences when we do not move. However, because the installation invites exploration, it is likely that we acoustically perceive only fragments of the narratives that mix with music. (For example, we once again hear soundtracks that remind us of the last sequences from *The Killing Machine*.) »The Hive«, thus the beehive, reveals itself as a prison, and we fall unexpectedly into the role of the potential liberators when Cardiff prompts us: »It is your task to infiltrate the beehive and free the prisoners.« The

31 On this, see Gregory Volk, »The Profound Soul of Janet Cardiff and George Bures Miller«, in *Hyperallergic*, 14 October 2021 <https://hyperallergic.com/684073/the-profound-soul-of-janet-cardiff-and-george-bures-miller/> accessed 24.1.2022.

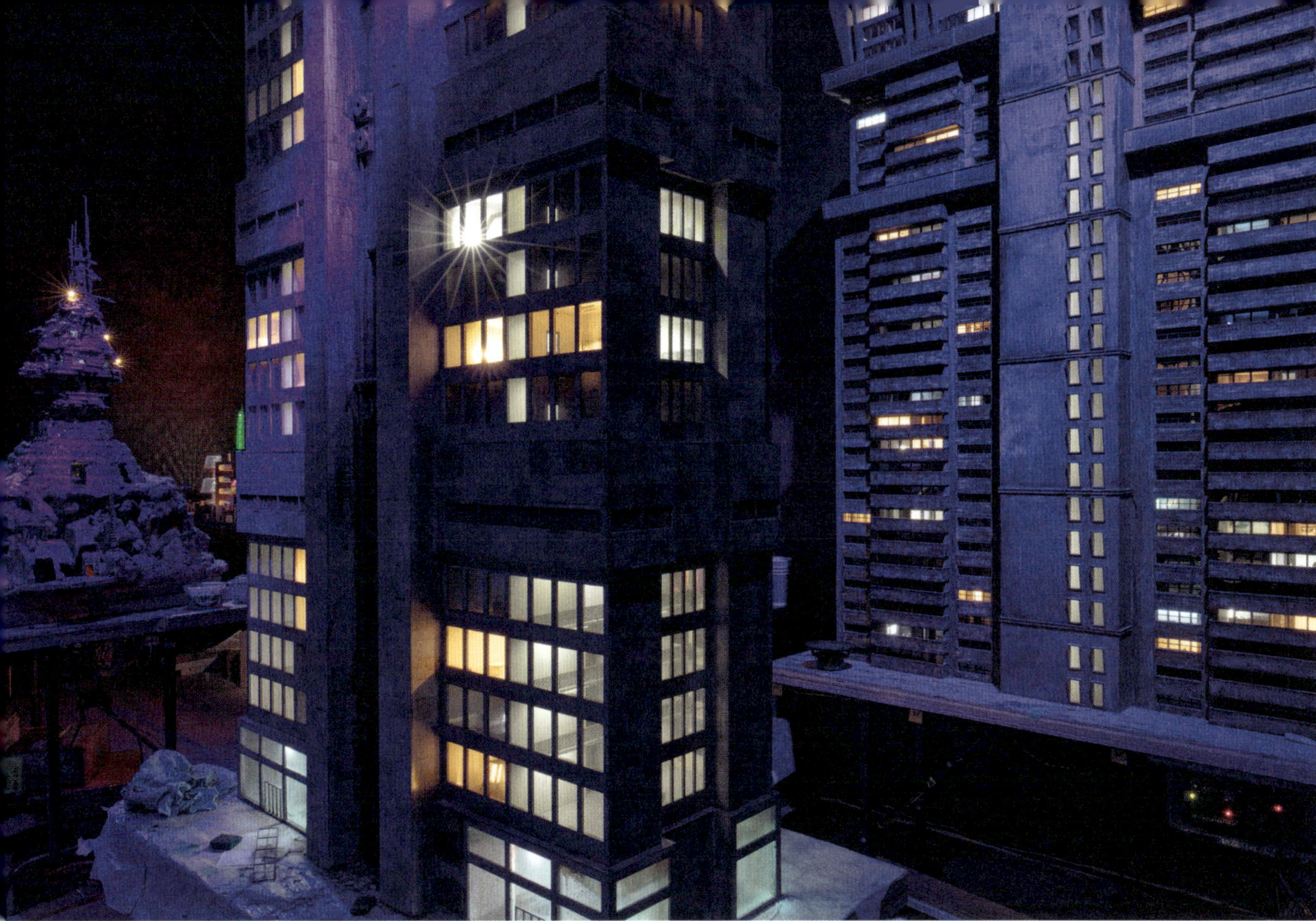

Abb./fig. 18: Cardiff & Miller, *Escape Room* [Fluchtraum], 2021

wegen der Geräusche, die man nachts hört, zahlreiche Stimmen summen wie hundert Bienen […]. Wir müssen die Technologien entwickeln, um den Turm zu bauen und unter Kontrolle zu halten.«

Diesen kurzen Sequenzen können wir nur dann kontinuierlich folgen, wenn wir uns nicht bewegen. Da die Installation allerdings zur Erkundung einlädt, ist es wahrscheinlich, dass wir nur Fragmente der Erzählungen akustisch wahrnehmen, die sich mit Musik mischen. (So hören wir zum Beispiel wieder Soundtracks, die uns an die letzten Sequenzen aus der *Killing Machine* erinnern.) »The Hive«, also der Bienenstock, entpuppt sich als Gefängnis, und wir schlüpfen unversehens in die Rolle der möglichen Befreier:innen, wenn Cardiffs Stimme uns auffordert: »Es ist deine Aufgabe, in den Bienenstock einzudringen und die Gefangenen zu befreien.« Die Aufforderung macht uns zu Spieler:innen eines Spiels mit unbekannten Regeln, die wir uns erst nach und nach erschließen.

Das Licht wandert zu einer devastierten Industrieruine, zum Teil überwuchert von Zweigen und strukturiert von metallenen Traversen, die ihr einen bühnenartigen Charakter verleihen. Die Modelle von zwei Hochhäusern bestimmen einen Teil der Installation. Durch die Fensteröffnungen schauen wir ins Innere von Büroräumen, Archiven, Wohnungen und Studios. Das Licht und die ruhige Stimme Cardiffs lenken unseren Blick: »Da ist ein Mann alleine in seiner Wohnung und sieht fern. Er schaltet das Gerät aus, nimmt Mantel und Handy, geht zur Wohnungstür, schließt sie ab und geht die Treppe hinunter. Die Kamera folgt ihm, wie er die Straße überquert, das Bürogebäude betritt und zum Aufzug geht.« Weiter heißt es: »Man hört ihre Schritte auf der Straße, sie läuft schnell, in der Hoffnung, vor der Ausgangssperre ins Büro zu kommen […]. Und im Büro wartet eine andere Person auf einen Besucher. Vielleicht ist die Frau auf der Straße die Besucherin und sie ist spät dran, vielleicht aber auch nicht.«

Unser Blick wandert von einem Fenster des Hochhauses zum anderen: In einem Raum sehen wir einen Soldaten mit hochgestreckten Armen bäuchlings an der Wand stehen wie kurz vor einer Hinrichtung oder Verhaftung. Durch die halbblinden Fenster sehen wir in einem weiteren Raum eine Miniaturversion der Installation *The Forty Part Motet* in einem derangierten Zustand.

Das Interieur des *Escape Room* wirkt verlassen, überall gibt es Relikte menschlicher Anwesenheit, die auf früheres soziales Leben hinweisen. Hochhäuser und Industrieanlagen lassen den Eindruck einer aufgegebenen Stadt nach einer Katastrophe entstehen. Sie sind mit einer matten, mehligen Schicht überzogen, es könnte sich um Asche handeln oder aber um die Reste eines radioaktiven Niederschlags. Außenräume und Innenräume, Naturräume und Stadträume gehen ineinander über, und unterschiedliche Zeiten existieren gleichzeitig: Während die imposanten Industrieanlagen an die Zeit der Industrialisierung erinnern, gibt es Areale mit futuristisch anmutenden, grellbunt leuchtenden Türmen und

prompt makes us players in a game with unknown rules, of which we become aware of only gradually.

The light shifts to a devastated industrial ruin, partially overgrown by branches and structured by metal crossbeams that lend it a stage-like character. The models of two high-rise buildings define a part of the installation. We look through the window openings into the interior of office spaces, archives, apartments and studios. The light and Cardiff's calm voice guide our gaze: »There is a man alone in his apartment watching television. He turns off the device, picks up his coat and cell phone, goes to the apartment door, unlocks it and goes down the steps. The camera follows him as he crosses the street, enters the office building and walks to the elevator.« Continuing: »One hears the steps on the street. She is running quickly, in hopes of reaching the office before the curfew […]. And another person waits for a visitor in the office. Perhaps the woman on the street is the visitor and is late, but maybe not.«

Our gaze wanders from one window of the high-rise to the other: in one room we see a soldier with raised arms standing facing the wall, as if about to be executed or arrested. Through the half-blind window in another room, we see a miniature version of the installation *The Forty Part Motet* in a dishevelled state.

The interior of *Escape Room* seems abandoned. There are relics of human presence everywhere, indicating earlier social life. High-rise buildings and industrial facilities create the impression of a city abandoned following a disaster. They are covered by a matt, floury layer. This could be ashes, or perhaps the remains of radioactive fallout. Exteriors and interiors, natural and urban spaces transition into one another, and various times exist simultaneously; while the imposing industrial facilities remind us of the time, there are areas with seemingly futuristic, garishly and colourfully lit towers, and others with contemporary skyscrapers. The simultaneity of distinct times and places that we experience in *Escape Room* stands proxy for our perception of the world, which is characterised by digital media. One source of inspiration for *Escape Room*, Cardiff explains, is found in digital role-playing games: the work can be seen as »an analogue version of a sophisticated digital role play environment«.[32] The ominous absence of human beings in particular opens our imagination to possible past and future events of the virtual inhabitants.

Escape Room creates references to historical representations of cities and landscapes in art: they are reminiscent of the form of veduta, the representation of a landscape or city that originated in the seventeenth century in painting and

32 Janet Cardiff has pointed out to Gregory Volk that they see *Escape Room* as »an analogue version of sophisticated, digital environments similar to those in role playing games«. On this, see Volk 2021 (see note 31).

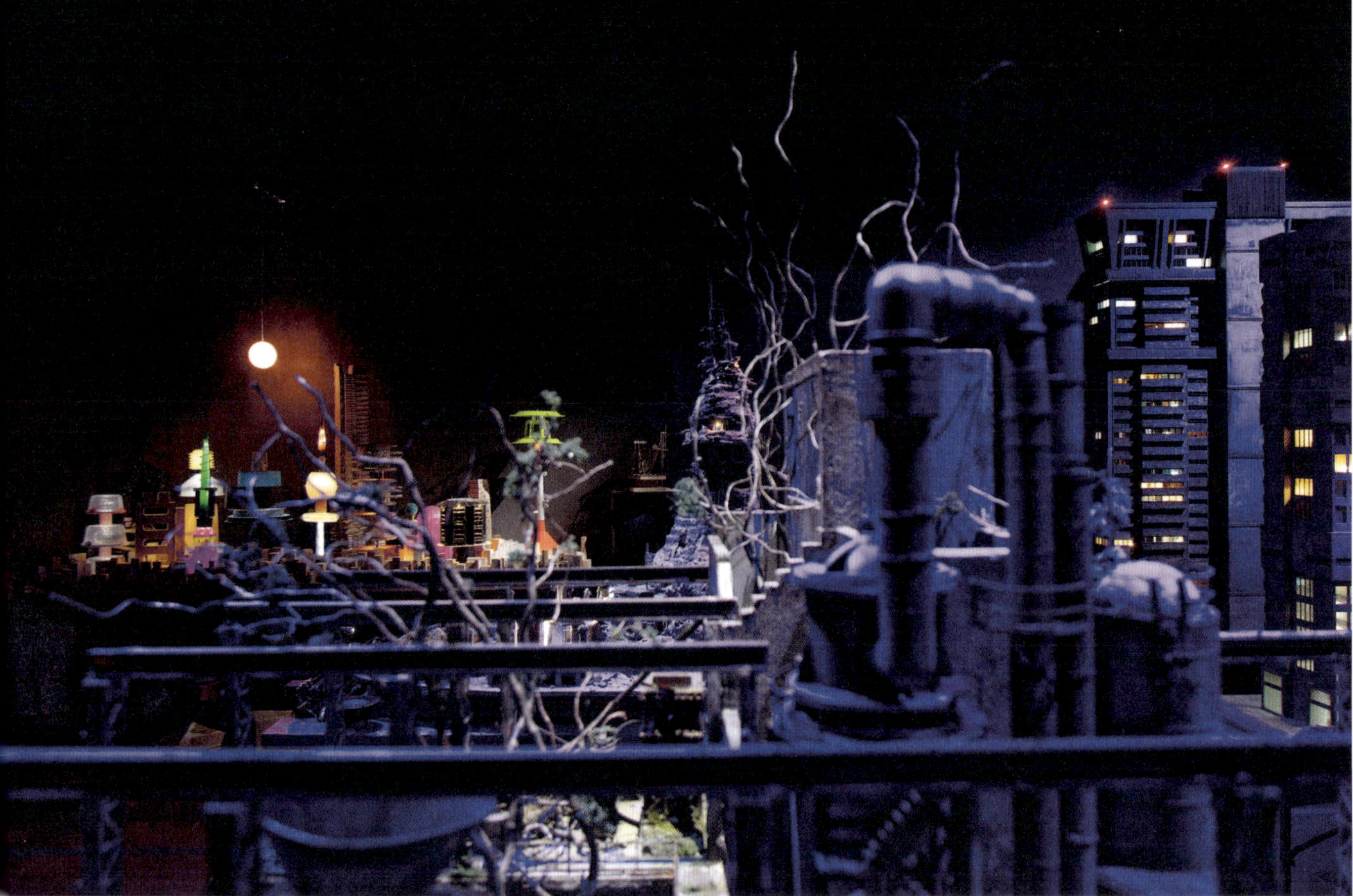

Abb./fig. 19: Cardiff & Miller, *Escape Room* [Fluchtraum], 2021

andere mit Wolkenkratzern aus der Jetztzeit. Die Gleichzeitigkeit unterschiedlicher Zeiten und Orte, die wir im *Escape Room* erleben, steht stellvertretend für unsere durch die digitalen Medien geprägte Wahrnehmung der Welt. Eine Inspirationsquelle für den *Escape Room*, so erläutert Cardiff, sind digitale Rollenspiele: Das Werk kann als »eine analoge Version einer ausgefeilten digitalen Rollenspielumgebung« gesehen werden.[32] Insbesondere die bedrohlich wirkende Abwesenheit von Menschen öffnet unsere Imagination für mögliche vergangene und zukünftige Ereignisse der virtuellen Bewohner:innen.

Der *Escape Room* stellt Bezüge zu historischen Darstellungen von Städten und Landschaften in der Kunst her: Es gibt Anklänge an die Form der Vedute, die Darstellung eines Landschafts- oder Stadtbildes, die im 17. Jahrhundert in Malerei und Grafik entstand. Der Anspruch auf Wiedererkennbarkeit ist gepaart mit einer größtmöglichen universellen Gültigkeit. Noch treffender ist der Vergleich mit dem Diorama des 19. Jahrhunderts, Schaukästen mit plastischen Stadt- oder Landschaftselementen, in denen oft mit Bewegung und Beleuchtung Tageszeiten simuliert wurden. Ziel ist es, eine nahezu perfekte Illusion von räumlicher Tiefe und Wirklichkeitsnähe zu erzeugen. Das Werk von Cardiff und Miller ist Teil einer langen Tradition, virtuelle Welten zu schaffen:[33] Es erreicht seinen Wirklichkeitscharakter vor allem dadurch, dass die Besucher:innen mit ihren Bewegungen die Stadt zum »Leben erwecken«. Sie sind es, die die verlassenen Gebäude mit Klängen, Stimmen, Musik und Licht erfüllen. Der *Escape Room* ist ein virtuelles Environment, eine Umgebung, in die Besucher:innen mit allen Sinnen »eintauchen« können und die auf ihre Anwesenheit reagiert.

Der *Escape Room* steht für die gegenwärtige traumatische Erfahrung der Menschen in der globalen Pandemie. Mit Nachbildungen des Ateliers von Cardiff und Miller besitzt es autobiografische Bezüge. An einer Stelle verlässt Cardiff ihre Rolle als auktoriale Erzählerin und lässt uns an ihren persönlichen Zweifeln und Sorgen teilhaben: »Ich weiß nicht, wie viel länger das noch dauern

32 Janet Cardiff hat Gregory Volk darauf hingewiesen, dass sie den *Escape Room* als »eine analoge Version von aufwendigen, rollenspielartigen digitalen Umgebungen« ansieht. Vgl. dazu Volk 2021 (wie Anm. 31; zuletzt abgerufen: 24.1.2022).

33 Janet Cardiff äußert sich so: »Ich denke, zeitgenössisches Kino ist eine Etappe einer langen Reise, auf der Menschen versucht haben, virtuelle Welten zu erschaffen. […] Ich nehme an, es begann mit der Höhlenmalerei und setzte sich mit der Linearperspektive in Gemälden der Renaissance fort, kam dann zu Fotografie und Film Ich denke meine Video-Walks und Installationen sind eine Fortführung dieser Obsessionen.« Ralf Beil: »Ein Feuerwerk für Paukenhöhle und Großhirnrinde. Geräusch, Klang und Musik im Œuvre von Janet Cardiff & George Bures Miller«, in: Darmstadt/Barcelona 2007 (wie Anm. 3), S. 61–83, hier: S. 79.

images. The ambition of recognisability is coupled with that of the greatest possible universal validity. Even more appropriate is the comparison with the diorama of the nineteenth century: display cases with sculptural urban or landscape elements in which times of day were often simulated with movement and lighting. The goal is to create a nearly perfect illusion of spatial depth and verisimilitude. The work of Cardiff and Miller is part of a long tradition of creating virtual worlds.[33] *Escape Room* thus primarily achieves its character of reality in that visitors »bring [the city] to life« with their movements. It is they who fill the abandoned buildings with sounds, voices, music and light (fig. 18). The work *Escape Room* is a virtual environment: one into which visitors can »immerse« themselves with all their senses, and which reacts to the presence of visitors.

Escape Room stands for the present traumatic experience of human beings in the global pandemic. With recreations of an artist's studio, it also has autobiographical references. In one place, Cardiff abandons her role of the authorial narrator and allows us to partake of her personal doubts and worries: »I don't know how much longer that will go on, this isolation.« The installation refers to both cities and global metropolises, as well as to the landscape and industry. In the process, the emphasis is on looking both at and behind the façades of urban spaces: in a grotesque, ghostly way, the cities have transformed from lively and worldly metropolises into uninhabited areas like stage scenery. *Escape Room* finds a poignant form for the isolation and loneliness in the time of the corona pandemic at the beginning of the 2020s.

The work of Cardiff and Miller creates contemporary landscapes of the soul. It updates the aesthetic ideal of the picturesque. With this term, in the second half of the eighteenth century, William Gilpin formulated principles according to which a painting was to be seen as beautiful in a painterly sense.[34] In contrast

33 Janet Cardiff expresses herself such: »I think contemporary cinema is one stage of a long journey in which people have been attempting to create virtual worlds. […] I assume it began with cave painting and continued with linear perspective in paintings of the Renaissance, and then arrived at photography and film. I think that my video walks and installations are a continuation of these obsessions.« Ralf Beil, »Ein Feuerwerk für Paukenhöhle und Großhirnrinde. Geräusch, Klang und Musik im Oeuvre von Janet Cardiff & George Bures Miller«, in Darmstadt/Barcelona 2007 (see note. 3), pp. 61–83, here p. 79.

34 The term picturesque, literally »in the manner of a picture; suitable for inclusion in a picture« (*Oxford English Dictionary*), was used in 1703 at the earliest, and was derived from the Italian term *pittoresco* (»in the manner of a painter«). Gilpin's work entitled »Essay on Prints« defined *picturesque* as a »term that expresses a peculiar form of beauty that is pleasantly incorporated into a picture«. Cited from <https://de.wikipedia.org/wiki/Picturesque#cite_note-Buzzard-1> accessed 24.1.2022.

wird, diese Isolation […].« Die Installation bezieht sich sowohl auf die Städte und Weltmetropolen als auch auf die Landschaft und Industrie. Dabei überwiegen die Blicke auf und hinter die Fassaden von urbanen Räumen: Auf groteske, gespenstische Weise haben sich die Städte von belebten und weltoffenen Metropolen in menschenleere, kulissenhafte Areale verwandelt. *Escape Room* findet eine eindringliche Form für die Isolation und Einsamkeit in Zeiten der Corona-Pandemie zu Beginn der 2020er Jahre.

Das Werk von Cardiff und Miller kreiert Seelenlandschaften der Gegenwart. Es aktualisiert das ästhetische Ideal des Pittoresken (engl. *picturesque*). Unter dem Begriff *picturesque* formulierte William Gilpin im ausgehenden 18. Jahrhundert Regeln, nach denen ein Bild als malerisch schön anzusehen war.[34] Im Unterschied zum klassischen Schönheitsideal setzte es sich zunehmend durch, dass auch Ruinen in der Landschaft als schön und als bildwürdig betrachtet wurden. Viele Werke von Cardiff und Miller verbinden, wie auch der *Escape Room*, Elemente des Verfalls und des Ruinösen mit einem lyrisch-romantischen Weltbild. Cardiff und Miller wecken die Erinnerung an vergangene Epochen. So wird die obsolete und vielerorts zum Denkmal erhobene Industriearchitektur als Symbol der Vergänglichkeit inszeniert. Sie steht für die Ideale des technischen Fortschritts des Industriezeitalters, die nach und nach an Gültigkeit verlieren… Cardiff und Miller aktualisieren die Debatte über die ästhetischen Ideale des Schönen und des Erhabenen, die im letzten Drittel des 18. Jahrhunderts gegen die Ideen eines aufgeklärten Rationalismus gewendet wurden.[35] Diese grundlegende Debatte hat bis heute nichts an Aktualität verloren. Das Werk von Cardiff und Miller erschafft Modelle für eine unsere Zeit bestimmende Weltauffassung. Es entwirft die Ästhetik einer Welt, die von den technischen Nachrichtenmedien geformt ist, von den auditiven Apparaten (Telefon, Megafon und Grammofon) über die bildgebenden Medien der Kinematografie und des Fernsehens bis hin zu den digitalen Medien, die durch ihr Wesen der Vernetzung zu Veränderungen aller bisherigen Formen der Vermittlung von Wissen und Kommunikation führen. Gemeinsam ist ihnen, dass sich das Sprechen, Sehen und Hören von der körperlichen Präsenz am Ort des Geschehens löst. Mit ihrem ebenso berührenden wie aufwühlenden Werk schaffen Cardiff und Miller Verbindungen zwischen der Vergänglichkeit und der Hinfälligkeit des Menschen (*humanitas fragilis*) und der dem Menschen eigenen Grausamkeit und Rohheit (*barbaritas*). Indem sie den Menschen in seiner aktiven Rolle und Verantwortung in den Mittelpunkt ihres Werkes stellen und ihm die Möglichkeit der Interaktion geben, gelingt es ihnen, die in uns widerstreitenden Kräfte immer wieder aufs Neue bewusst zu machen und sie im Idealfall in ein neues Gleichgewicht zu bringen. Es ist ein Grundbedürfnis des Menschen, der Alltagswelt von Zeit zu Zeit zu entfliehen. Das Werk von Cardiff und Miller gibt uns die Möglichkeit, Vergangenes zu vergegenwärtigen und uns für Kommendes neu auszurichten.

34 Picturesque, wortwörtlich »In der Art und Weise eines Bildes; geeignet, um in ein Bild eingefügt zu werden«, war ein Begriff, der frühestens 1703 (*Oxford English Dictionary*) genutzt wurde und vom italienischen Begriff *pittoresco* (in der Art und Weise eines Malers) abgeleitet wurde. Gilpins Werk »Essay on Prints« definiert *picturesque* als »Begriff, der eine sonderbare Form von Schönheit ausdrückt, die sich angenehm in ein Bild einfügt«. Zit. nach: https://de.wikipedia.org/wiki/Picturesque#cite_note-Buzzard-1 (zuletzt abgerufen: 24.1.2022).

35 Vgl. dazu Edmund Burke: Vom Erhabenen und Schönen, Philosophische Bibliothek, hrsg. von Werner Strübe, Band 324, Hamburg 1989, engl. Original: *A Philosophical Inquiry into the Origin of our Ideas of the Sublime and the Beautiful*, erschienen wahrscheinlich 1757 in London.

with the classical ideal of beauty, the idea was increasingly asserted that ruins in the landscape could also be considered beautiful and worthy of representation. Many works of Cardiff and Miller, including *Escape Room*, combine elements of decay and the ruinous with a lyrical-Romantic view of the world. They awaken memories of past eras. The obsolete industrial architecture, in many places elevated to monument status, is staged as a symbol of impermanence. It stands for the ideal of technical progress of the industrial age, which is gradually losing validity. Cardiff and Miller update the debate revolving around the aesthetic ideals of the beautiful and the profound that were deployed against the ideas of an enlightened rationalism in the last third of the eighteenth century.[35] This fundamental debate has not lost any of its relevance to date. The work of Cardiff and Miller creates models for a perception of the world that defines our time. It designs an aesthetic of the world that is formed by technical news media, by auditive apparatuses (telephone, megaphone and gramophone), via the imaging media of cinematography and television, extending to digital media, which, given its nature of networking, results in changes to all previous forms of mediating knowledge and communication. What they have in common is that speaking, seeing and hearing are detaching themselves from the physical presence at the location of events. With their simultaneously touching and disturbing work, Cardiff and Miller create connections between the impermanence and frailty of the human being (*humanitas fragilis*) and its inherent cruelty and brutality (*barbaritas*). By placing the human being in its active role and responsibility at the centre of their work, and providing it with the possibility for interaction, they are able to repeatedly make us aware of the forces battling within us and, ideally, to bring them into a new state of equilibrium. It is a basic need of the human being to flee from the everyday world from time to time. The work of Cardiff and Miller provides us with the possibility of visualising the past and reorienting ourselves to that which is to come.

35 See also Edmund Burke, *Philosophische Untersuchungen über den Ursprung unserer Ideen vom Erhabenen und Schönen*, ed. Werner Strübe, Philosophische Bibliothek, vol. 324 (Hamburg, 1989). Engl.: *A Philosophical Inquiry into the Origin of our Ideas of the Sublime and the Beautiful* (London, ca 1757).

Interaktive Multimedia-Installation
mit Näherungssensoren, Licht, Geräuschen, handgefertigten Modellen

Projektmanagement:
Zev Tiefenbach
Skype-Ermutigung:
Carlo Crovato
Bidule-Programmierhilfe:
Glenn C. Newell

Interactive multimedia installation
with proximity sensors, lights, sounds, handmade models

Project management:
Zev Tiefenbach
Skype encouragement:
Carlo Crovato
Bidule programming assistance:
Glenn C. Newell

Ton/Sound:
— Fiktive Sprache von/Fictitious language spoken by Titus Maderlechner
— Alle Gesangs- und Soundeffekt-Aufnahmen von/All vocals and SFX recordings by Janet Cardiff & George Bures Miller

Musik/Music:
— *Preghiera* [1880]: Musik von/music by Francesco Paolo Tosti, Text von/words by Giuseppe Giusti, gespielt von/performed by Alesandro Moreschi [1902]
— *Cantus Curatio VI Movement 5*: komponiert von/composed by Da Jeong Choi, gespielt von/performed by James Yoo
— *Mud Castle Drum, Bass und Synth* von/by Titus Maderlechner
— Alle anderen Musikstücke komponiert und gespielt von/All othe music tracks composed and performed by George Bures Miller

Licht/Light: Mud Castle Nightclub Lights, programmiert von/programmed by Titus Maderlechner
Software: Plogue Bidule, Harpex B, Enttec D-Pro

Courtesy Janet Cardiff & George Bures Miller, Luhring Augustine Gallery, New York

2021

escape room [fluchtraum]

Möglichkeiten der Realitätsflucht anzubieten und Öffnungen zu anderen Welten zu schaffen ist eines der grundlegenden Funktionsprinzipien der Werke von Cardiff und Miller. Diese Werkeigenschaft speist sich aus einer Liebe der beiden, selbst durch Spaziergänge, Bücher, Filme oder Träume in fiktive Welten abzutauchen. Mit *Escape Room* scheinen sie die Besuchenden in die vielschichtigen assoziativen Welten ihres eigenen Inneren zu führen. Ein abgedunkelter Raum entpuppt sich als ein menschenleeres Atelier. Arbeitstische, auf denen sich Werkzeuge, Kunstmaterialien, Bücher oder leere Kaffeebecher stapeln, sind umgeben von einem Labyrinth aus Architekturmodellen. Beim Durchschreiten des Raums werden Tonspuren aktiviert: Zu hören sind verschiedenartige Geräusche, dystopische Musik und immer wieder Cardiffs hypnotisierende Stimme, die in kurzen Erzählungen Auskunft darüber gibt, was hier möglicherweise geschehen ist.

Wie Spurensuchende durchwandern die Besuchenden die komplexe Installation mit dem Wunsch, dieser mysteriösen, endzeitlichen Situation einen Sinn zu geben. Die enorme Vielfalt an Hinweisen ist überwältigend. Es finden sich zum Beispiel Buchseiten aus *Labyrinth* von Jorge Luis Borges, in der Nähe liegen *The Simulation Hypothesis* von Rizwan Virk und *Beyond the End of Time* von Frederik Pohl. Die Architekturmodelle erlauben Einblicke in eine mysteriös-gespenstische Welt: Futuristische Städte, Hochhäuser oder eine an Ameisenhügel erinnernde Lehmsiedlung sind zu erkennen. Immer wieder tauchen Elemente auf, die mit dem Werk des Künstlerpaares verknüpft sind, wie Kameramodelle oder Cardiffs berühmte Installation *The Forty Part Motet*.

Entstanden ist die Arbeit während der Corona-Pandemie, die die Menschen in ihr eigenes Zuhause zwang und zwischenzeitlich zu scheinbar ausgestorbenen Städten führte. *Escape Room* macht das kollektive Gefühl der sozialen Isolation dieser Zeit spürbar. Aus dem persönlichen Rückzug von Cardiff und Miller ist mit der raumfüllenden Installation auch ein Angebot an die Sinne und die Fantasie der Besuchenden entstanden, die hier ebenfalls dem eigenen Selbst entfliehen können.

Offering possibilities to flee from reality and creating openings to other worlds are amongst the fundamental functional principles of the works of Cardiff and Miller. This characteristic originates from the love of both for diving into fictitious worlds — including through walks, books, films or dreams. With *Escape Room*, the artists seem to guide visitors into their own multifaceted and associative interior worlds. A darkened room turns out to be a deserted studio. Worktables, on which tools, art materials, books or empty coffee cups are stacked, are surrounded by a labyrinth of architectural models. Sound tracks are activated by walking through the room: one hears sounds of various kinds, dystopian music and Cardiff's hypnotic, omnipresent voice, which provides information in short stories about what may be happening here.

Like pathfinders, visitors wander through the complex installation with the desire to lend sense to this mysterious, apocalyptic situation. The enormous variety of clues is overwhelming. One finds, for example, pages from *Labyrinth* by Jorge Luis Borges. Copies of *The Simulation Hypothesis* by Rizwan Virk and *Beyond the End of Time* by Frederik Pohl lie nearby. The architectural models allow insights into a mysterious-spectral world: futuristic cities, high-rises or a clay settlement reminiscent of an anthill are recognisable. Elements appear repeatedly that are linked with the work of the artists, like camera models or Cardiff's famous installation *The Forty Part Motet*.

The work was created during the coronavirus pandemic, which forced people into their own homes and at times resulted in seemingly dead cities. *Escape Room* makes the collective feeling of social isolation of this time tangible. Originating in the personal retreat of Cardiff and Miller, the expansive installation is also an offering to the senses and the imaginations of visitors, who can similarly escape their own selves here.

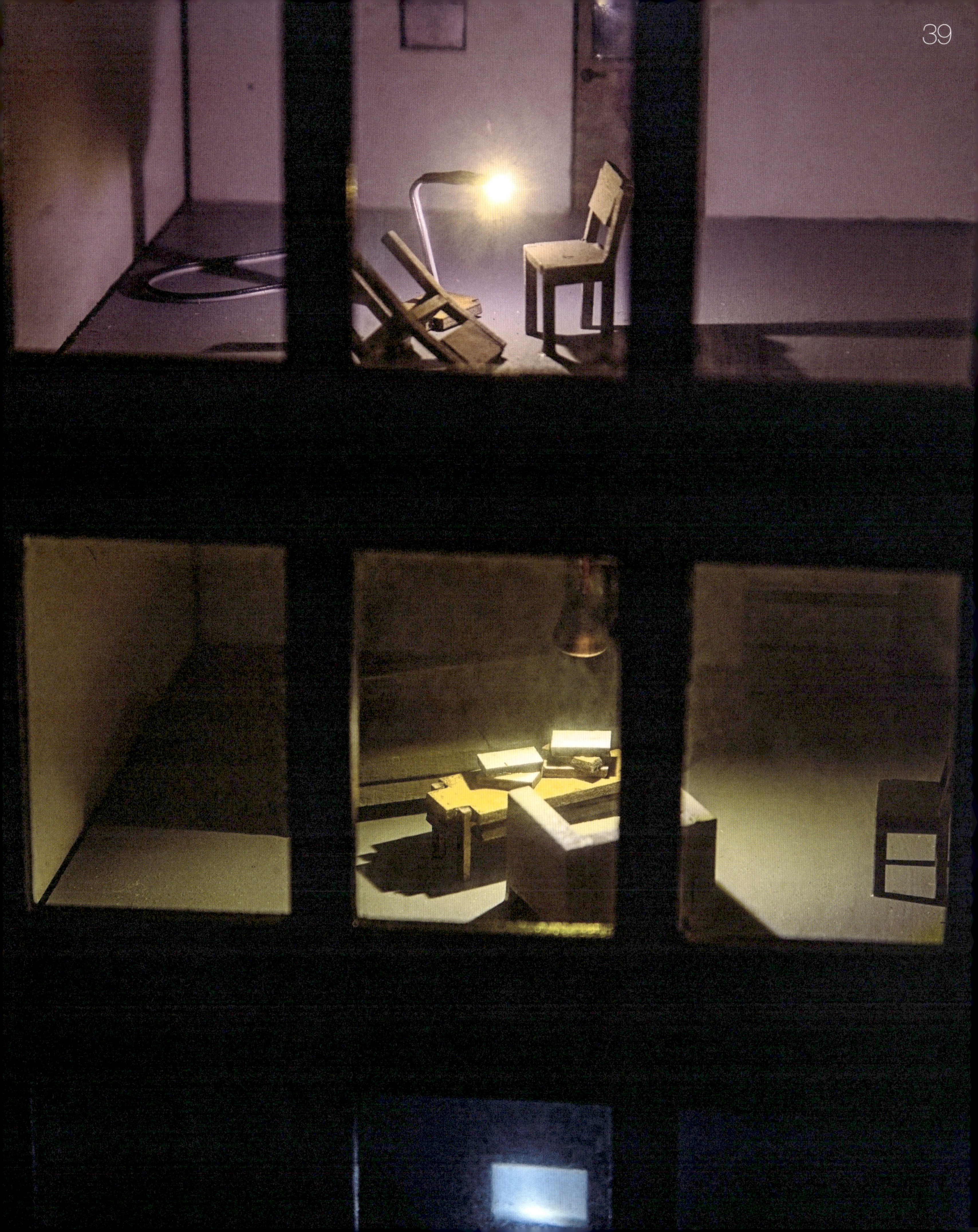

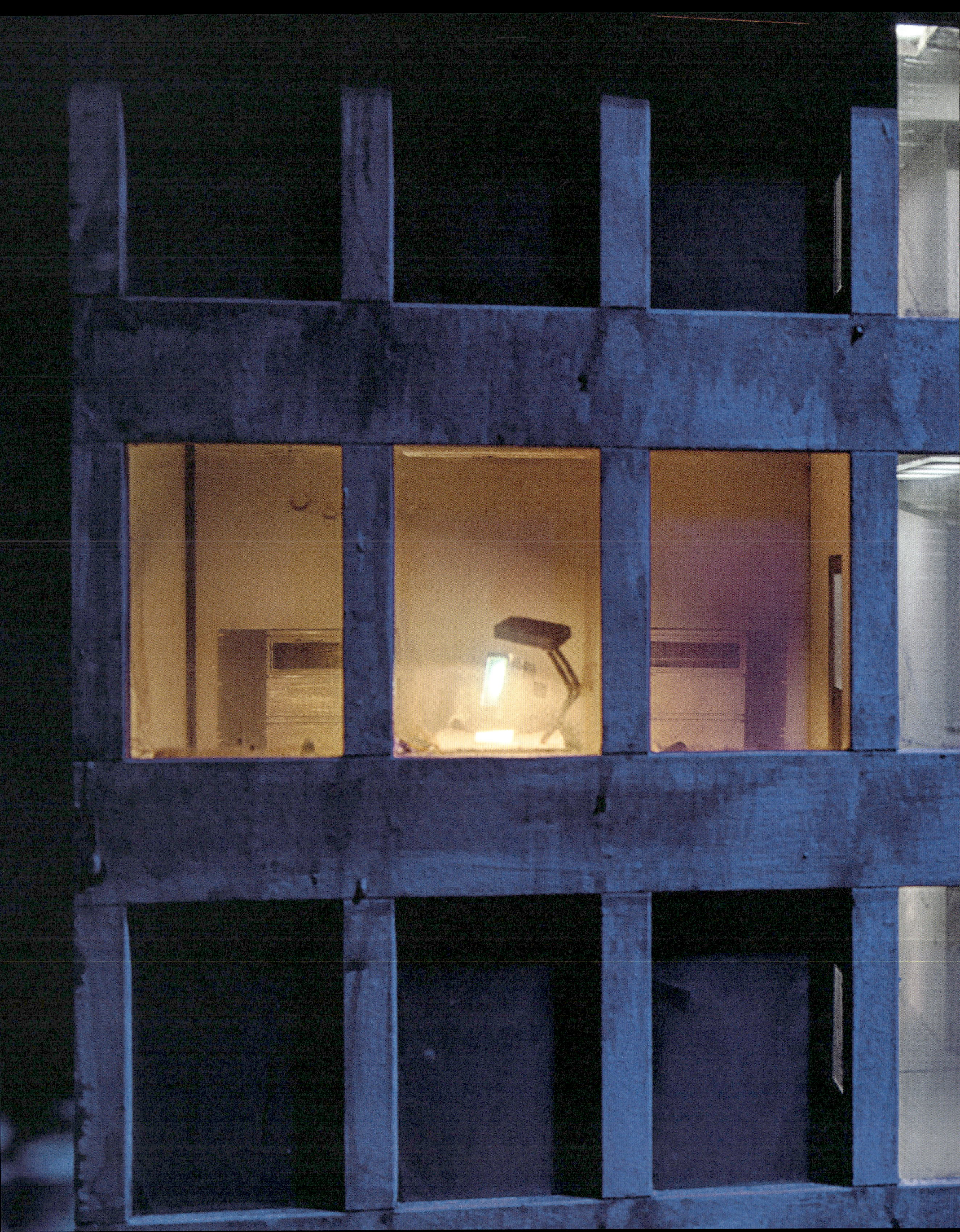

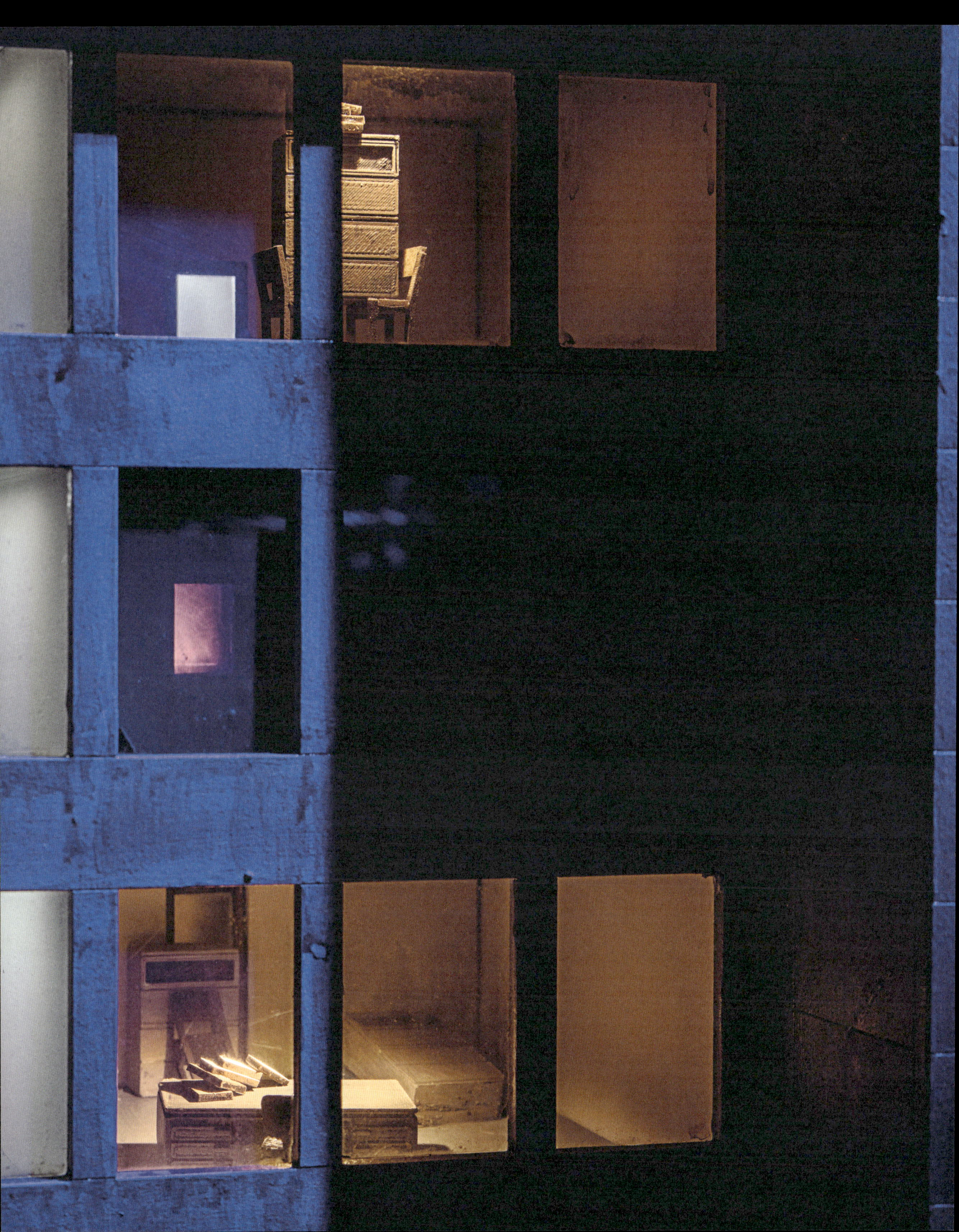

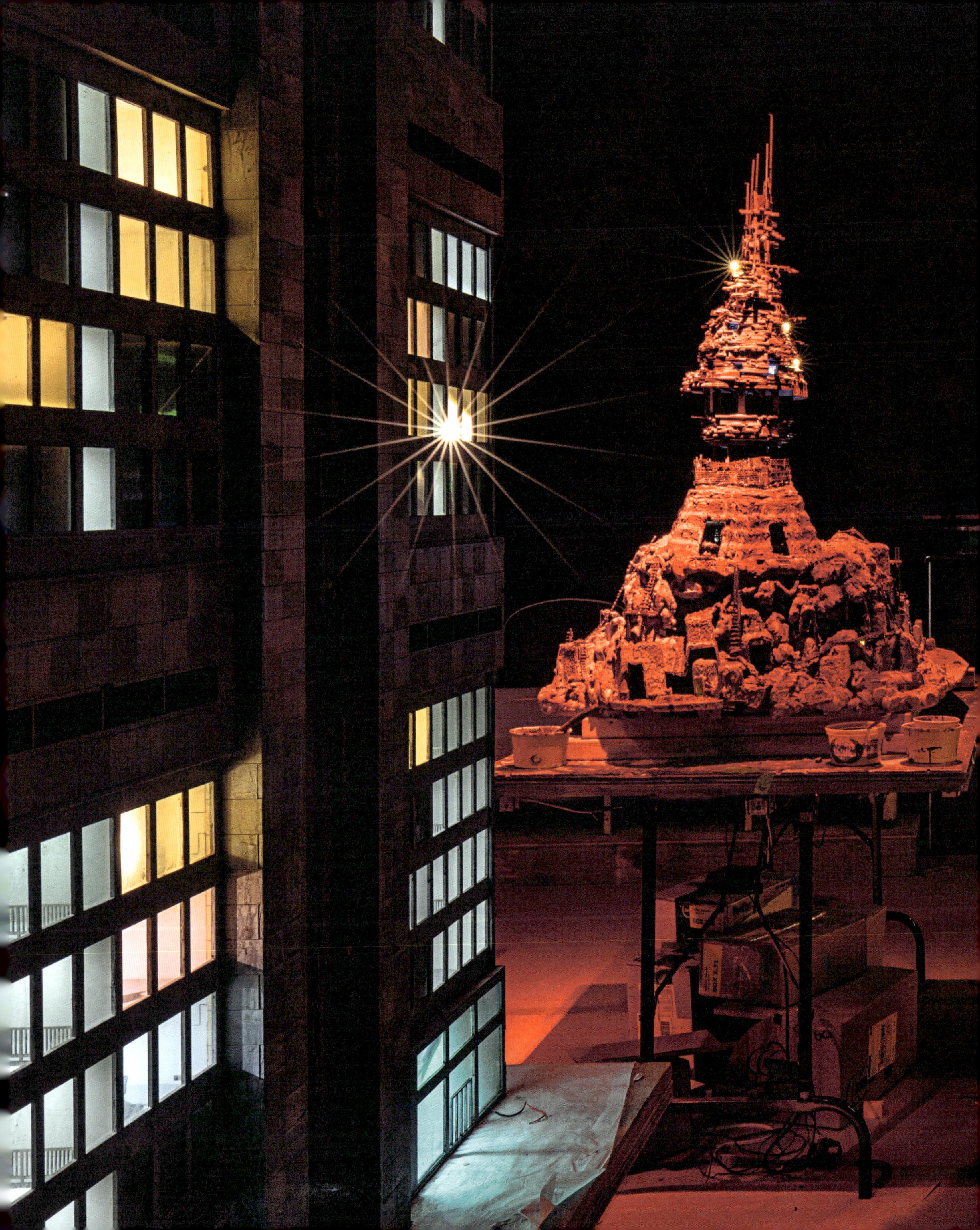

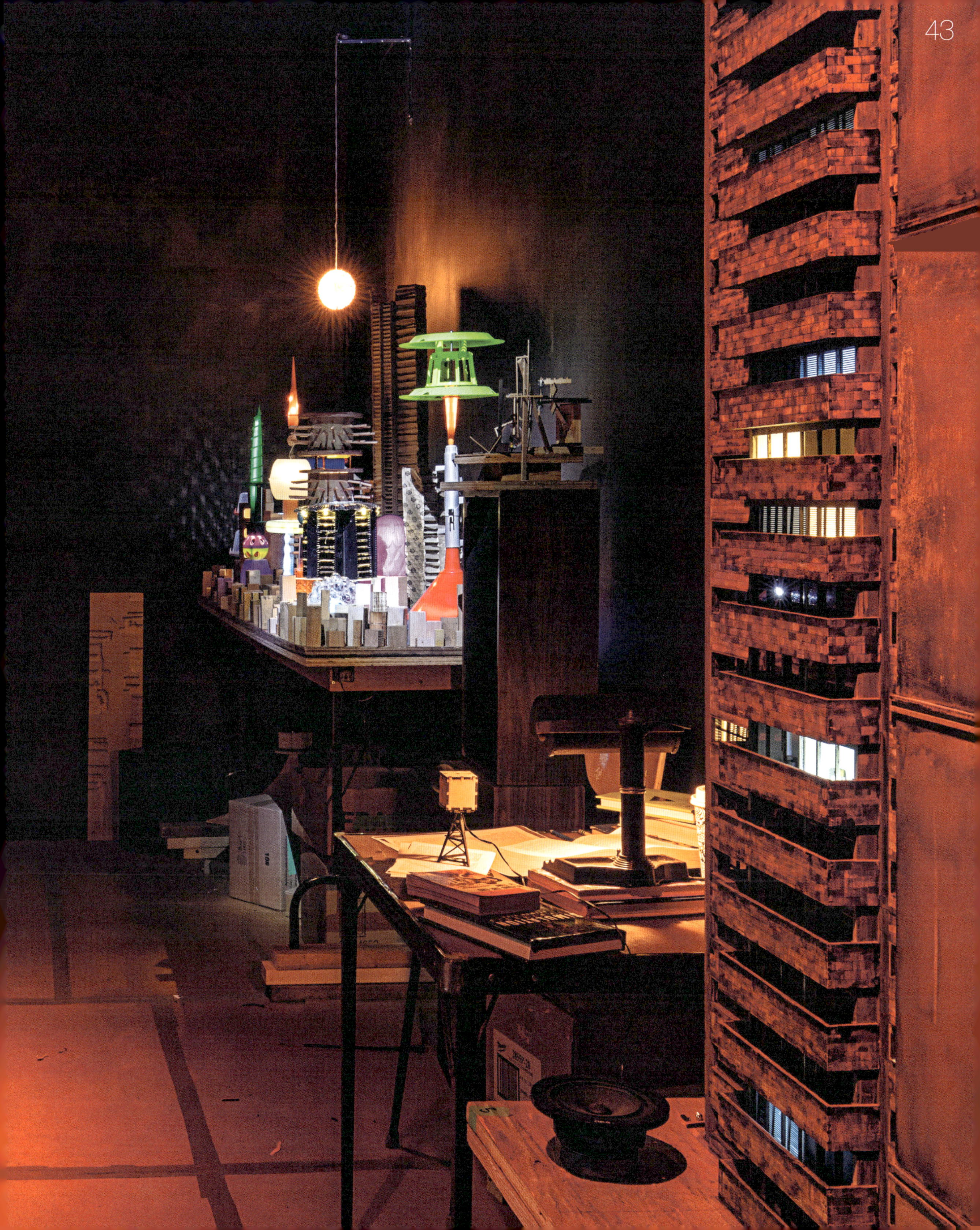

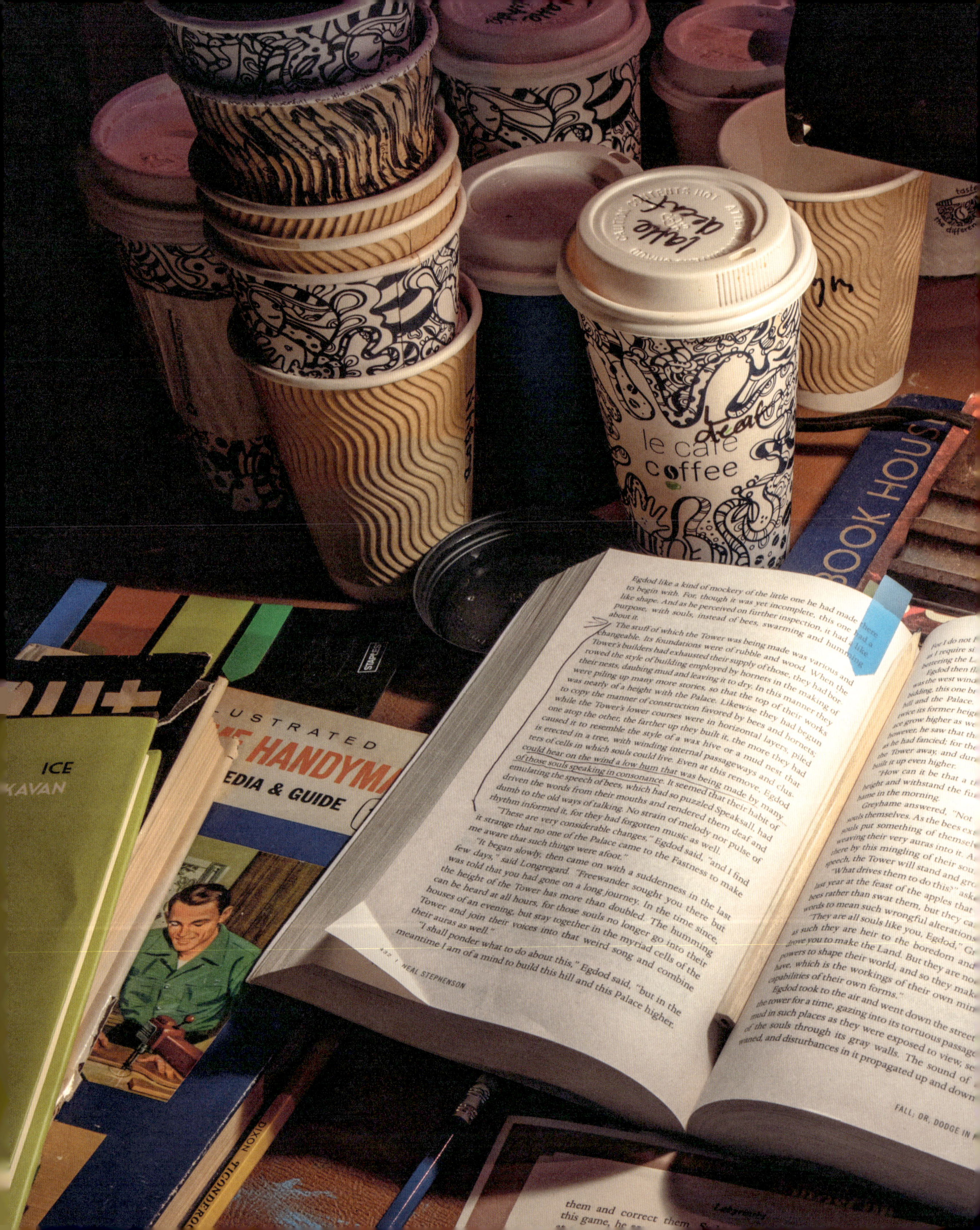
latte
decaf
le cafe
coffee
BOOK HOUS
STAPPERS
LUSTRATED
HANDYMA
EDIA & GUIDE
ICE
KAVAN
NEAL STEPHENSON
FALL; OR, DODGE IN
DIXON
TICONDEROGA

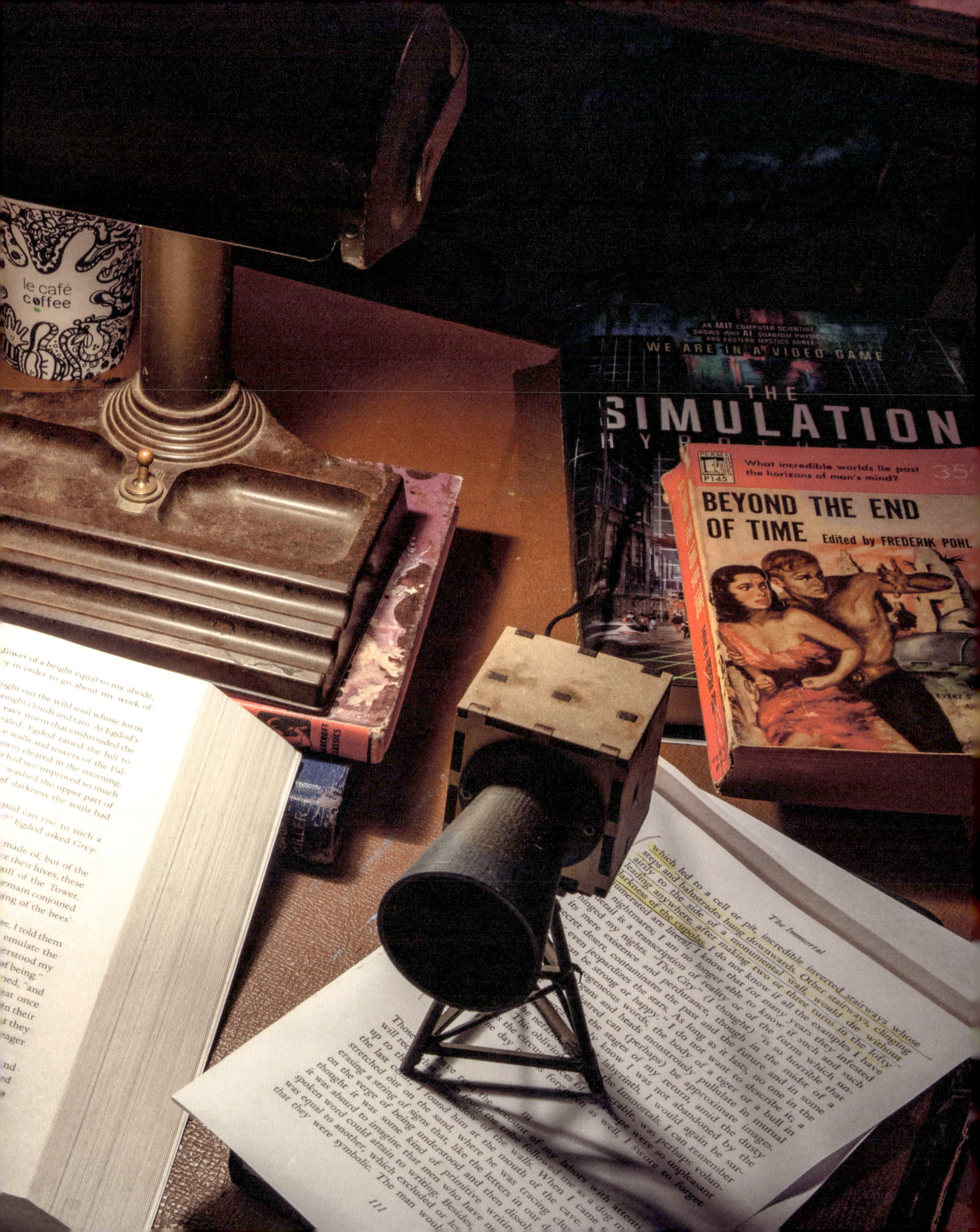
le café
coffee
WE ARE IN A VIDEO GAME
THE
SIMULATION
What incredible worlds lie past the horizons of man's mind?
35¢
P145
BEYOND THE END OF TIME
Edited by FREDERIK POHL
The Immortal

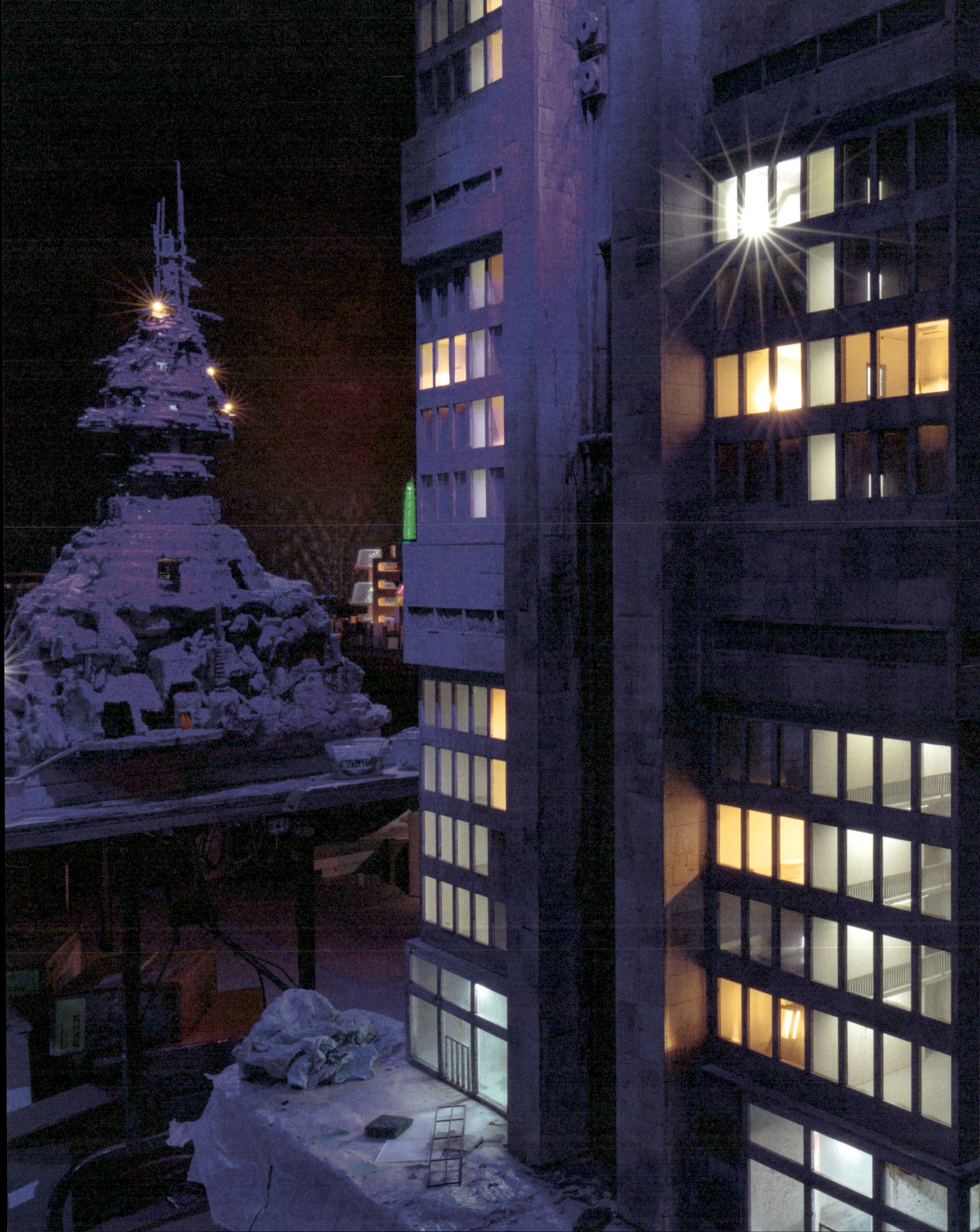

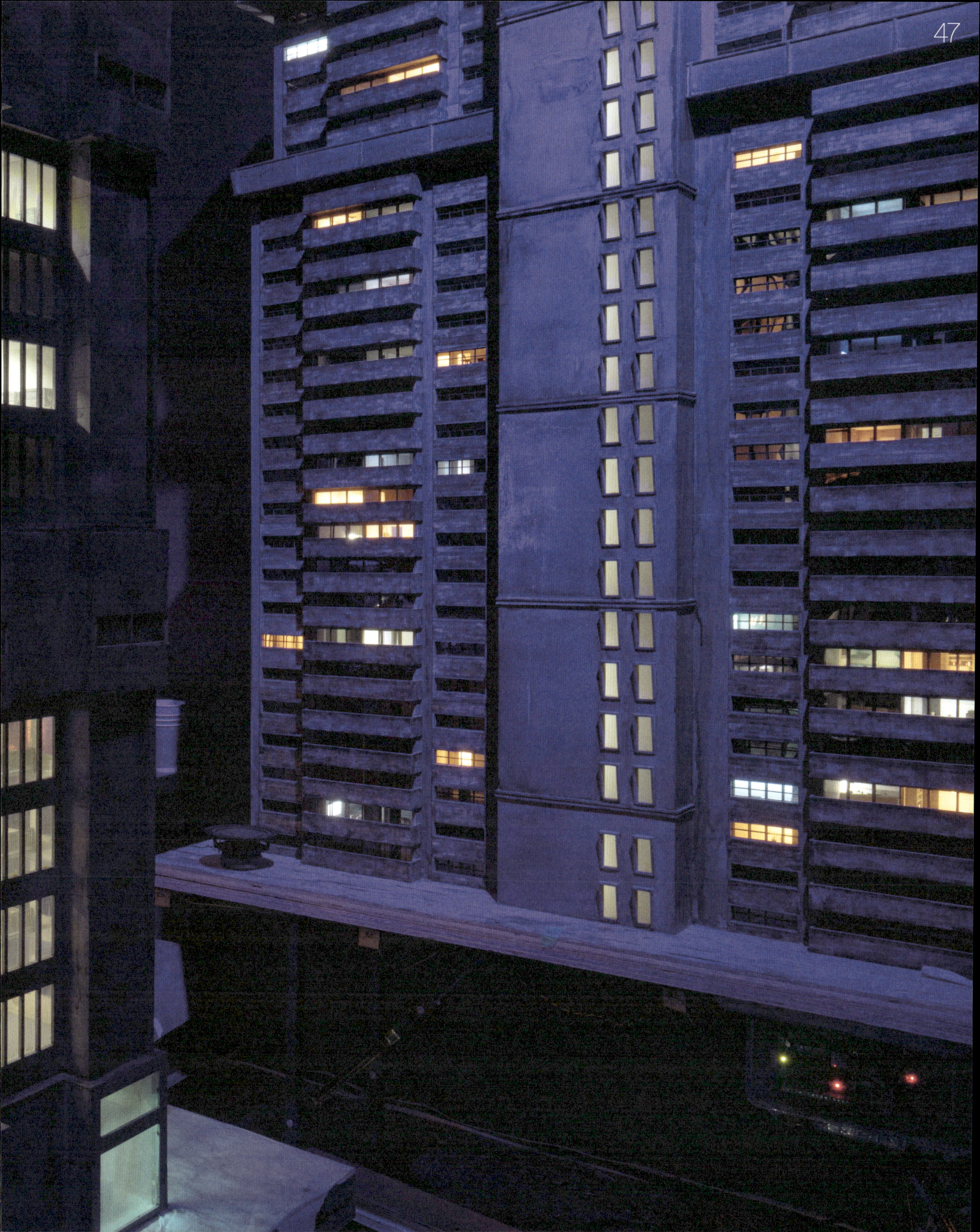

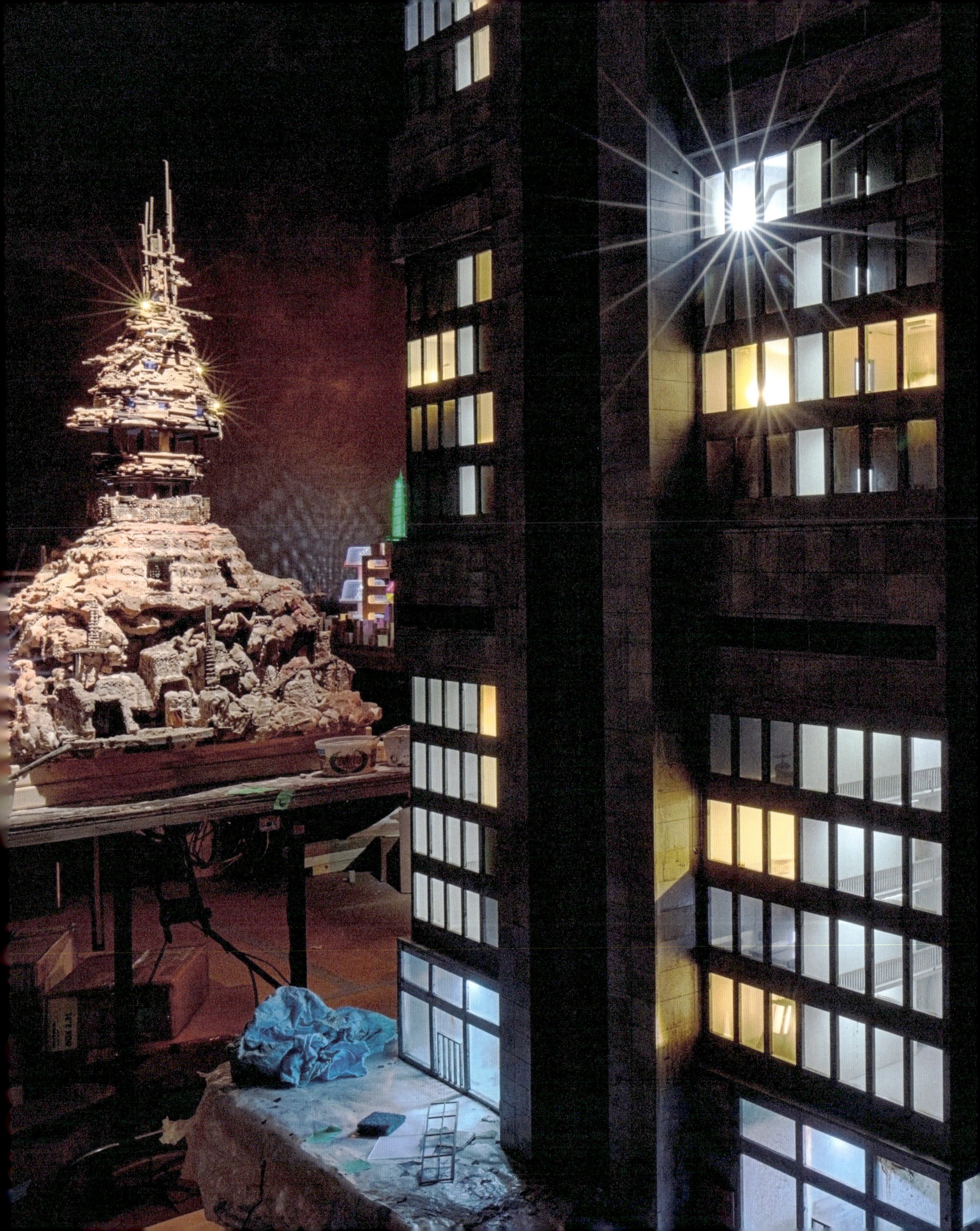

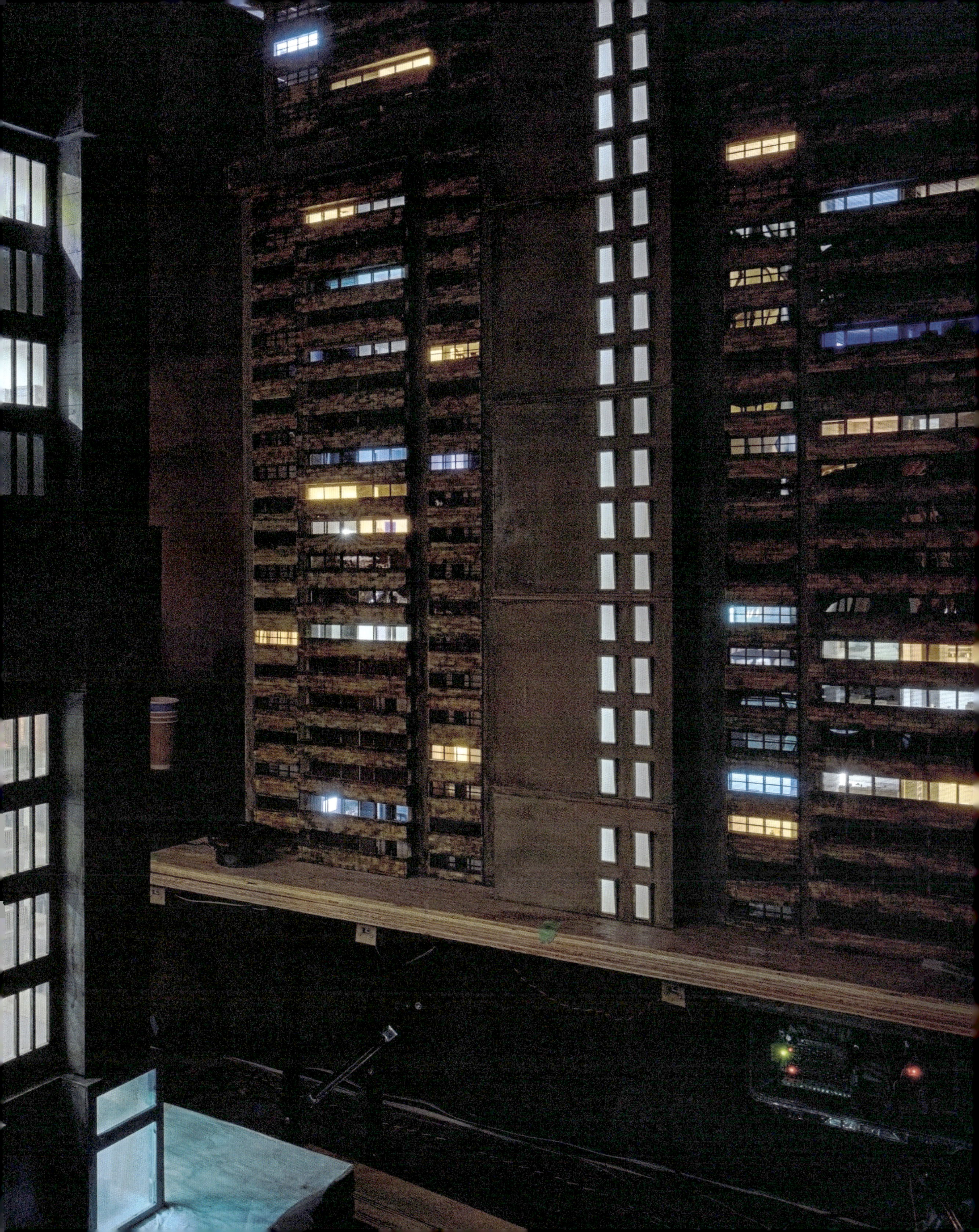

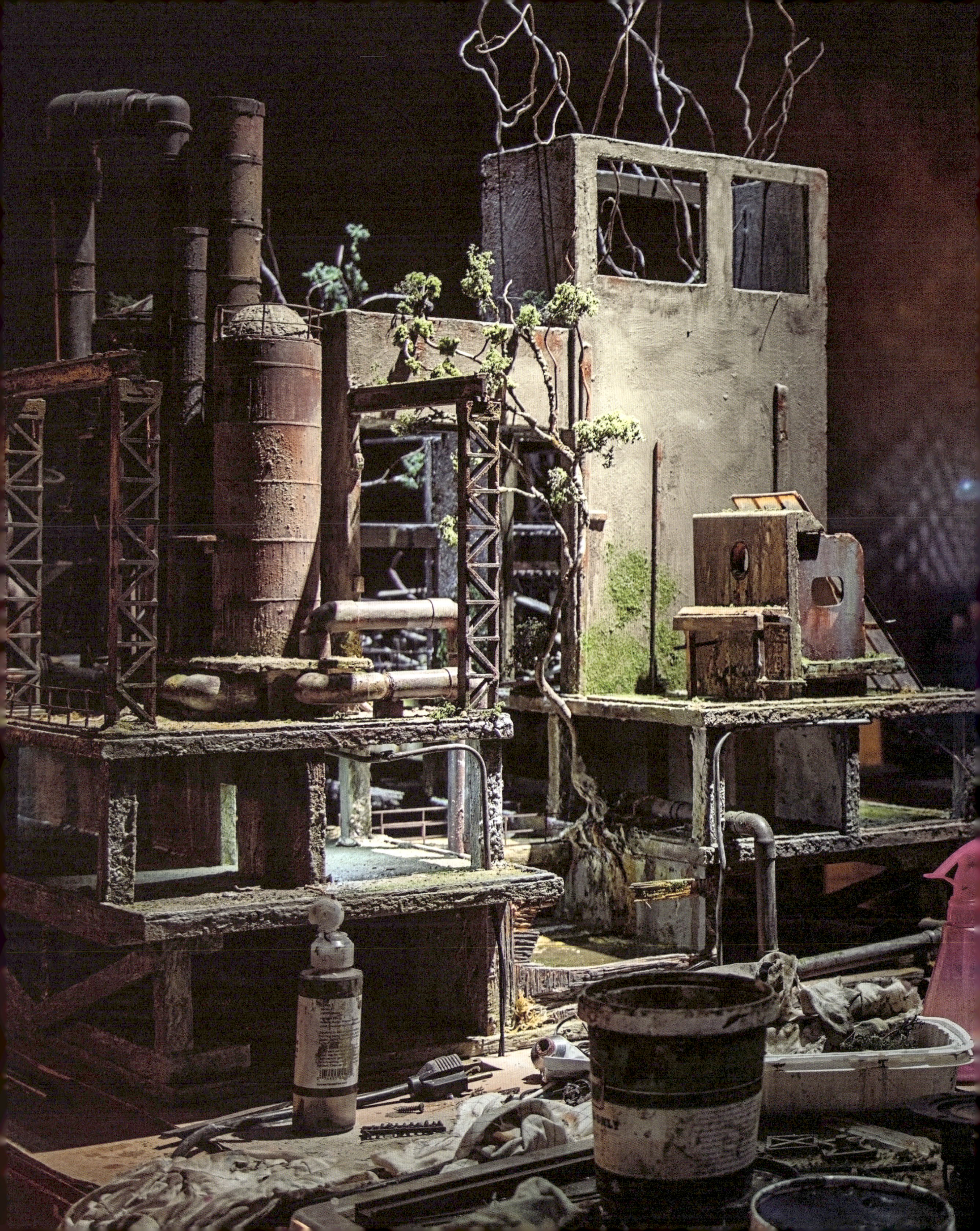

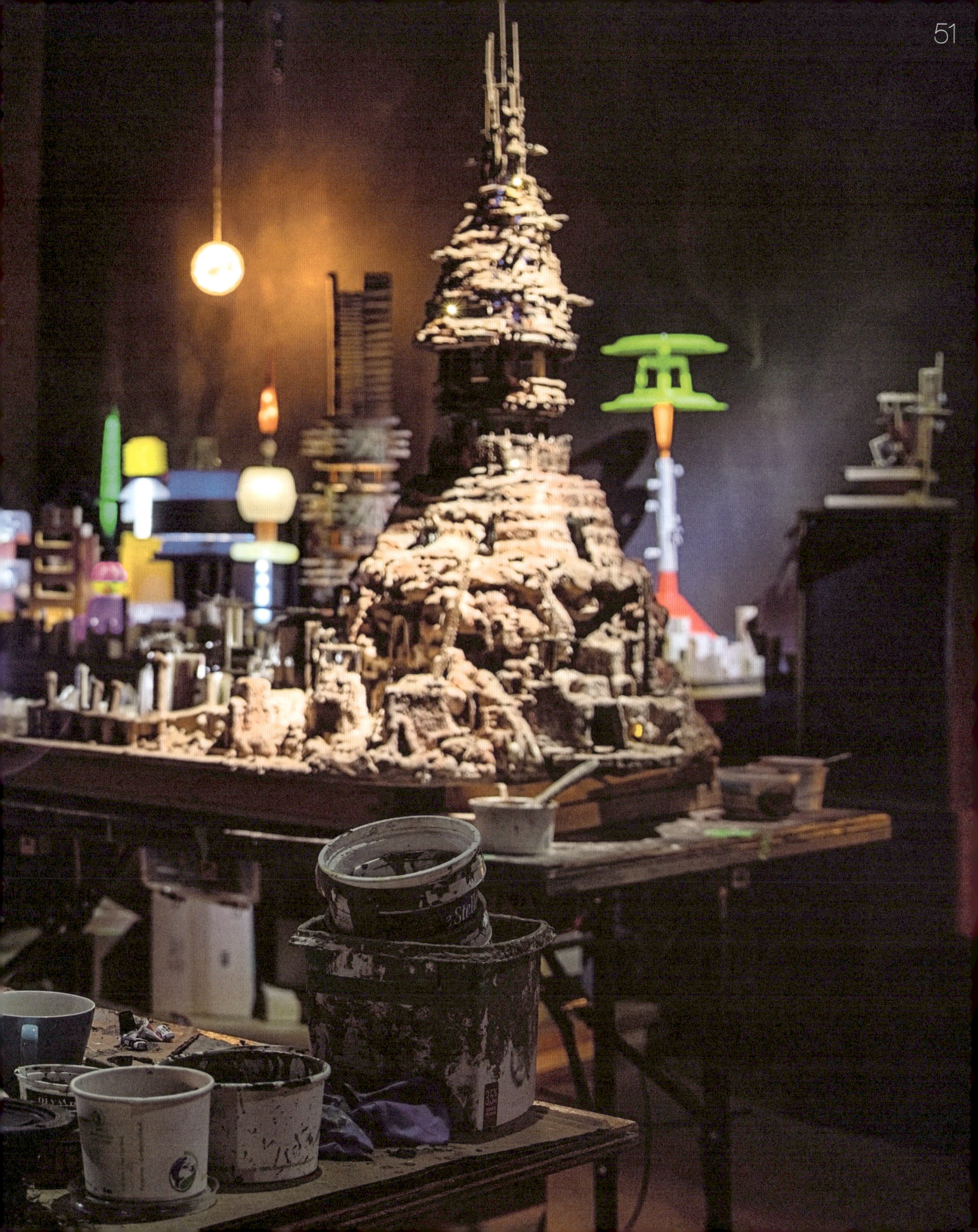

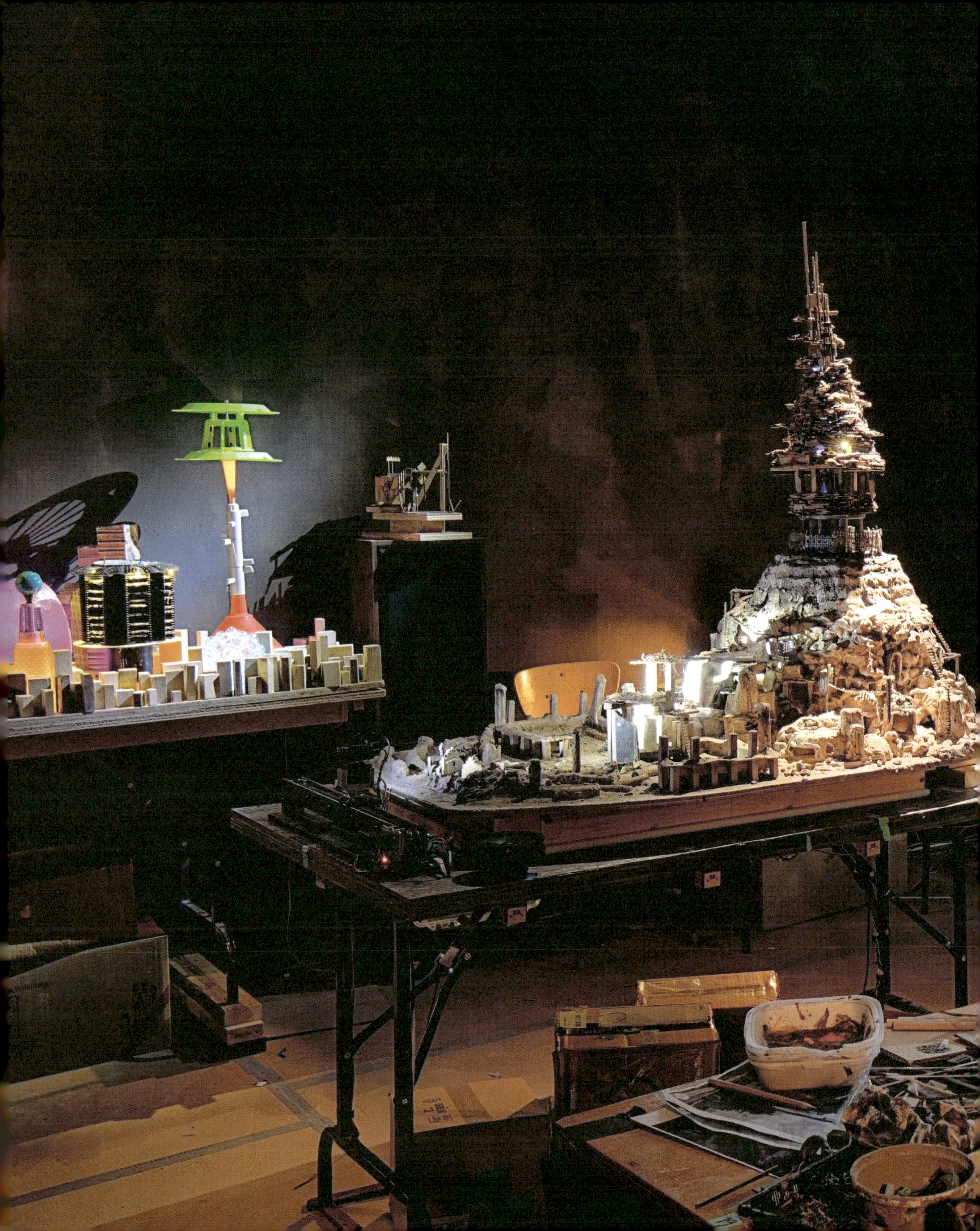

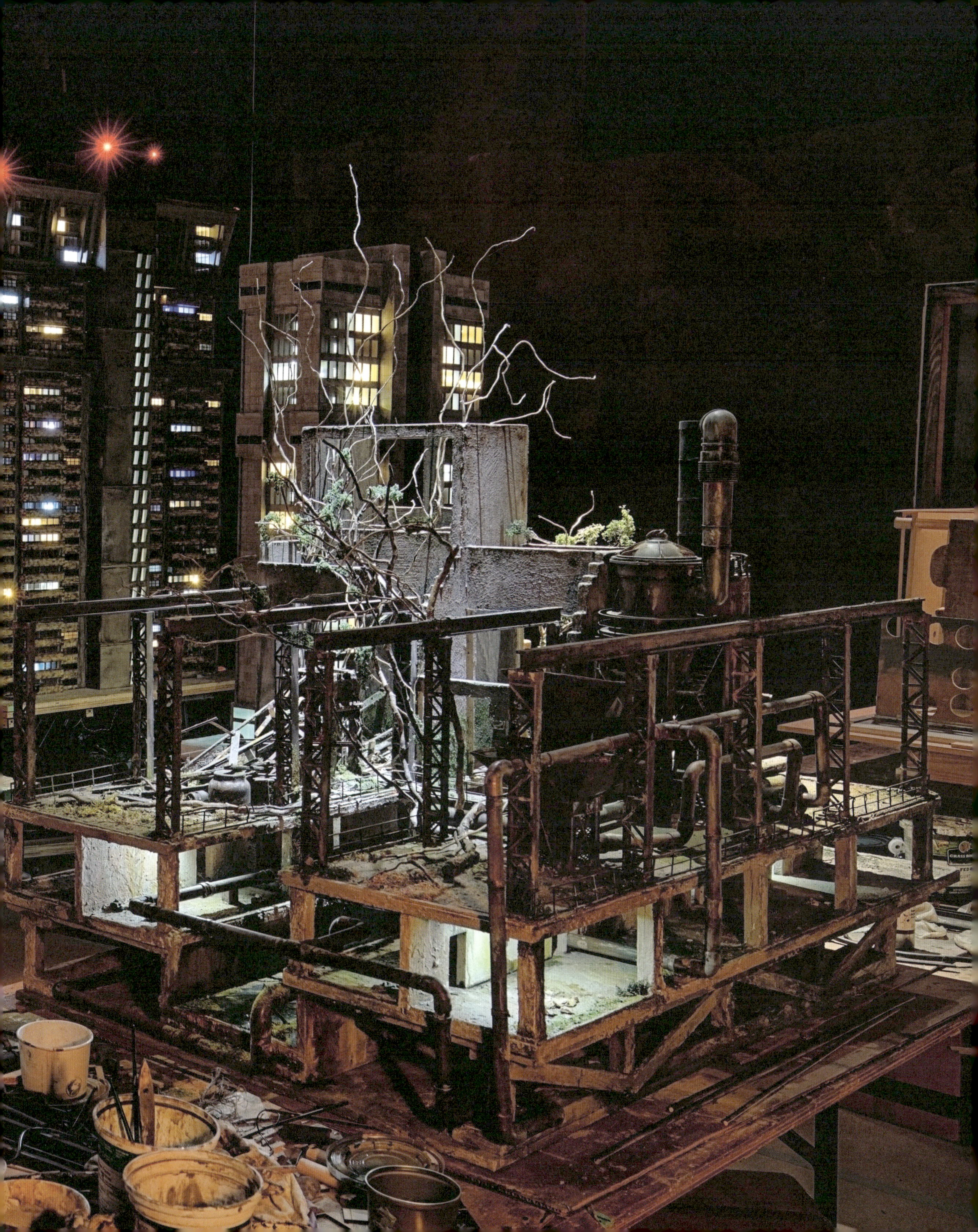

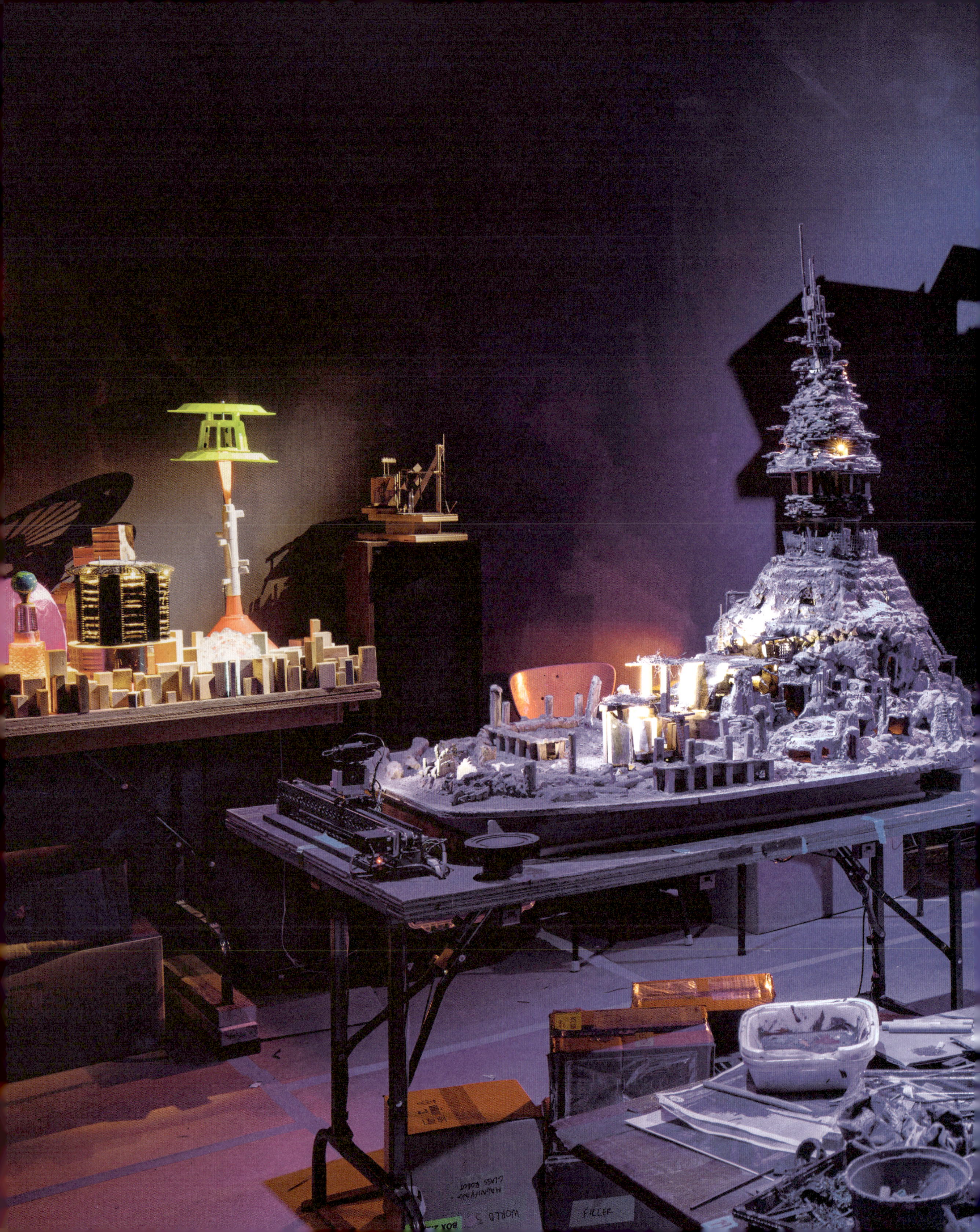
MAGNIFYING-
GLASS ROBOT
WORLD 3
FILLER

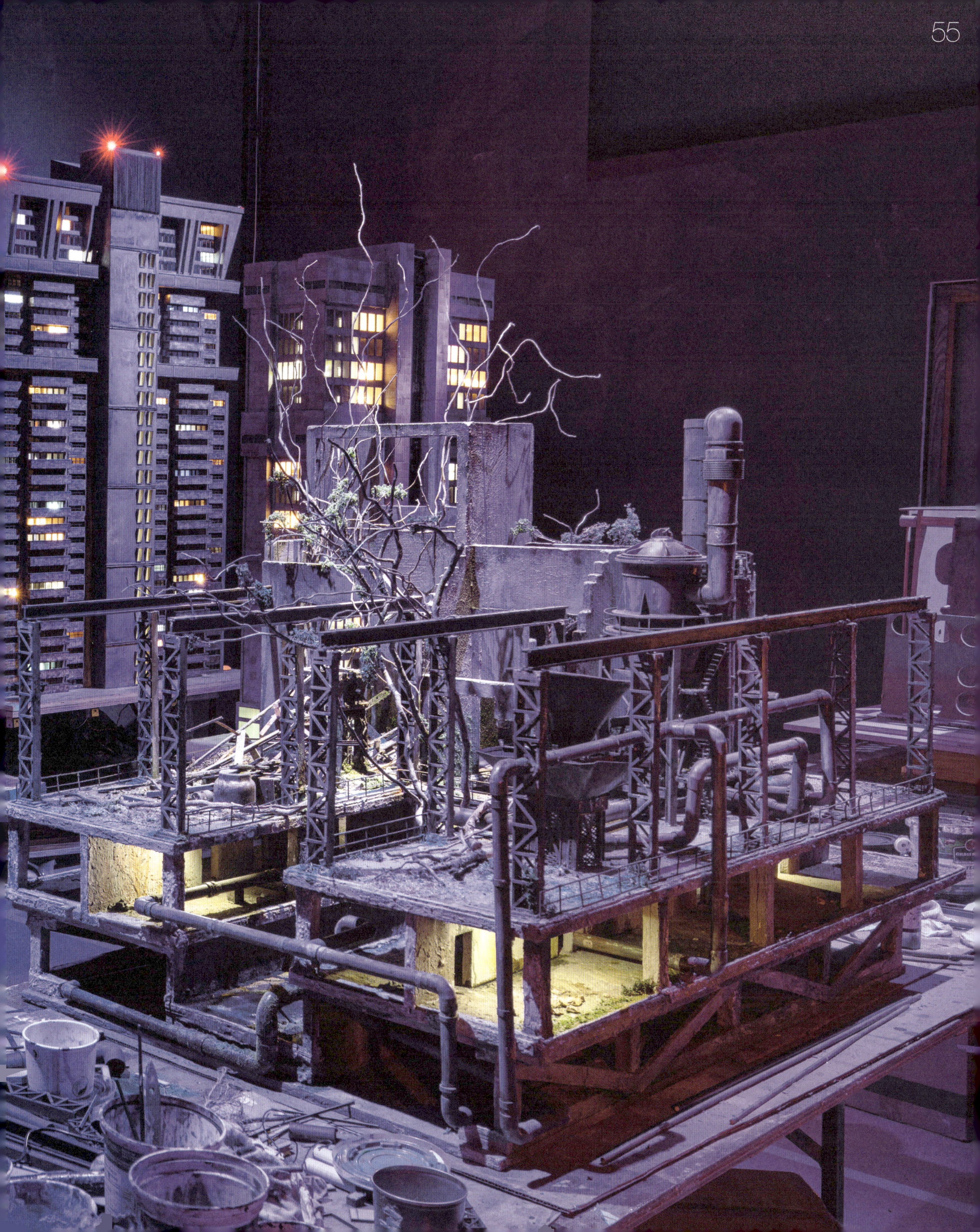

Maße variabel/
Dimensions variable

Interaktive Audioinstallation
mit Ambisonic-Sound

Alle Aufnahmen, Bearbeitung und Abmischung: Cardiff & Miller (sofern nicht anders angegeben)
Zusätzliche Abmischung von Titus Maderlechner
Mellotron-Replik: Maryke Simmonds, Cody Clyburn und Jason Thomas
Farbe: Cody Clyburn
Produktionsmanagement: Zev Tiefenbach

Interactive audio installation
with ambisonic sound

All recording, editing and mixing by Cardiff & Miller (unless otherwise stated)
Additional mixing by Titus Maderlechner
Mellotron replica: Maryke Simmonds, Cody Clyburn and Jason Thomas
Paint: Cody Clyburn
Production management: Zev Tiefenbach

Courtesy Janet Cardiff & George Bures Miller, Luhring Augustine Gallery, New York

2018

the instrument of troubled dreams

[das instrument der unruhigen träume]

Im Zentrum eines jeden Kunstwerks von Cardiff und Miller steht der elaborierte und versierte Umgang mit akustischen Elementen, von einfachen Geräuschen über klangvolle Töne bis hin zu Musikstücken. Im Anschluss an die Aufnahme beginnt für das Künstlerpaar die für die Besuchenden unsichtbare Arbeit des Abmischens der einzelnen Tonspuren, sodass genau im richtigen Moment das passende Geräusch zu hören ist. Für *The Instrument of Troubled Dreams* legen die Künstler diese Aufgabe in die Hände der Besuchenden.

In der Mitte des Raumes befindet sich ein Nachbau eines schwarzen Mellotrons aus den 1960er Jahren, ein Tasteninstrument, das als analoge Urform des Samplers gilt. Ursprünglich konnten auf Magnetbändern gespeicherte Klänge damit polyfon wiedergegeben werden. In Cardiff und Millers Adaption sind die 72 Tasten mit eigenen Klängen belegt. Eine Beschriftung oberhalb der Tasten weist auf den jeweiligen Sound hin, der sich in drei Kategorien aufteilt: von Cardiff gesprochene Texte, Geräusche wie Hundebellen, Rabengeschrei, Schüsse oder Donner und verschiedene Musikstücke. Beim Drücken einer Taste ist das entsprechende Geräusch über die 28 im Raum verteilten Lautsprecher zu hören. Der Werktitel verweist auf den Grundtenor der Soundeffekte: Zumeist dunkle, an Kriminalgeschichten, düstere Albträume und schwere Schicksalsschläge erinnernde akustische Schnipsel dominieren das Klangbild. Kaum erklingen die ausgewählten Klänge, lassen sie in den Zuhörenden und/oder Spielenden Erinnerungen wach werden. Ursprünglich präsentiert in dem Chor der Oude Kerk in Amsterdam, scheinen sich die Tonfragmente immer wieder auch auf diesen Ort und seine Geschichte zu beziehen. Als Zuhörende sind wir dem unwillkürlichen menschlichen Bedürfnis ausgesetzt, der zufälligen Reihenfolge der akustischen Fragmente einen Sinn zu geben. Es ist, als würde ein Soundtrack zu einem imaginären Film komponiert, indem die Besuchenden eine eigene, individuelle Storyline imaginieren, die kaum zu wiederholen ist.

At the centre of each work of art by Cardiff and Miller is the elaborate and well-versed handling of acoustic elements, from simple noises to melodious tones to pieces of music. Following the recording, the duo begins with the work, invisible to visitors, of mixing the individual sound tracks so that the right noise is heard at just the right moment. Yet for *The Instrument of Troubled Dreams*, the artists place this task in the hands of visitors.

In the middle of the room is reproduction of a black Mellotron from the 1960s: a keyboard instrument viewed as the analogue prototype of the sampler. Originally, sounds saved on magnetic tapes could thus be reproduced polyphonically. In Cardiff and Miller's adaptation, each of the seventy-two keys has its own sound. Labels above the keys point to the respective sounds, which are divided into three categories: texts spoken by Cardiff, noises like the barking of dogs, the squawking of ravens, gunshots or thunder, and various pieces of music. When a key is pressed, the corresponding sound is heard through the twenty-eight loudspeakers distributed throughout the room. The work title refers to the basic tenor of the sound effects: mostly dark, acoustic snippets, reminiscent of crime stories, grim nightmares and hard strokes of fate, dominate the sound pattern. Hardly have the chosen sounds sounded than they awaken memories in the listeners and/or players. Originally presented in the choir of the Oude Kerk in Amsterdam, the sound fragments also appear to refer repeatedly to this place and its history. As listeners, we are subjected to the spontaneous human need to lend sense to the sequence of acoustic fragments. It is as if a soundtrack were composed for an imaginary film, in that visitors imagine their own individual storyline, which can hardly be repeated.

Ton-Credits/Sound credits (aufgelistet nach Playback-Tasten auf dem Mellotron/Listed by playback keys on the Mellotron):

— *Theme for Troubled Dreams*, komponiert von/composed by Tilman Ritter, aufgenommen und bearbeitet von/recorded and edited by Titus Maderlechner (Tasten/Keys 1–7)
— Windböen, Windschreie, Orkanböen, aufgenommen von/Wind gusts, wind shrieks, deep low wind, recorded by Alan Splet (Tasten/Keys 9, 10, 12)
— *Guitar Chimes*, komponiert und aufgeführt von/composed and performed by George Bures Miller (Taste/Key 18)
— *String Quartet #1*, komponiert von/composed by Da Jeong Choi, aufgenommen und bearbeitet von/recorded and edited by Titus Maderlechner (Tasten/Keys 21, 45)
— *Tango delle Rose* (1927), komponiert von/composed by Bottero-Schreier, gespielt von/performed by Hélène Cals (Taste/Key 29)
— *Entrance of the Gladiators* (1897), komponiert von/composed by Julius Fucík (Taste/Key 35)
— *Psalm 138* (1604), komponiert von/composed by Jan Pieterszoon Sweelinck, gespielt von/performed by Matthew Baker, Kaspar Kröner, João Moreira und/and Cressida Sharp (Taste/Key 39)
— *Moody Guitar*, komponiert und gespielt von/composed and performed by Orion Miller (Taste/Key 43)
— Möwen-Soundeffekt aufgenommen von/Seagulls SFX recorded by John Leonard (Taste/Key 48)
— Traditionelles tibetisches Gebet, aufgeführt von den Nonnen der Abtei Thrangu Tara/Traditional tibetan prayer, performed by the nuns from Thrangu Tara Abbey, Kathmandu, Nepal (Taste/Key 49)
— Improvisation auf der Vater-Müller-Orgel, komponiert und gespielt von/Improvisation on the Vater Müller organ, composed and performed by Jacob Lekkerkerker (Taste/Key 60)
— Lancaster-Bomber-Soundeffekt, aufgenommen von/Lancaster Bomber SFX, recorded by John Leonard (Taste/Key 61)
— Improvisation auf der Querschifforgel, komponiert und gespielt von/Improvisation on the transept organ, composed and performed by Matteo Imbruno (Taste/Key 62)
— *Bowed Metal 1 and 2*, komponiert und gespielt von/composed and performed by George Bures Miller (Tasten/Keys 63, 65)
— Dampfmaschine Soundeffekt, aufgenommen von/Steam Engine SFX, recorded by John Leonard (Taste/Key 66)
— *Moody Synth 1 und 2*, komponiert und gespielt von/composed and performed by George Bures Miller (Tasten/Keys 68, 69)
— *Scary Theme for Troubled Dreams*, komponiert von/composed by Tilman Ritter, aufgenommen und bearbeitet von/recorded and edited by Titus Maderlechner (Tasten/Keys 70, 71, 70–72)
— Gesprochene Tonspuren von/Spoken vocal tracks by Janet Cardiff

Dank an/Thanks to: Jacqueline Grandjean (Geduld und Glaube/Patience and belief), Bodo Groen (Essen und bissiger Witz/Food and acerbic wit), Michael Campbell (Michael rudert das Boot an Land/Michael rows the boat ashore), Glenn C. Newell (Unterstützung bei der Bidule-Programmierung/Bidule programming assistance), Pirka Balvers (Bootskapitänin auf dem/Boat captain on the Markermeer), Roel Gremmer (Windmühlenwärter in der Nähe von/Windmill keeper near Amsterdam), dem gesamten Aufbauteam der/all the installation staff at the Oude Kerk.

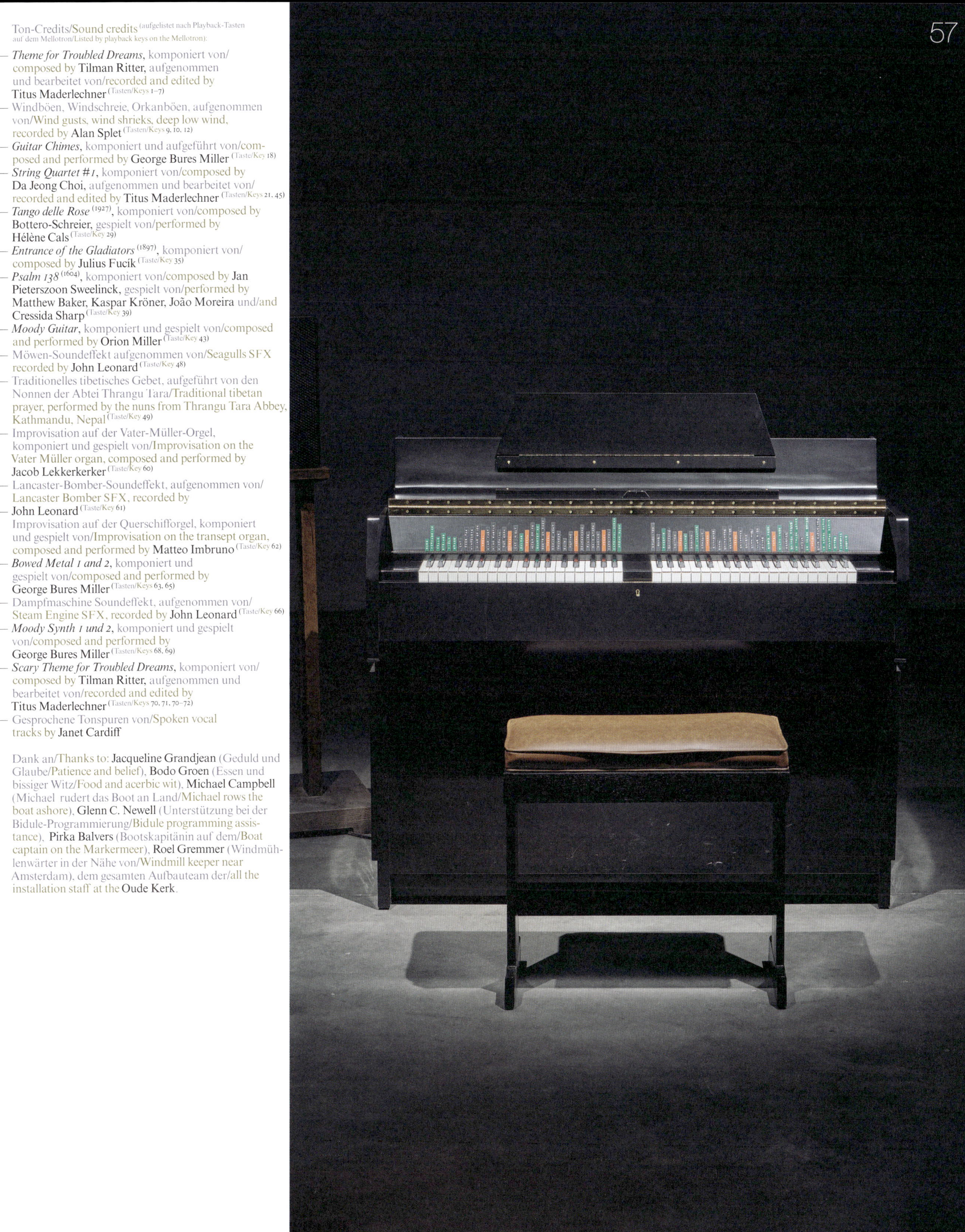

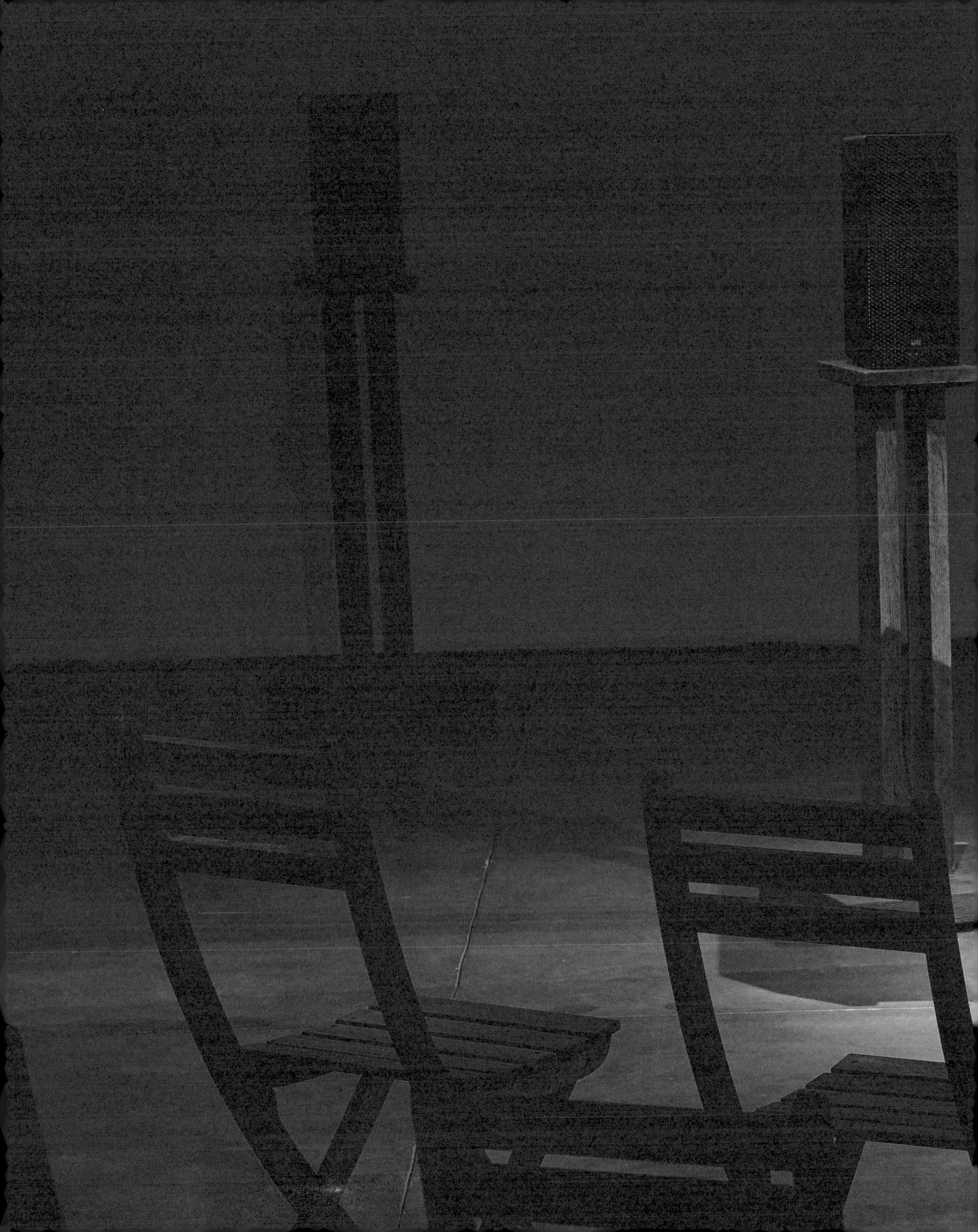

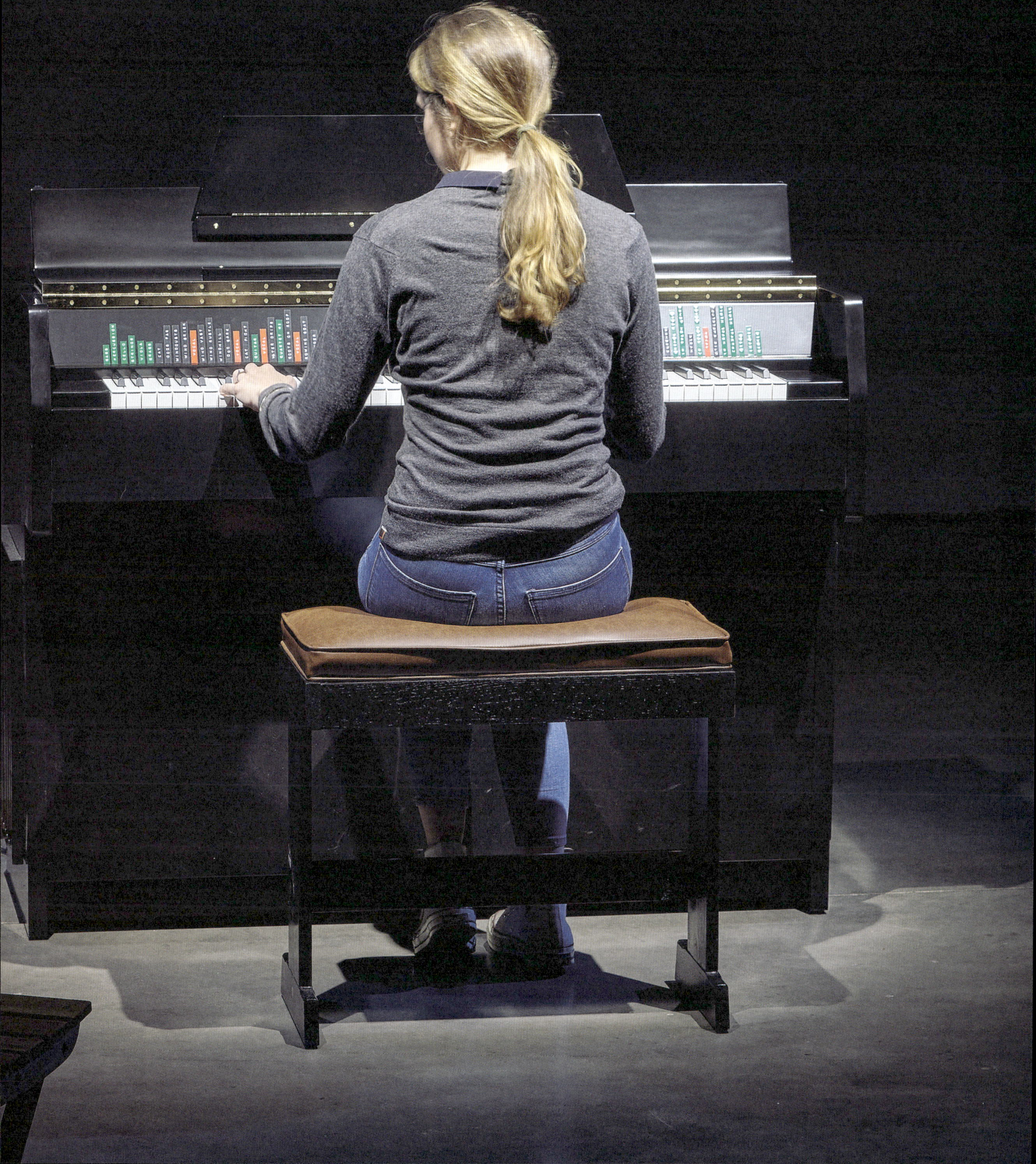

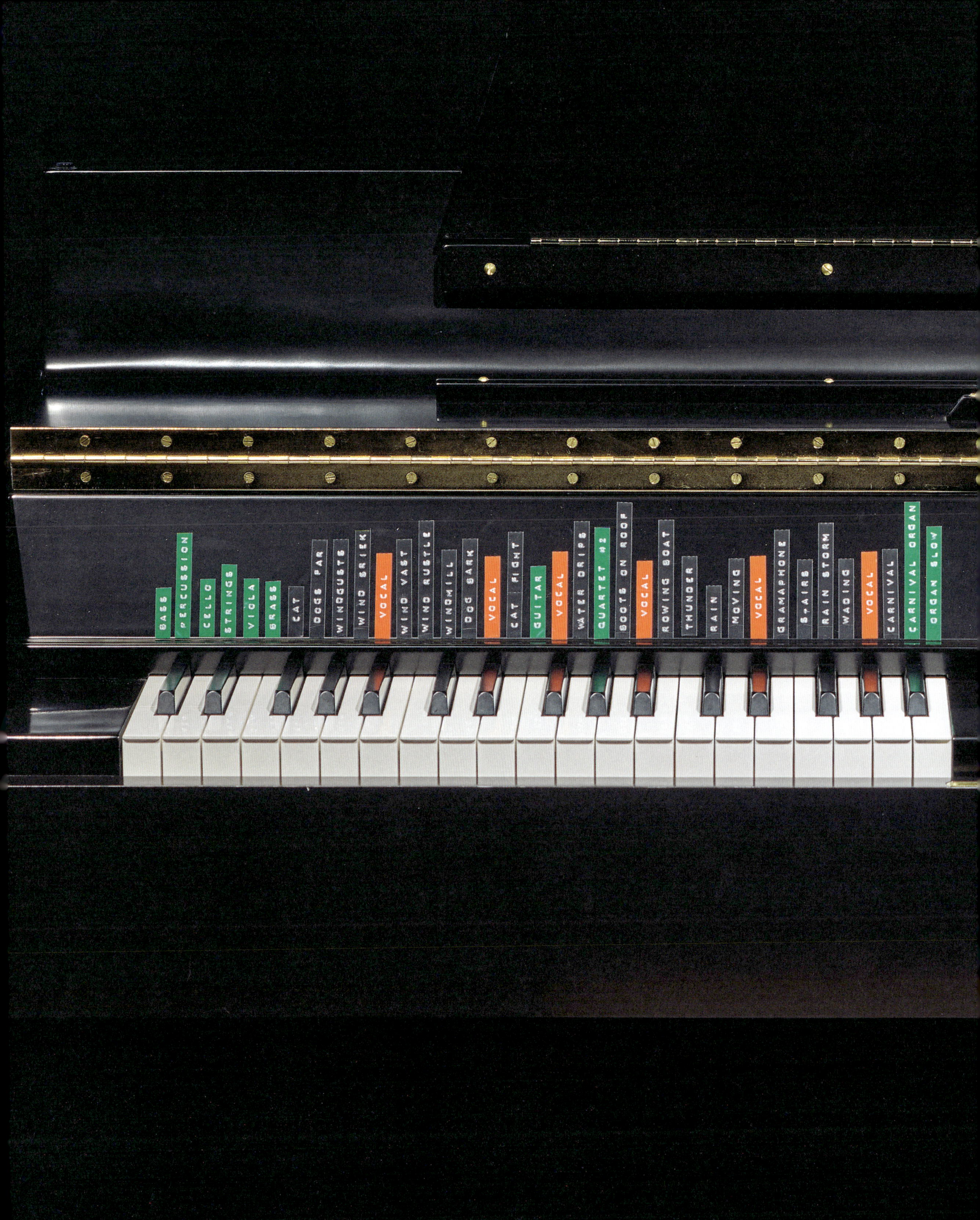
BASS
PERCUSSION
CELLO
STRINGS
VIOLA
BRASS
CAT
DOGS FAR
WINDGUSTS
VOCAL
WIND VAST
WIND RUSTLE
WINDMILL
DOG BARK
VOCAL
CAT FIGHT
GUITAR
VOCAL
WATER DRIPS
QUARTET #2
BOOTS ON ROOF
VOCAL
ROWING BOAT
THUNDER
RAIN
MOVING
VOCAL
GRAMAPHONE
S-AIRS
RAIN STORM
WADING
VOCAL
CARNIVAL
CARNIVAL ORGAN
ORGAN SLOW

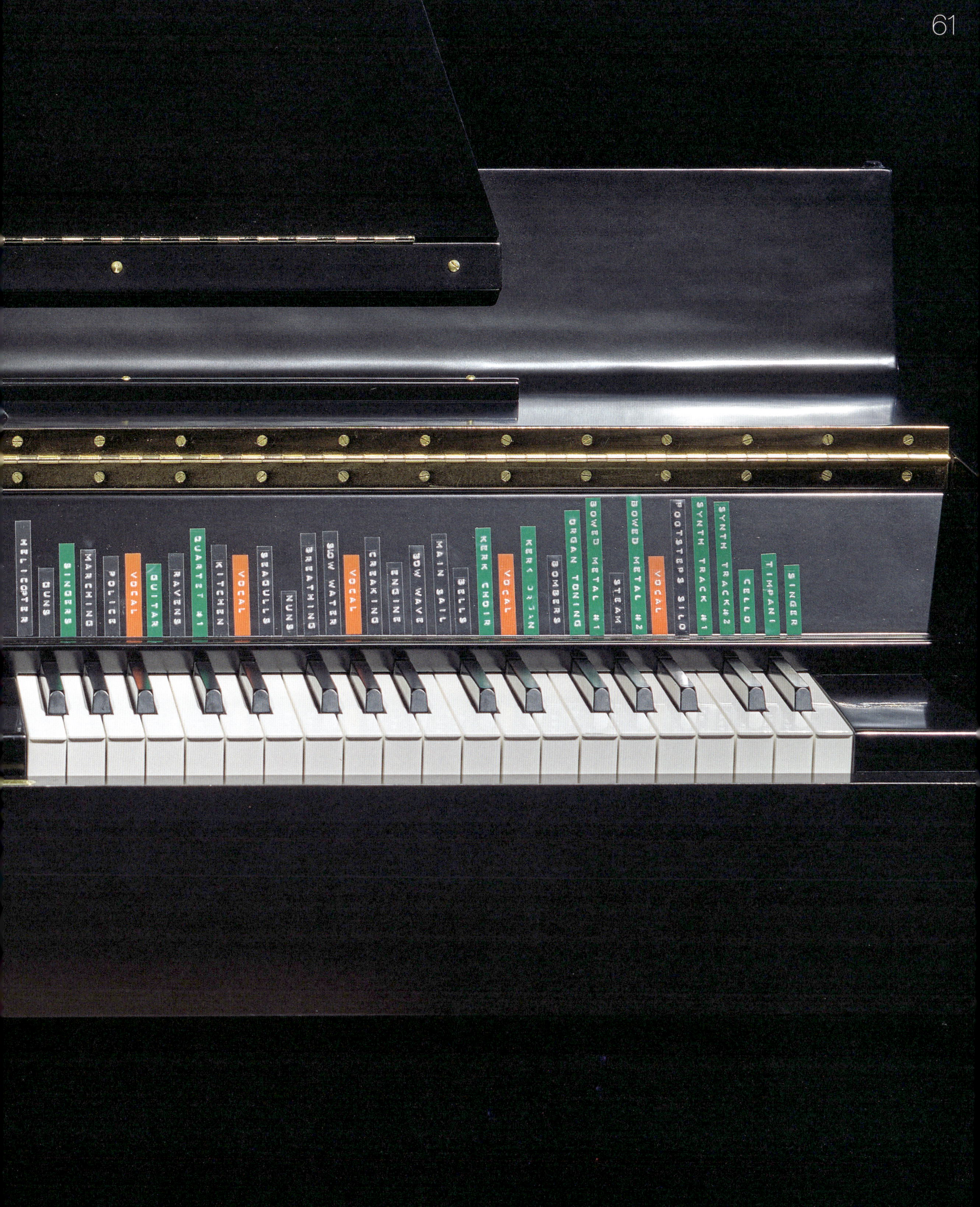
HELICOPTER
GUNS
SINGERS
MARCHING
POLICE
VOCAL
GUITAR
RAVENS
QUARTET #1
KITCHEN
VOCAL
SEAGULLS
NUNS
BREATHING
SLOW WATER
VOCAL
CREAKING
ENGINE
BOW WAVE
MAIN SAIL
BELLS
KERK CHOIR
VOCAL
BOMBERS
ORGAN TONING
BOWED METAL #1
STEAM
BOWED METAL #2
VOCAL
FOOTSTEPS SILO
SYNTH TRACK #1
SYNTH TRACK#2
CELLO
TIMPANI
SINGER

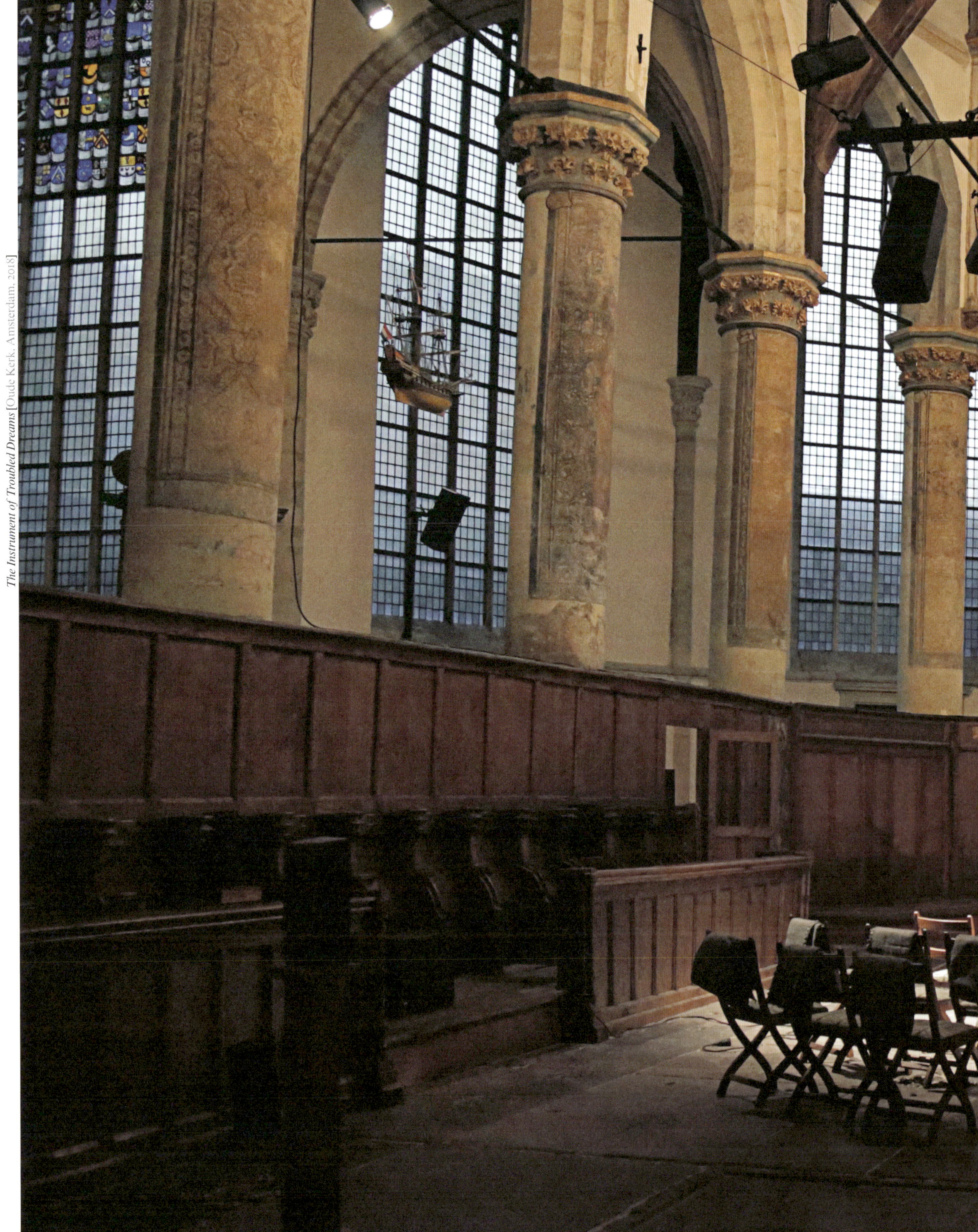

The Instrument of Troubled Dreams [Oude Kerk, Amsterdam, 2018]

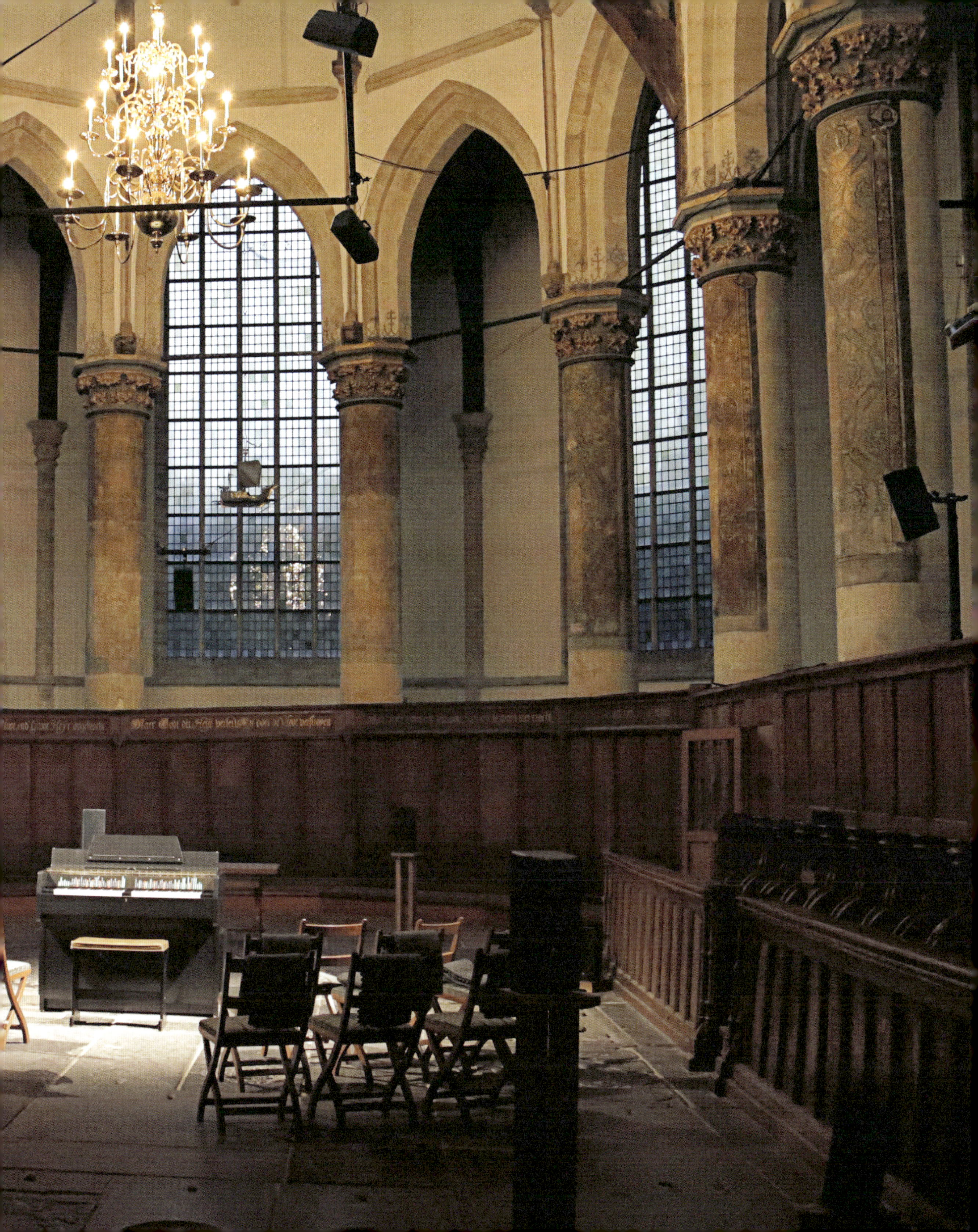

Interaktive Mixed-Media-Installation
mit Ton, Orgel, Lautsprecher, Teppich, Computer, Elektronik

Gedichte: Geschrieben und gesprochen von Leonard Cohen aus *Book of Longing* (McClelland & Stewart, 2006)
Dank an Robert Kory und den Nachlass von Leonard Cohen
Leonard Cohen (1934–2016) gewidmet

Interactive mixed media installation
with sound, organ, speakers, carpet, computer, electronics

Poems: written and performed by Leonard Cohen from *Book of Longing* (McClelland & Stewart, 2006)
Special thanks to Robert Kory and The Estate of Leonard Cohen
Dedicated to Leonard Cohen (1934–2016)

Courtesy Janet Cardiff & George Bures Miller, Luhring Augustine Gallery, New York

The Poetry Machine [Fraenkel Gallery, San Francisco, 2018]

2017

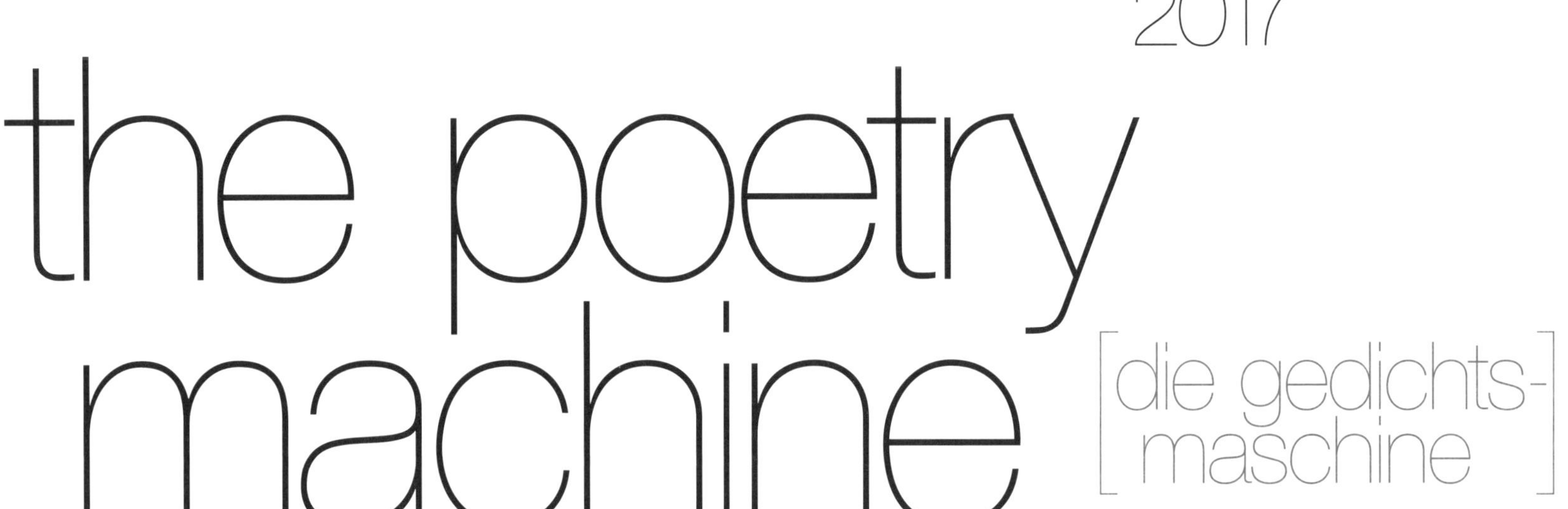

Eine historische Wurlitzerorgel aus den 1950er Jahren ist umgeben von zahlreichen alten Lautsprechern und Grammophontrichtern. Ein Stuhl vor dem Instrument lädt zur Interaktion ein. Beim Drücken auf eine Taste ertönt Leonard Cohens raue, leicht melancholische Stimme, die seine eigenen Gedichte aus dem *Book of Longing* vorträgt. Es steht den Besuchenden frei, die Tasten einzeln nacheinander zu drücken und jedes Gedicht für sich zu genießen oder die Tasten gleichzeitig zu aktivieren und die Gedichte in einer sich übereinander lagernden Kakophonie zu hören oder durch das abwechselnde Drücken neue Gedichte zu schaffen.

Das tiefe, ergreifende Gefühl, das Cohen in der Lage war mit seinen Liedern hervorzurufen, zeigt sich auch beim Vorlesen seiner Gedichte. Beeindruckt von der charismatischen Stimme Cohens vermögen Cardiff und Miller mit *The Poetry Machine* durch geschickt positionierte Lautsprecher seine physische Präsenz geradezu fühlbar zu machen. Es ist, als säße er aus seinen Gedichten lesend im Raum und fesselte die Zuhörenden mit seinen bewegenden Gedichten über die inneren Bedürfnisse des menschlichen Daseins. Diesem poetischen, gefühlsbetonten Moment stellen Cardiff und Miller im Titel den technisch kühlen Begriff der Maschine an die Seite und verweisen damit auf einen Moment des bewussten Kontrollverlusts. Die Maschine hat in ihrer Funktionalität begrenzte Möglichkeiten und besitzt dennoch einen eigenen Charakter. Jede:r erschafft seine eigene, nur in diesem einen Moment bestehende Komposition aus Cohen-Gedichten.

Die Realisierung der Arbeit wiederum ist einem Glücksfall geschuldet. Das Konzept einer Gedichtsmaschine war bereits entwickelt, als die Künstler sechs Monate nach dem Tod Cohens 2016 vom Nachlass den Audiomitschnitt seiner Gedichte erhielten. Sofort überzeugt von der Kraft der Stimme Cohens entsteht *The Poetry Machine* als interaktives Instrument.

A historical Wurlitzer organ from the 1950s is surrounded by many old loudspeakers and gramophone horns. A chair in front of the instrument invites interaction. When a key is pressed, one hears Leonard Cohen's raw, slightly melancholic voice, reciting Cohen's own poems from *Book of Longing*. Visitors are free to press the keys individually one after the other and enjoy each poem on its own, or to activate the keys simultaneously and hear the poems superimposed over one another in a cacophony, or to create new poems by alternately pressing different keys.

The deep, poignant emotion that Cohen was able to elicit with his songs is also evident in the recital of his poems. Impressed by Cohen's charismatic voice, Cardiff and Miller are able to make his physical presence practically tangible with *The Poetry Machine* through cleverly positioned loudspeakers. It is as if he were sitting in the room reading his poems and captivating listeners with his moving words about the inner needs of human existence. Cardiff and Miller juxtapose this poetic, emotional moment in the title with the technically cool concept of the machine onto the page, thus referring to a moment of deliberate loss of control. The machine has limited possibilities in its functionality, and nonetheless possesses its own character. Each creates their own composition of Cohen poems existing only in this one moment.

The realisation of the work is in turn due to a happy chance. The concept of a poetry machine was already developed when the artists received the audio recording of the poems from Cohen's estate six months after his death in 2016. Immediately convinced by the power of Cohen's voice, they deveoped *The Poetry Machine* as an interactive instrument.

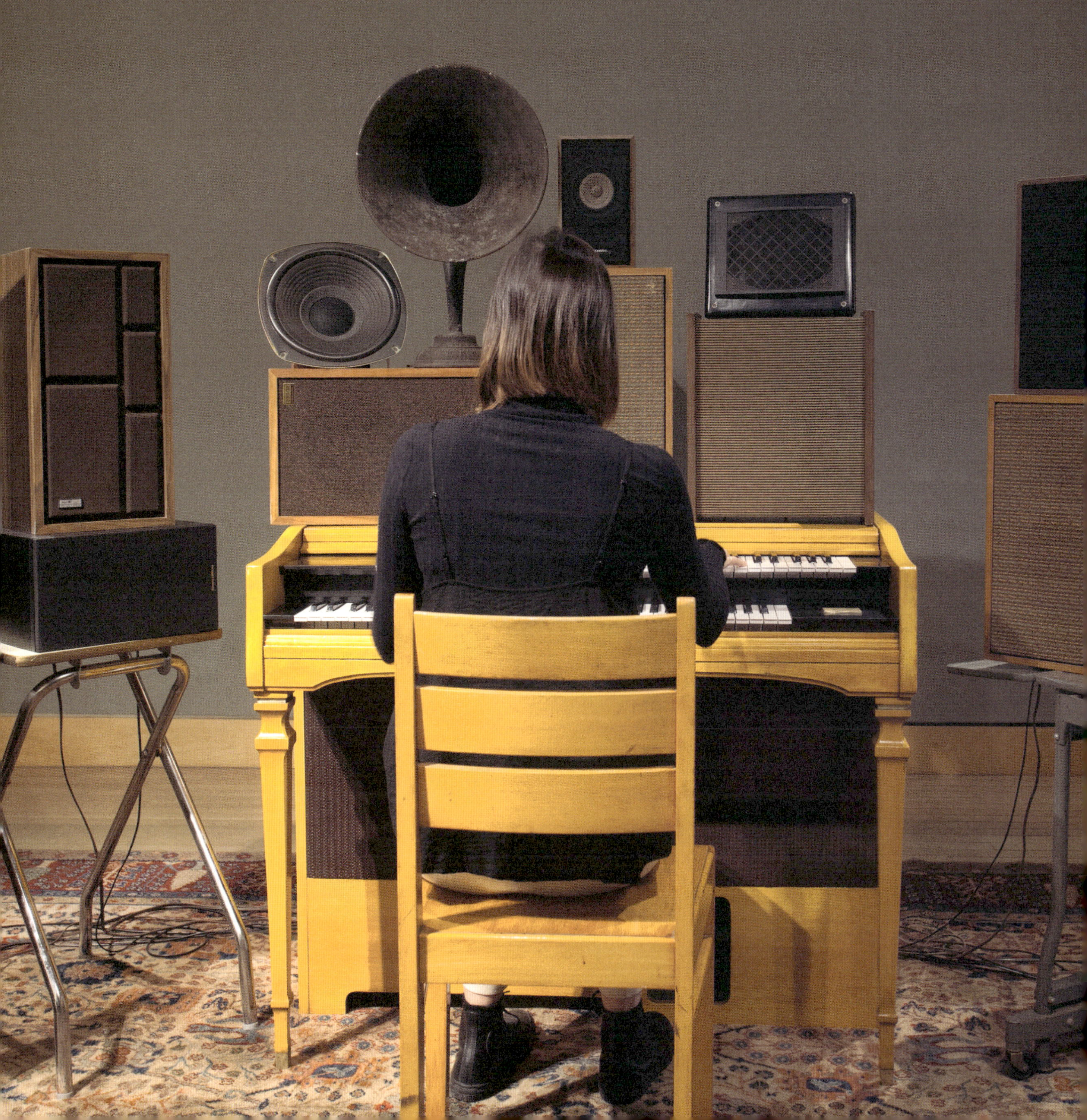

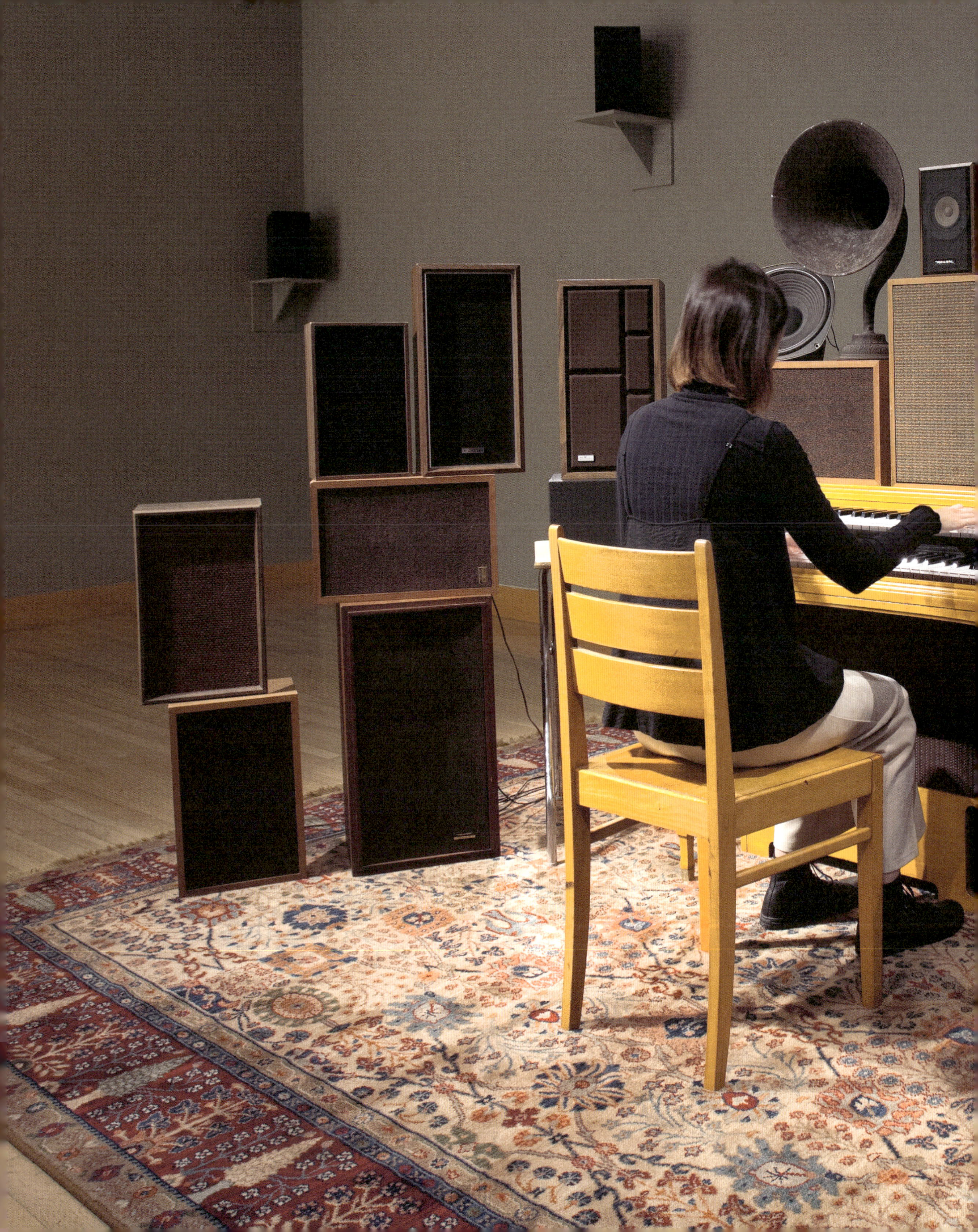

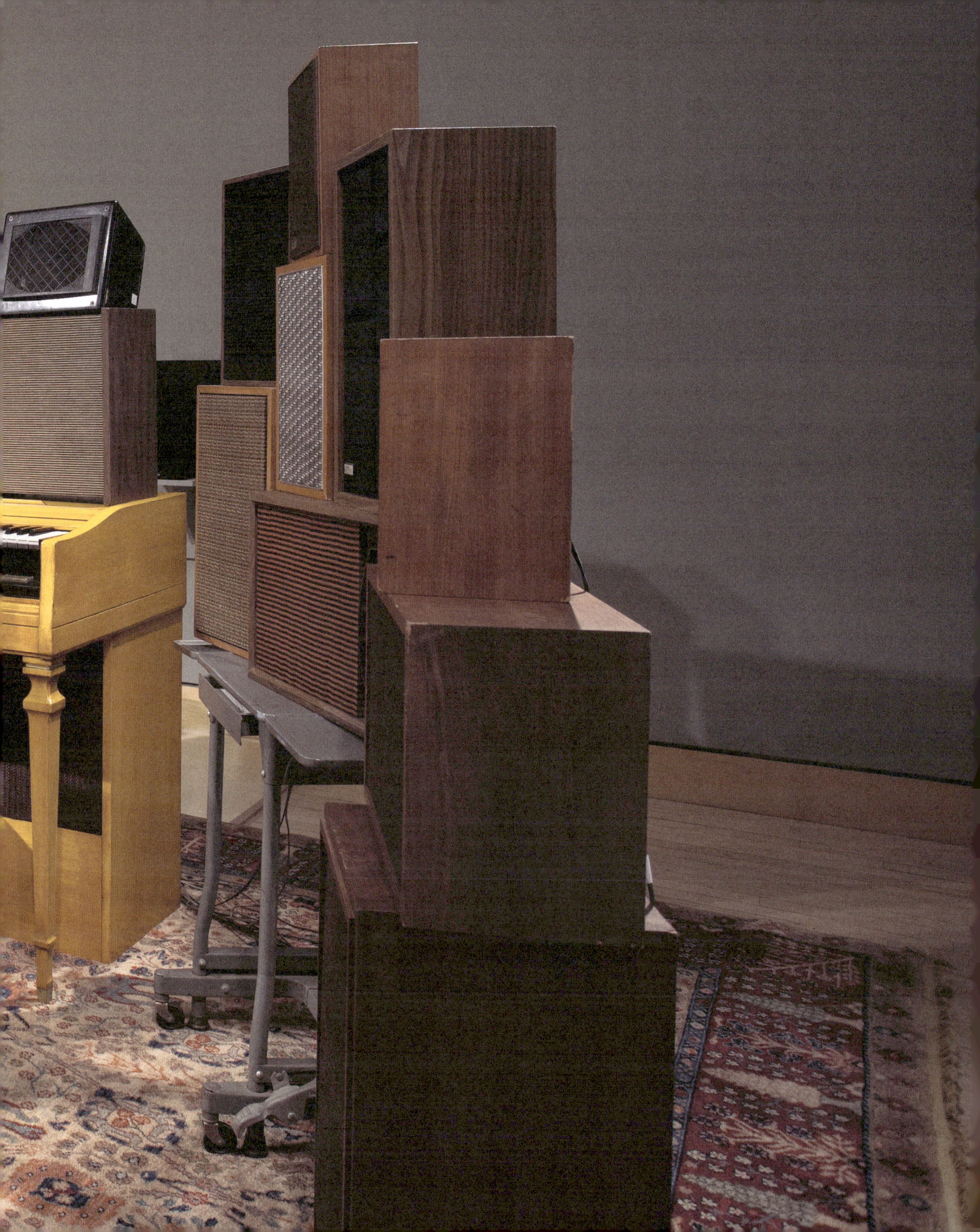

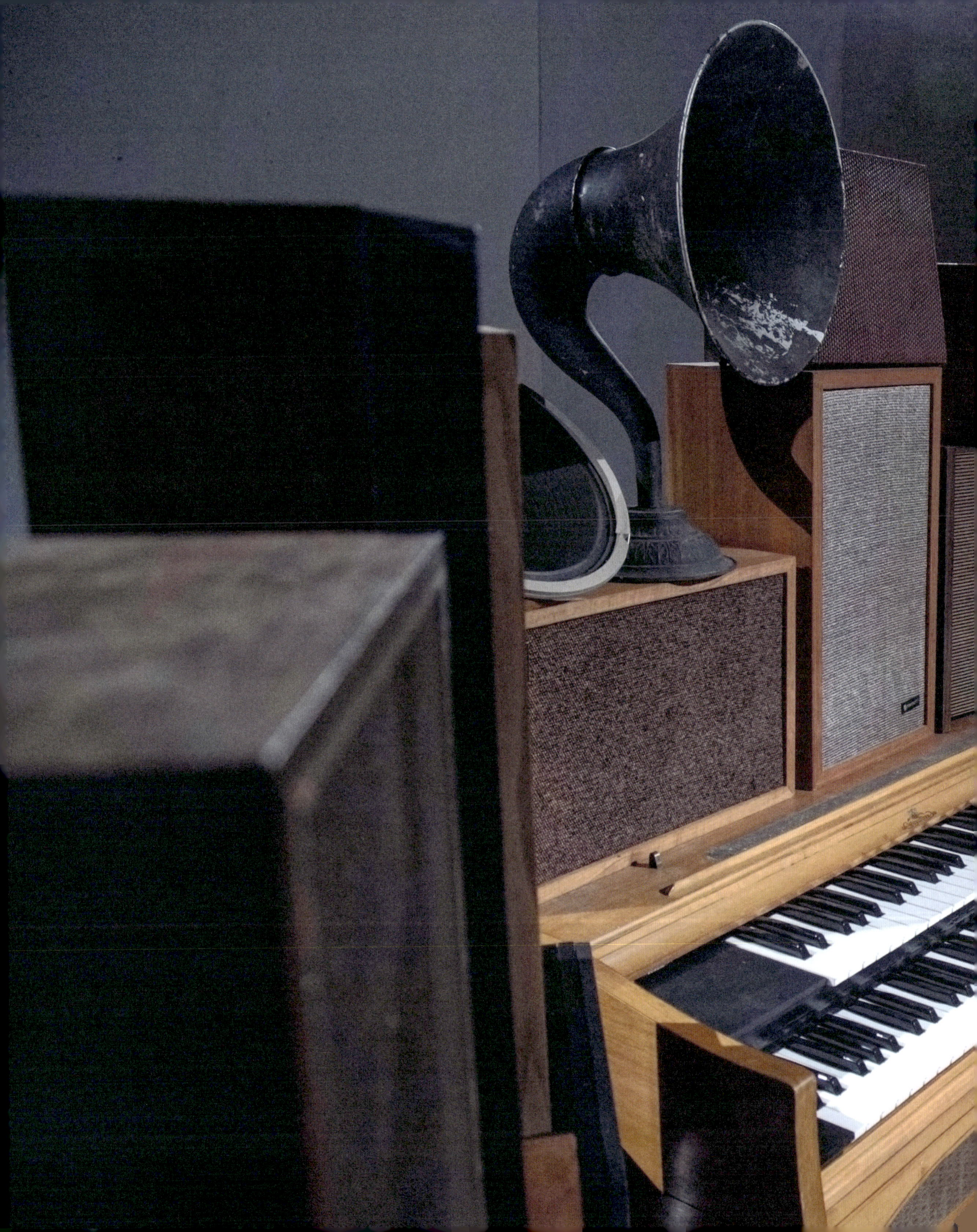

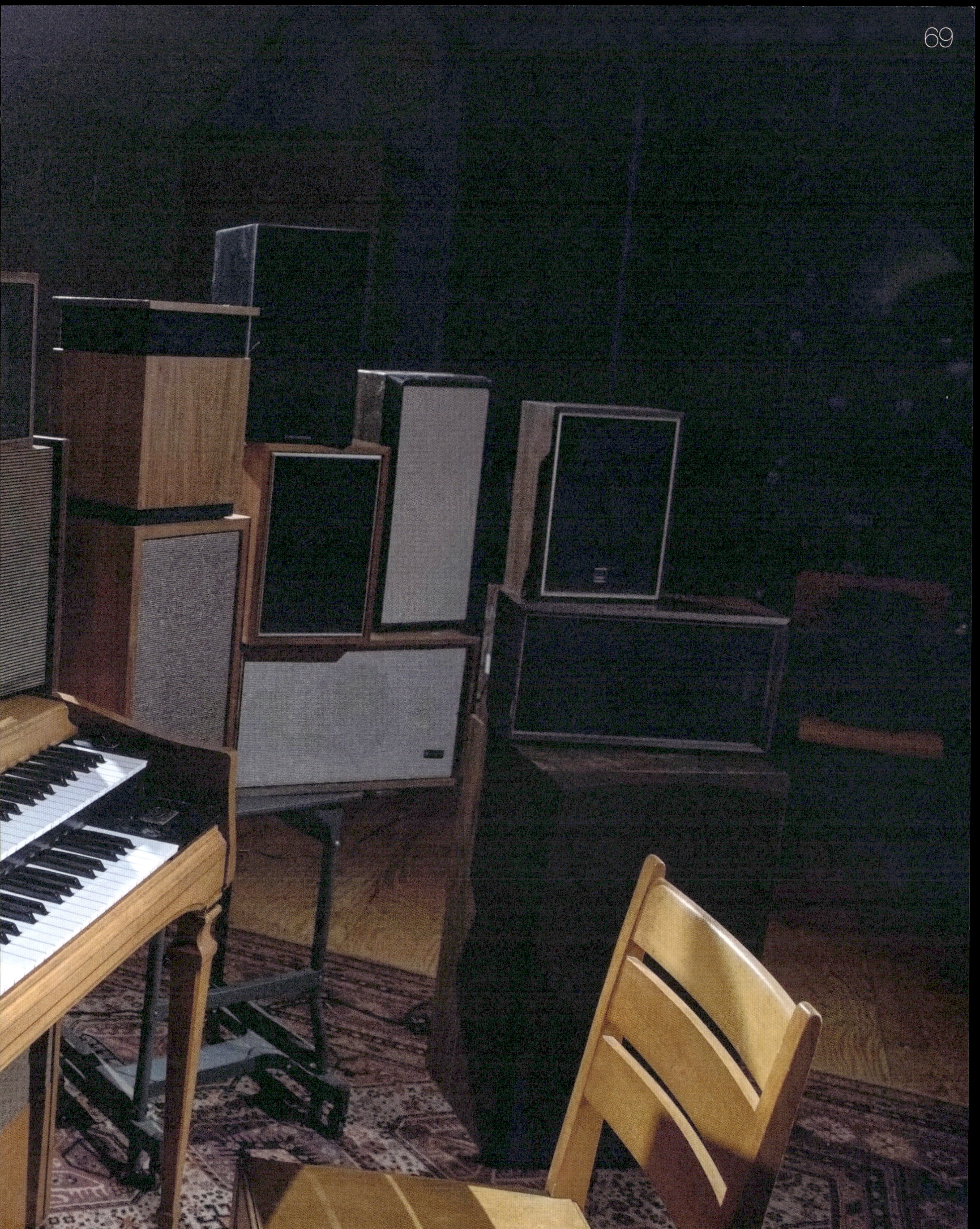

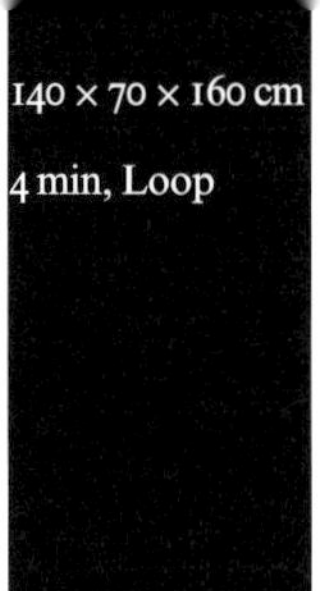

Mixed-Media-Installation
mit Holztisch, Marionetten, Robotertechnik, Tonmaterial und Licht

Sad Waltz von Edward Mirsoján
Aufgeführt von Arjen Seinen

Produktionsassistentin:
Maryke Simmonds
Produktionskoordinator:
Zev Tiefenbach

Mixed media installation
with wooden table, puppets, robotics, audio and lighting

Sad Waltz by Edward Mirsoján
Performed by Arjen Seinen

Production assistant:
Maryke Simmonds
Production coordinator:
Zev Tiefenbach

Lehmbruck Museum, Duisburg

sad waltz and the dancer who couldn't dance 2015

[trauriger walzer und die tänzerin, die nicht tanzen konnte]

Das intime Werk appelliert unmittelbar an die Emotionen der Betrachtenden: Eine männliche Marionette sitzt an einem Flügel und scheint *Sad Waltz*, ein ruhiges, aber nicht minder dramatisches, trauriges Stück des armenischen Komponisten Edward Mirsoján (1921–2012) zu spielen. Vor ihm auf der Bühne bewegt sich eine weibliche Marionette in schwarzem Kleid. Ihre Tanzbewegungen sind hilflos, ruckartig und ungelenk. Mal liegt sie zusammengefallen auf dem Boden, mal schwebt sie, von der die Fäden steuernden Automatik gezogen, nach oben. Ungeachtet der Ermattung der Tänzerin wird das Klavierstück ohne Unterbrechung fortgesetzt.
Konzeptuell ist *Sad Waltz and the Dancer Who Couldn't Dance* aus der Installation *The Marionette Maker* (2015) entstanden, einer Arbeit, in der unzählige Marionetten in einem Wohnmobilanhänger eine gespenstische Szenerie bilden. Der Pianist taucht hier als Begleitung für eine Sängerin in Abendgarderobe auf. Die Betrachtenden werden, gerade auch im Vorwissen um Cardiff und Millers Interesse an der europäischen Romantik, an die Automatenpuppe Olimpia aus E.T.A. Hoffmanns Erzählung *Der Sandmann* erinnert, eine Geschichte über den fantasievollen Nathanael, der sich rasend in Olimpia verliebt, ohne zu bemerken, dass es sich um ein lebloses Objekt handelt. Von seiner Umgebung wird er für diese Gefühle belächelt, die ihn in den Wahnsinn und schließlich den Tod treiben. *Sad Waltz and the Dancer Who Couldn't Dance* zeigt, dass Gefühle für das Leblose durchaus real sein können. Durch die Vermenschlichung der Marionette und aufgrund ihres Schicksals, die Performance endlos durchhalten zu müssen, entwickeln die Betrachtenden Mitleid und Empathie. Gleichzeitig kann die Arbeit als Kommentar auf den künstlerischen Schöpfungsmythos gesehen werden. Damit knüpft sie an eine der bekanntesten Künstlermythen der Antike an: In den *Metamorphosen* erzählt Ovid die Geschichte von Pygmalion, der sich in seine Statue verliebt, die durch sein Bitten von der Göttin Venus zum Leben erweckt wird.

The intimate work appeals directly to the emotions of the viewers: a male marionette sits at a piano and appears to play *Sad Waltz*, a quiet but nonetheless dramatic, sad piece by the Armenian composer Edward Mirsoján (1921–2012). A female marionette in a black dress moves in front of him on the stage. Her dance motions are helpless, jerky and clumsy. Sometimes she lies crumpled on the floor, sometimes she floats upward, pulled by the automatic system controlling the strings. Despite the fatigue of the dancer, the piano piece continues without interruption.
Conceptually, *Sad Waltz and the Dancer Who Couldn't Dance* originated from the *The Marionette Maker* installation (2015), a work in which countless marionettes form a ghostly scenery in a trailer caravan. The pianist appears here as an accompanist for a singer in evening dress. The viewers, especially those with prior knowledge of Cardiff and Miller's interest in the European Romantic, are reminded of the automaton doll Olimpia from E.T.A. Hoffmann's story *The Sandman*, about the imaginative Nathanael who swiftly falls in love with Olimpia, failing to notice that she is in fact a lifeless object. Laughed at by the people around him for having these feelings, he is driven to madness and finally death. *Sad Waltz and the Dancer Who Couldn't Dance* shows that feelings for the lifeless can in fact be very real. As a result of the humanising of the marionette, and due to its fate of having to endlessly endure the performance, viewers develop feelings of sympathy and empathy. At the same time, the work can be seen as a commentary on the artistic creation myth. In this way it is linked with the most well-known artist myths of Classical Antiquity: in the *Metamorphoses*, Ovid tells the story of Pygmalion, who fell in love with his statue, which was brought to life by the goddess Venus in response to his pleas.

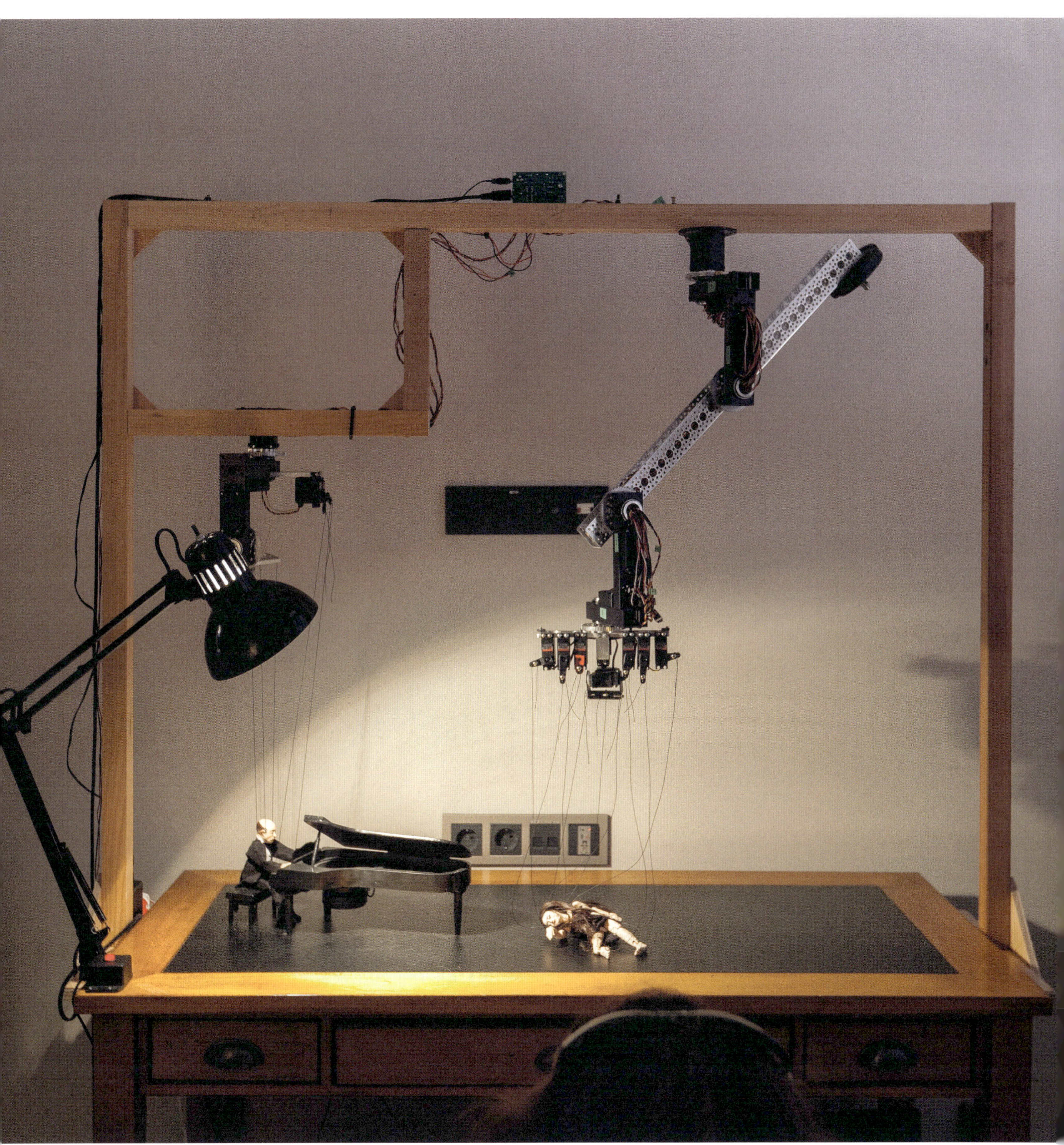

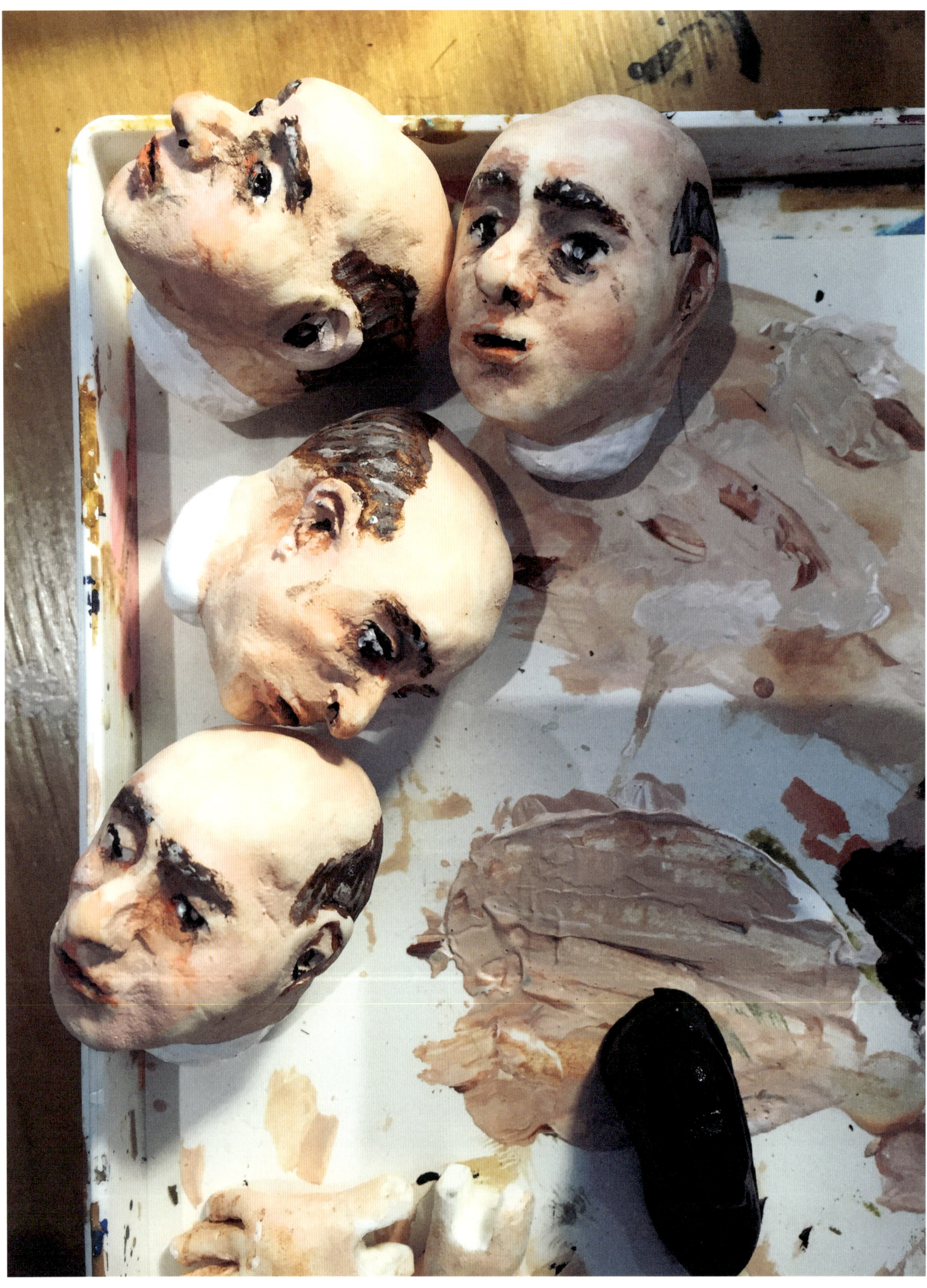

Sad Waltz and the Dancer Who Couldn't Dance [Herstellung/Production]

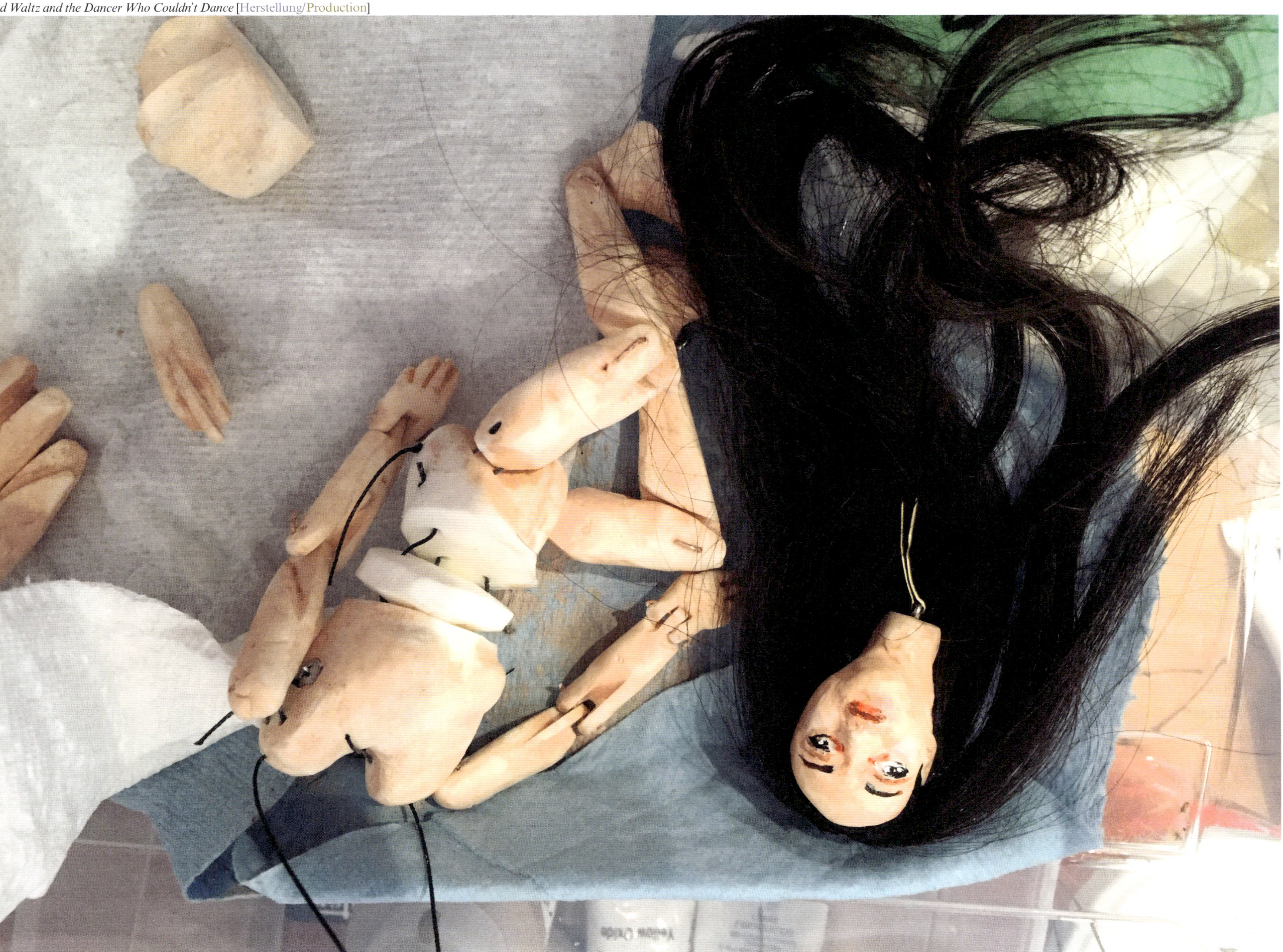

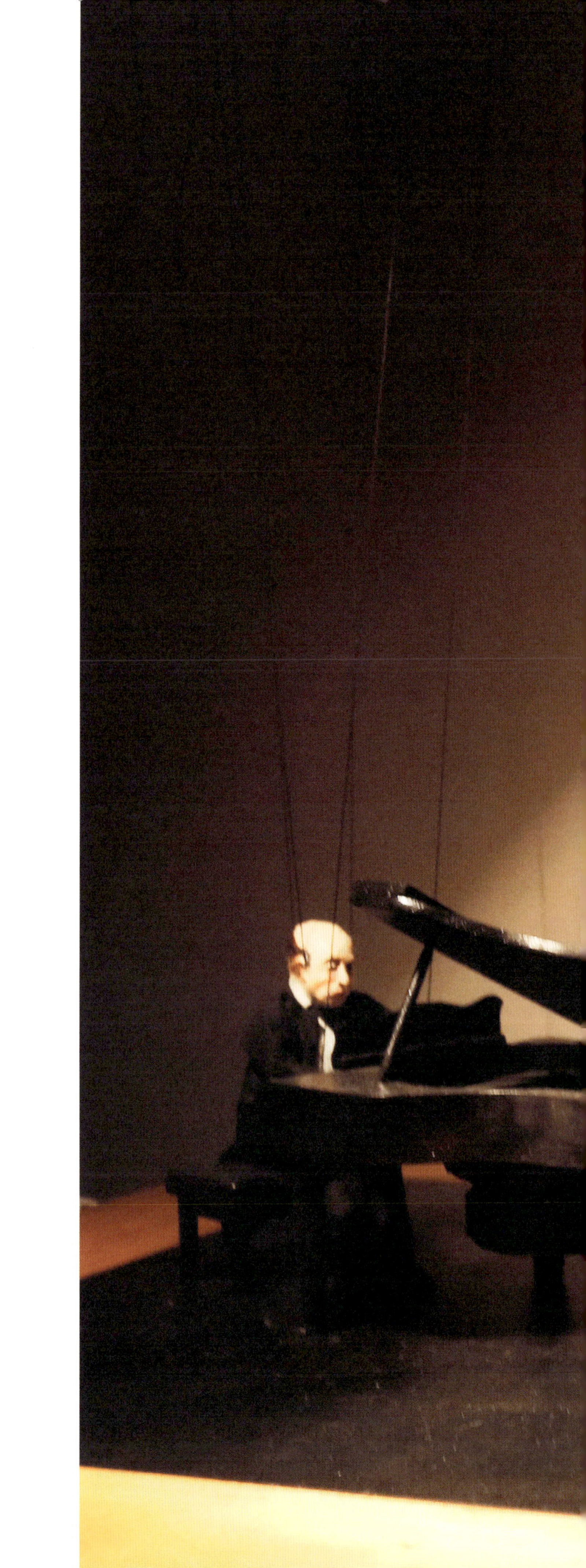

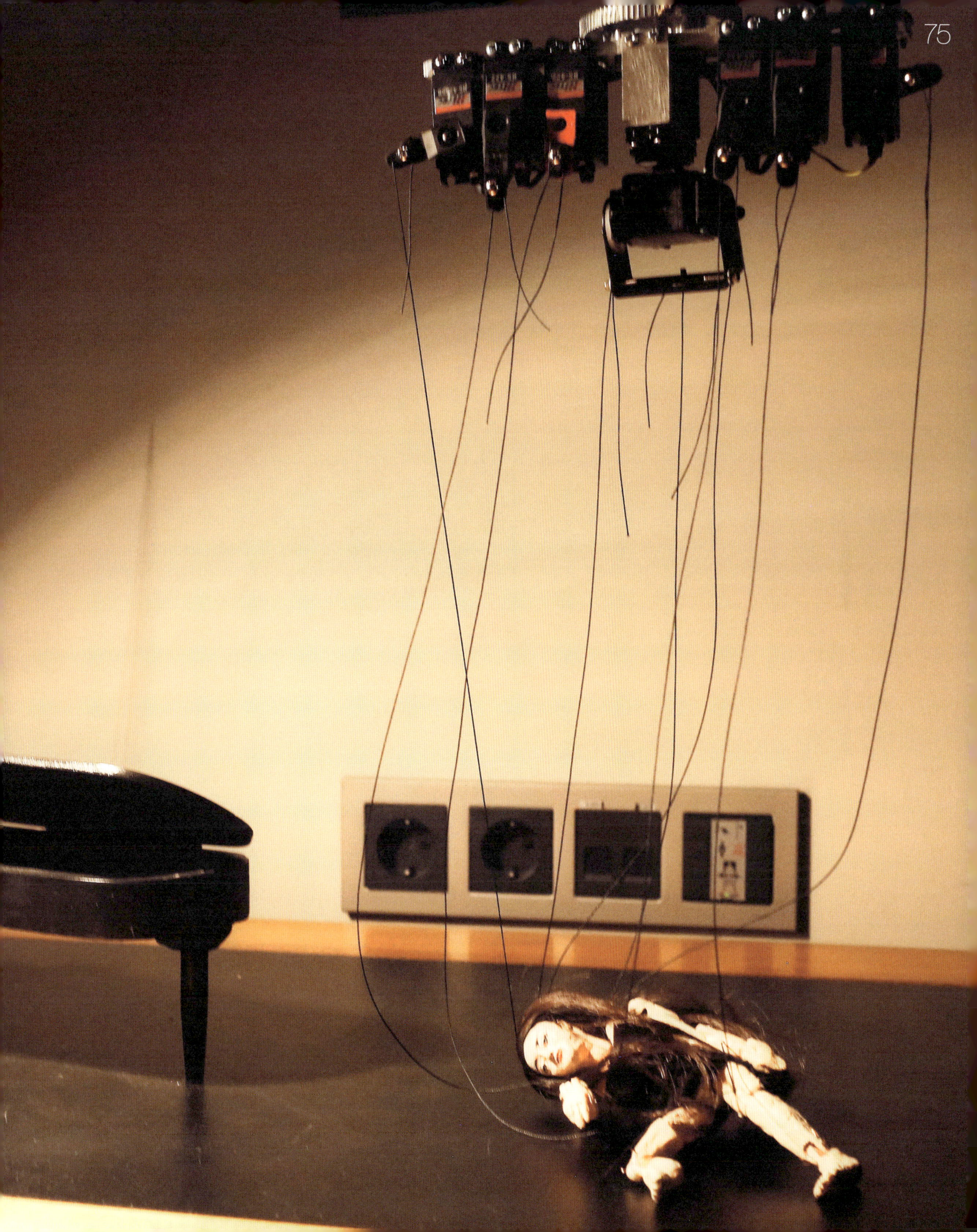

Sad Waltz and the Dancer Who Couldn't Dance [Zeichnung von/Drawing by Janet Cardiff]

Sad Waltz and the Dancer Who Couldn't Dance [Filmstills] ↓

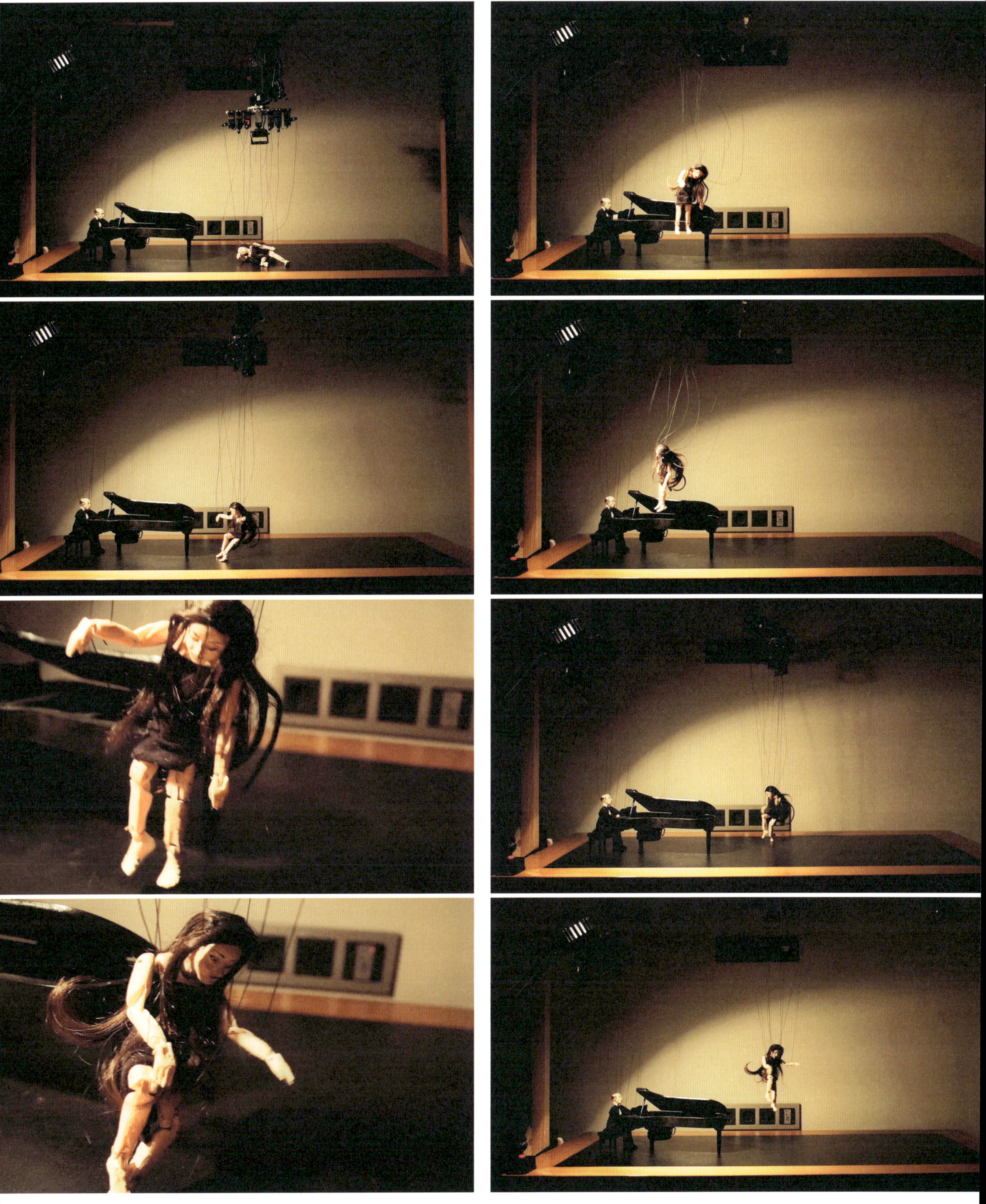

Work	Maße/Dimensions	Material	Material
In a Convent + Wallet 2008–10 [In einem Kloster + Brieftasche]	Maße variabel/ Dimensions variable	Telefon, iPod	Telephone, iPod
Kathmandu Dreams (#6) 2007 [Kathmandu-Träume (#6)]	110,5 × 23 × 19,5 cm 3:32 min	Wählscheibentelefon, iPod, Sound, Kopfhörer, Verstärker, Holzsockel	Rotary dial telephone, iPod, sound, headphones, amplifier, wooden base

Courtesy Janet Cardiff & George Bures Miller, Luhring Augustine Gallery, New York

Sammlung Goetz/Goetz Collection

2007+
2008—10

dreams — telephone series

[träume — telefon-serie]

Während Cardiff und Miller in den Jahren 2007/08 für sechs Monate in Kathmandu verweilten, um auf die Finalisierung der Adoption ihrer Tochter zu warten, entwickelten sie eine Reihe von Telefonarbeiten. Beim Abnehmen des Hörers eines alten schwarzen Wählscheibentelefons vernehmen die interagierenden Personen die Stimme Cardiffs, die in einem Monolog, einer Art Bewusstseinsstrom, einen Traum erzählt. Als wären wir ihre Vertrauten, berichtet sie in *Kathmandu Dreams* von fantastischen Begegnungen mit Schlangen, Elefanten, Pferden und anderen Tieren. *In a Convent* führt uns in die abgeschlossene Welt eines Klosters mit einem eigenwilligen Regelwerk. Ein emotionaler Höhepunkt wird erreicht, wenn Janet erzählt, dass George eine der Nonnen geschlagen haben soll: »Oh, armer George! Das hast du nicht getan? Wie konntest du das tun? Warum hast du sie geschlagen? […] Und er weinte und ich weinte.« In *Wallet* steht dagegen die Angst einer jeden reisenden Person im Mittelpunkt: Cardiff berichtet vom Diebstahl ihres Portemonnaies und einer anschließenden Verfolgungsjagd. In träumerischer Unlogik ist nicht der Verlust des Geldes oder der Visa das größte Problem, sondern der Verlust der deutschen Bankkarte, die so schwierig zu erhalten sei.
Jeder dieser Träume berührt eine in uns schlummernde Angst und weckt ein unterschwelliges Gefühl des Verständnisses für das Gehörte. Obwohl keine rational nachvollziehbare Handlung in den Sequenzen zu hören ist, versuchen wir, den einzelnen Fragmenten einen Sinn zu geben. Aufgezeichnet hat Cardiff ihre Träume nachts, mit einem Aufnahmegerät neben ihrem Bett, sodass sie durch die noch schläfrige Stimme an die zusammenhangslosen Wortfetzen von schlafwandelnden Personen erinnern. Die Versuchung ist groß, in Freud'scher Manier mittels Traumdeutung einen Weg ins Unbewusste, in die Psyche und somit zu den geheimen Wünschen der träumenden Künstlerin zu finden.

A series of telephone works developed during the six months that Cardiff and Miller spent in Kathmandu in 2007/08, waiting for the finalisation of the adoption of their daughter. When one picks up the receiver of an old, black rotary dial telephone, one hears the voice of Cardiff, recounting dreams in a kind of stream-of-consciousness monologue. As if we were her confidantes, in *Kathmandu Dreams* she tells us of fantastic encounters with snakes, elephants, horses and other animals. *In a Convent* leads us into the closed world of a cloister with an idiosyncratic body of rules. An emotional pinnacle is reached when she says that George seems to have hit one of the nuns: »Oh, poor George! You didn't? How could you do that? How could you hit her? […] And he was crying and I was crying.« In *Wallet*, on the other hand, the focus is on the fear of any traveller: Cardiff reports on the theft of her wallet and a subsequent pursuit. With dream-like illogicality, it is not the loss of the money or the visas that poses the greatest problem, but instead the loss of the German bank card, which is so hard to get.
Each of these dreams touches upon a fear slumbering within us and awakens a subliminal feeling of understanding for that which we hear. Although there are no rationally comprehensible plots in the sequences, we attempt to lend sense to the individual fragments. Cardiff recorded her dreams at night with a recording device next to her bed, so that they are reminiscent of the disjointed phrases of sleepwalkers due to her still sleepy voice. There is a great temptation to find a way into the unconscious, into the psyche and thus into the secret wishes of the dreaming artist in a Freudian manner by way of dream interpretation.

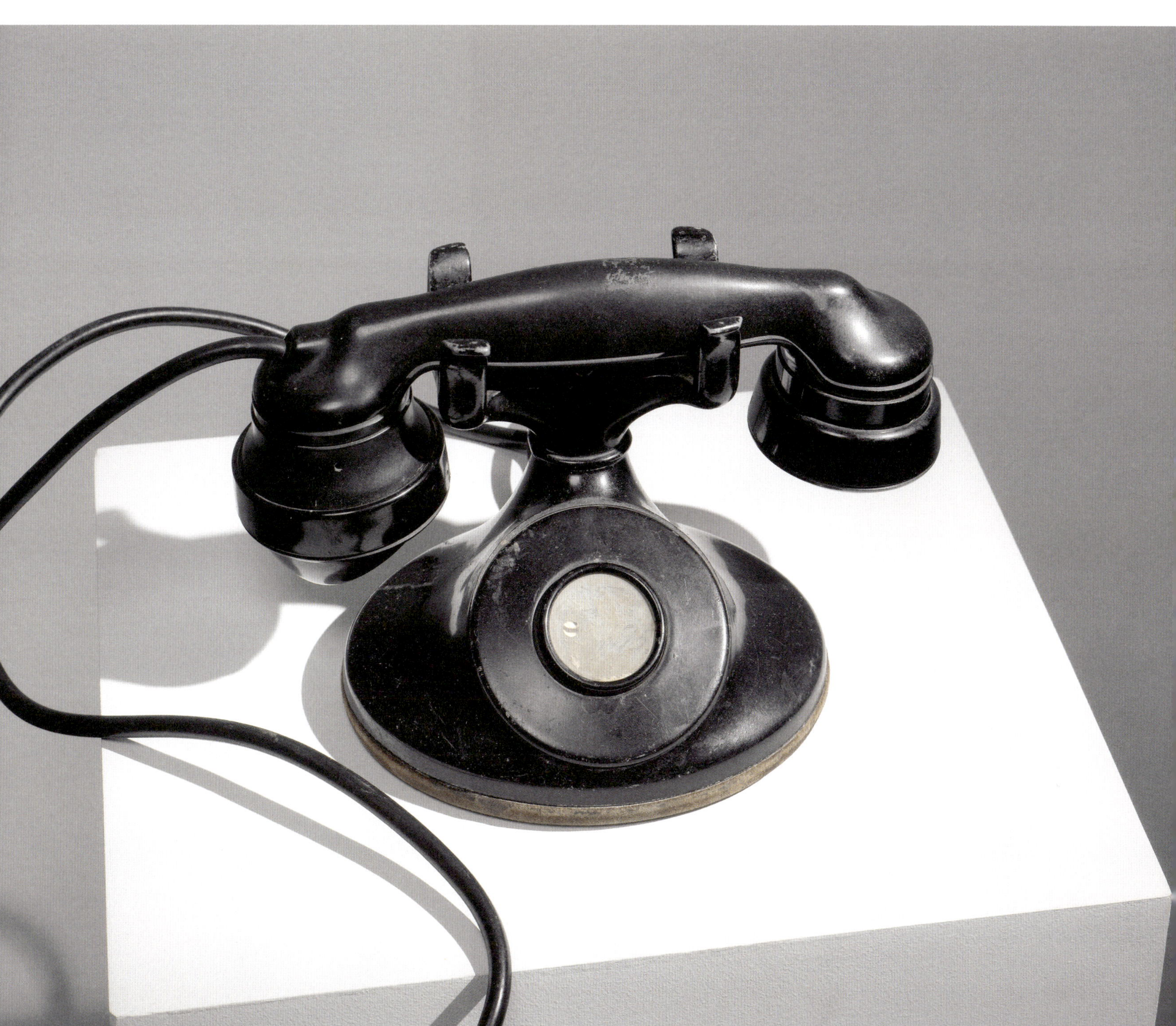

In einem Kloster
Wir waren in einer Art Kloster… mit all diesen Frauen, George und ich. Und, ähm, es war in einem… alles schien aus Brettern gebaut zu sein; große Holztische, und es wurde von zwei Frauen geleitet, einer blonden und einer schwarzhaarigen Frau… und am Anfang war alles sehr lustig. Weißt du noch, wir haben sogar bei Tacita und Matthew zu Abend gegessen… Und dann wurden die Frauen plötzlich sehr streng…, was die Regeln anging, und begannen, verschiedenen Regeln einzuführen wie zum Beispiel, dass nur vier Leute zusammen an einem Tisch sitzen durften… und… es passierten noch andere seltsame Dinge, aber ich kann mich nicht mehr erinnern… und dann wurde ich irgendwie sauer darüber… Ich habe mich geweigert und mich einfach hingesetzt… Es ist komisch, die Emotionen zu fühlen, die ich hatte, all diese Gefühle und die Wut, die ich empfand, sogar im Traum, ich fühle einfach, wie lächerlich diese Leute mit ihren Regeln sind… Und dann… habe ich die Frauen immer wieder verärgert, indem ich die Grenzen überschritten habe, die sie nannten, und mich geweigert habe, das zu tun, was sie wollten. Und dann war da auch noch eine Art Wunderheilerin… Ich erinnere mich an George… alle gingen abwechselnd zur Wunderheilerin… und dann war George an der Reihe… er lag im Sand, teilweise mit Sand bedeckt, und die Wunderheilerin sang über ihm oder tat, was auch immer sie tat, und dann stand George einfach aus dem Sand auf, er zitterte sichtlich, er fror… Irgendwann wurde ich dann richtig wütend auf diese Frauen… und dann bin ich gegangen… Und als ich dann zurückkam… gab es ein großes Tohuwabohu… und George hatte eine der Frauen geschlagen… Und ich umarmte ihn einfach und sagte: »Oh, armer George! Das hast du nicht getan! Wie konntest du das tun? Warum hast du sie geschlagen?« Ich konnte einfach nicht glauben, dass er jemals jemanden schlagen würde. Und er weinte und ich weinte… und dann, ähm…, die Leute, alle gingen weg und sagten: »Oh nein, das ist ja furchtbar!« Und ich dachte, niemand wird jemals… niemand wird sich zu uns gesellen oder niemand wird danach noch etwas mit uns zu tun haben wollen. Und dann gehen wir die Straße hinunter, hinter… den Frauen, den beiden Frauen, der einen, der einen, die geschlagen wurde… sie wurde nur am… Ich sagte: »Wo hast du sie geschlagen?« Er hat sie am Kinn getroffen…, aber egal, sie geht die Straße entlang und die andere tröstet sie… Und ich bemerkte, dass der hintere Teil ihres Kleides, ihres Kittels… hochgeschlagen war, so dass ihr Hintern heraushing, als hätte sie einen Krankenhauskittel an… Ich hatte also meine Kamera dabei und habe ein Foto gemacht… und dann bin ich aufgewacht… Es gab noch viel mehr in diesem Traum, aber ich kann mich jetzt nicht mehr daran erinnern.

In a Convent
We were in a convent of sorts… with all these women, George and I. And, um, it was in a... everything seemed to be like made of barn board: big wooden tables, and it was run by two women, a blonde and a black-haired woman… and everything was very fun at first. You know, we've had some dinners, even at Tacita and Matthew's we'd be having dinners… And then all of a sudden the women got very sort of stickly about… rules stuff, started to make up these different rules… like at one point you could only have four people sitting at a meal together… and… there's other side weird things happening, but I can't remember… then, so then I got sort of upset about it. … I refused and just sat down… it's funny, feeling the emotions I was, I feel all this resentment and anger, even in the dream, I just feel, like, how ridiculous these people are with their rules. … And then, um… so I kept making the women angry by pushing… pushing the boundaries of what they would say, refusing to do what they wanted. And then there was a kind of witch doctor there, too. … I remember George… everybody was taking their turns to go see the witch doctor… and then there was George's turn… he was lying down in the sand, partly covered in the sand, and the witch doctor was like chanting over him or doing whatever and so then George just got up out of the sand, he was visibly shaking, he was freezing. … So then at one point I got really angry with these women… and then I left. … And then when I came back… there was just a big hullabaloo. … And George had hit the one woman. … I just gave him a big hug and said, »Oh, poor George! You didn't! How could you do that? How could you hit her?« You know, just not believing that he'd ever hit someone. And he was crying and I was crying… and then, um… people, everybody left and said, »Oh no, this is terrible!« And I was thinking nobody will ever have anything… nobody will sit with us, nobody will have anything to do with us after that. And then we're walking down the street behind… the women, the two women, the one, one who got hit… she was just hit on the, I said where'd you hit her? He hit her on the chin… but anyway she's walking down the street and the other one's comforting her. … And I realise that the back of her dress, of her gown… was propped up so her bum was hanging out like she was in a hospital dressing gown. … So I had my camera there, so I took a picture… and then I woke up. … There's a lot more in the dream, but I can't remember it now.

Brieftasche
Ich erinnere mich, dass der Traum damit begann, dass George und ich im Auto saßen und diese Typen zu uns auf die Straße kamen… Diese Typen kamen rüber, um mit George zu reden, und George ist immer so freundlich... und der Typ greift hinein… und meine Brieftasche liegt direkt neben mir auf dem Sitz, und aus irgendeinem Grund bewegen sich meine Arme nicht... und ich sehe, wie der Arm des Typen nach meiner Brieftasche greift, und ich schreie »George, er hat meine Brieftasche!«… Aber, ähm, er hat es nicht verstanden, aber er hat nach meiner Brieftasche gegriffen, aber ich konnte nicht… und dann hat er sie aus dem Auto gezogen und ist damit abgehauen… Also steige ich aus dem Auto aus und verfolge ihn und sehe, wie er einfach… das Geld nimmt und abhaut… Und da ist ein ganzer Haufen Kinder bei ihm… Also nimmt er das Geld und wirft es weg… und die Kinder rennen damit weg… Ich sagte: »Oh toll, du kannst das Geld gerne haben. Ich war gerade bei der Bank, du hast Glück.« … Er lächelte mich an, und ich war ihm eigentlich nicht böse wegen des Geldes, ich wollte nur die Brieftasche. Und dann, dann sind die Kinder irgendwie verschwunden… Also verfolge ich den Kerl weiter und sage: »Hör mal, hilf mir einfach, die Brieftasche zu finden. Du kannst das Geld haben, es ist mir egal… Es ist wie, du weißt schon, Reichtum zu verteilen oder so.« … Und dann sagt er: »Ok, ich helfe dir suchen.« … Und dann geht er zu seinem Truck oder so… und er greift in den Truck und holt… eine Brieftasche heraus und gibt sie mir… Und sie ist so ähnlich wie meine, genau wie meine, nur beige statt grün… Ich öffne sie also, und es ist nichts drin, und ich sage: »Verdammt! Verdammt! Das ist so ärgerlich, denn vor allem mit der… weißt du, ich kann alle meine Visa sperren und alles andere, aber… diese deutsche Bankkarte ist so schwierig zu bekommen.«… Ich war wirklich verärgert darüber… Und er sagt: »Oh, tut mir leid!« und geht weg… Und dann gehe ich wieder zur Straße hinunter… Ich beschließe, selbst nachzusehen… und da, neben der Stufe, liegt mein Portemonnaie, und ich öffne es, und alles ist drin, nichts ist angerührt worden… Es gibt noch viele andere Details, aber ich kann mich gerade nicht mehr erinnern.

Wallet
I remember the dream starting was… George and I were in the car and these guys came over to see us in the street. … These guys came over to talk to George and George is always so friendly… and the guy reaches in… and my wallet is sitting right next to me on the seat, and for some reason my arms won't move… and I see the guy's arm reach out to take my wallet, I'm yelling, »George, he's got my wallet!« … But, um, he didn't get it, but he grabbed my wallet, but I couldn't… and then he pulls it out of the car and then takes off with it. … So then I get out of the car and I chase him and see it's just… take the money and run. … And there's a whole bunch of kids with him. … So what he does, he takes the money and he throws it all… then the kids take off with it. … I said, »Oh great, you're welcome to the money. I just went to the bank, you're lucky.« … He gave me a smile and I actually had no hard feelings about the money, I just wanted the wallet. So then, then somehow the kids just disappear. … So I keep following the guy and say, »Look, just help me find that wallet. You can have the money, I don't mind.« … It's like, you know, spreading out the wealth or whatever. … And then, um, he says, »Okay, I'll help you look.« … And then he goes into his, his truck or something… and he reaches in the truck and takes out… a wallet and hands it to me. … And it's sort of like mine, exactly like mine, only beige instead of green. … So I open it up and there's nothing inside, and I'm going, »Oh damn! Damn!« That's such a drag because especially with the… you know, I can cancel all my Visas and everything, but… this German bank card is such a drag to get. … I was feeling really upset about that. … And he goes, »Oh well, sorry!« and wanders off. … And then I'm going back down the street. … I decide to sort of look myself… and there, beside the step, is my wallet, and I open it and everything's in there, nothing's been touched. … There's lots of other details, but I… I can't remember right now.

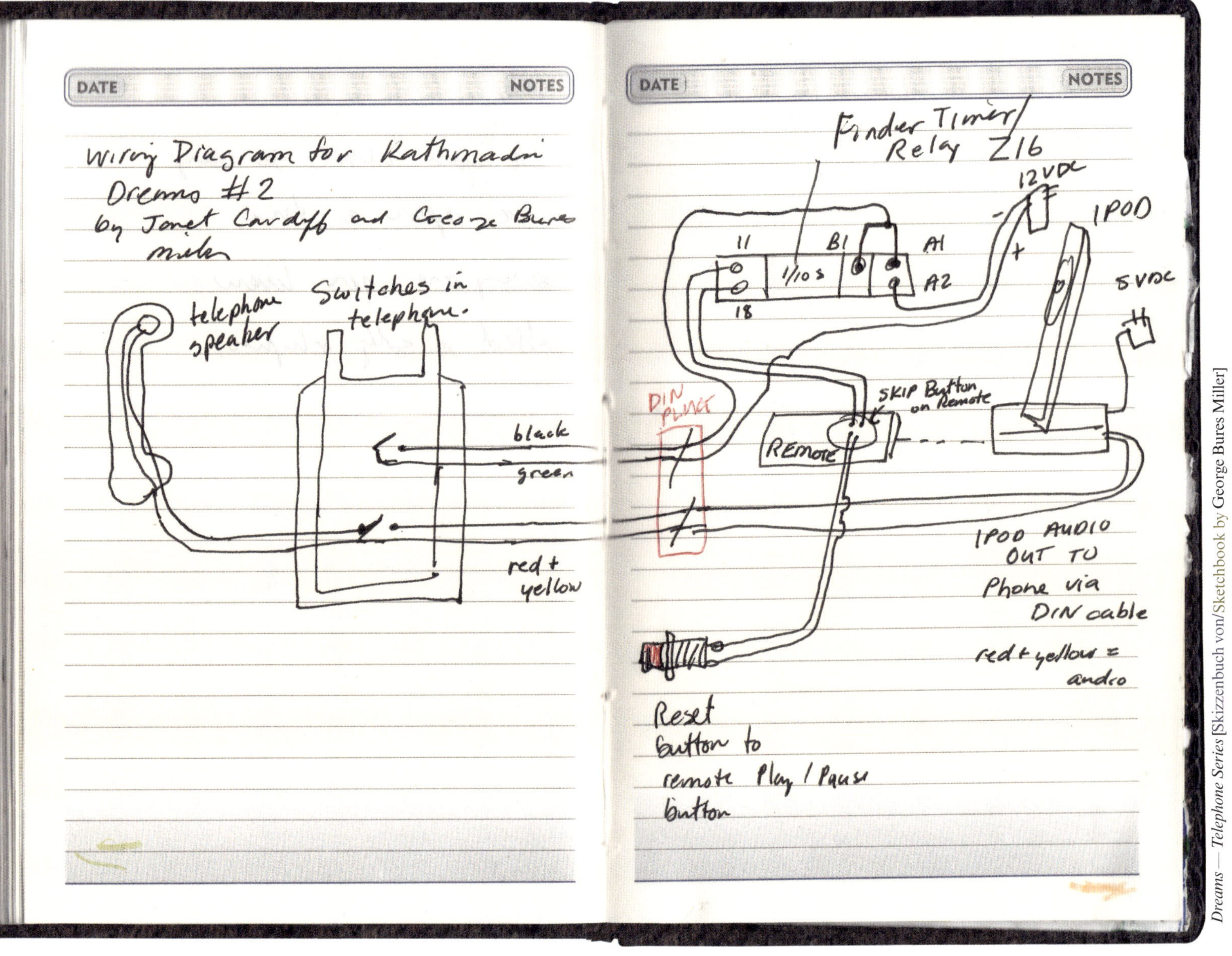

Dreams — Telephone Series [Skizzenbuch von/Sketchbook by George Bures Miller]

Kathmandu-Träume (#6)
Ich war, ähm…, es ist alles eine Ansammlung von Träumen, die von Tieren oder so handeln… Ich hing mit diesem Jungen herum, und er zeigte mir diese Schlange… in einem großen Pappkarton… Ich glaube, es war in einem großen Museum, mit einer Glasdecke… Er holt diese Schlange jeden Tag heraus und entnimmt ein bisschen von ihrem Gift und reibt es auf seine Haut, und dann, so sagt er, würde er immun gegen das Gift werden… dann kann er sich von ihr beißen lassen. Er musste seiner Mutter versprechen, sich nicht beißen zu lassen, solange sie nicht bei ihm ist… Aber dann bewegte sich der Traum irgendwie in Richtung… Ich folgte… diesem weißen Pferd in einen Innenhof. Es war ein großer Hof mit Steinmauern, hohen Steinmauern, und dort war ein Elefant…Es gab jede Menge Leute, mit denen wir zusammen reinkamen…, und eine Frau legte eine Decke vor den Elefanten… und fing an… vor dem Elefanten Liebe machen zu wollen… Aber dann wurde das weiße Pferd ganz wild und verrückt, und dann gab es noch einen ganzen Haufen anderer Pferde, und plötzlich verwandelte sich der Elefant in einen Hengst… und so… ging ich in eine Ecke der Steinmauer… Und dann war da ein Vorsprung, ungefähr sechs Fuß hoch, ich kletterte hoch und setzte mich, um den verrückten Pferden aus dem Weg zu gehen… Dann kam eine… große Frau… und wollte auch versuchen, hochzukommen, schaffte es aber nicht… Und dann saßen wir irgendwie alle in der…, ich glaube, es war wie die Küche im Haus meiner Mutter… Wir saßen herum und redeten… Ich schaute aus dem Fenster… Ich sah eine große schwarze Gestalt über die Felder rennen… Dann rief ich: »Da ist ein Panther!« Alle eilten zum Fenster, aber er war schon weg… Es gibt noch so viel mehr, ich wünschte, ich könnte mich erinnern… Der Panther hatte auch eine Art von... seltsamen Juwelen an sich.

Kathmandu Dreams (#6)
I was, um… it's all a bunch of dreams put together about animals or something. … I was hanging around with this young boy and he was showing me this snake… in a big cardboard box… I think it was in a big museum, too, a glass ceiling. … And he takes this snake out every day and he takes a little bit of its venom and rubs it on his skin, and then he says he'll get immune to the poison… then he can let it bite him. His mother made him promise… don't let it bite him 'til she's there with him. … But then somehow the dream moved into… I followed… this white horse into a courtyard. It was a big, stone-walled courtyard, high stone walls, and there was an elephant in there. … There's a bunch of people we all came in with… and some woman put a blanket down in front of the elephant… and started to… want to make love in front of the elephant. … But then the white horse went all rangy and crazy and then there are a whole bunch of other horses and all of a sudden the elephant turned into a stallion… and so I… I went into the corner of the stone wall. … And then I… there was a ledge about six feet up, I climbed up there and sat, to get out of the way of the crazy horses. … Then a… big woman… came and wanted to try to get up, too, but she couldn't. … And then somehow we were all sitting in the… I think it was like the kitchen in my mother's home. … And we're sitting around talking. … I looked out the window. … I was watching some big black shape race through the fields. … Then I went, »There's a panther!« Everybody rushed to the window but it had already left. … There's so much more, I wish I could remember. … The panther had some sort of… strange jewels on it, too.

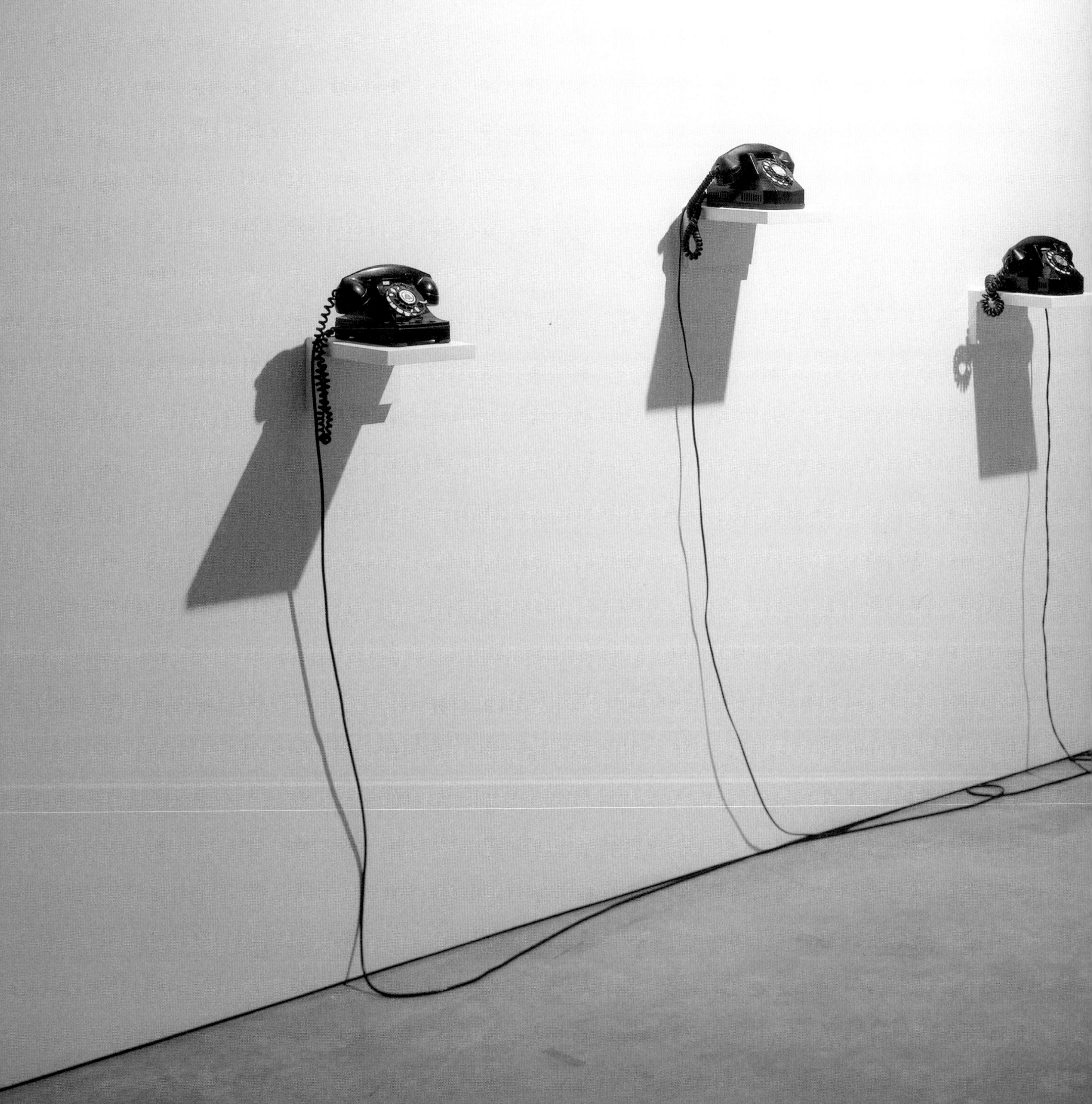

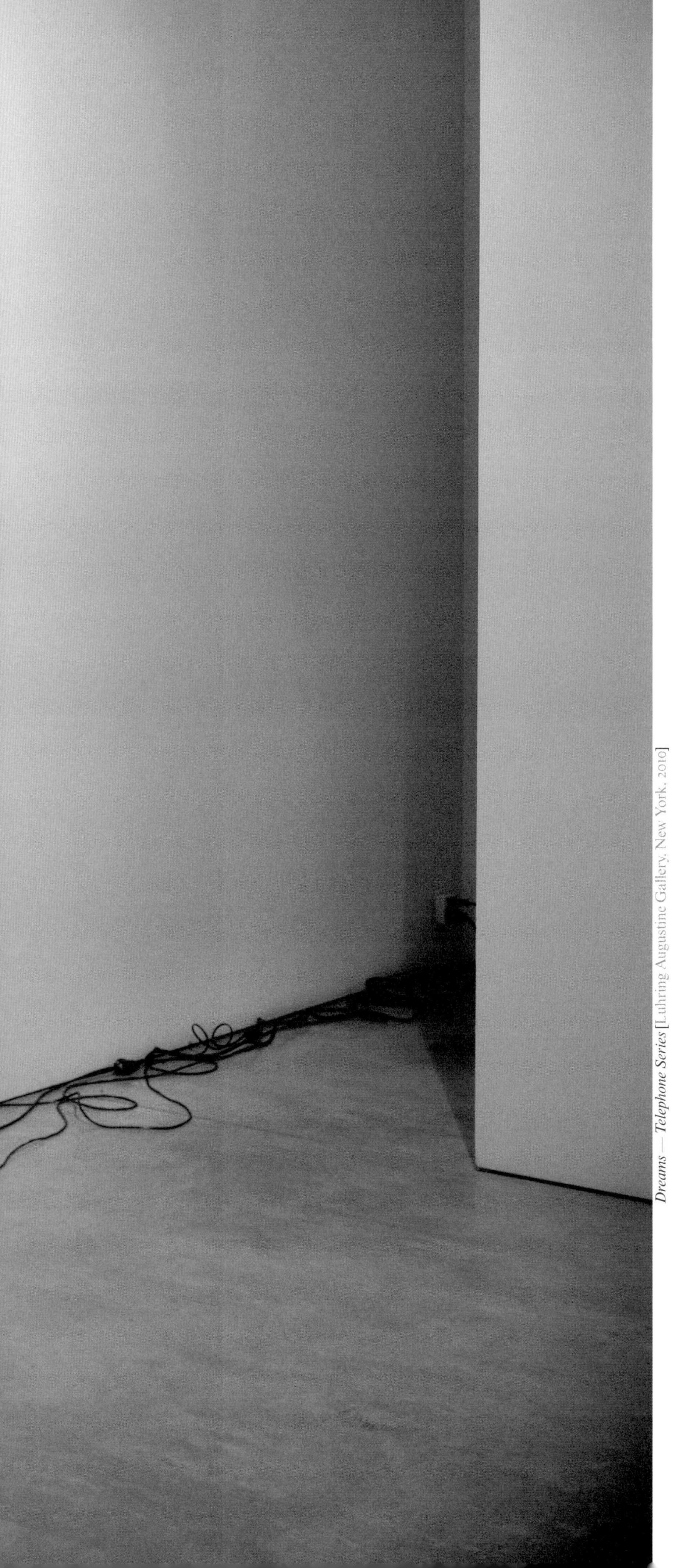

Dreams — Telephone Series [Luhring Augustine Gallery, New York, 2010]

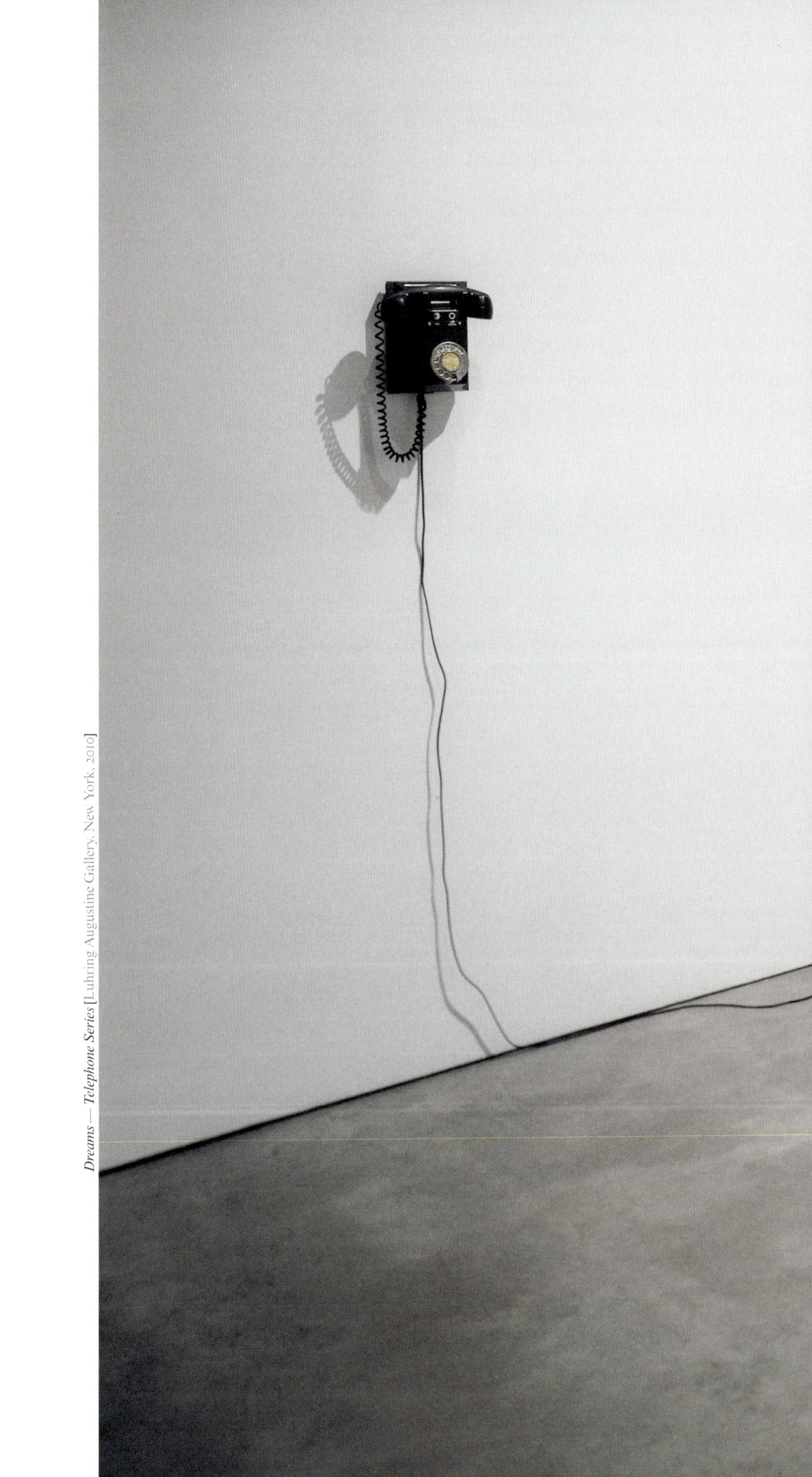

Dreams — *Telephone Series* [Luhring Augustine Gallery, New York, 2010]

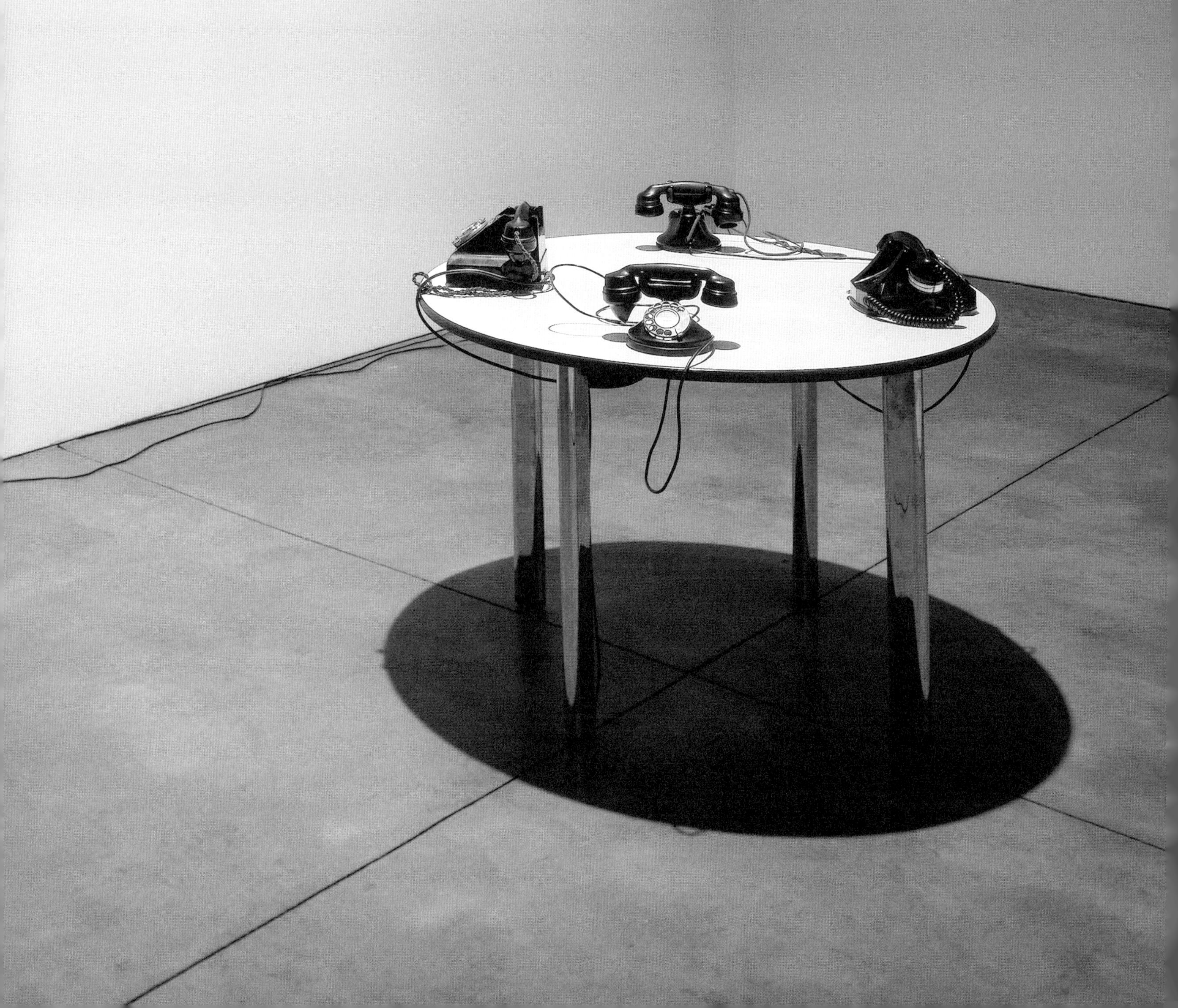

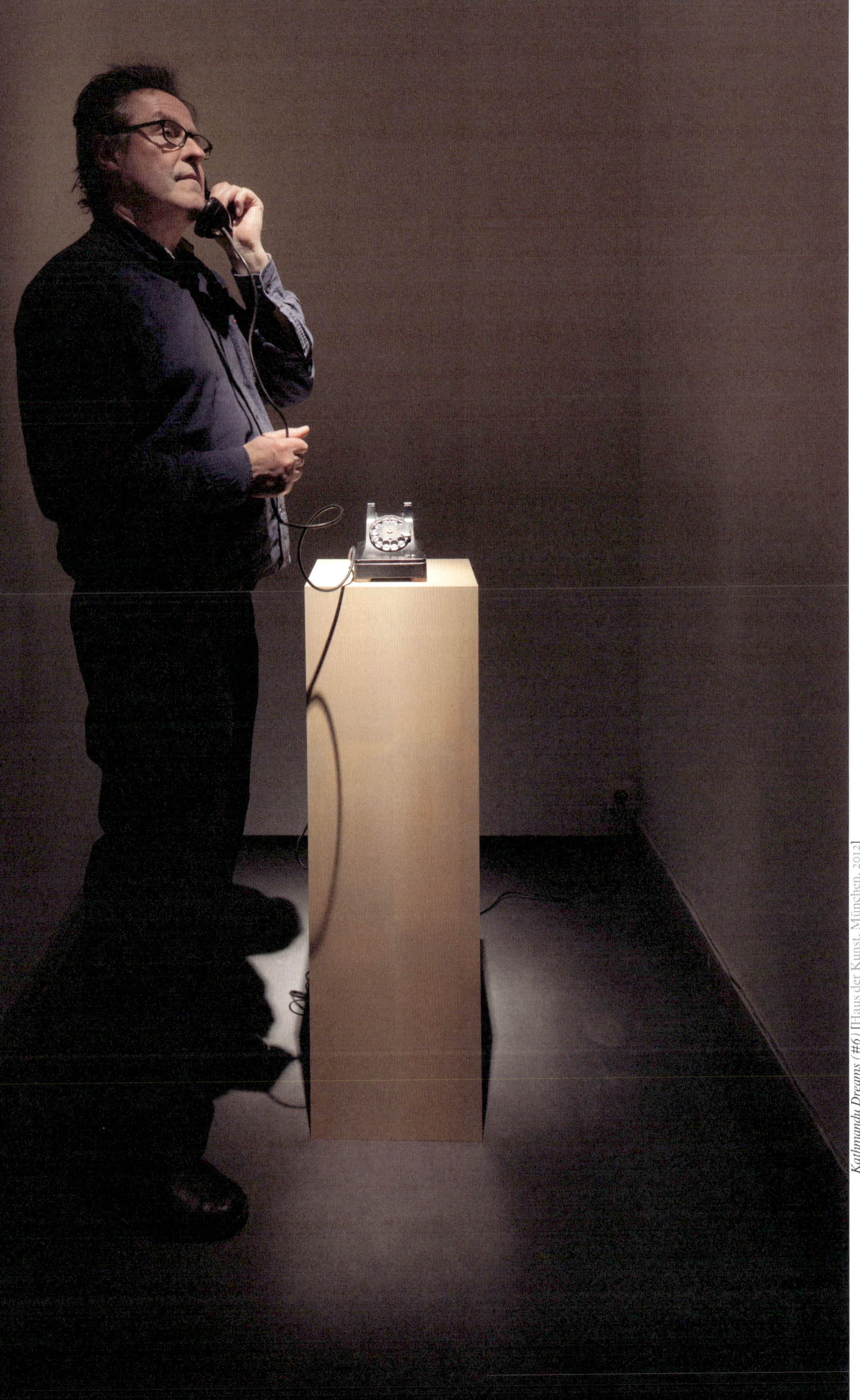

Kathmandu Dreams (#6) [Haus der Kunst, München, 2012]

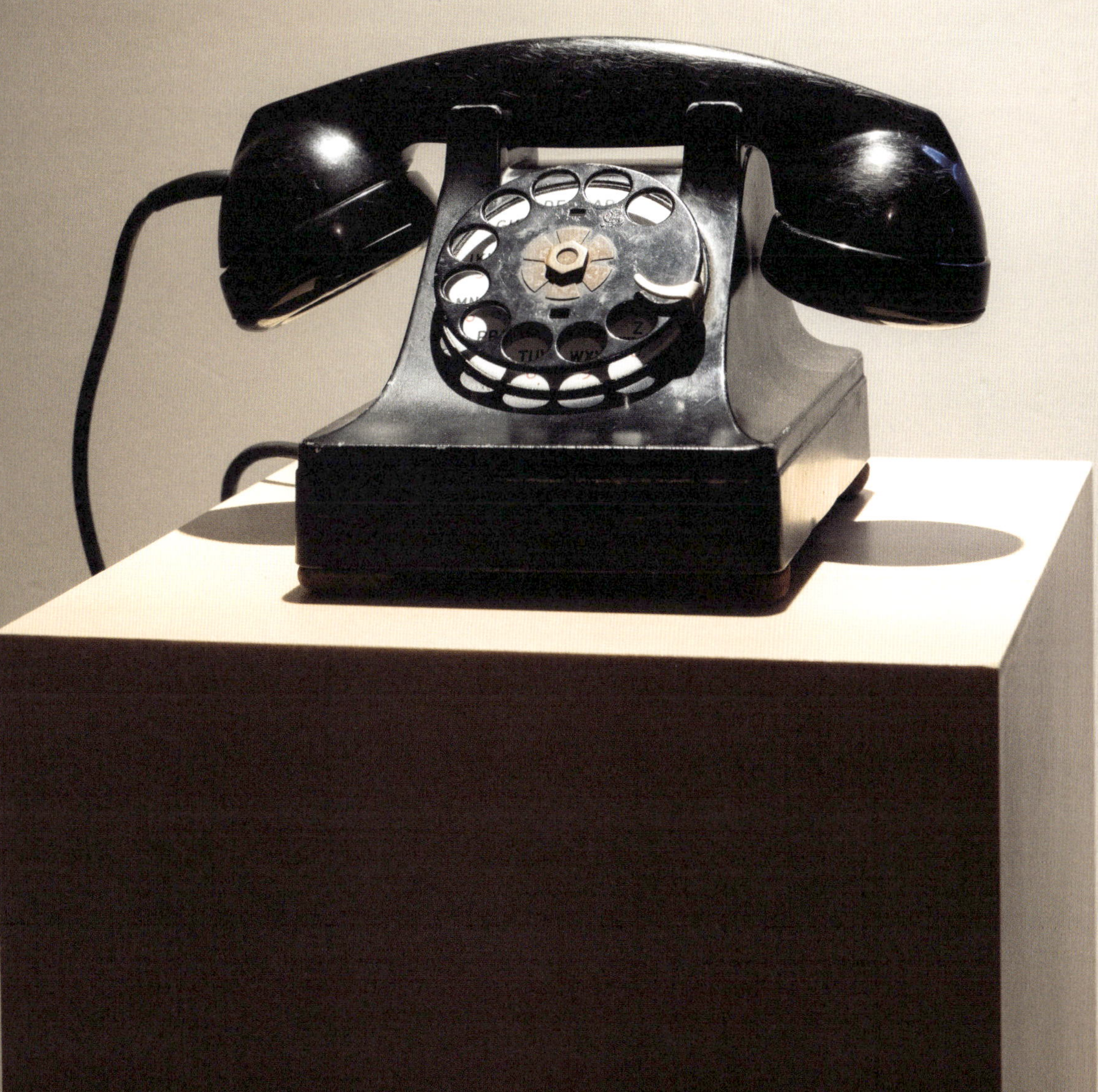

Kathmandu Dreams (#6) [Detail/Detail]

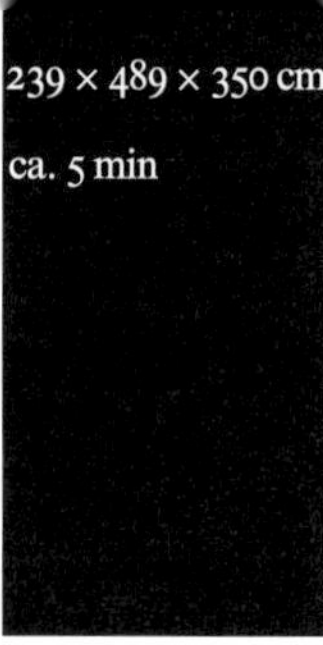

Mixed-Media-Installation
mit Ton, Pneumatik, Robotertechnik, Zahnarztstuhl, elektrischer Gitarre, Röhrenmonitor, Computer, Diskokugel, diversen Kontrollsystemen, Lichttechnik

Produktion und Roboterarm-Design:
Carlo Crovato
Musik:
Heartstrings von Frieda Abtan
Percussion-Assistenz:
Titus Maderlecher

Mixed media installation
with sound, pneumatics and robotics, dentist's chair, electric guitar, CRT monitors, computer, disco ball, various control systems, lights

Production and robot arm design:
Carlo Crovato
Music:
Heartstrings by Frieda Abtan
Percussion assistant:
Titus Maderlecher

Courtesy Janet Cardiff & George Bures Miller, Luhring Augustine Gallery, New York

2007

the killing machine [die tötungsmaschine]

Die kinetische Skulptur *The Killing Machine* besteht aus einer rudimentären Metallkonstruktion mit hölzernen Regalen, in deren Mitte ein alter Zahnarztstuhl mit rosafarbenem Kunstfell steht. Um ihn herum befinden sich zwei Roboterarme, die, sobald das Werk in Aktion versetzt wird, in tänzerischen, fast poetischen Bewegungen ein imaginäres Opfer malträtieren. Eine Diskokugel, eine Gitarre, alte Röhrenmonitore und eine abgestimmte Lichtregie, in Kombination mit verschiedenen Geräuschen und der Musik von Freida Abtan, sprechen unmittelbar die Gefühlswelt an.

Die zentrale Inspirationsquelle ist Franz Kafkas Kurzgeschichte *In der Strafkolonie* von 1919. Eine bewegende Erzählung, die von einem Forschungsreisenden berichtet, dem auf einer Insel das Rechtssystem der Strafkolonie erläutert wird. Im Mittelpunkt steht eine Maschine, die ohne vorangegangene Verhandlung die Angeklagten foltert, indem über Stunden hinweg der Urteilsspruch auf ihre Körper tätowiert wird, bis sie letztendlich den dadurch entstehenden Verletzungen erliegen. Während in Kafkas Geschichte der Verurteilungsprozess automatisiert und anonymisiert stattfindet, legen Cardiff und Miller die Verantwortung für die Tötungsmaschine in die Hände des Betrachtenden: Denn erst das Drücken eines großen roten Knopfes setzt die Bewegung in Gang.

Aktiv beteiligt und doch vom Spektakel distanziert, befinden sich die Besucher:innen emotional in einem Zwiespalt zwischen der Anerkennung der Maschine als Unterhaltungs- oder als Folterinstrument. Die Eventisierung von Krieg und Tod steht in diesem Werk genauso zur Diskussion wie der Einsatz und die Verantwortbarkeit von Folter und setzt eine Debatte fort, die zur Entstehungszeit dieser Arbeit durch die Enthüllungen der Folterungen im irakischen Abu-Ghuraib-Gefängnis weltweit geführt wurde. Jegliche Ernsthaftigkeit wird aber zugleich ad absurdum geführt: So wirken die Roboterarme als Folterinstrumente gleichsam bedrohlich wie hilflos, Diskokugel und pinkes Kunstfell erscheinen merkwürdig deplatziert. *The Killing Machine* ist eine ironisch gebrochene Kritik am bis heute unangemessenen gesellschaftlichen Umgang mit Folter.

The kinetic sculpture *The Killing Machine* consists of a rudimentary metal construction with wooden shelves, in the middle of which stands a dentist chair with pink artificial fur. Around it are two robot arms that abuse an imaginary victim in dance-like, almost poetic movements as soon as the work is set into action. A disco ball, a guitar, old TV monitors and a coordinated light programme, in combination with various noises and the music of Freida Abtan, create a multilayered theatrical experience.

The central source of inspiration is Franz Kafka's short story *In the Penal Colony* from 1919: a moving piece that tells of an explorer who has the legal system of the penal colony on an island explained to him. The focus is on a machine that tortures the accused by tattooing their list of »crimes« onto their body for hours, until the victims ultimately succumb to their resulting injuries. While the process of judgement is automated and anonymised in Kafka's story, Cardiff and Miller place responsibility for the killing machine in the hands of the viewer — because it is the pressing of a big, red button that activates the motion.

Actively participating and yet distanced from the spectacle, visitors find themselves in an emotional conflict between the recognition of the machine as an instrument of entertainment or one of torture. The making of war and death into an event is at least as much open to discussion as the use of and the accountability for torture and continues a debate that was taking place worldwide at the time when this work originated, thanks to revelations of the torture taking place in the Abu Ghraib prison in Iraq. However, any degree of seriousness is immediately made a mockery of: the robot arms thus seem both ominous and helpless as instruments of torture, while the disco ball and the pink artificial fur appear strangely out of place. *The Killing Machine* is an ironic critique of our societal ineptness in dealing with, and spectacularization of, the plethora of tortures that still prevail to the present day.

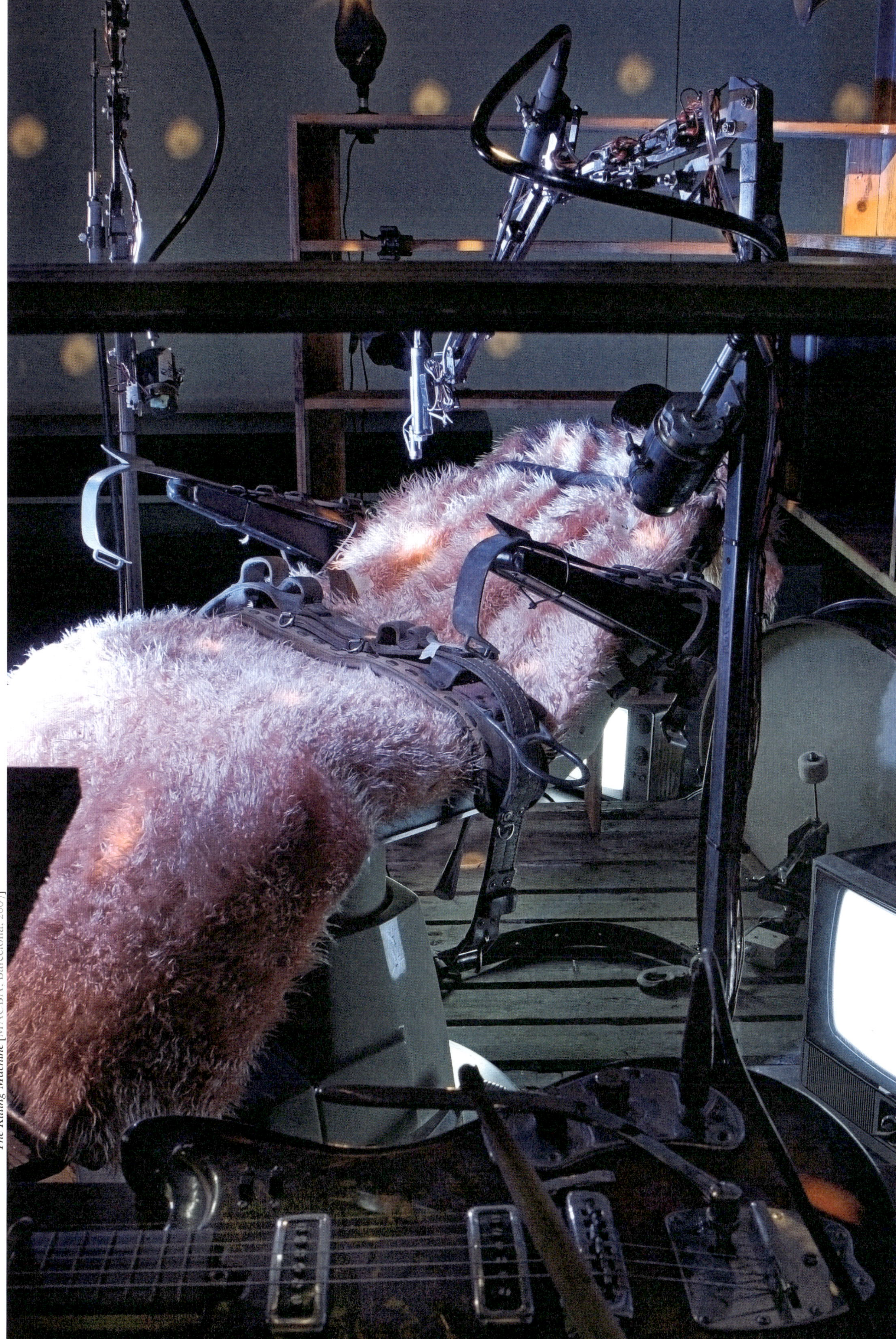

The Killing Machine [MACBA, Barcelona, 2007]

»›Es ist ein eigentümlicher Apparat‹, sagte der Offizier zu dem Forschungsreisenden und überblickte mit einem gewissermaßen bewundernden Blick den ihm doch wohlbekannten Apparat.«

»Bis jetzt war noch Händearbeit nötig,
von jetzt aber arbeitet der Apparat ganz allein.«

Ausschnitte aus *In der Strafkolonie* (1919) von Franz Kafka

»›It's a peculiar apparatus,‹ said the Officer to the Traveller, gazing with a certain admiration at the device, with which he was, of course, thoroughly familiar.«

»Up to this point I had to do some work by hand,
but from now on the apparatus should work entirely on its own.«

Excerpts from *In the Penal Colony* (1919) by Franz Kafka

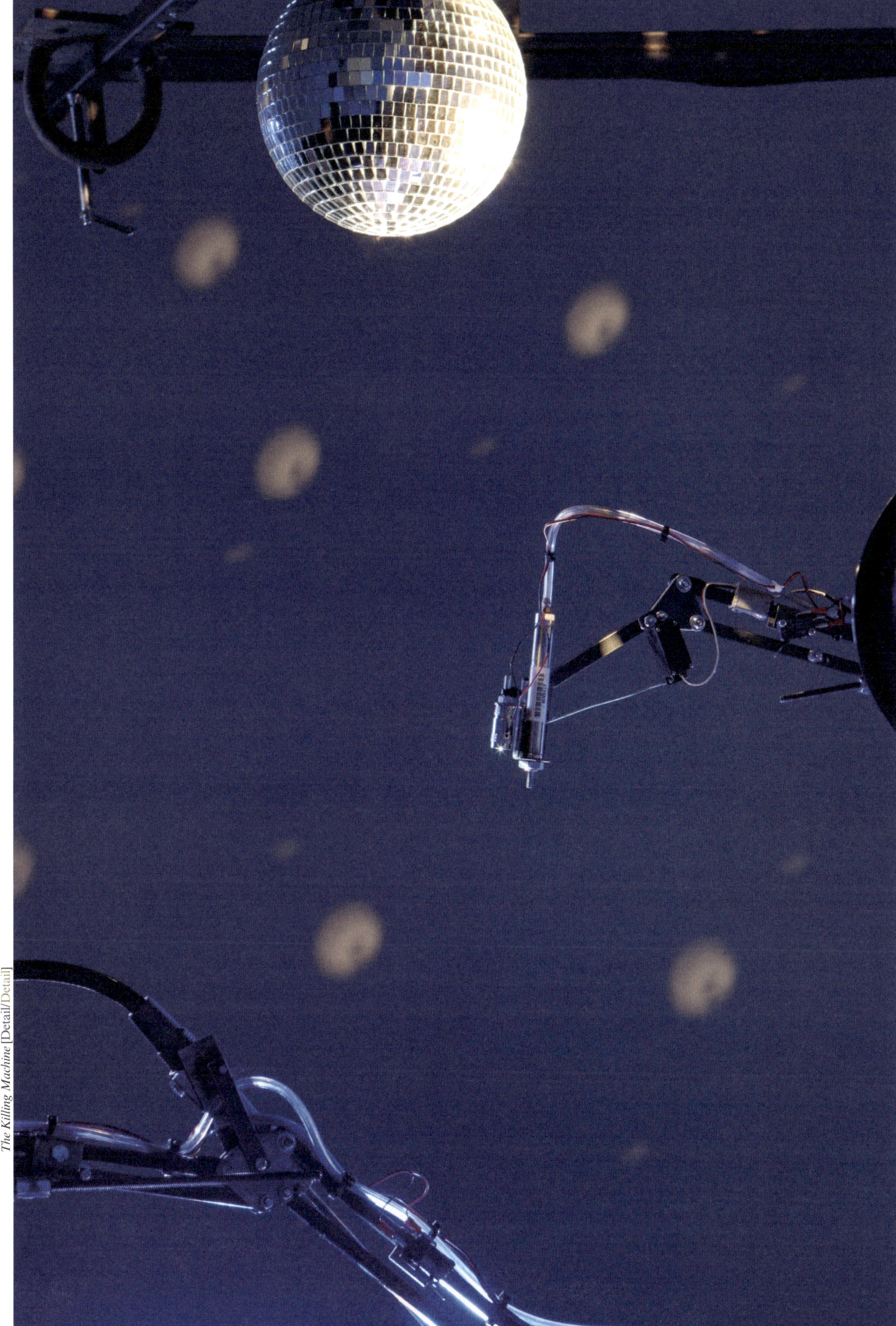

The Killing Machine [Detail/Detail]

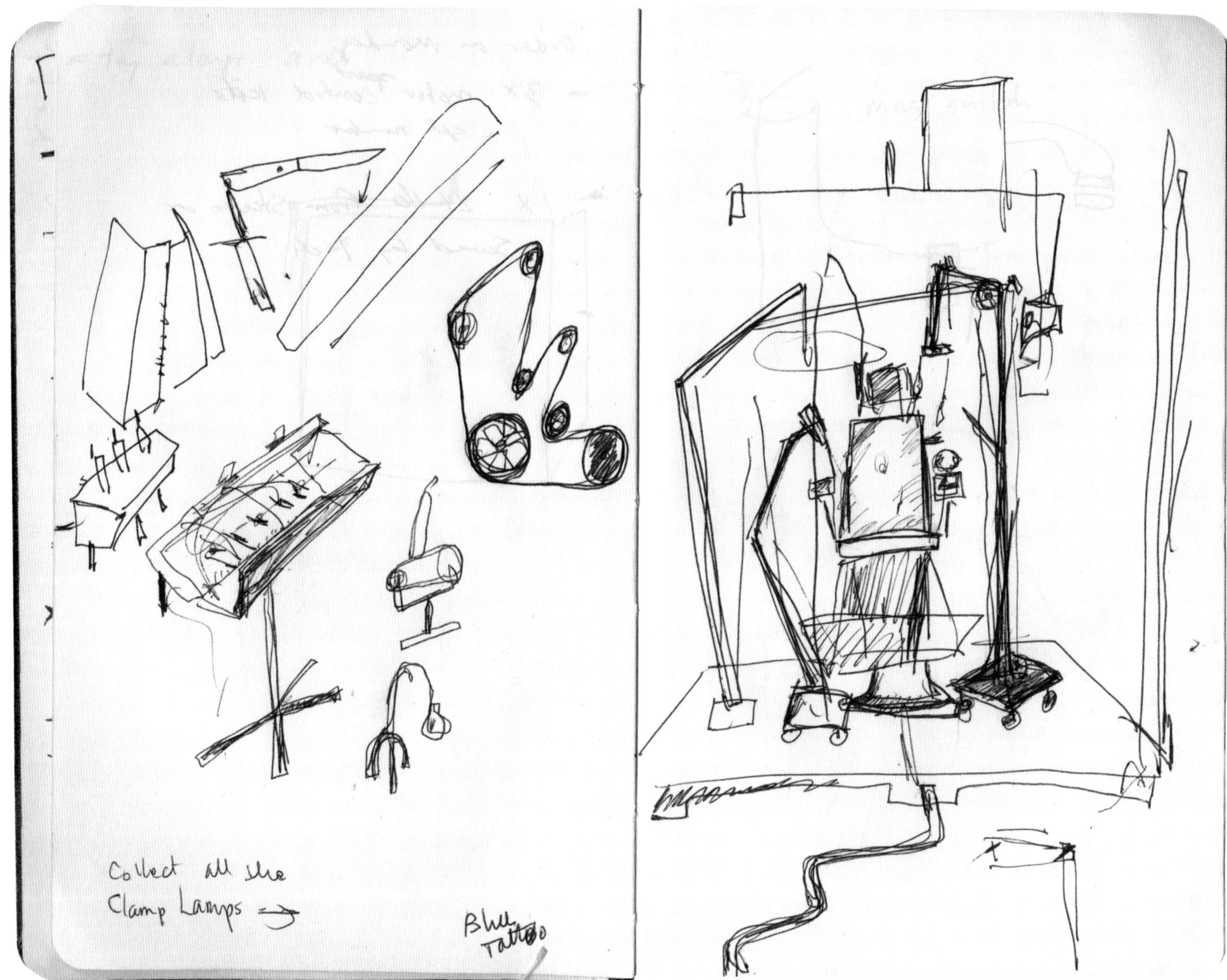
Collect all the
Clamp Lamps →
Blue Tattoo

Thing warming up

light turning on sound

T.V.s start coming on

T.V. sound effects (static)

wheels turning and creating sound

↳ assemblage -

Lights needed

Spot light on chair

spot

To do lists

- ~~download + register~~ guitar ~~software~~ ✓
  ~~on old mac upstairs~~
- think about what stuff to
- ~~figure out good guitar sound~~ ✓
- test ~~sounds~~ of ~~guitar through~~ ✓
  mac - ~~determine~~
  ~~best way to make sounds~~
- build strikers.

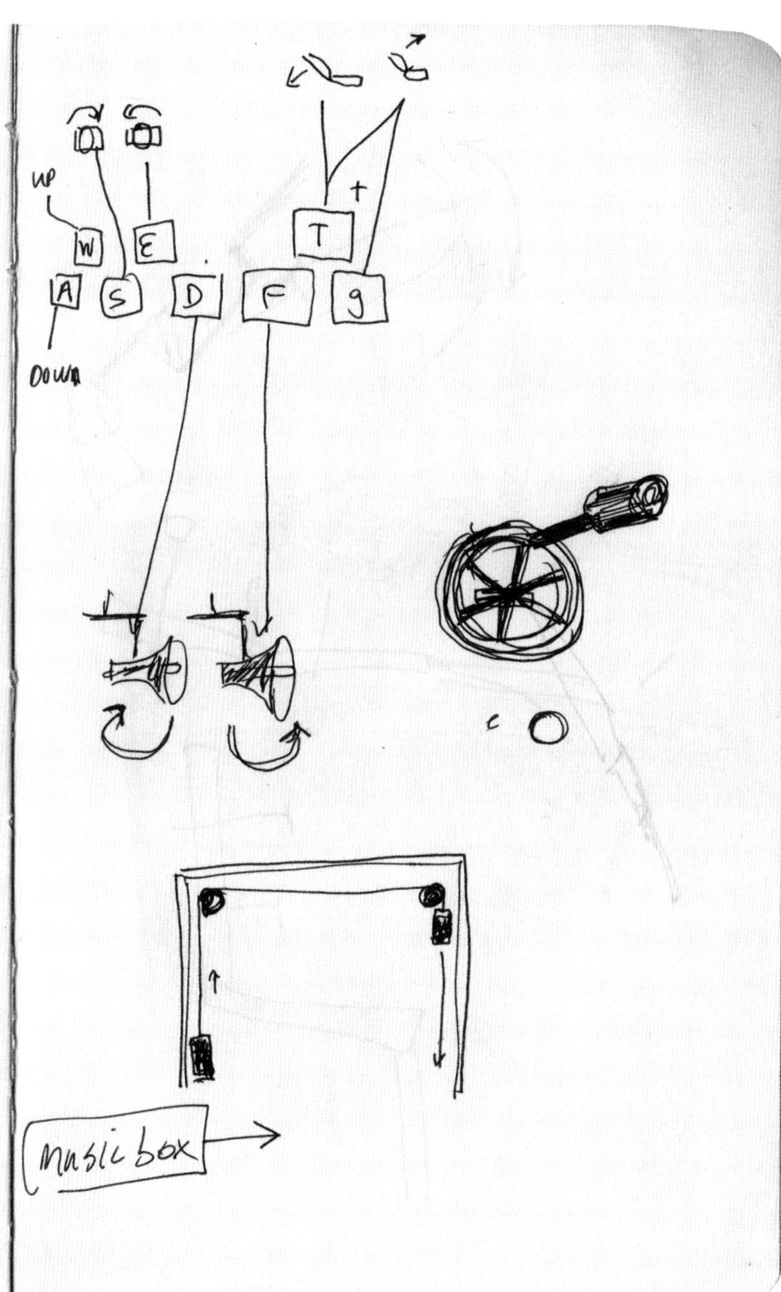

The Killing Machine [Skizzenbuch von/Sketchbook by George Bures Miller]

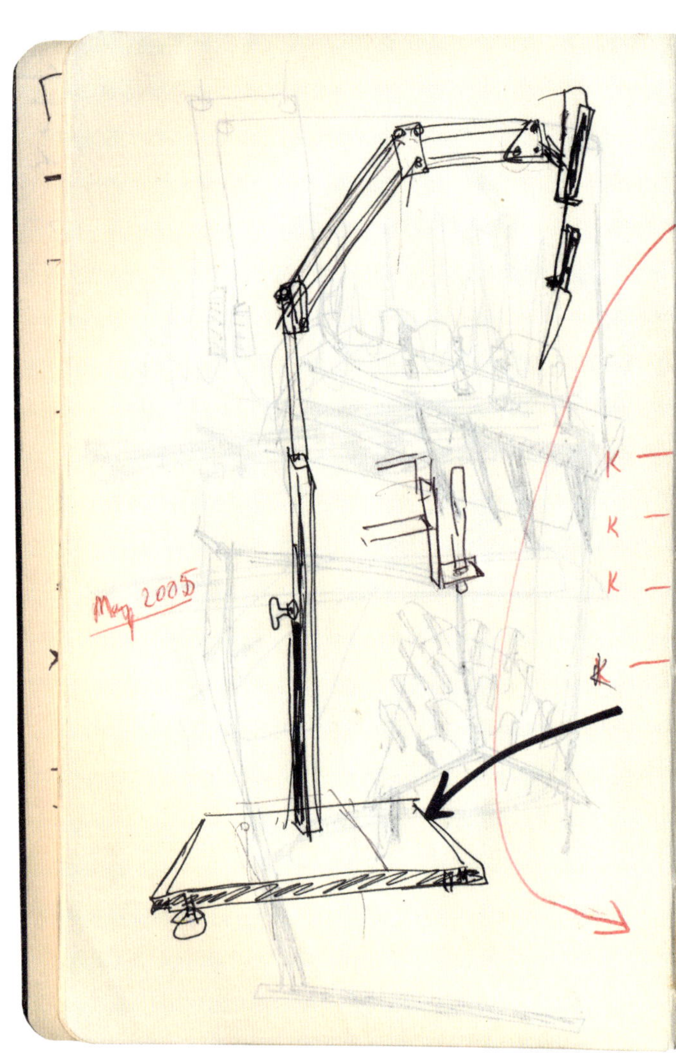

To do:

- order 2x motor speed controller Order
- phone about motu 24 I/o - ?? Order
  (do we need ?)
- need ~~2 by 1/4 inch to RCA adapters~~ MONO
  1/4 → RCA (x 8)

~~Stuff for Carlo to bring:~~

- make list for Carlo to bring
- make list to buy at Princeso Auto
- → Kyle build a proto type mounting system
- → Kyle get parts machined to convert motors to correct shaft size
- → Kyle try to get all those RA motors working properly.
- → need to buy some heavy metal plates for stands - have them cut to size (Kyle)
- ~~write Richard about Pandemonium ask if its working and who will be taking it down.~~ ~~Ask about~~. (Ask does Mac have a screen?) →
- Record sound FX
  - lights buzzing
  - noise of Jukebox
  - machine noises
- check out Powerbook Mac online see what type of PCI slot it has.
- ~~phone Central about garage door~~ $2000
  - 2" foam insulation.

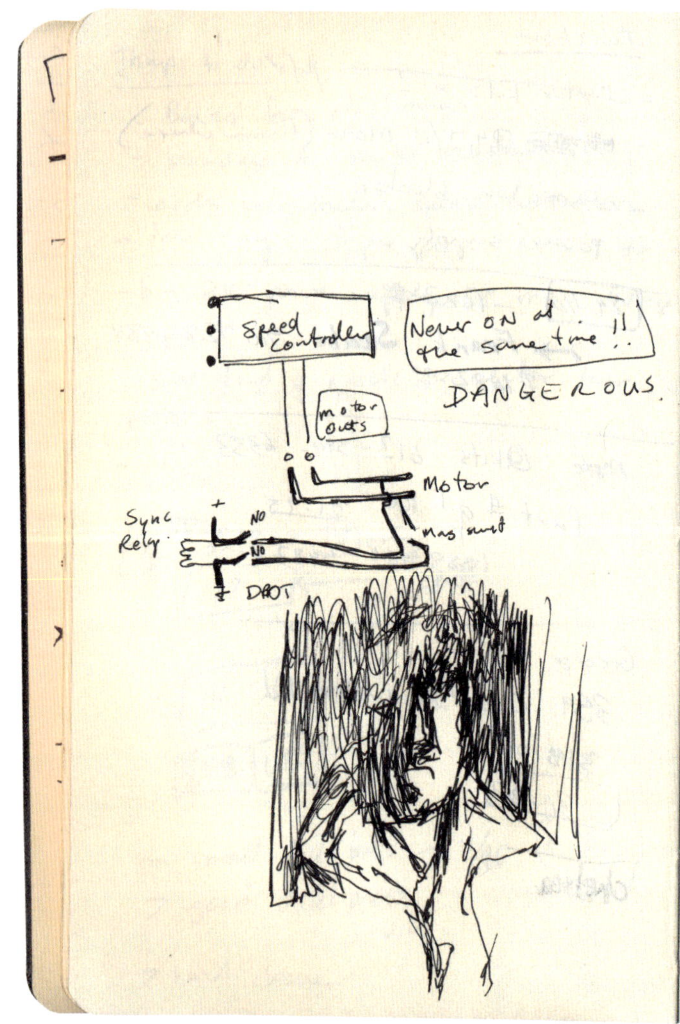

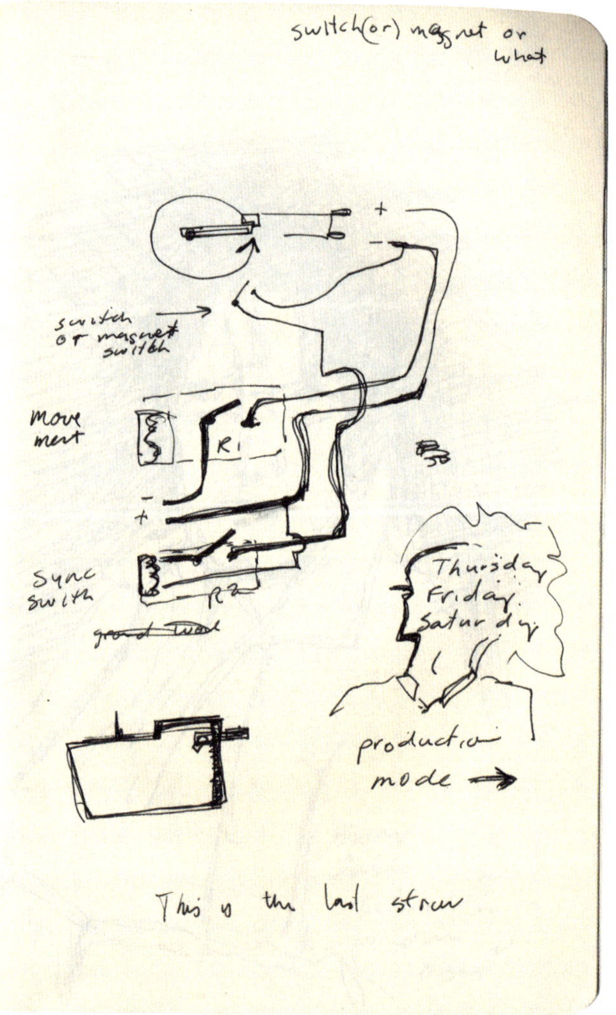

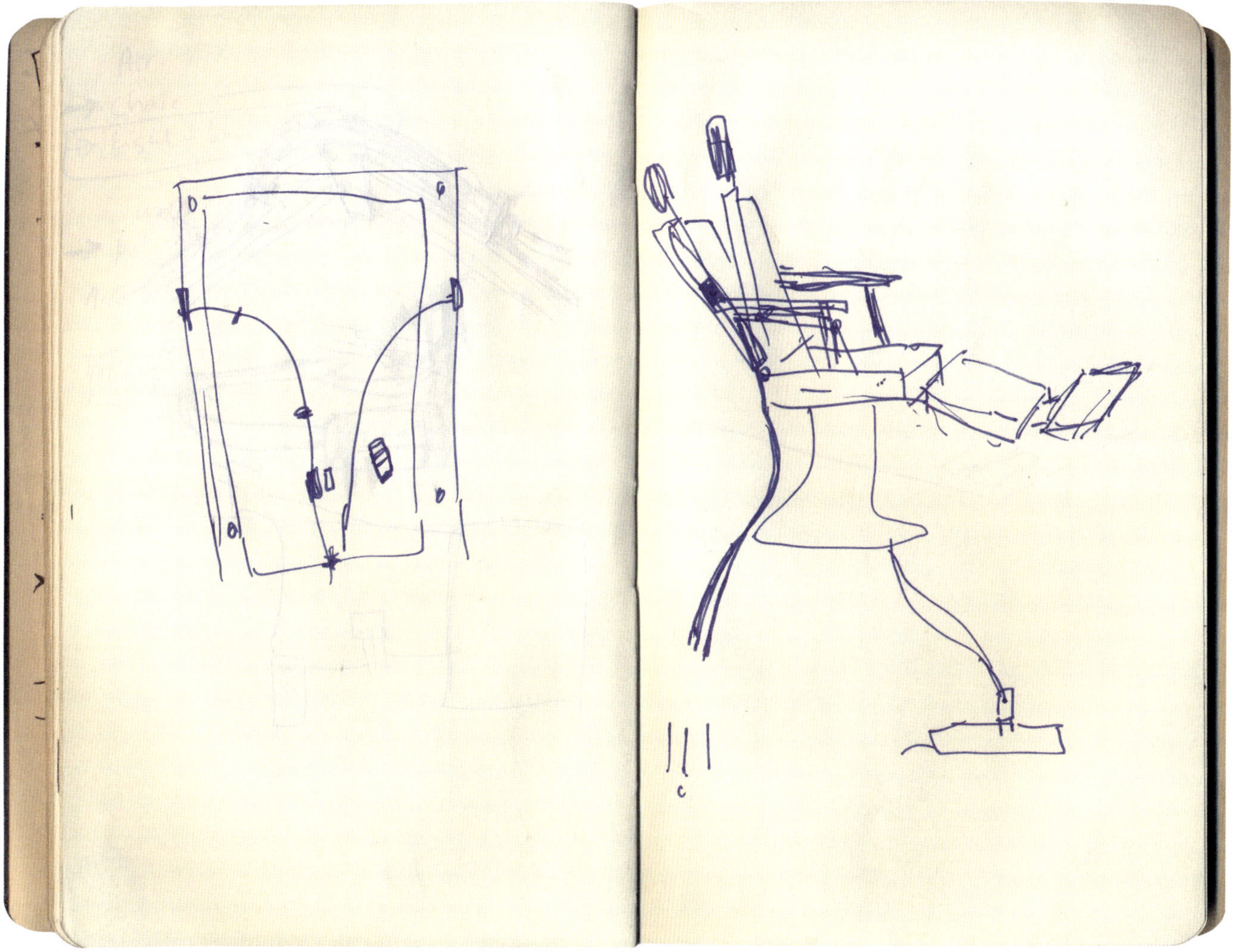

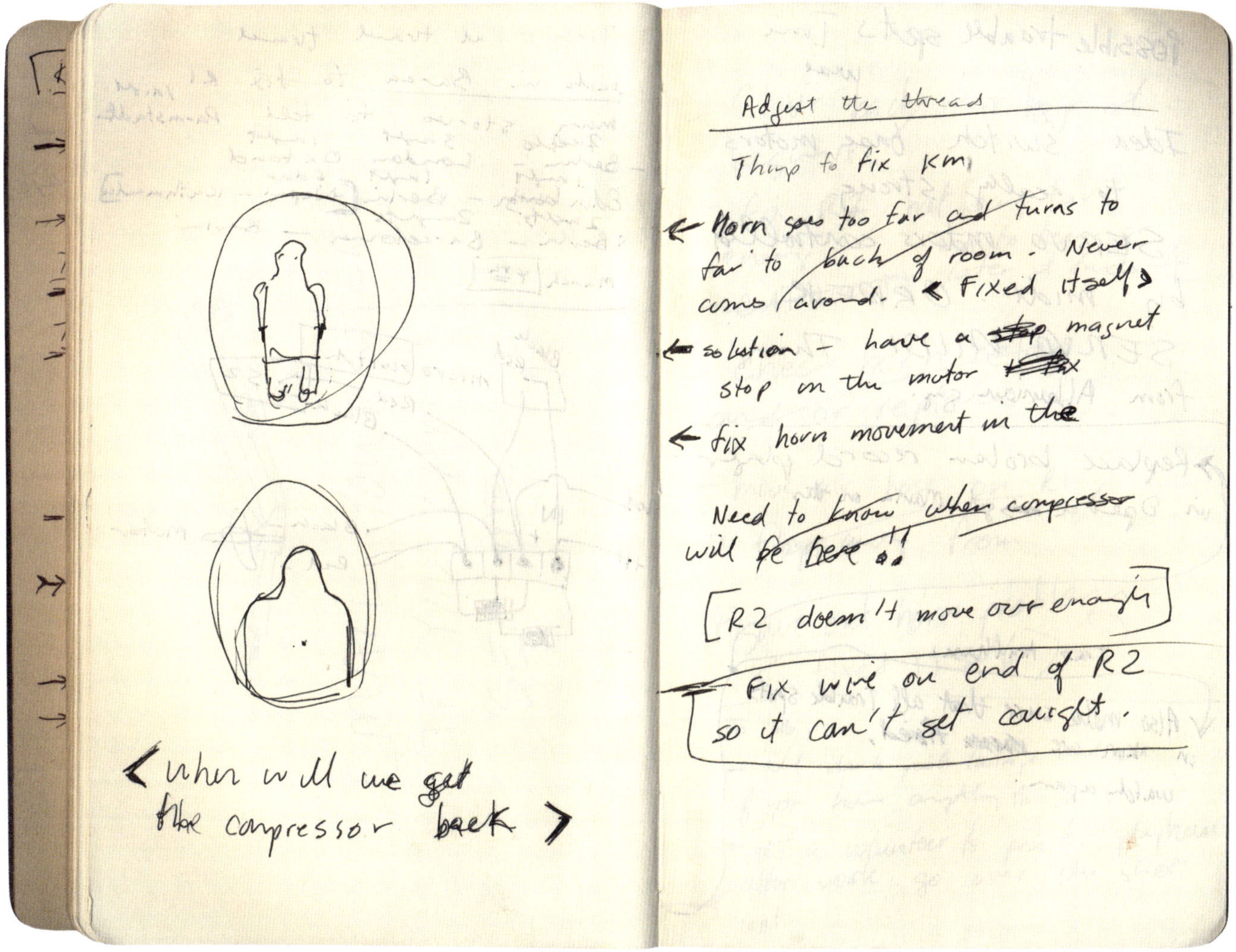

Adjust the thread

Things to fix KM

← Horn goes too far and turns to far to back of room. Never comes around. « Fixed itself »

← solution – have a stop magnet stop on the motor fix

← fix horn movement in the

Need to know when compressor will be here !!

[R2 doesn't move out enough]

← Fix wire on end of R2 so it can't get caught.

< when will we get the compressor back >

The Killing Machine [Skizzenbuch von/Sketchbook by George Bures Miller]

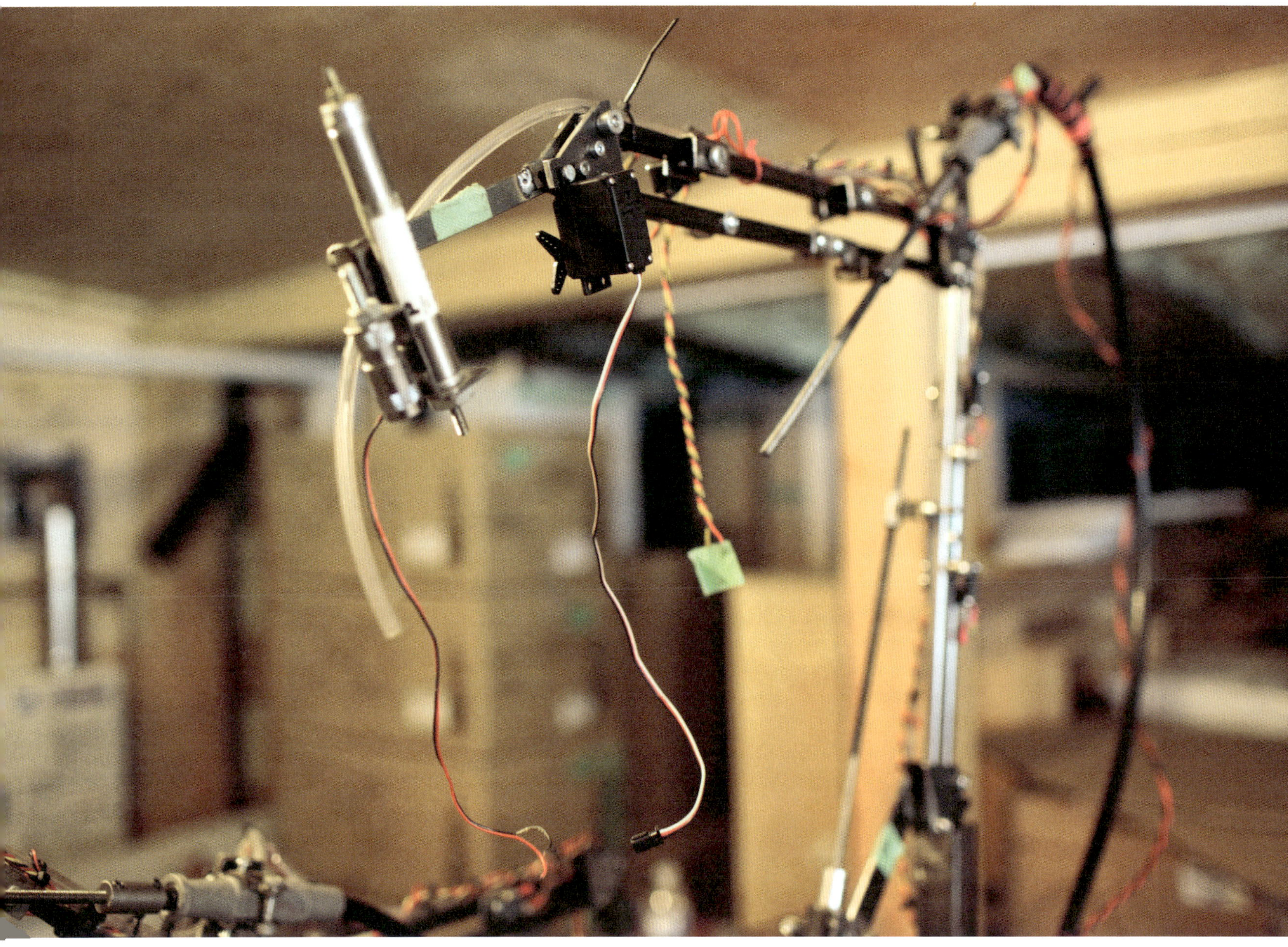

»Der Grundsatz, nach dem ich entscheide, ist:
Die Schuld ist immer zweifellos.«

Ausschnitt aus *In der Strafkolonie* (1919) von Franz Kafka

»The basic principle I use for my decisions is this:
Guilt is always beyond a doubt.«

Extract from *In the Penal Colony* (1919) by Franz Kafka

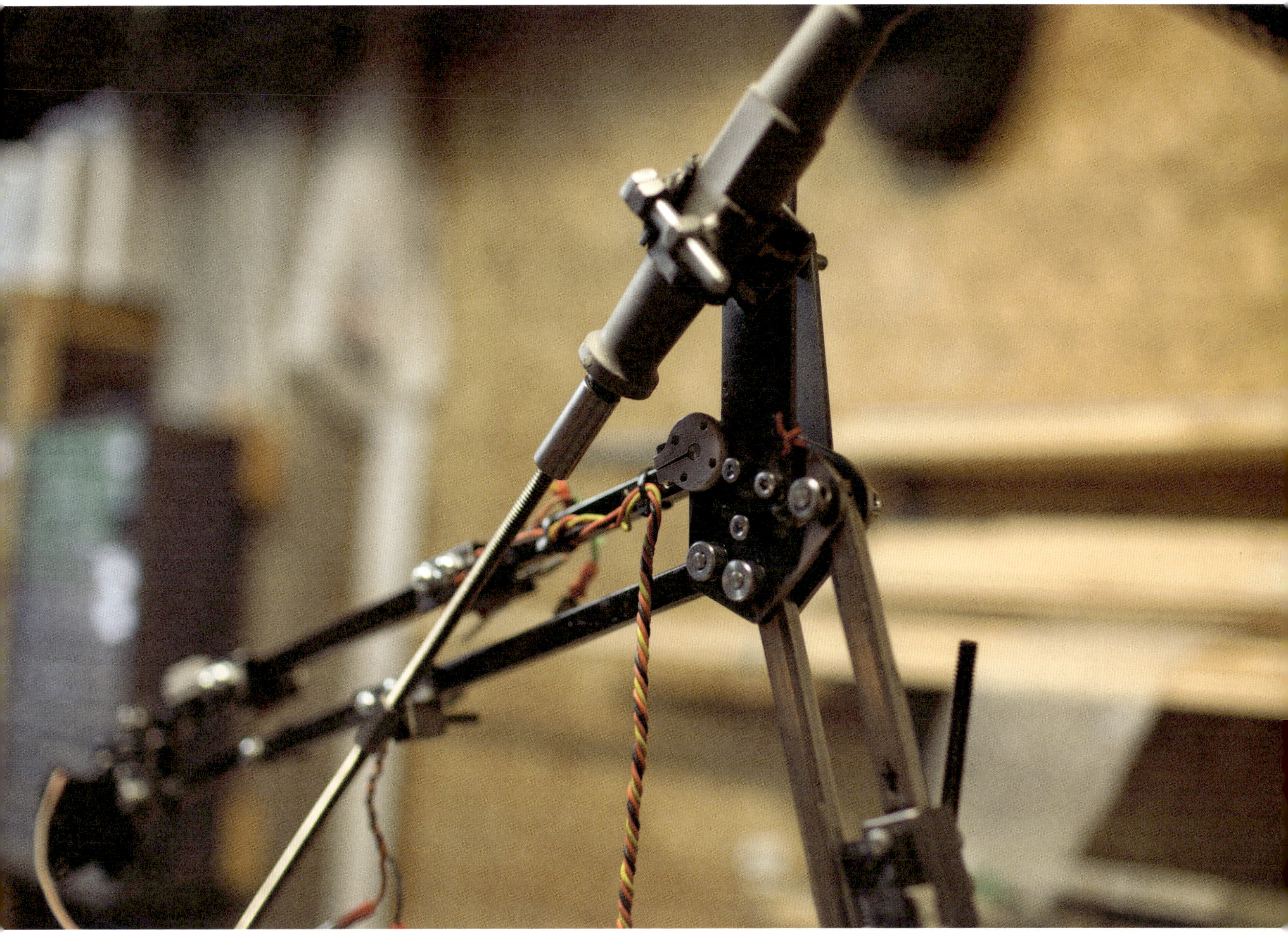

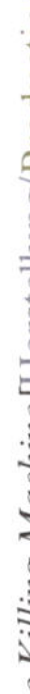

Seiten/Pages 98–101: → *The Killing Machine* [Stills der Dokumentation/Stills of the video documentation]

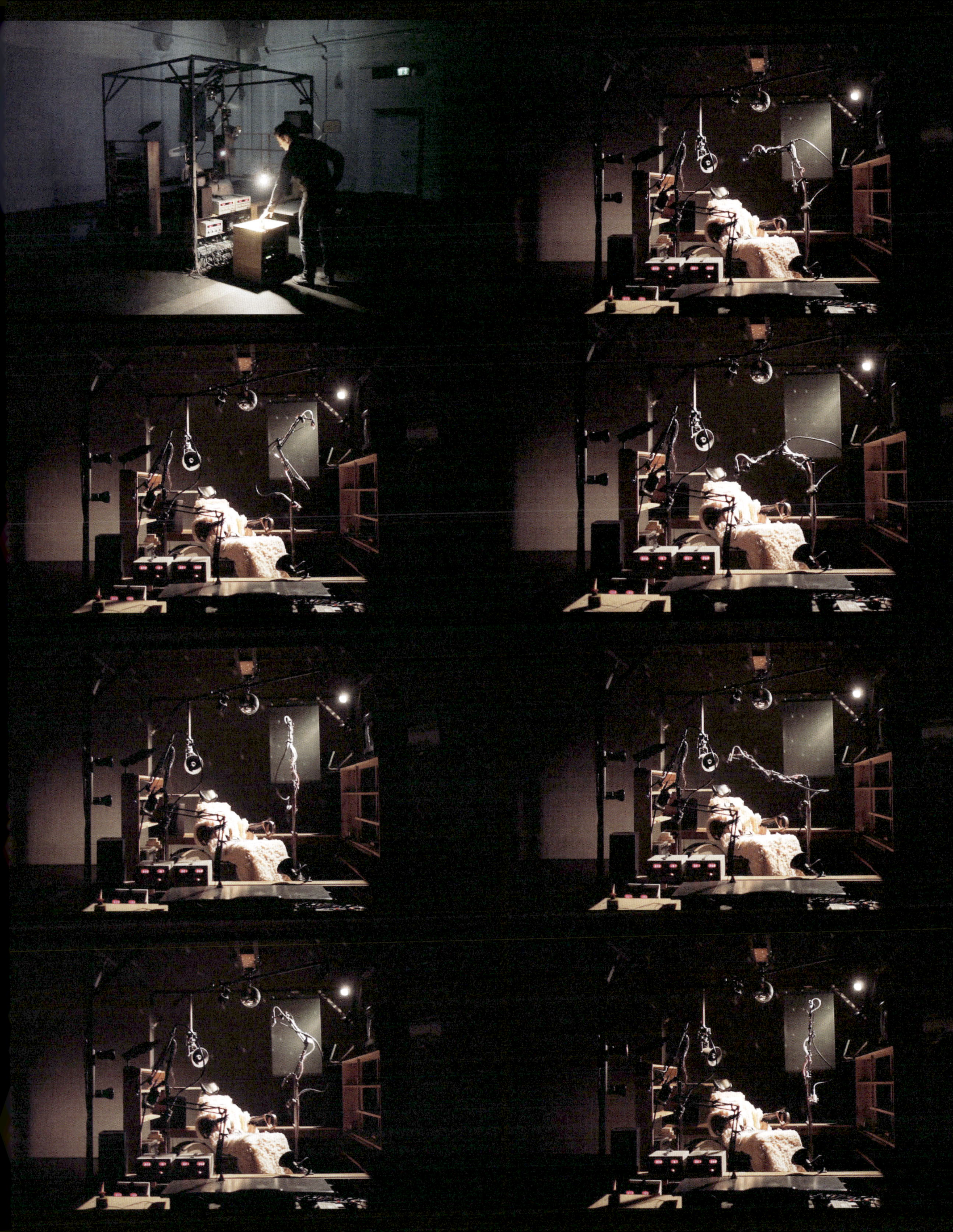

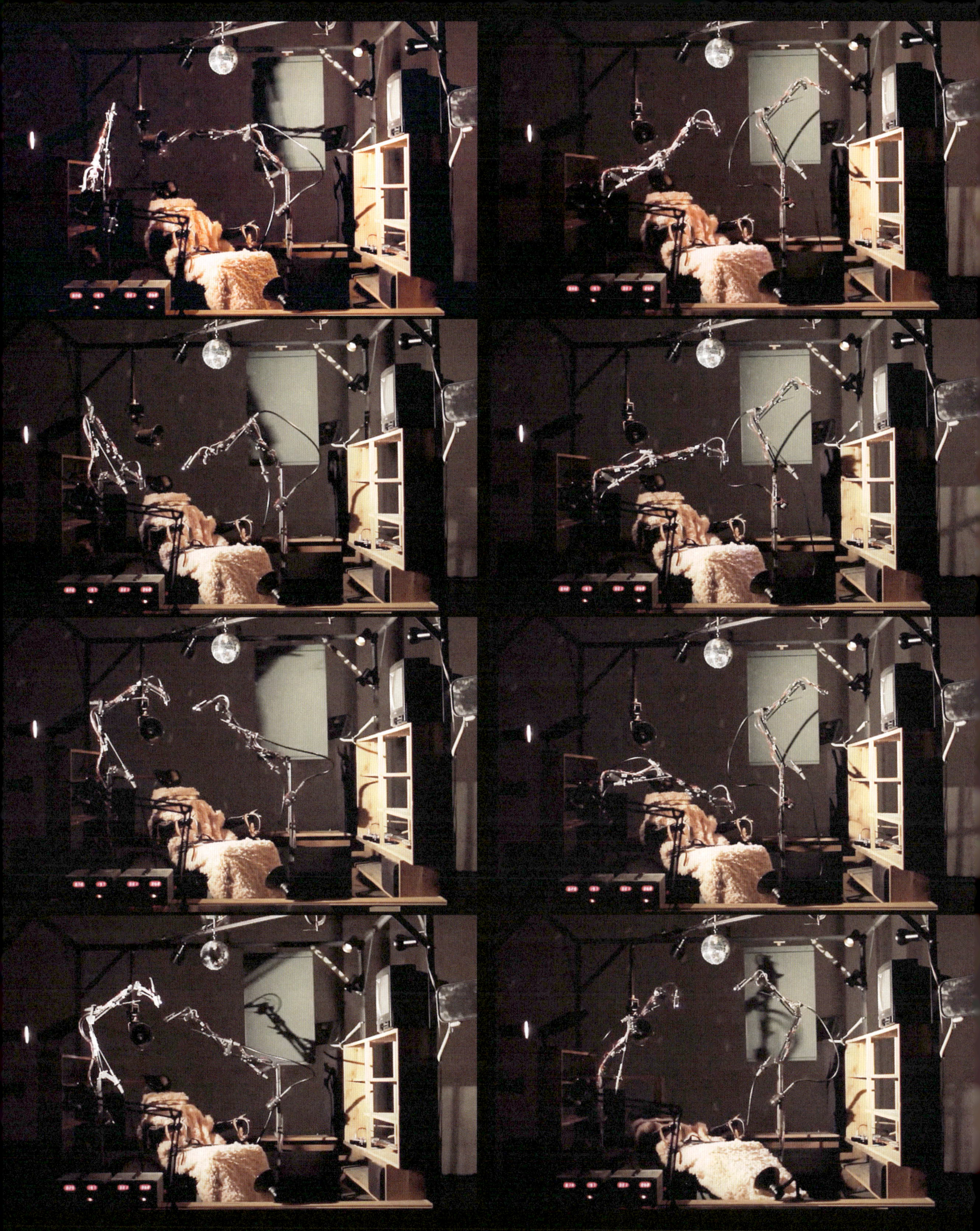

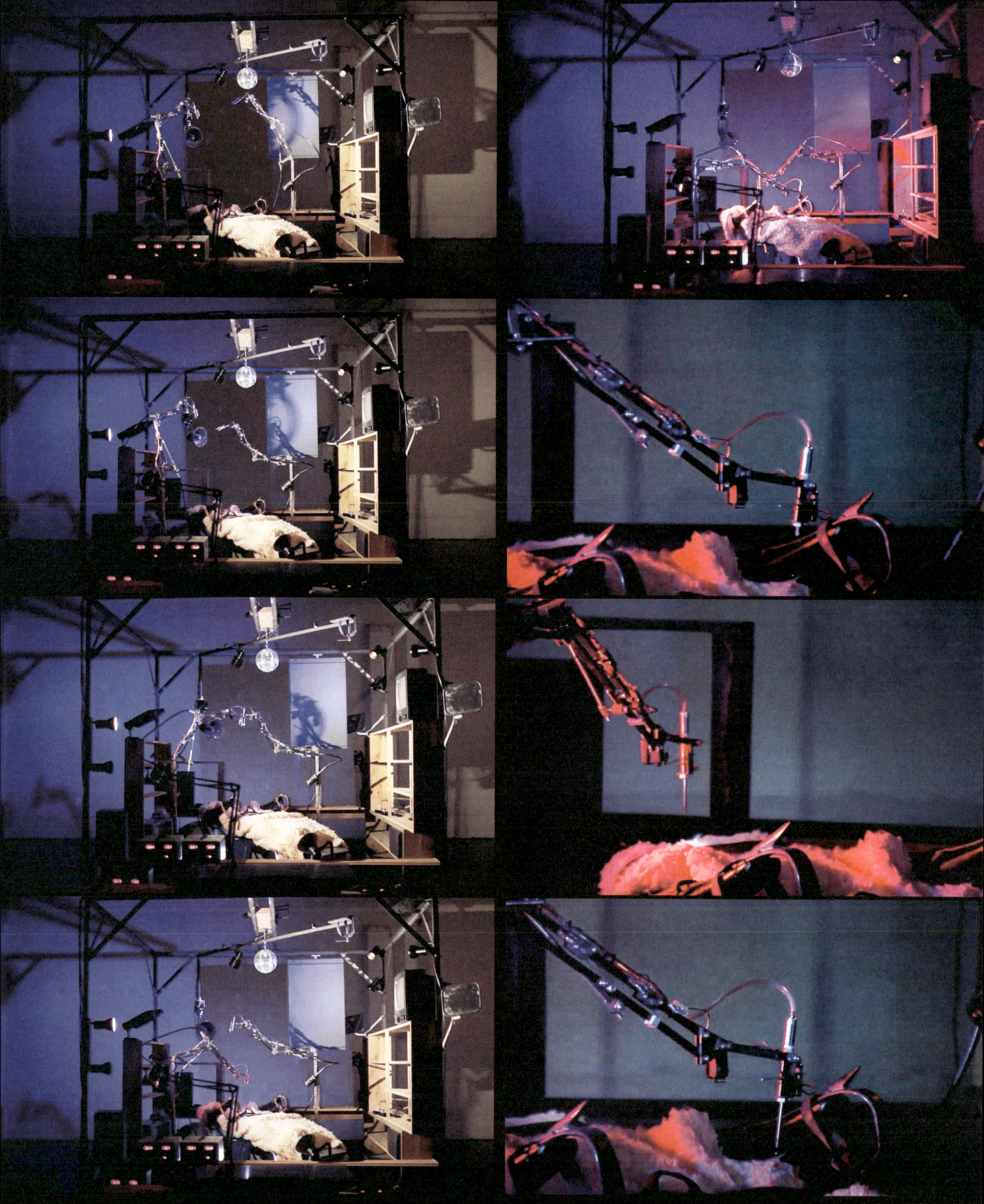

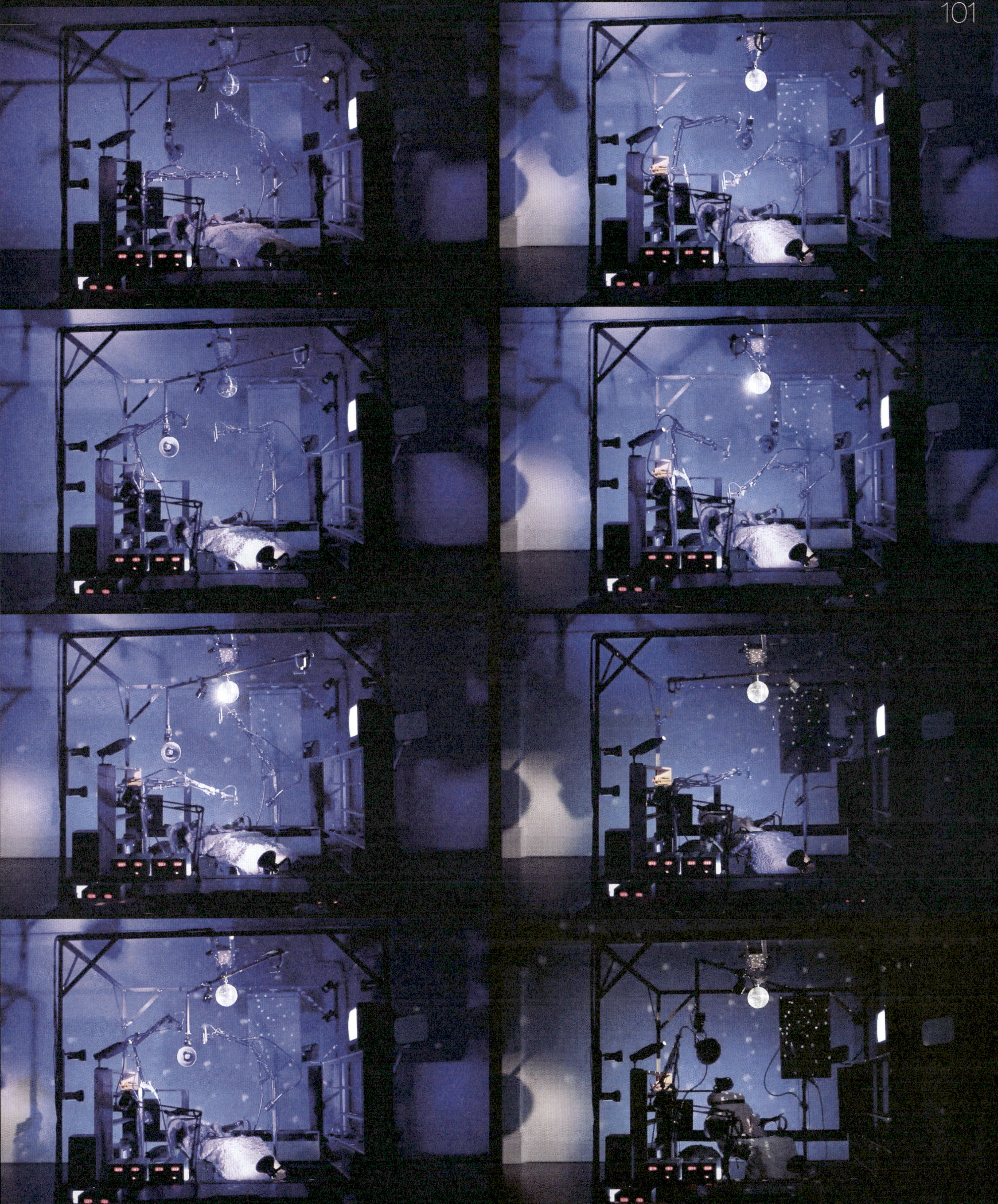

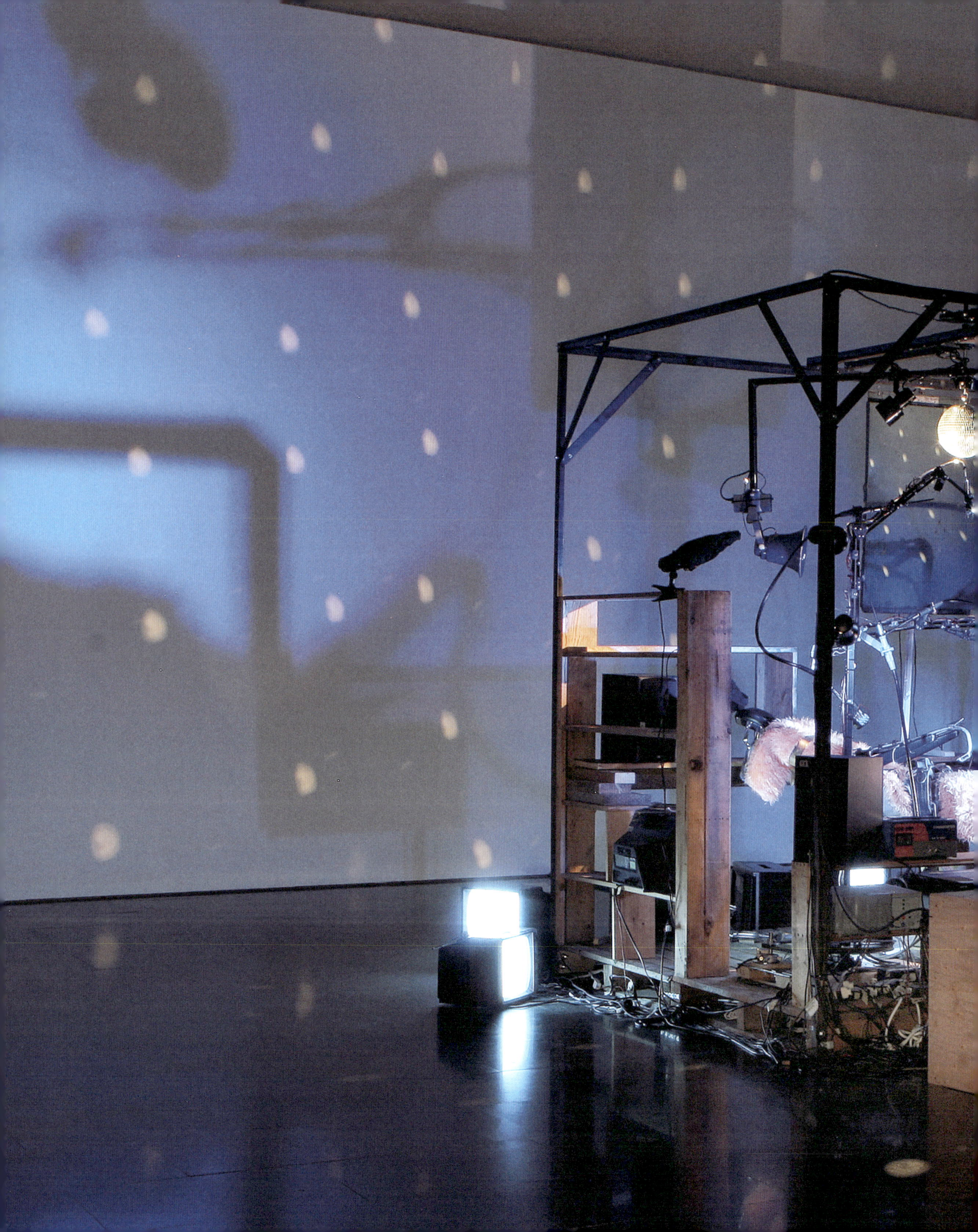

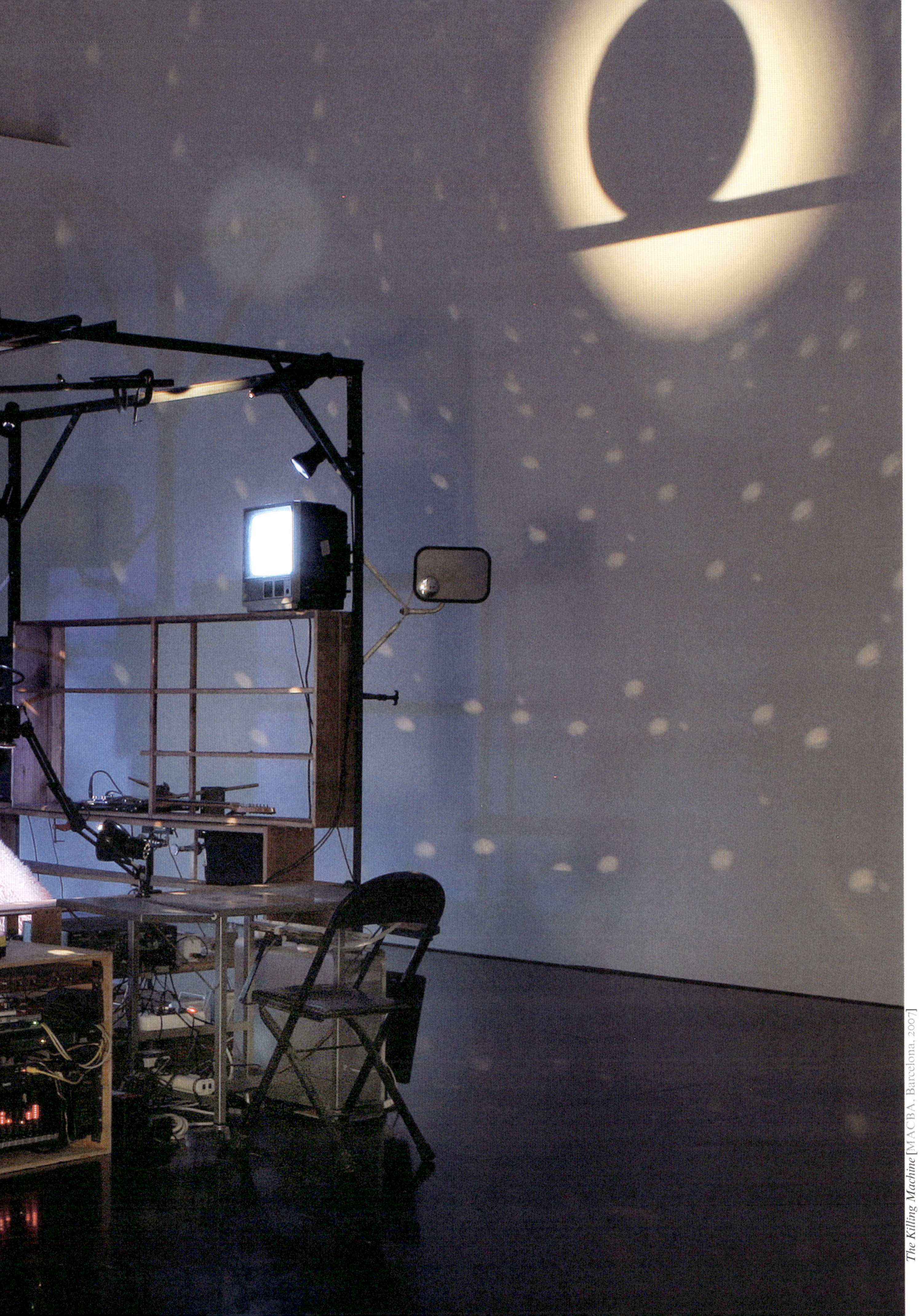

The Killing Machine [MACBA, Barcelona, 2007]

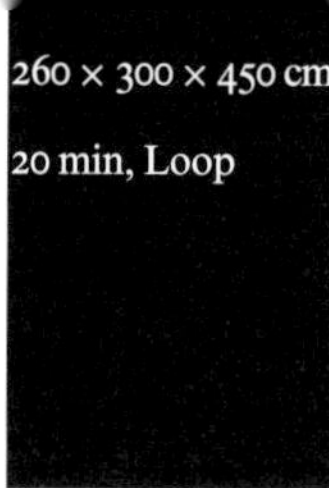

Mixed-Media-Installation
mit Ton, Schallplattenspielern, Schallplatten und synchronisiertem Licht

Konstruktion:
Kyle Miller, Carlo Crovato, Robyn Moody

Mixed media installation
with sound, record players, records and synchronized lighting

Construction:
Kyle Miller, Carlo Crovato, Robyn Moody

Roadkill Crow Song
Komposition, Stimme/
Composition, voice:
George Bures Miller
Gitarre, Schlagzeug, Mischung/
Guitar, drums, mixing:
Titus Maderlechner
Bassgitarre, Orgel, Orchestrierung/
Bass guitar, organ, orchestration:
Tilman Ritter

Courtesy Janet Cardiff & George Bures Miller, Luhring Augustine Gallery, New York

2005

opera for a small room

[oper für einen kleinen raum]

Opera for a Small Room ist eine Ode an die Imagination und Inspiration sowohl auf der Ebene der Werkrezeption, der Werkentwicklung und -produktion als auch der Handlung. Die Besucher:innen sind konfrontiert mit einer unfertig wirkenden Architektur aus Spanplatten, bei der sogar die Kabel noch sichtbar sind. Während die Tür verschlossen ist, erlaubt ein Fenster den Blick in das Innere: Ein Zimmer, angefüllt mit Schallplatten, Schallplattenspielern, Lautsprechern und sogar einem Megafon sowie einem Kronleuchter an der Decke, setzt die Vorstellungskraft in Gang. Wer wohnt hier? Wessen Lebensgeschichte verbirgt sich hier?

Die Idee für *Opera for a Small Room* basiert auf einem Zufallsfund: Bei einem Trödelverkauf im ländlichen Kanada finden Cardiff und Miller um die 100 Opernschallplatten, auf denen immer der handgeschriebene Name des Besitzers notiert war: R. Dennehy. Im Telefonbuch entdeckten sie einen Mann namens Royal Dennehy als möglichen Vorbesitzer der Platten. Statt zu versuchen, ihn kennenzulernen, erschaffen Cardiff und Miller einen fiktiven Charakter und versuchen, die Psychologie einer Person zu ergründen, die in der Abgeschiedenheit Kanadas ihrer Leidenschaft für Opern nachgeht.

Der kleine Raum wird zur Bühne für die Wünsche und Vorstellungen Dennehys, der mittels seiner Schallplatten der Einsamkeit seines abgeschiedenen Daseins entrinnt und sich in die Opernhäuser der Metropolen träumt, wie seine brüchige Stimme am Anfang erzählt: »In der Mitte der Bühne sitzt ein Mann allein in seinem Raum, umgeben von Lautsprechern, Schallplattenspielern und Schallplatten.« Er scheint eine Platte aufzulegen und beginnt mitzusingen. Akustisch für die Betrachtenden anwesend, bleibt er ein virtueller Performer, ein visueller Schatten, der zwischendurch zu erahnen ist. Mit den Konventionen des Theaters spielend, schaffen Cardiff und Miller ein anrührendes Werk, in dem die nerdige Leidenschaft eines Einzelnen stellvertretend für die Sehnsucht steht, seinem eigenen Leben zu entfliehen und eine andere Rolle anzunehmen.

Opera for a Small Room is an ode to imagination and inspiration, both at the levels of the reception, development and production of the work, and of the plot. Visitors are confronted by seemingly unfinished architectural structure made of particle board, in which even the cables are still visible. Although the door is closed, a window allows a view into the interior: a room, filled with records, record players, speakers and even a megaphone, as well as a hanging candelabra activates the imagination. Who lives here? What kind of life story is to be found here?

The idea for *Opera for a Small Room* was based on a chance find: Cardiff and Miller found around a hundred opera records at a flea market in rural Canada, every one of which bore the handwritten name of the previous owner: R. Dennehy. In the telephone book they discovered a man named Royal Dennehy as a possible previous owner of the records. Instead of attempting to contact him, Cardiff and Miller created a fictitious character and attempted to understand the psychology of a person who pursues their passion for opera in the seclusion of rural Canada.

The small room becomes the stage for the wishes and imaginings of Dennehy, who escapes the loneliness of his remote existence with his records and dreams himself into the opera houses of urban metropolises, as his fragile voice reports at the start: »In the middle of the stage a man sits alone in his room, surrounded by speakers, turntables and records.« The narrator appears to put on a record and begins to sing along. Acoustically present for the viewer, he remains a virtual performer, a visual shadow that can be vaguely perceived at times. Playing with the conventions of the theatre, Cardiff and Miller create a touching work, in which the nerdy passion of an individual acts as a proxy for the longing to flee from his own life's tragedies and assume a different role.

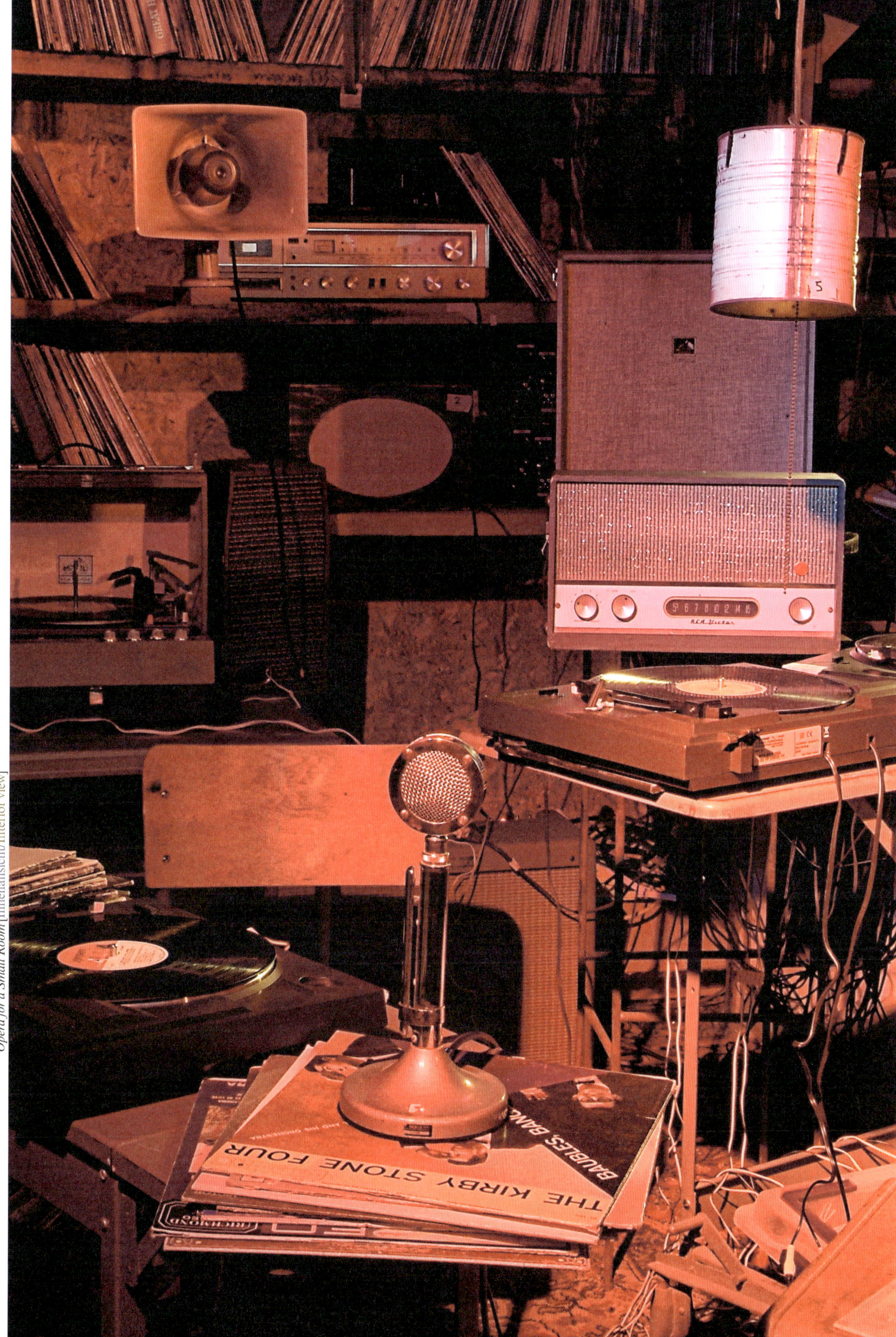

Opera for a Small Room [Innenansicht/Interior view]

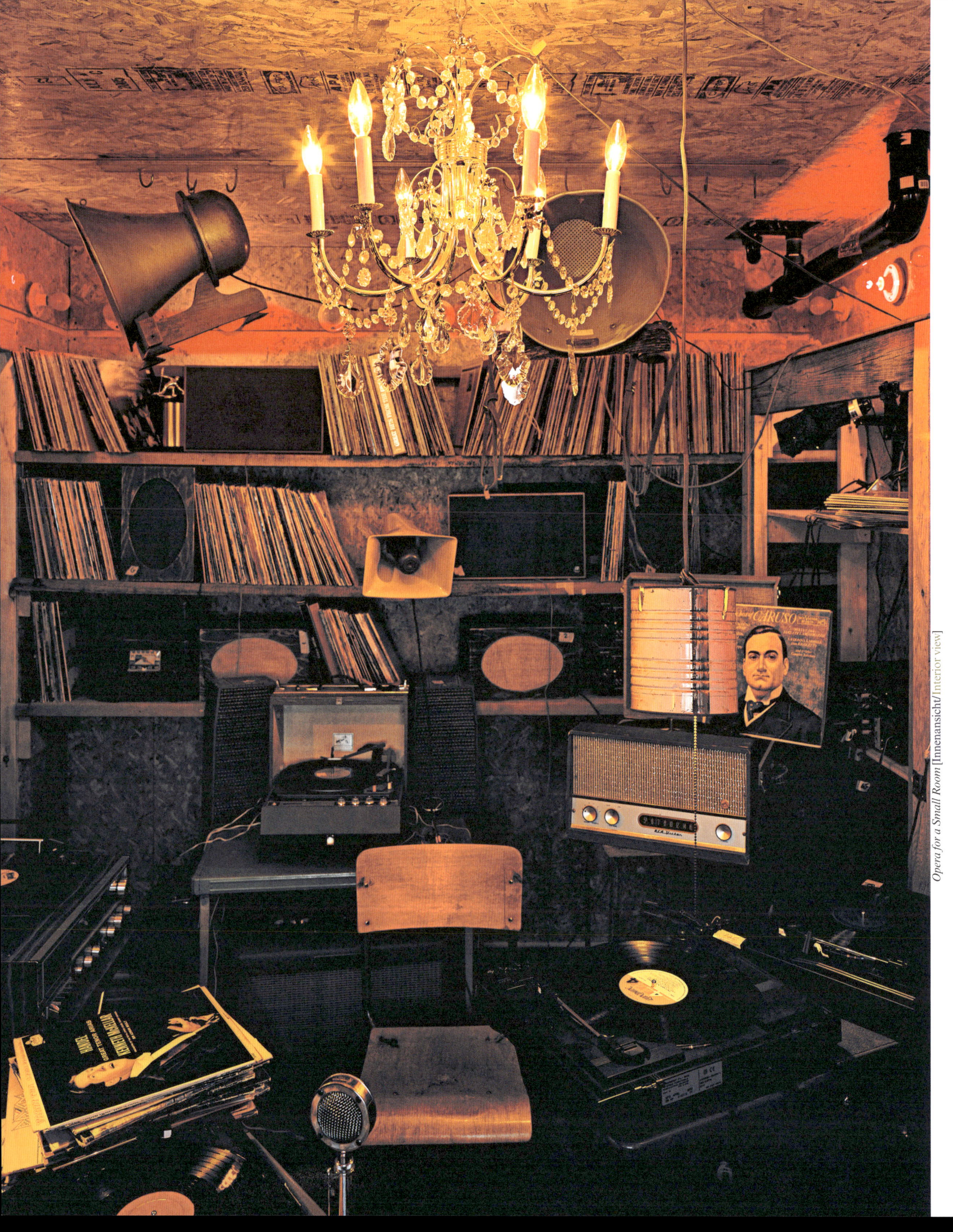

Opera for a Small Room [Innenansicht/Interior view]

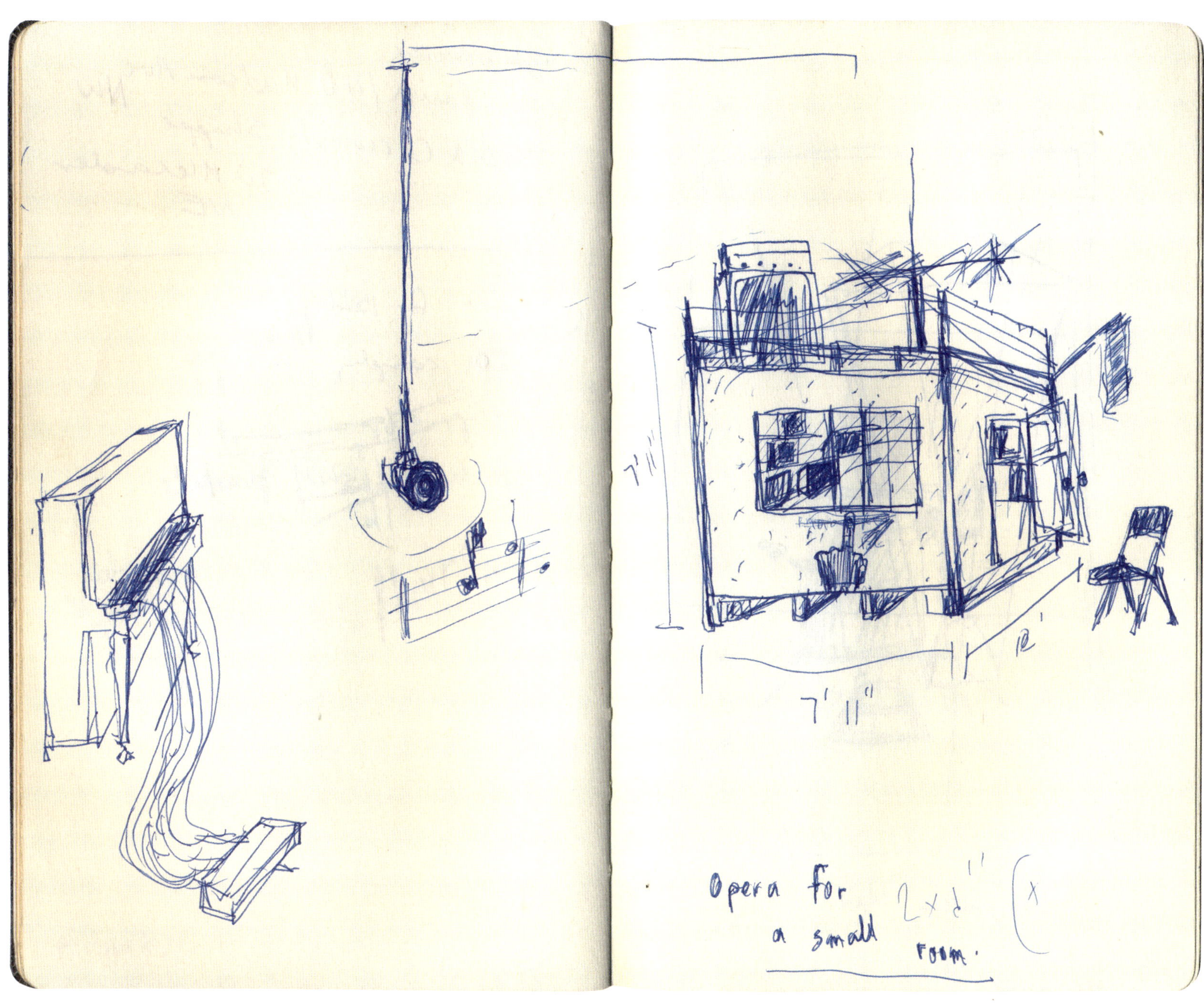

Opera for a Small Room [Skizzenbuch von/Sketchbook by George Bures Miller]

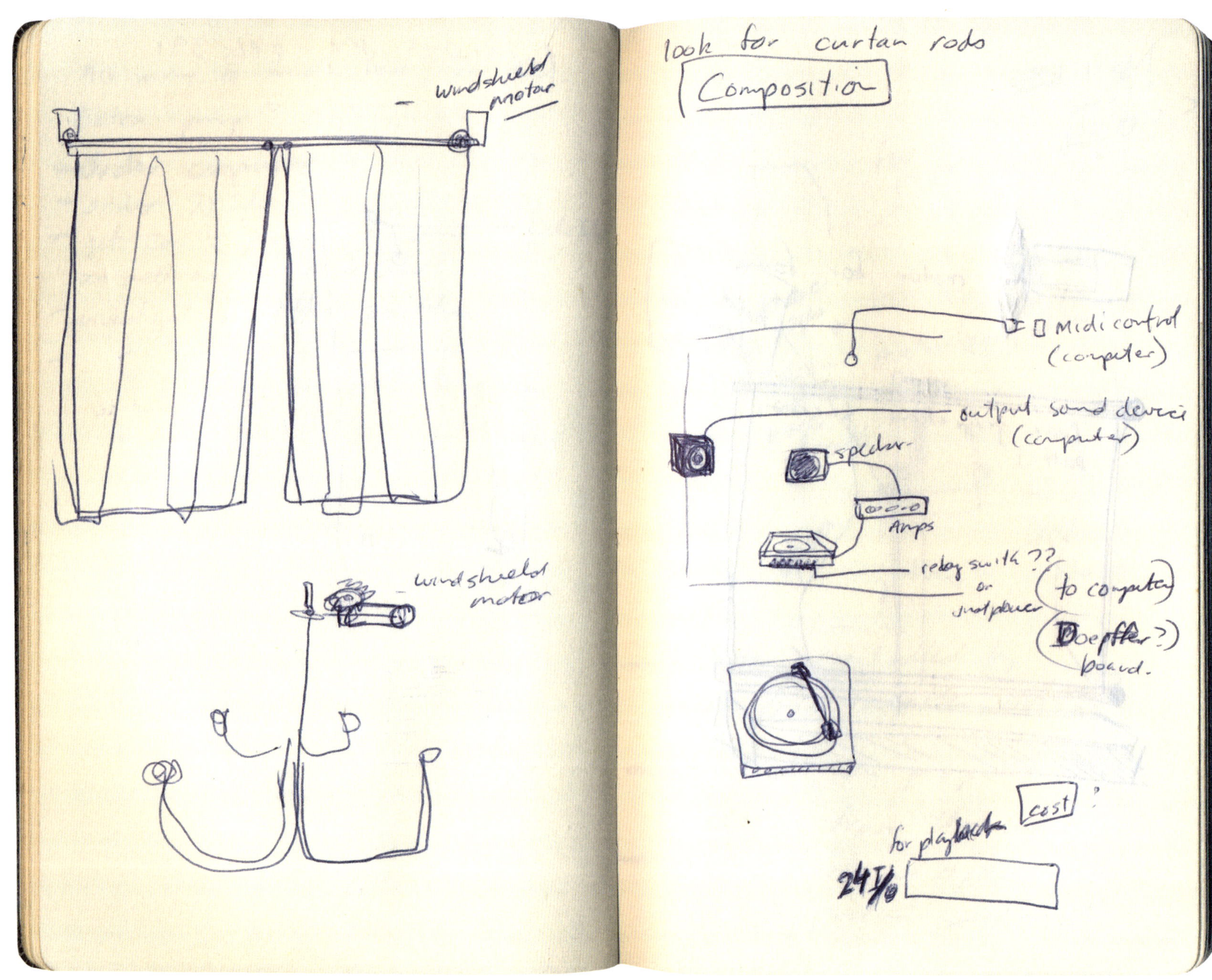

windshield motor
windshield motor
look for curtan rods
Composition
Midi control
(computer)
output sound device
(computer)
speaker
Amps
relay switch ??
or
(to computer)
(Doepfer?)
board.
cost ?
for playback
24 I/O

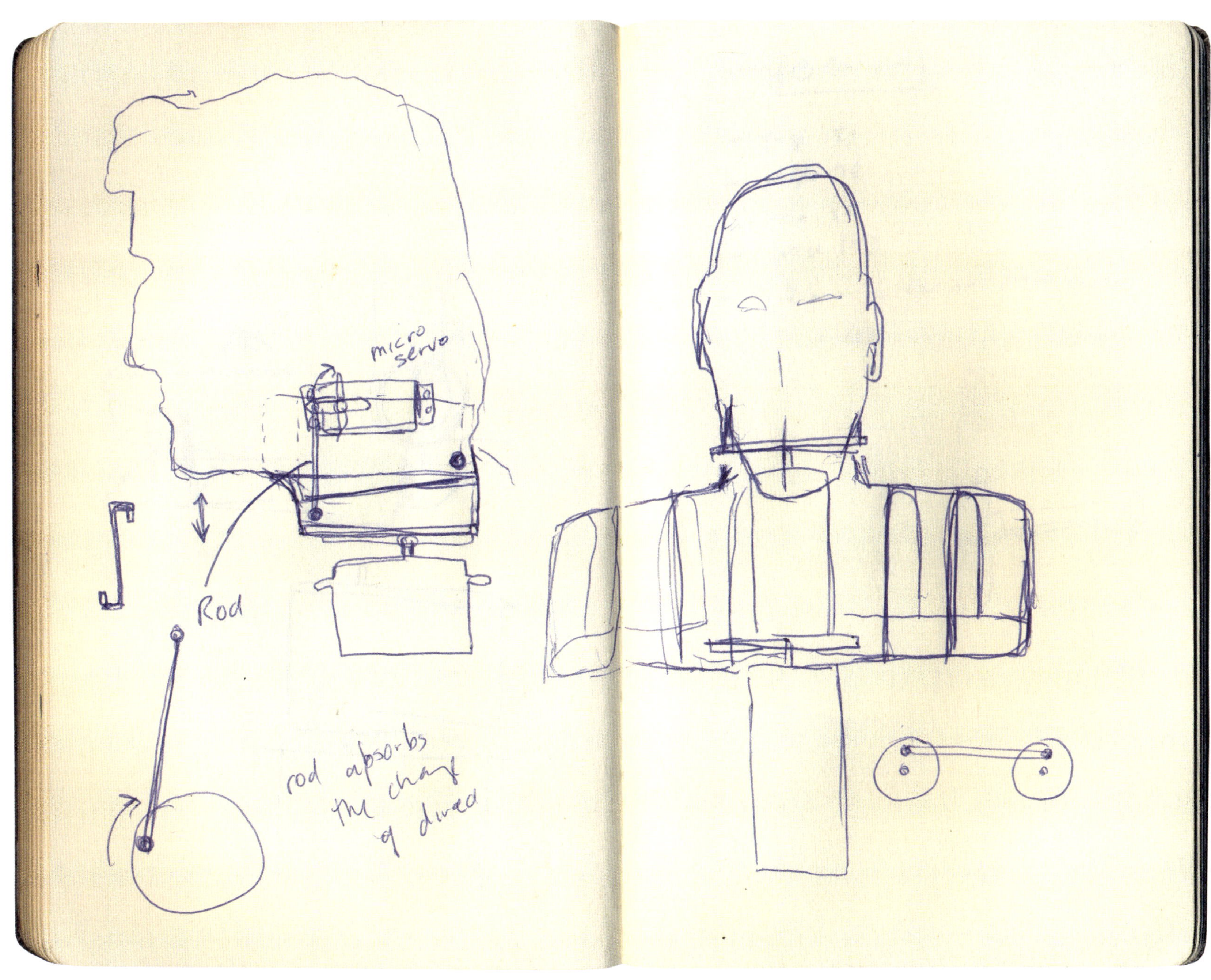

Opera for a Small Room [Skizzenbuch von/Sketchbook by George Bures Miller]

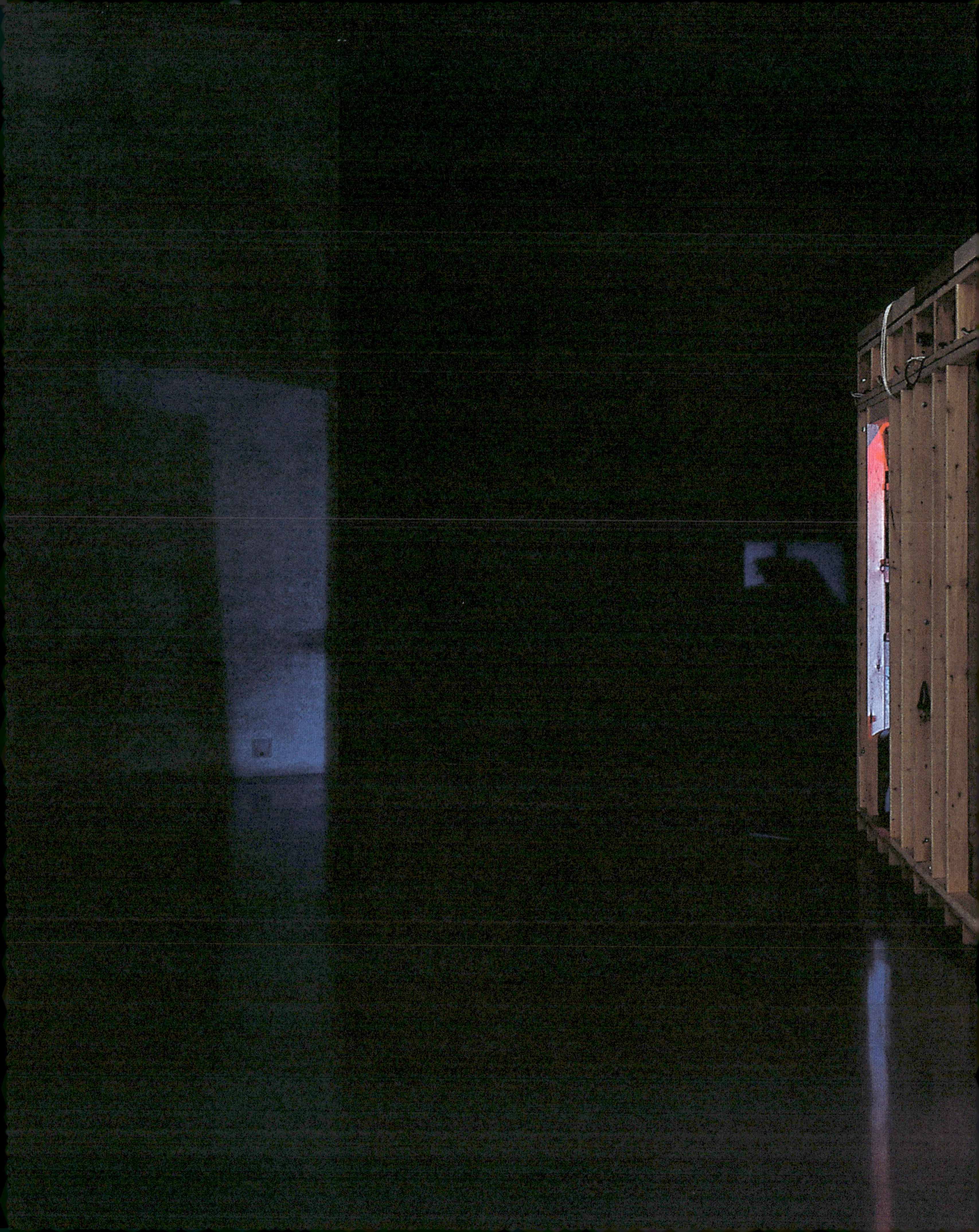

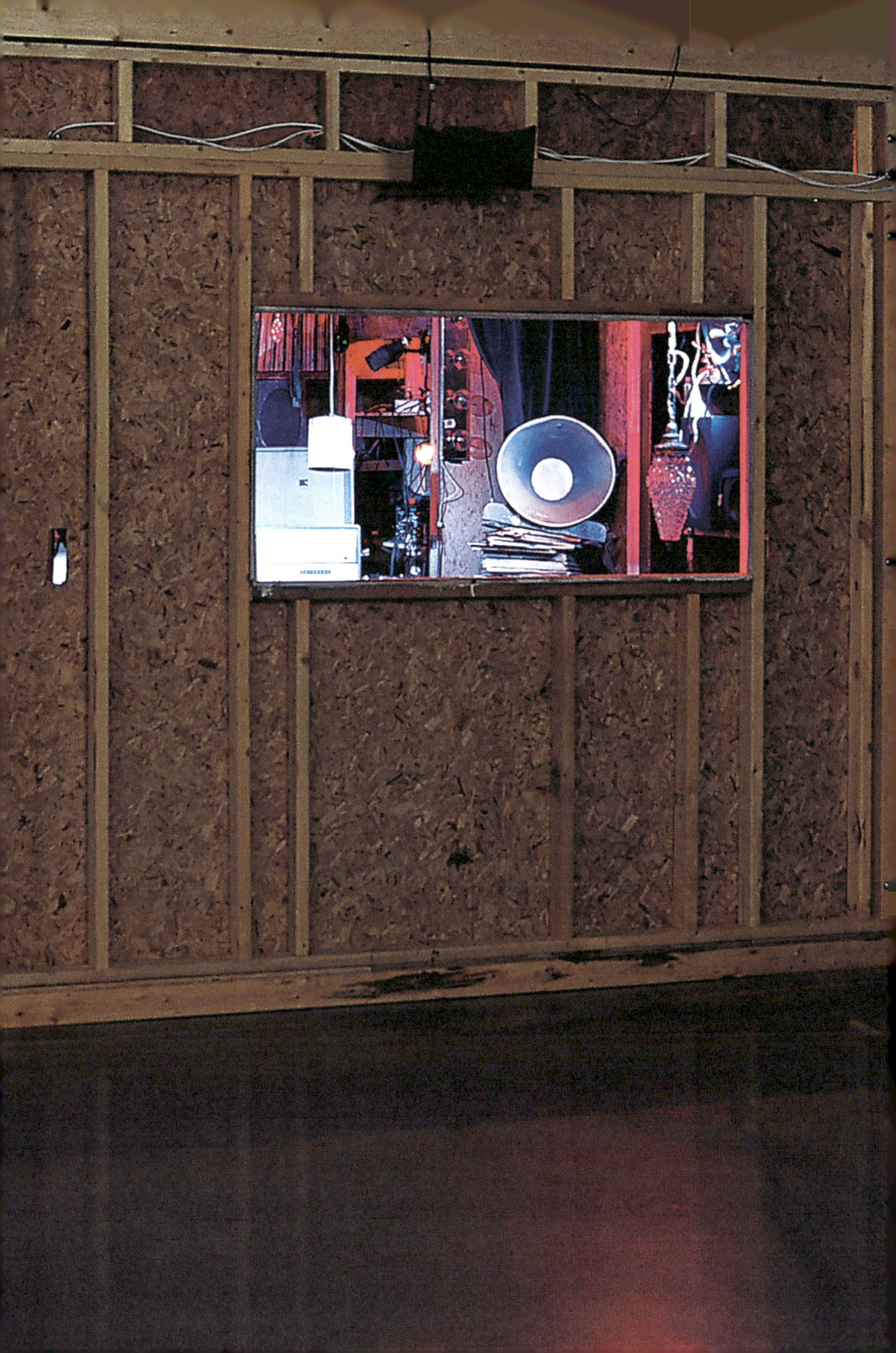

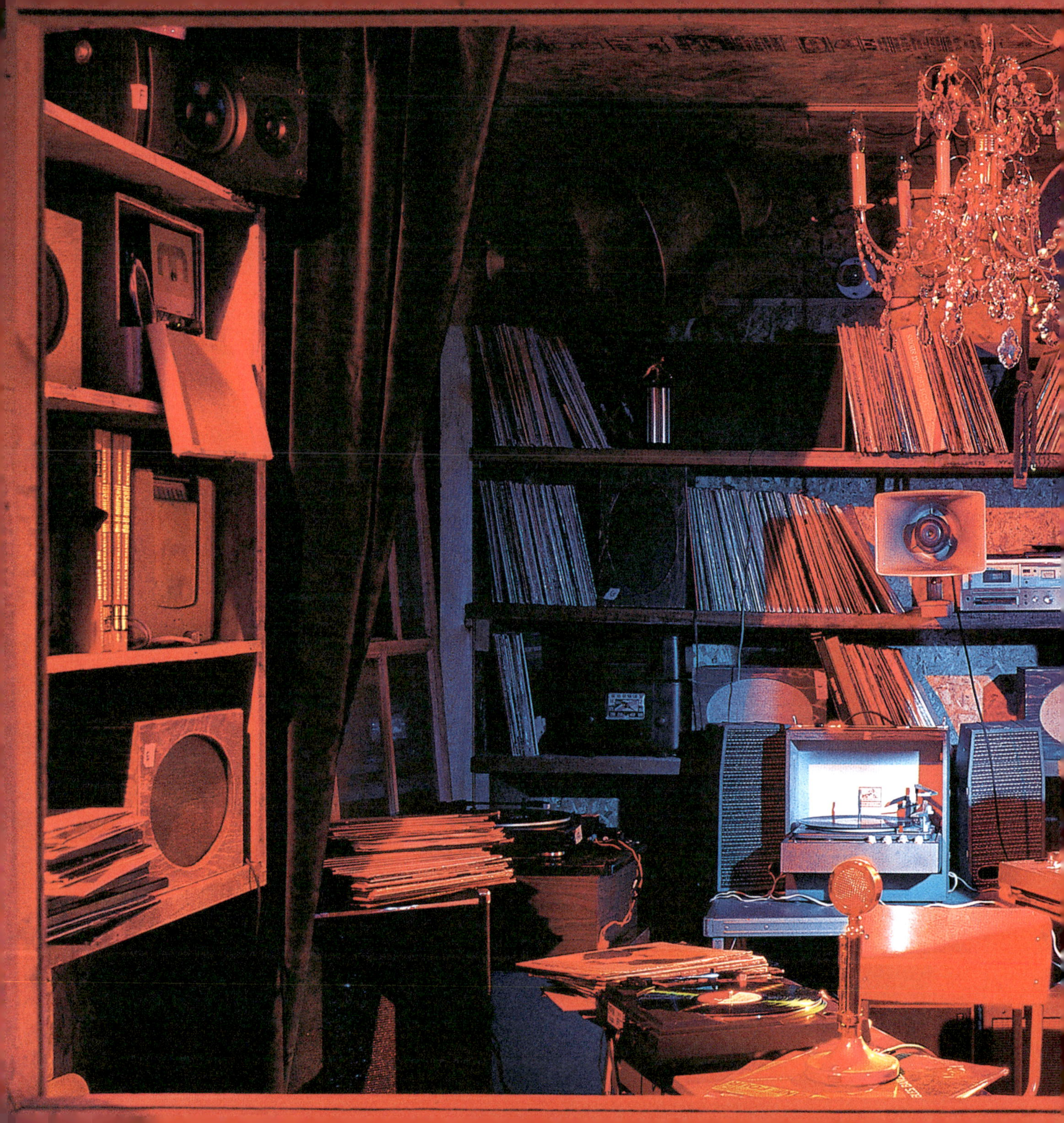

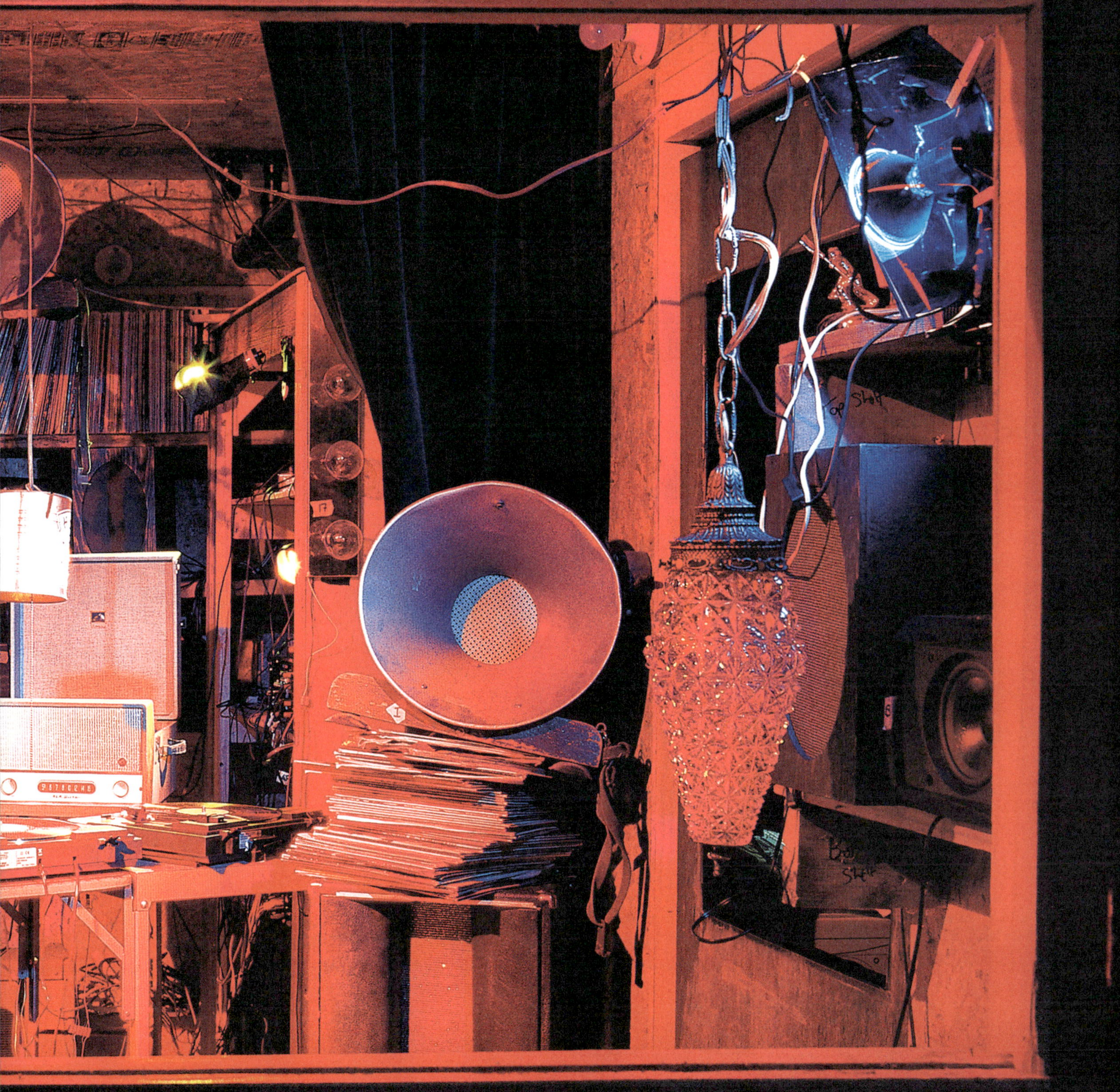

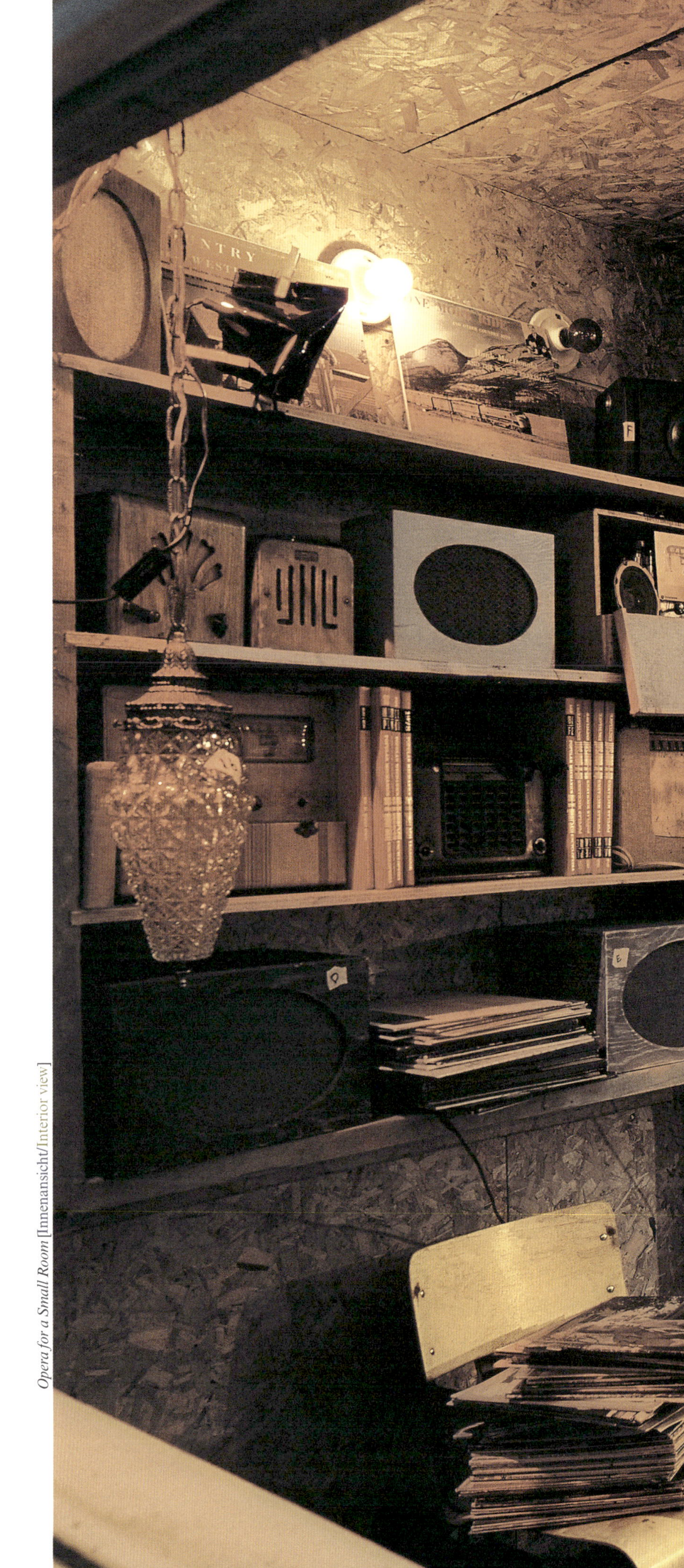

Opera for a Small Room [Innenansicht/Interior view]

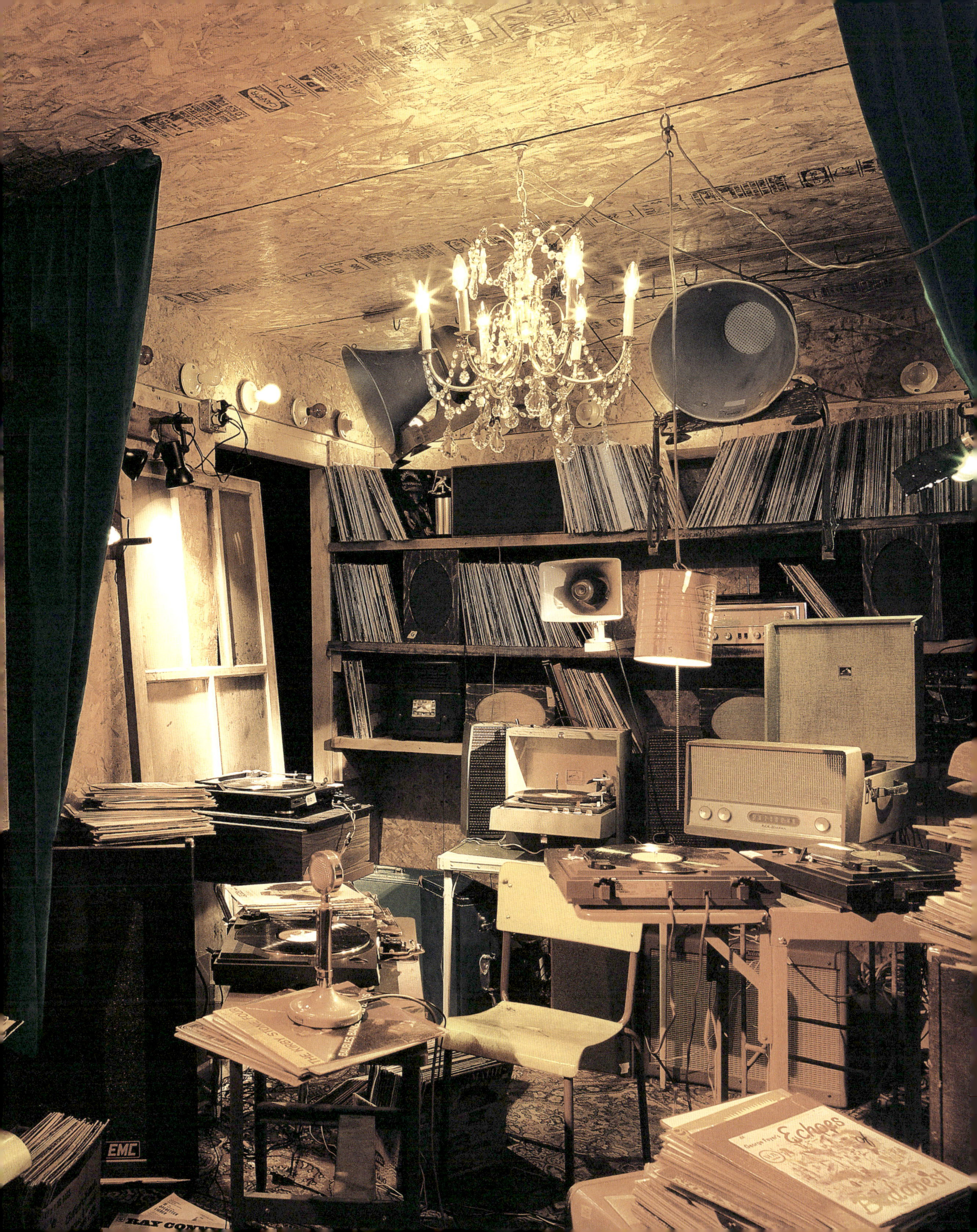

George Feyer's
Echoes of
Budapest
EMC

14 min, Loop

Eine Neubearbeitung von/ A reworking of *Spem in Alium* von/by Thomas Tallis (1556/1573)

Audioinstallation
40 Lautsprecher, Verstärker, Computer für Playback

Aufnahme und Nachproduktion: SoundMoves
Geschnitten von: George Bures Miller
Vor Ort abgemischt von: Titus Maderlechner
Produziert von: Field Art Projects, Arts Council of England, Canada House, the Salisbury Festival, BALTIC Gateshead, The New Art Gallery Walsall, Nottingham NOW Festivals

Audio installation
40 speakers, amplifiers, playback computer

Recording and postproduction: SoundMoves
Editing by: George Bures Miller
Mixed onsite by: Titus Maderlechner
Produced by: Field Art Projects, Arts Council of England, Canada House, the Salisbury Festival, BALTIC Gateshead, The New Art Gallery Walsall, Nottingham NOW Festivals

Gesang/Vocals: Salisbury Cathedral Choir und andere/and others
Dirigent:in/Conductors: Shelagh Lamb, Simon Lole
Chorleitung/Canon: Jeremy Davies
Organist: David Halls
Gast-Organist/Guest scholar: Clive Osgood

Chor/Choir 1
Sopran/Sopranos: Thomas Cross, Thomas Stockwell, Matthew Stockwell, Lawrence Best
Alt/Alto: Stephen Abbott
Tenor: Chris Hobkirk
Bariton/Baritone: Hugh Hetherington
Bass: Rory Waters

Chor/Choir 2
Sopran/Sopranos: Charles Hughes, Thomas Robinson-Woledge, Jonathan Moody, Raphael Hetherington
Alt/Alto: Andrew Stewart
Tenor: Nick Berry
Bariton/Baritone: Julian Hubbard
Bass: John Robinson

Chor/Choir 3
Sopran/Sopranos: Oliver Pash, George White, Oliver Campbell-Hill, Evan Stockwell
Alt/Alto: Mike Brown
Tenor: Chris Dragonetti
Bariton/Baritone: Grant Doyle
Bass: James Skuse

Chor/Choir 4
Sopran/Sopranos: Olympia Hetherington, Sophie Bradley, Sofia Larsson
Alt/Alto: Neil Baker
Tenor: David Martin-Smith
Bariton/Baritone: Simon Kapper
Bass: Bob Thackray

Chor/Choir 5
Sopran/Sopranos: Danielle Green, Camilla Godlee, Alexandra Tyson
Alt/Alto: Roger Mullis
Tenor: Ian Wicks
Bariton/Baritone: Sandrey Date
Bass: Jim McPherson

Chor/Choir 6
Sopran/Sopranos: Elizabeth Burrowes, Lucinda Thompson-Mainland, Beatrice Bathe
Alt/Alto: Jules Gayle
Tenor: Roger Covey Crump
Bariton/Baritone: Rob Evans
Bass: Ken Burgess

Chor/Choir 7
Sopran/Sopranos: Harriet Colley, Rosalind Oglethorpe, Anna Taylor
Alt/Alto: Ben Lamb
Tenor: Dennis Whitehead
Bariton/Baritone: Steve Folkes
Bass: Simon Gaunt

Chor/Choir 8
Sopran/Sopranos: India Webb, Bryony Moody, Grace Newcombe
Alt/Alto: Stephen Taylor
Tenor: Colin Howard
Bariton/Baritone: Phil Tebb
Bass: Richard Hopper

Courtesy Janet Cardiff, Luhring Augustine Gallery, New York

2001

the forty part motet

[die vierzigteilige motette]

Erst im 13. Jahrhundert beginnen Komponisten, gezielt Musikstücke zu schaffen, die sich auf die Gleichzeitigkeit von Tönen, das Polyphone, fokussieren. Die daraus resultierenden musikhistorischen Entwicklungen finden einen Höhepunkt mit der um 1570 entstandenen vierzigstimmigen Motette *Spem in Alium* des Renaissance-Komponisten Thomas Tallis. Acht Chöre zu je fünf Stimmen singen auf Lateinisch von der religiösen Transzendenz: »Spem in alium nunquam habui praeter in te, Deus Israel […]« [Ich habe niemals meine Hoffnung in irgendeinen anderen als dich gelegt, Gott Israels (…)].

Dieses außergewöhnliche Stück, das der Legende nach zum vierzigsten Geburtstag von Königin Elisabeth I. entstanden sein soll, ist Ausgangspunkt von Janet Cardiffs überwältigender Klangskulptur *The Forty Part Motet*. Vierzig Lautsprecher, aufgeteilt in acht Gruppen zu je fünf Stück, sind in einem Oval angeordnet. Die Stative sind so eingestellt, dass ihre Höhe der Größe eines durchschnittlichen Menschen angepasst ist. Zu Beginn sind die Geräusche der Chorteilnehmer zu hören, die sich auf den bevorstehenden Gesang vorbereiten. Wie ein retardierendes Moment erhöht es die Spannung für das anschließend einsetzende Musikereignis. Der Klang, der von einem Lautsprecherchor zum anderen springt, wechselt und gleichzeitig ertönt, ist unmittelbar überwältigend, im ganzen Körper fühlbar. Es entsteht das Gefühl einer räumlich-körperlichen Präsenz der zeitlich und physisch abwesenden Aufführenden.

Im Gegensatz zu *The Paradise Institute* ist *The Forty Part Motet* visuell schlicht und zurückhaltend. Die Installation lenkt damit den Fokus unmittelbar auf den Hörsinn und die Rezeption. Die Zuhörer:innen steuern ihr Hörerlebnis durch Bewegungen im Raum — eine Erfahrung, die in der Live-Aufführung nicht möglich ist. Zugleich entstehen bisweilen intime Beziehungen zu den unbekannten Stimmen, die vom männlichen Bass bis zum Kindersopran reichen und jeweils einzeln aufgenommen wurden. Der Klang schafft, wie eine Skulptur, einen physischen Raum, der von den Besucher:innen durchschritten wird.

Composers only began to deliberately create pieces of music focusing on the simultaneity of tones, or polyphonic music, in the thirteenth century. The music-historical developments originating from this find a pinnacle with the forty-part motet entitled *Spem in Alium* by the Renaissance composer Thomas Tallis. Eight choirs, each with five parts, sing in Latin of religious transcendence: »Spem in alium nunquam habui praeter in te, Deus Israel […]« [I have never placed my hopes in anyone other than you, God of Israel (…)].

This extraordinary piece, which is said to have been created for the occasion of the fortieth birthday of Queen Elizabeth I, is the starting point for Janet Cardiff's overwhelming sound sculpture *The Forty Part Motet*. Forty speakers, divided into eight groups of five, are arranged in an oval. The tripods are set up so that their height is adjusted to that of an average person. At first, one can hear the sounds of the choir members preparing to sing. Like a retarding moment, this increases the tension before the musical experience following it. The sound, which leaps from one virtual choir grouping to another, moves around the space in waves, creating a physical experience for the listener. The presence of the absent performers in the virtual choir is felt through their voices, as the audio speakers eerily become stand-ins for the real singers.

Unlike *The Paradise Institute*, *The Forty Part Motet* is visually simple and reserved. Thus the installation at once directs one's focus to the sense of hearing and to the reception. Listeners control their experience through their movements in the room — something that is not possible in a live performance. At the same time, intimate relationships with the unknown voices develop, extending from masculine bass to child soprano, each of which was recorded individually. The sound, like a sculpture, creates a physical space, which the visitors pass through.

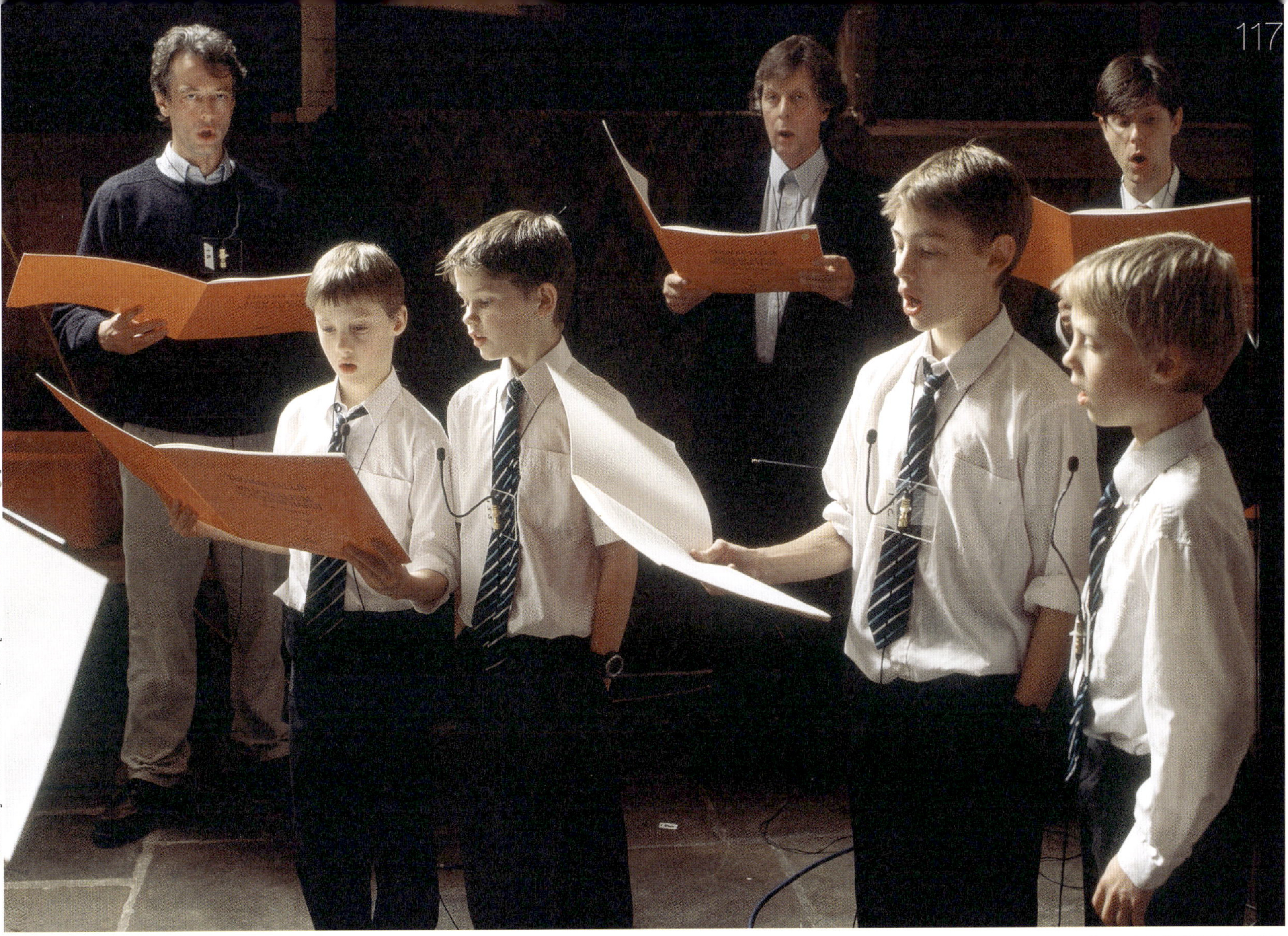

Salisbury Cathedral Choir, 2000 [Aufnahmen/Recordings]

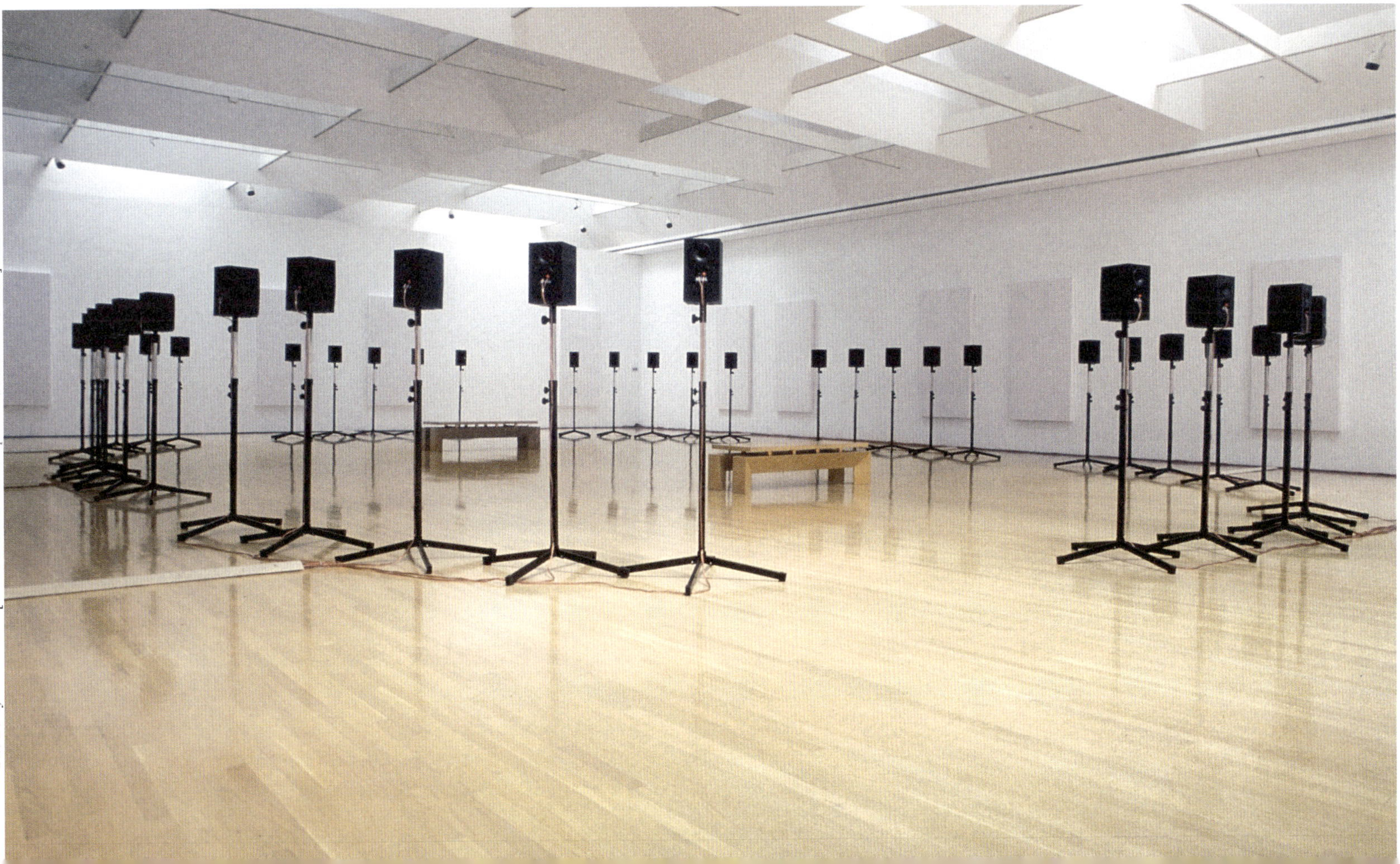

The Forty Part Motet [Musée d'Art Contemporain, Montreal, 2002]

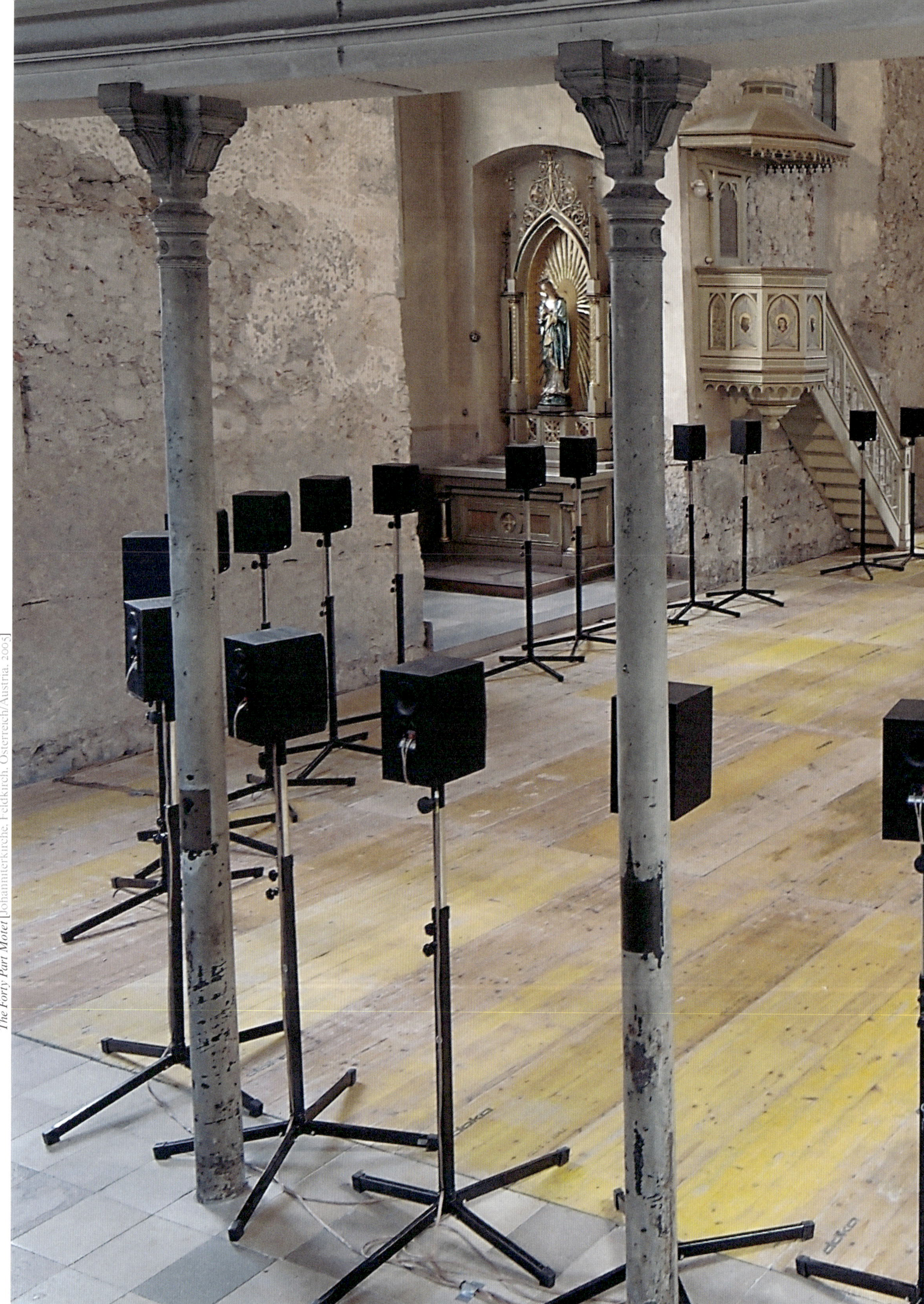

The Forty Part Motet [Johanniterkirche, Feldkirch, Österreich/Austria, 2005]

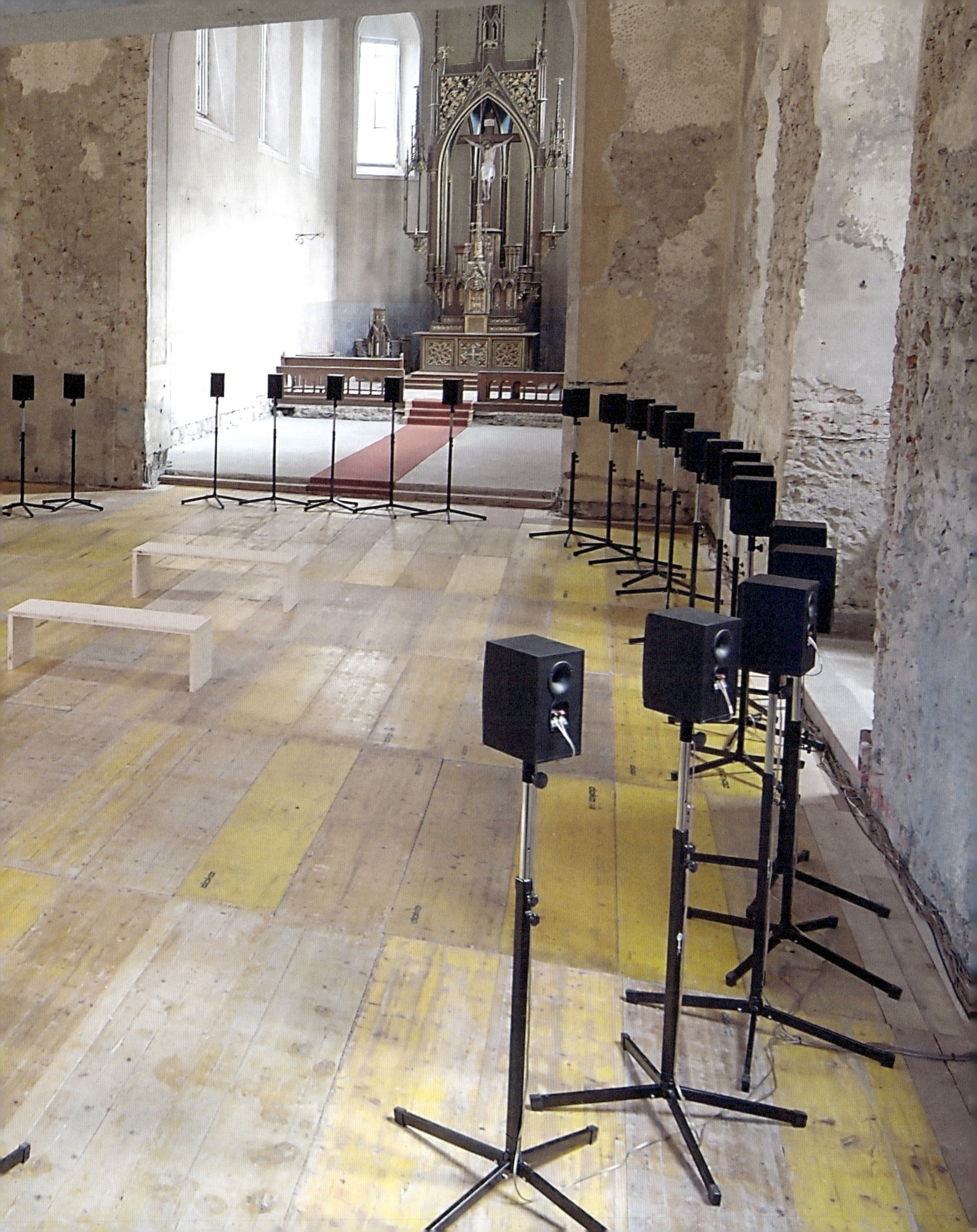

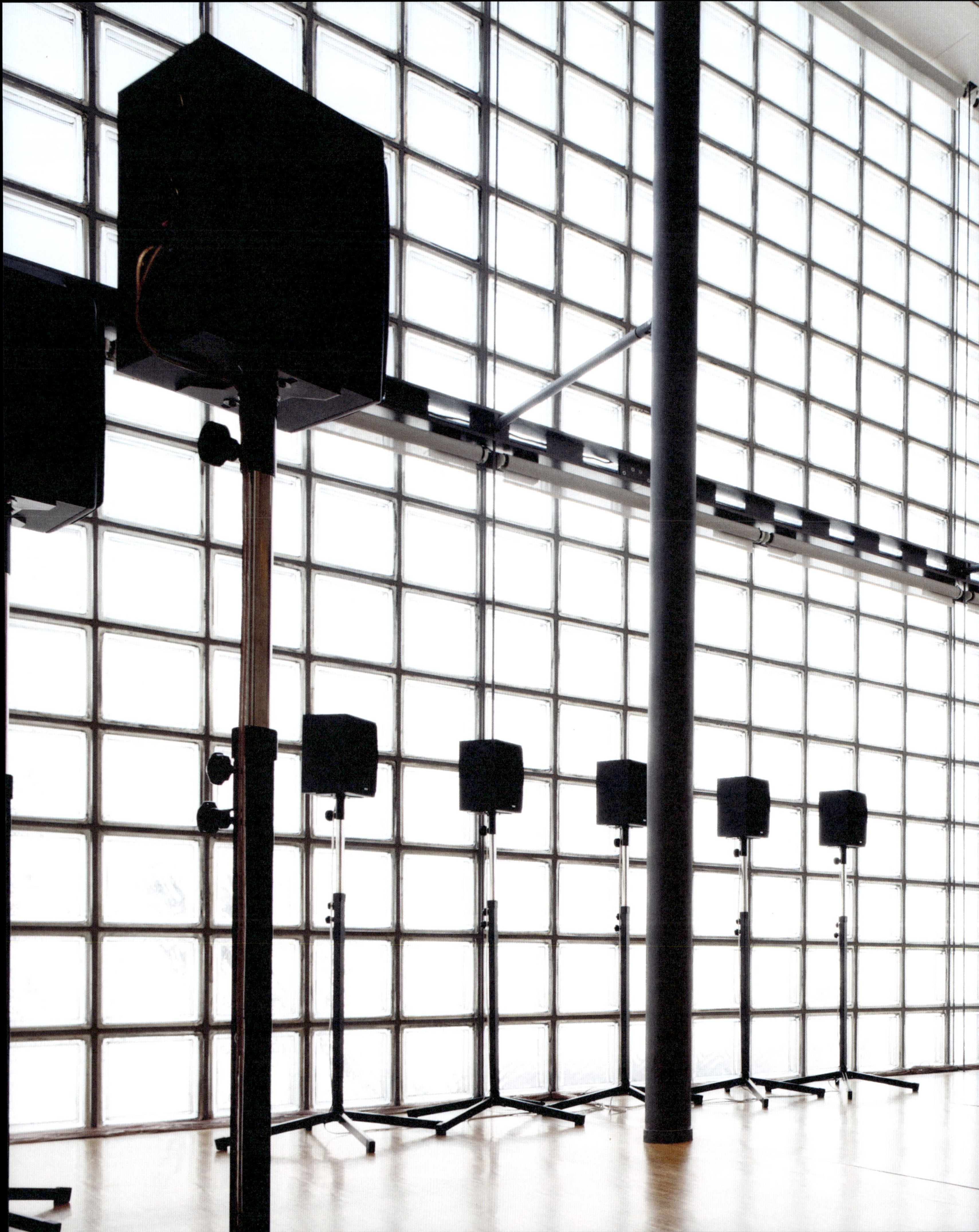

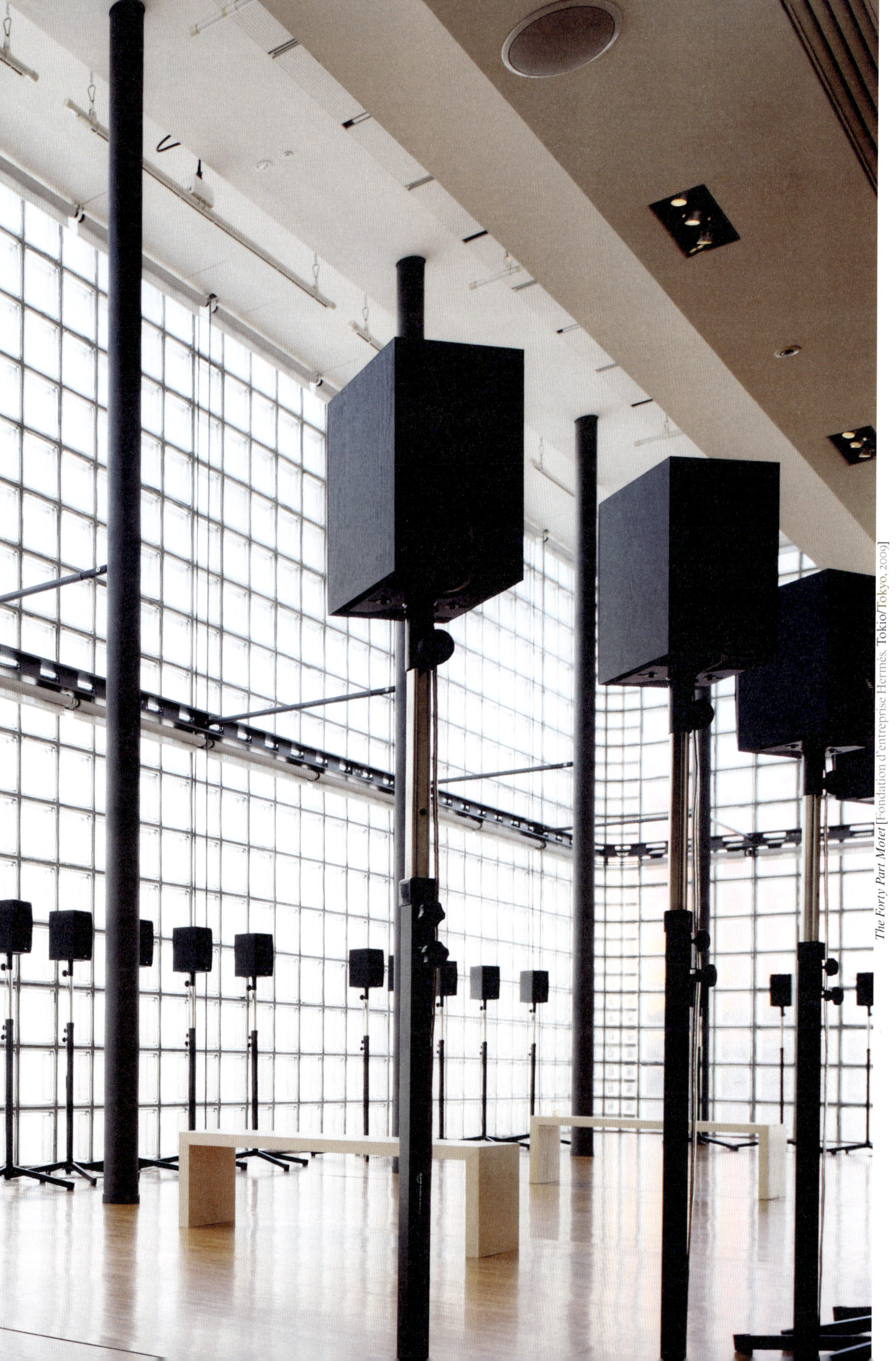

The Forty Part Motet [Fondation d'entreprise Hermès, Tokio/Tokyo, 2009]

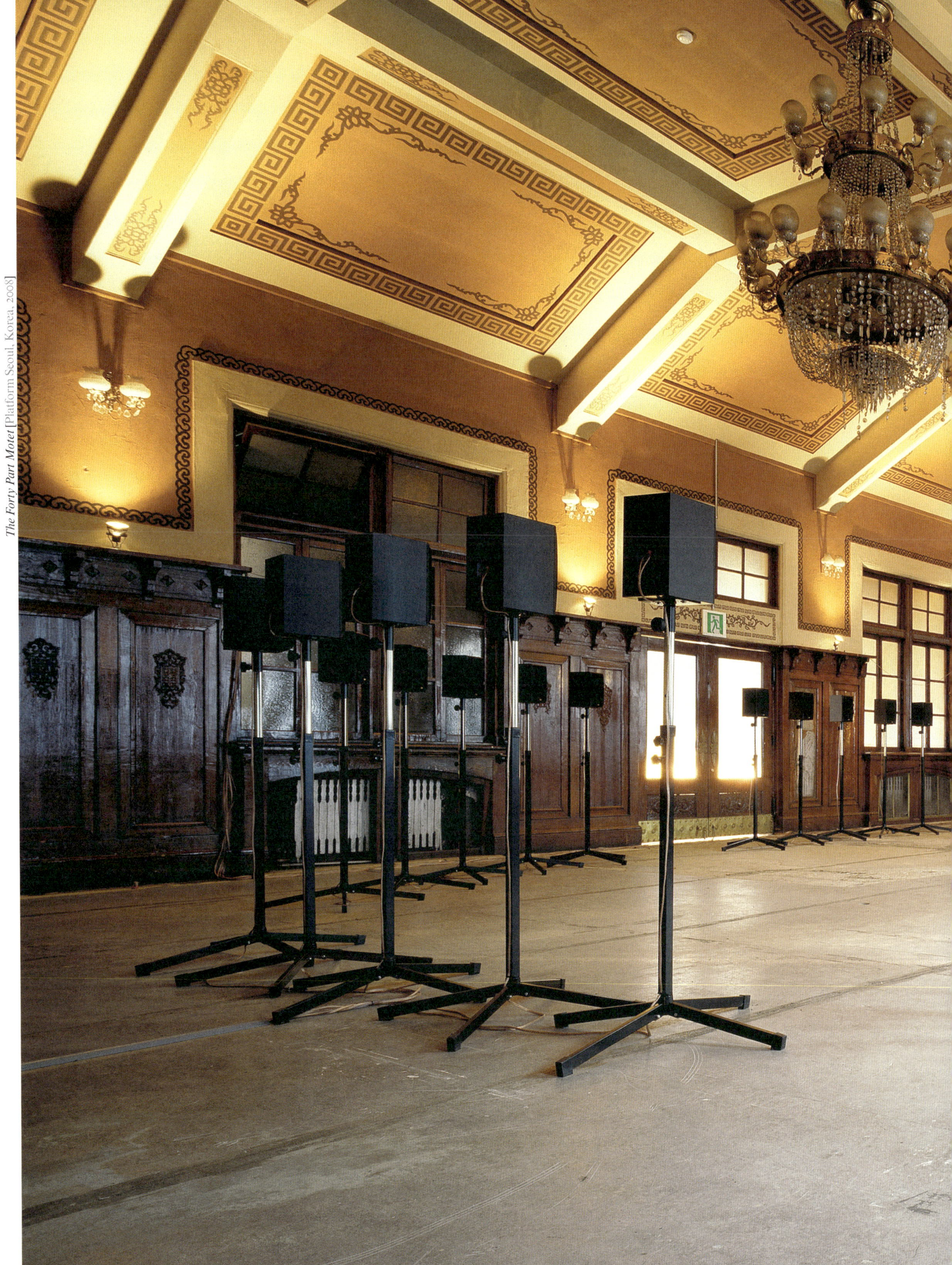

The Forty Part Motet [Platform Seoul, Korea, 2008]

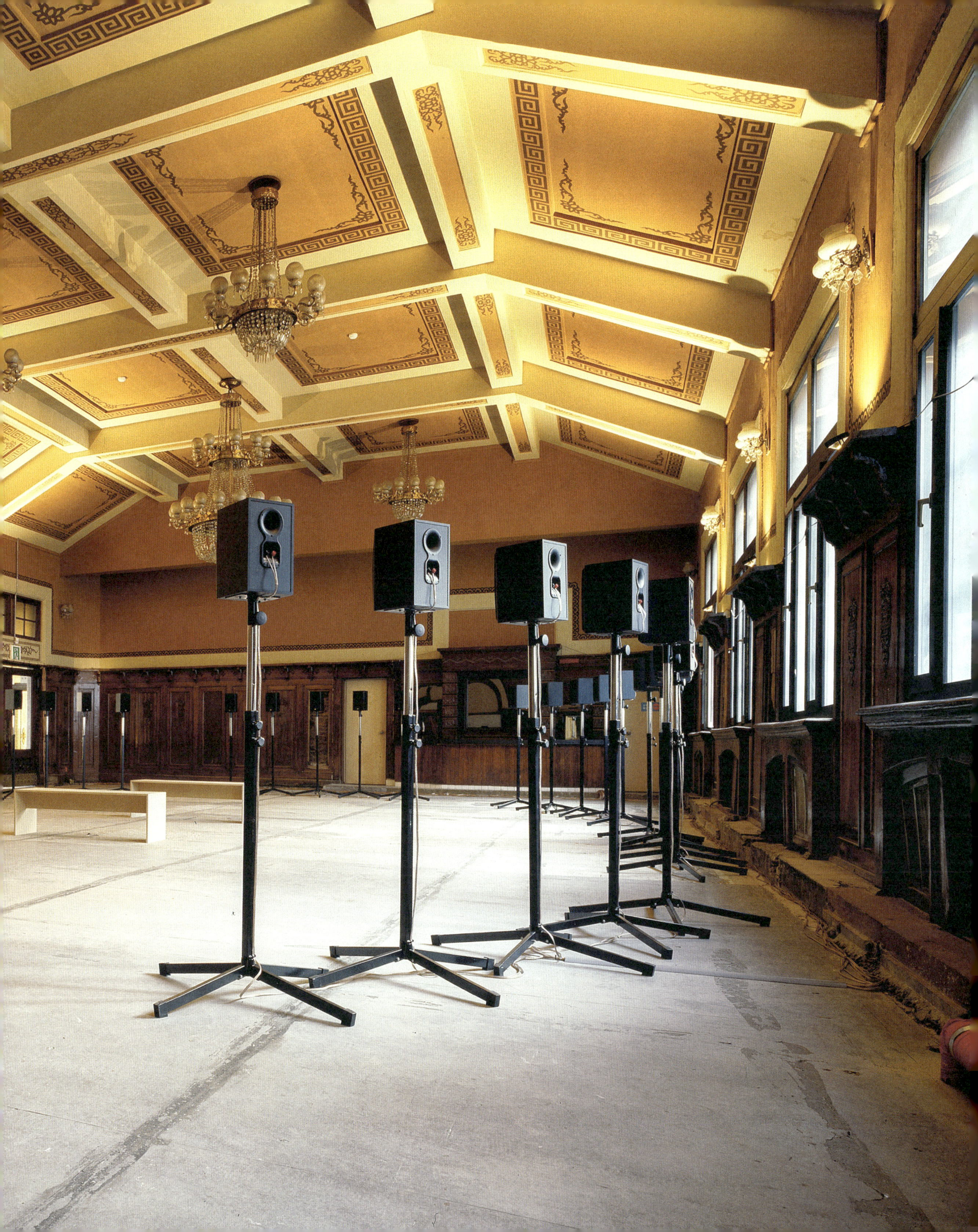

510 × 100 × 100 cm
13 min

Mixed-Media-Installation
mit Video und Ton, Projektor, elektronische Steuerung, Verstärker, Filmleinwand, Headsets, Theatersitzen, synthetischem Teppich, Lampen, Holz, Sperrholz, Styropor und Stoff

Mixed media installation
with video and sound, projector, electronic controls, amplifier, film screen, headsets, theatre seats, synthetic carpet, lamps, wood, plywood, polystyrene and fabric

Schauspieler/Actors:
Jarreth Merz,
Volker Spengler,
Isabell Stoffel
Komparsen/Extras:
Mike Campbell,
James Carl,
Greg Hefford,
Len Kameka,
Doug Miller,
Jinhan Ko,
John Massey,
Sissie Penolosa,
Theresa Tova
Gesang/Singing voice:
Lili Konig
Komponist/Composer:
Tilman Ritter
Stimmen/Voices:
Paschutan Buzari,
Caroline Christov-Bakargiev,
Carlo Crovato,
Tacita Dean,
Mathew Hale,
Gordon W.,
Eva Wein

Kamera/Camera:
Martin Kukela
Zweite Kamera/Second camera:
Kim Derko,
Marcus Schlicht
Kostüme/Costumes:
Christian Boerschman,
Thomas Demand,
Laura Kikauka
Bauten/Construction:
Carlo Crovato,
Mathew Hale,
Mark Wehrmeister

Sammlung Goetz/Goetz Collection

2001

the paradise institute [das paradies-institut]

Für den kanadischen Pavillon der Biennale von Venedig 2001 schufen Cardiff und Miller mit *The Paradise Institute* ein Werk, das mit den Konventionen des Kinos spielt, seine wesentliche Elemente herausgreift und in kubistischer Manier neu zusammensetzt.

Betreten die Besucher:innen die große Holzkonstruktion, befinden sie sich in einem Raum, der einem opulenten Kinosaal der 1940er Jahre nachempfunden ist. Die hinteren zwei Reihen haben übliche Maße, nach vorn verjüngt sich indes die Perspektive, sodass der Eindruck eines großen Filmtheaters wachgerufen wird. Werden nun die zu jedem Sitzplatz zugehörigen Kopfhörer aufgesetzt, eröffnen sich weitere akustische Welten. Es ist ein Hüsteln, Räuspern und Flüstern zu hören, das eindeutig zu einem fiktiven Publikum gehört, gleichzeitig startet auf der Leinwand der Film. Die binaurale Aufnahmetechnik von Cardiff und Miller erlaubt es, die Geräusche räumlich zu verorten.

Das 13-minütige Werk ist eine kryptische Aneinanderreihung von nichtlinearen Szenen, die den Eindruck eines abendfüllenden Films hinterlassen. Stilistisch erinnert er an den Film noir, greift aber auf Elemente aus Thriller und Science-Fiction zurück. Irritierend ist die subtile Durchbrechung der sogenannten »vierten Wand« zum Publikum, zum Beispiel wenn eine Stimme uns ins rechte Ohr vertraut zuflüstert: »Es ist alles vorbereitet. Er trifft uns hier zwischen den Vorführungen«, während auf der Leinwand ein Mann, der allein auf einer verlassenen Straße steht, erschossen wird. Am Ende entflieht gar der Protagonist des Films der Leinwand und spricht zu uns. Derartig virtuos und bis ins kleinste Detail von Cardiff und Miller orchestriert verschränken sich Gesehenes, Gehörtes und Gefühltes mit den persönlichen Erinnerungen der Besucher:innen. Dabei gerät unsere Urteilsfähigkeit über das, was Fiktion, Illusion oder Realität ist, ins Wanken.

With *The Paradise Institute*, Cardiff and Miller created a work for the Canadian pavilion of the 2001 Venice Biennale that plays with the conventions of cinema, singles out its central elements and recomposes them in a Cubist manner.

Visitors enter the large, blocky construction of wood and find themselves in a room reminiscent of an opulent cinema hall from the 1940s. The two back rows have the usual dimensions, while the perspective narrows toward the front, setting up the illusion of a large movie theatre. Headsets placed at each seat open up multilayered acoustic worlds. Coughing, the clearing of throats and whispers can be heard, clearly originating from a fictitious audience seemingly around you, while the film simultaneously begins on the screen. The binaural recording technique of Cardiff and Miller makes it possible to spatially locate and differentiate the sounds.

The 13-minute work is a cryptic concatenation of non-linear scenes that create the impression of a feature film. It is reminiscent of film noir in stylistic terms but it also draws on elements from thrillers and science fiction. The subtle breach of the so-called »fourth wall« with the audience is strange and disconcerting, as, for example, when a voice whispers confidentially in your right ear, »It's all arranged. He'll meet us here between shows«, while a man standing alone on a deserted street is shot onscreen. In the end, even the antagonist of the film leaves the screen and speaks to us. Expertly orchestrated down to the smallest detail by Cardiff and Miller, all that is seen, heard and felt interlaces with the personal memories of the visitors, making them question their ability to judge what is fiction, illusion or reality.

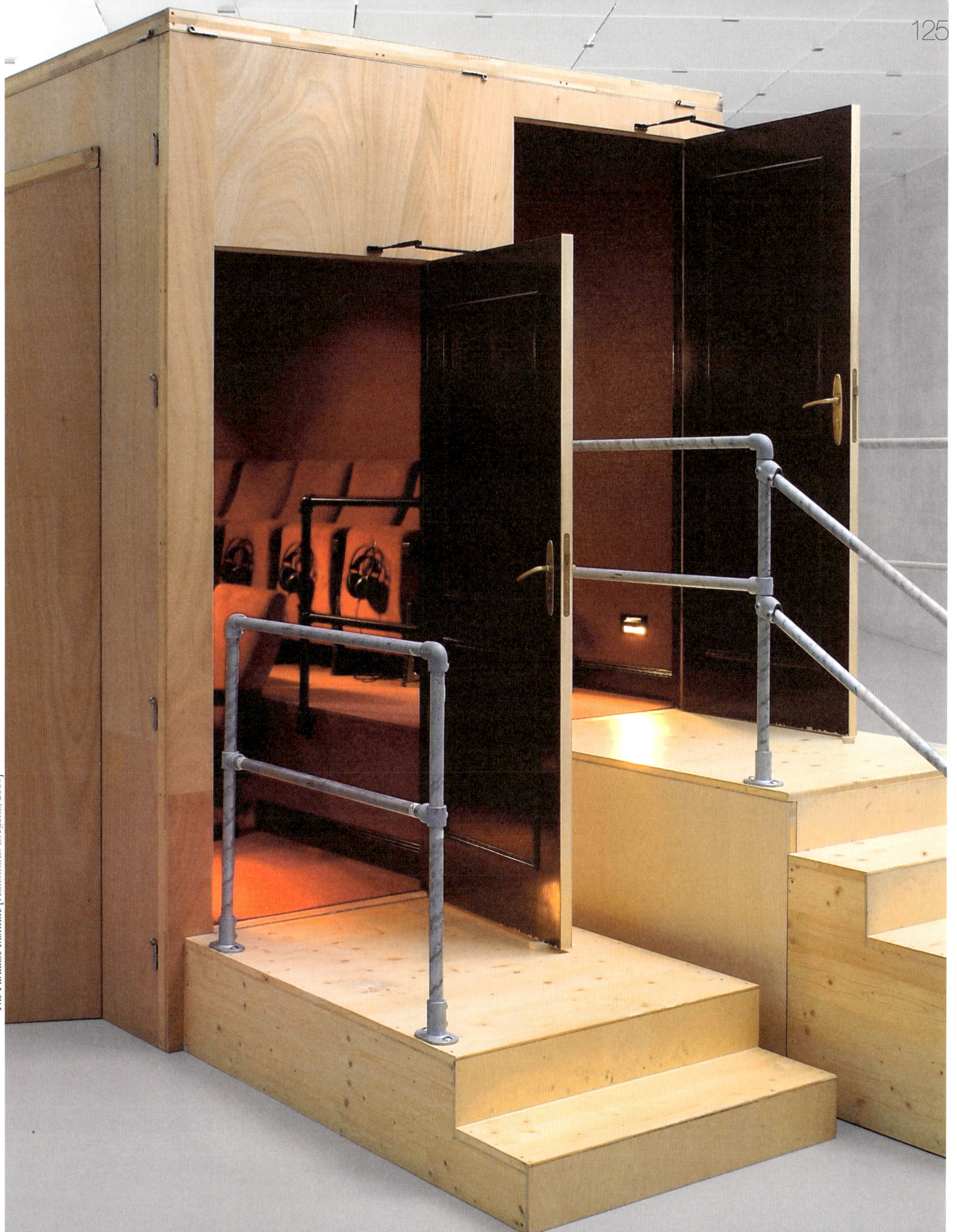

The Paradise Institute [Kunsthaus Bregenz, 2009]

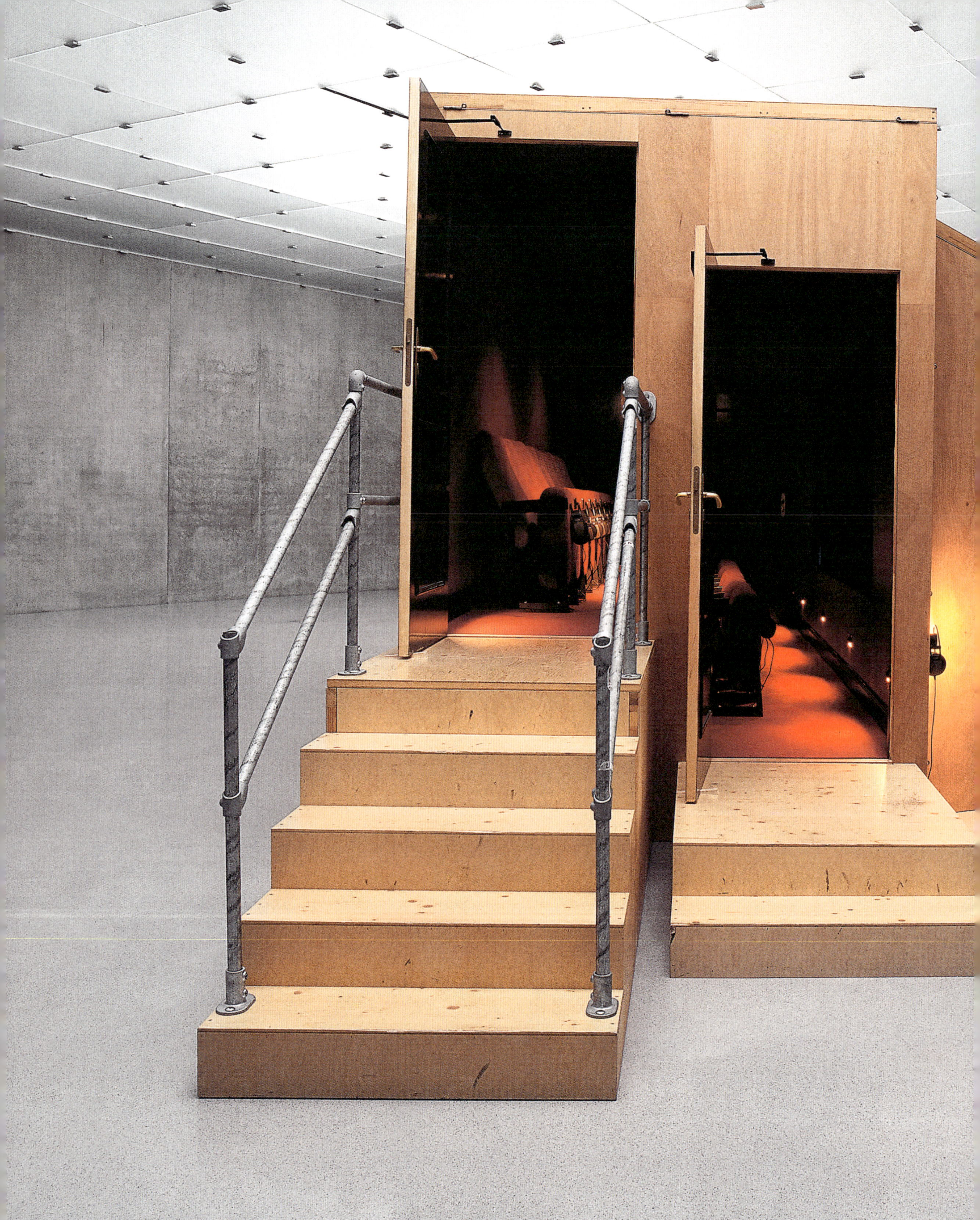

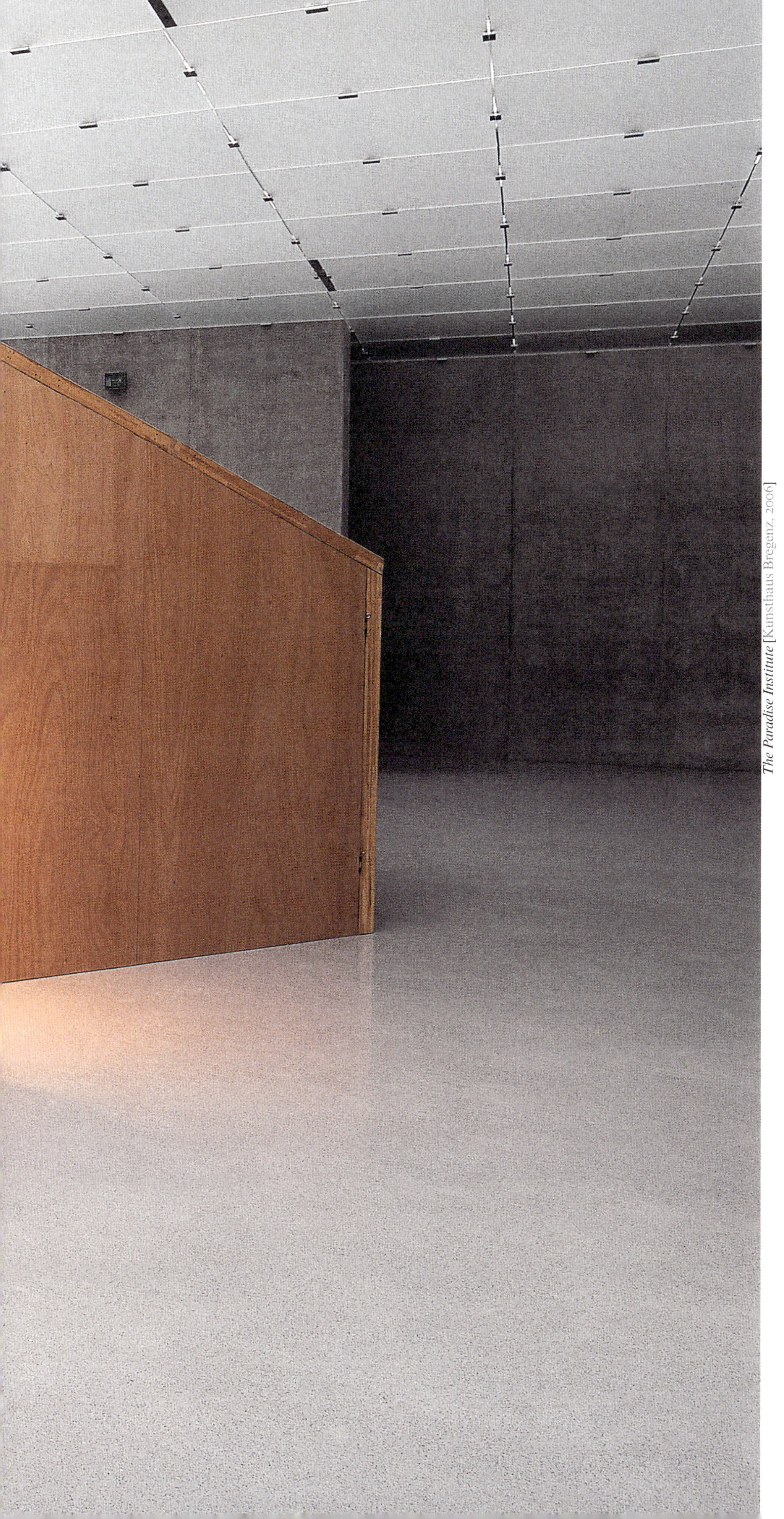

The Paradise Institute [Kunsthaus Bregenz, 2006]

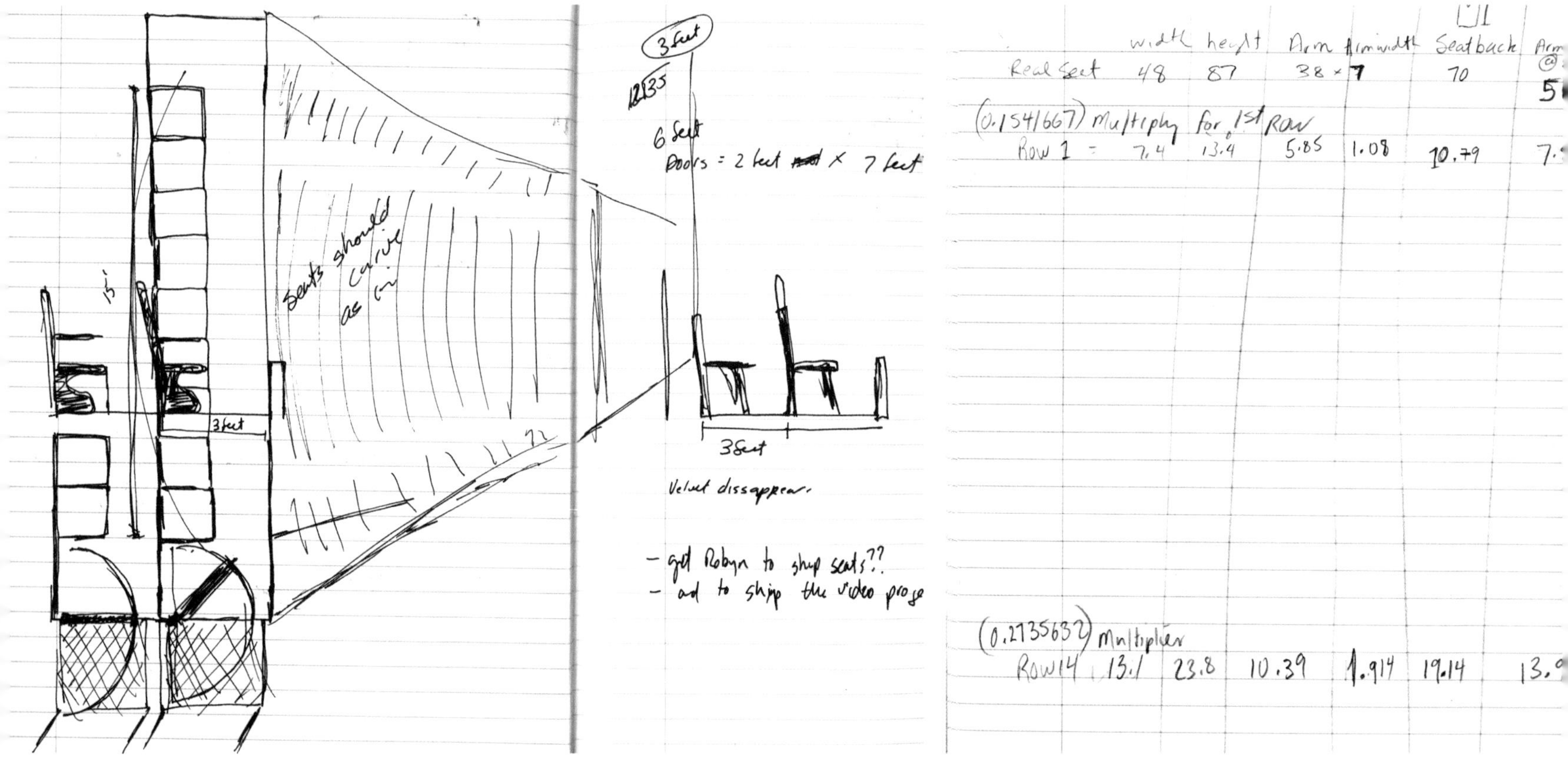

Measures to back of seats from edge behind screen

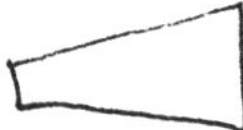

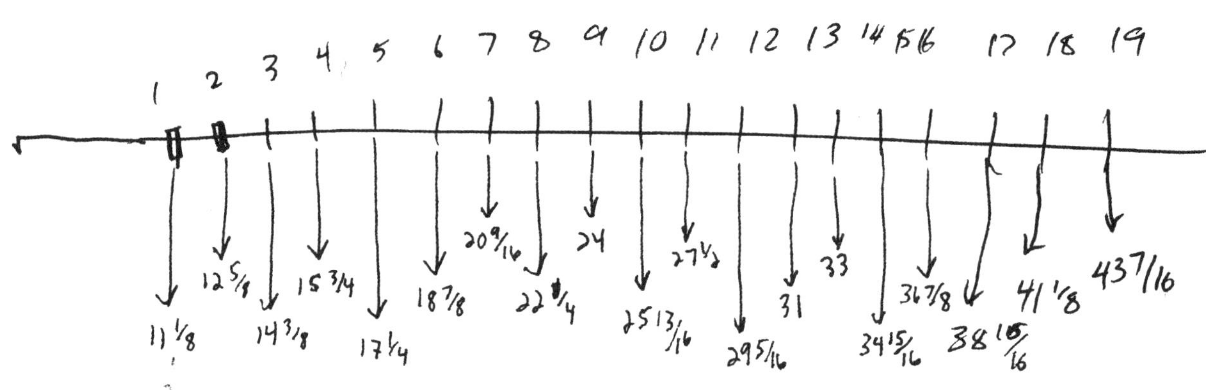

3 feet

Seats should curve as in

3 feet

6 feet

Doors = 2 feet × 7 feet

3 feet

Velvet dissappear.

– get Robyn to ship seats??
– and to ship the video proje

	width	height	Arm	Arm width	Seatback	Arm
Real Seat	48	87	38 × 7		70	5
(0.154/667) Multiply for 1st Row						
Row 1 =	7.4	13.4	5.85	1.08	10.79	7.
(0.2735632) Multiplier						
Row 14	13.1	23.8	10.39	1.914	19.14	13.

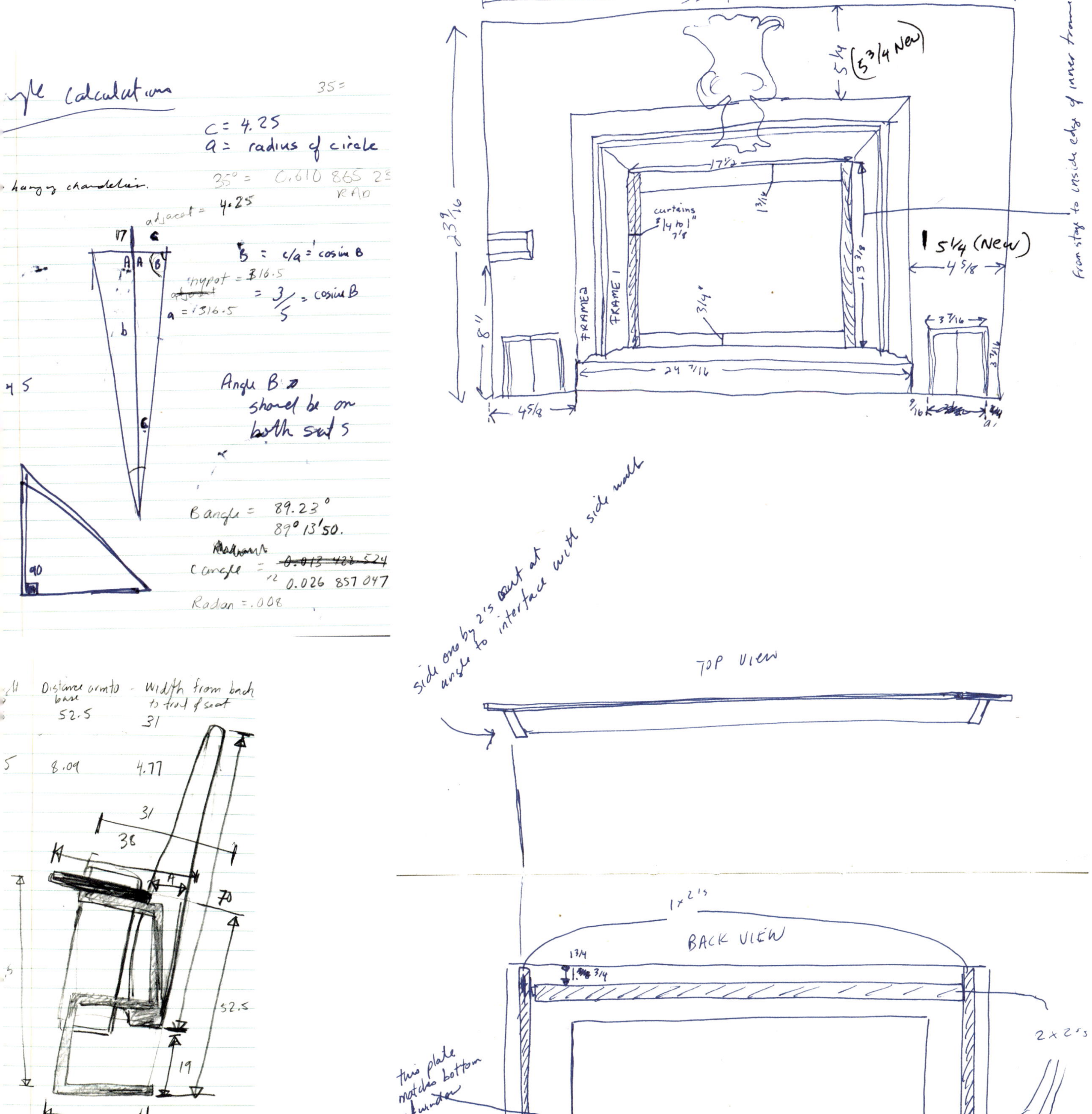

angle calculations
C = 4.25
a = radius of circle
35° = 0.610 865 23 RAD
hanging chandelier
adjacent = 4.25
B = c/a = cosine B
hypot = 316.5
= 3/5 = cosine B
a = 1316.5
Angle B should be on both sets
B angle = 89.23°
89° 13'50.
C angle = 0.026 857 047
Radian = .008
Distance arm to base 52.5
Width from back to front of seat 31
8.09
4.77
31
38
70
52.5
19
A = 13 38.5 = 5.935
35
33 3/4
5 1/4 (5 3/4 New)
17 1/2
curtains 3/4 to 1" 7/8
FRAME 2
FRAME 1
13 3/8
1 5/4 (New)
4 5/8
From stays to inside edge of inner frame
23 9/16
8"
24 7/16
3 7/16
side one by 2's cut at angle to interface with side wall
TOP VIEW
1 x 2's
BACK VIEW
1 3/4
2 x 2's
this plate matches bottom of window
Balcony mounts
2 x 4's
9 3/16
1 1/8 or 1"
1 7/8
behind headphone holes

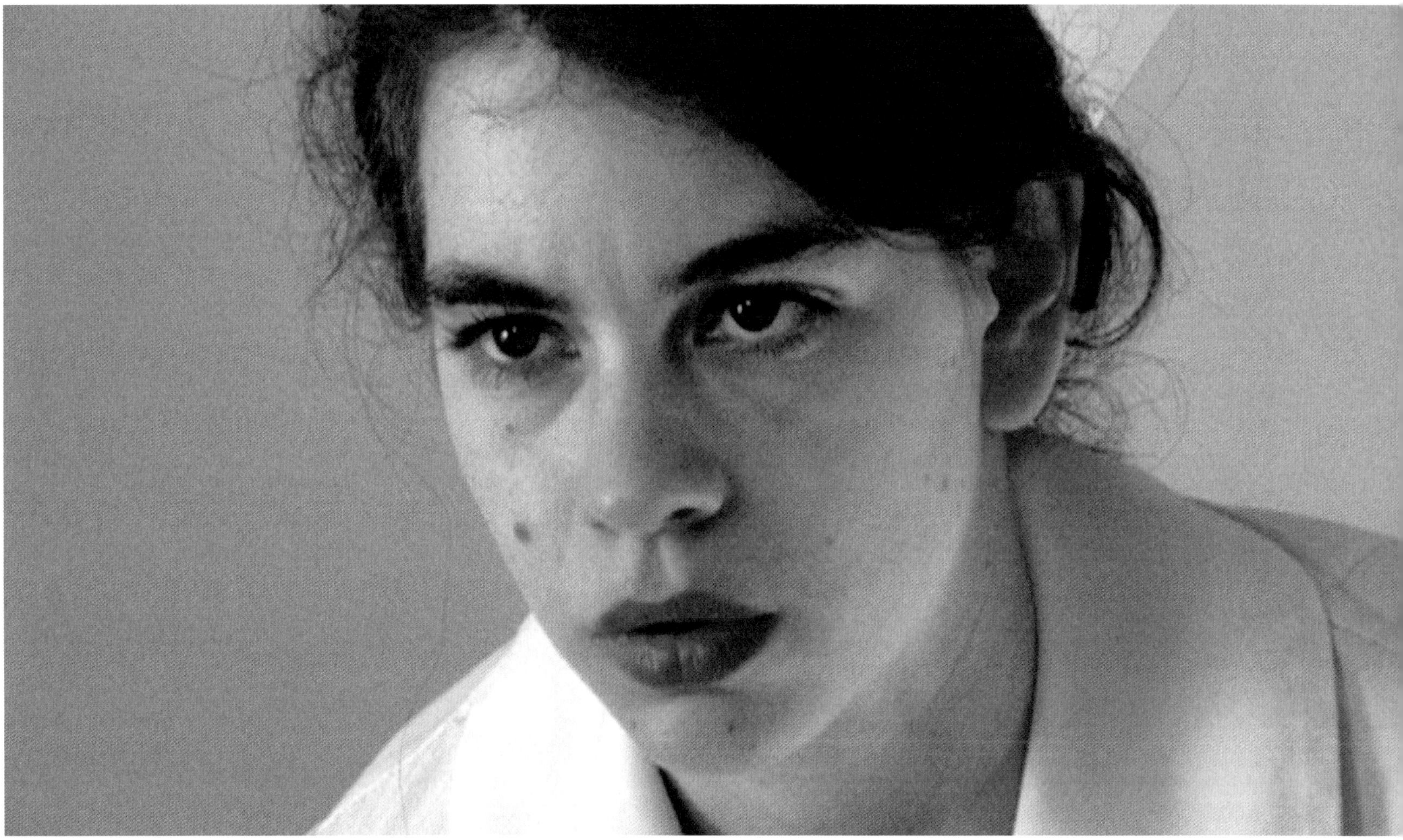

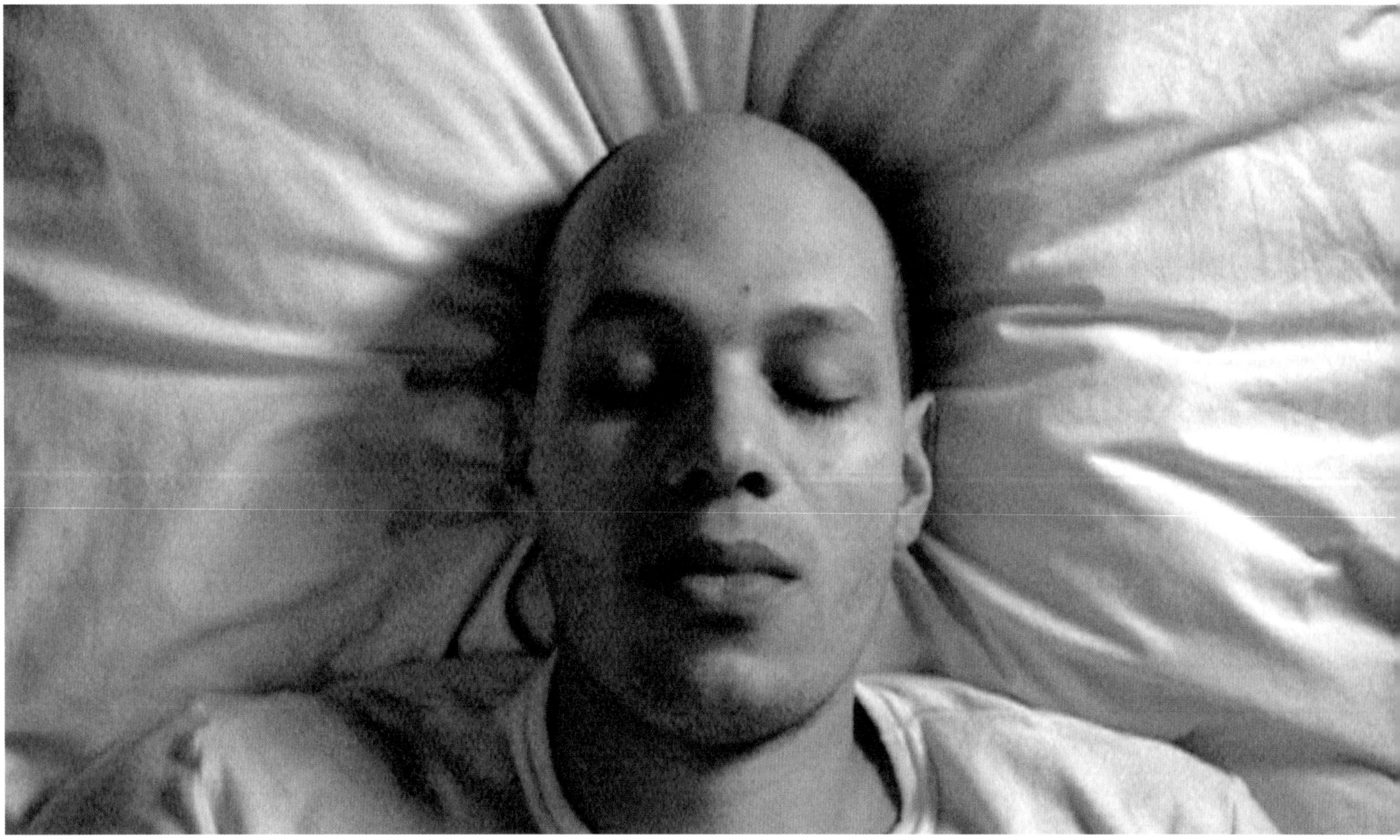

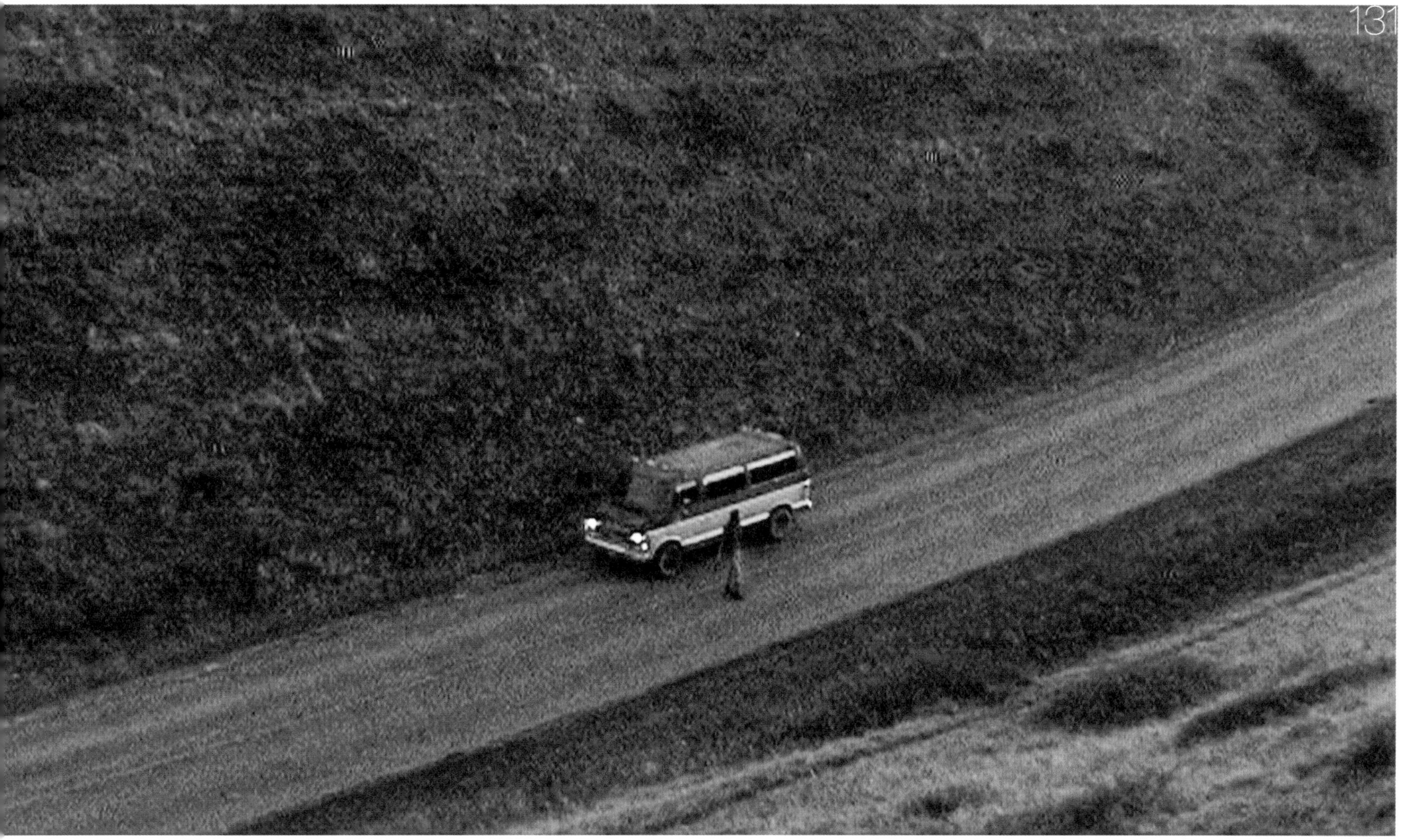

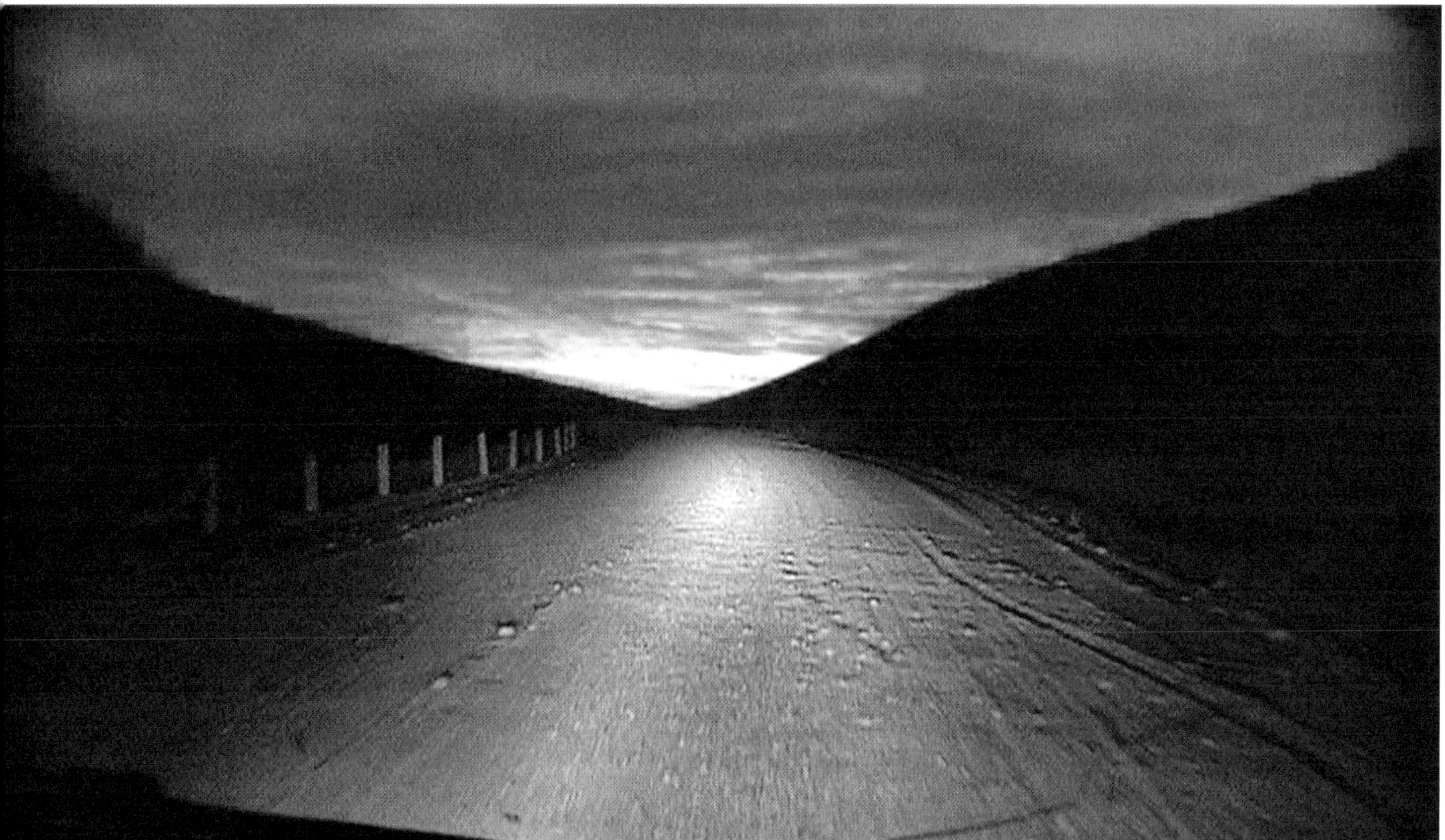

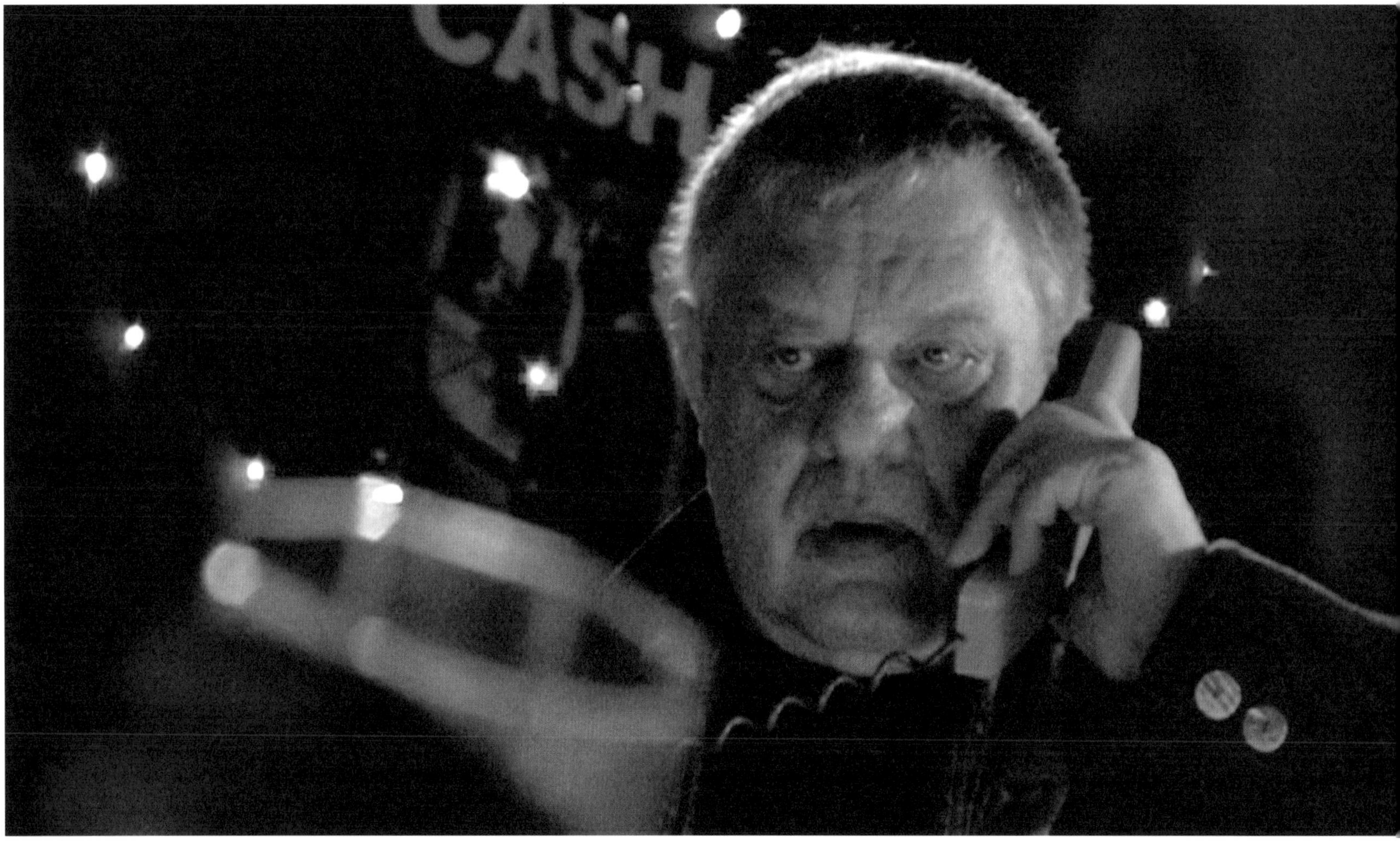

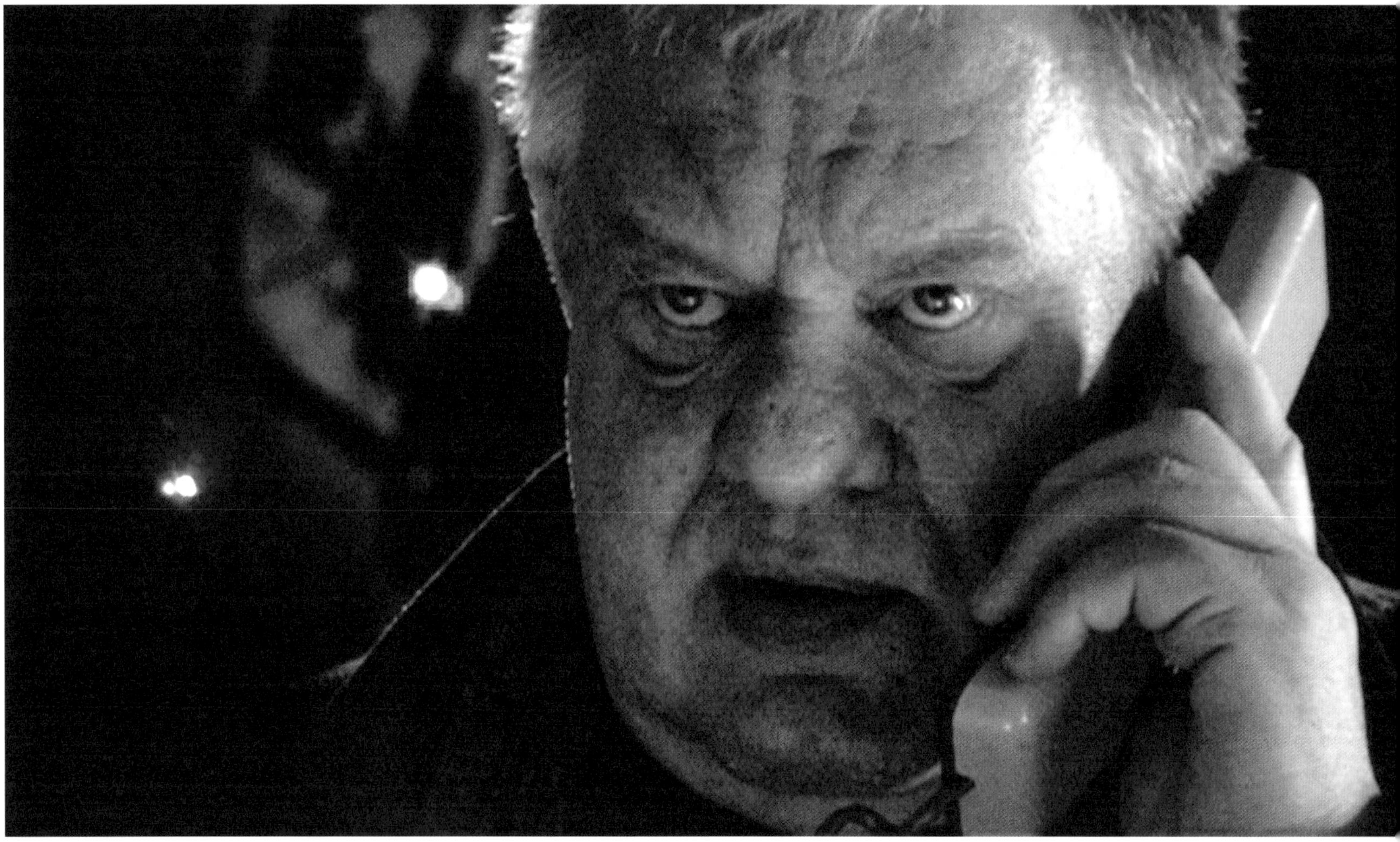

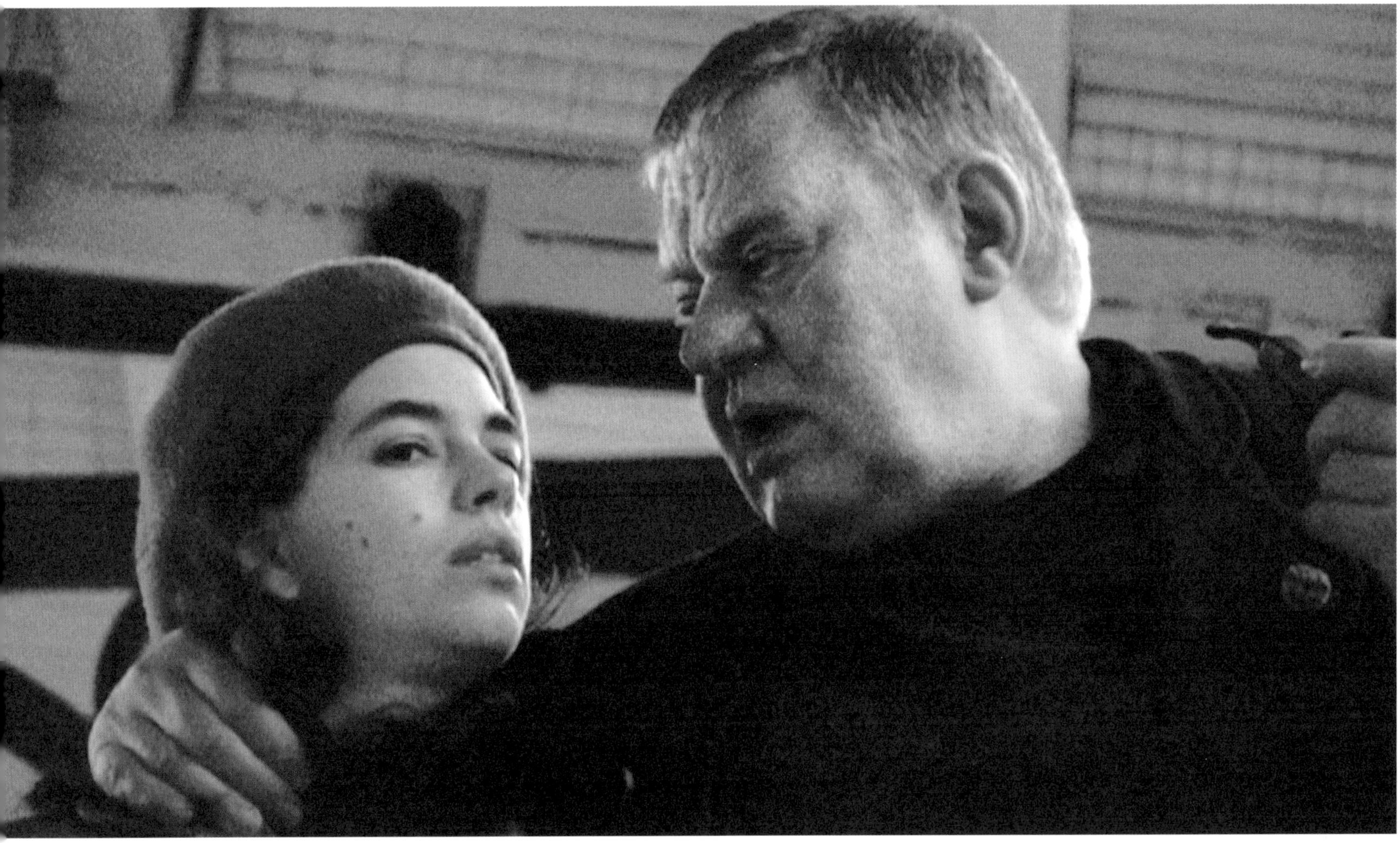

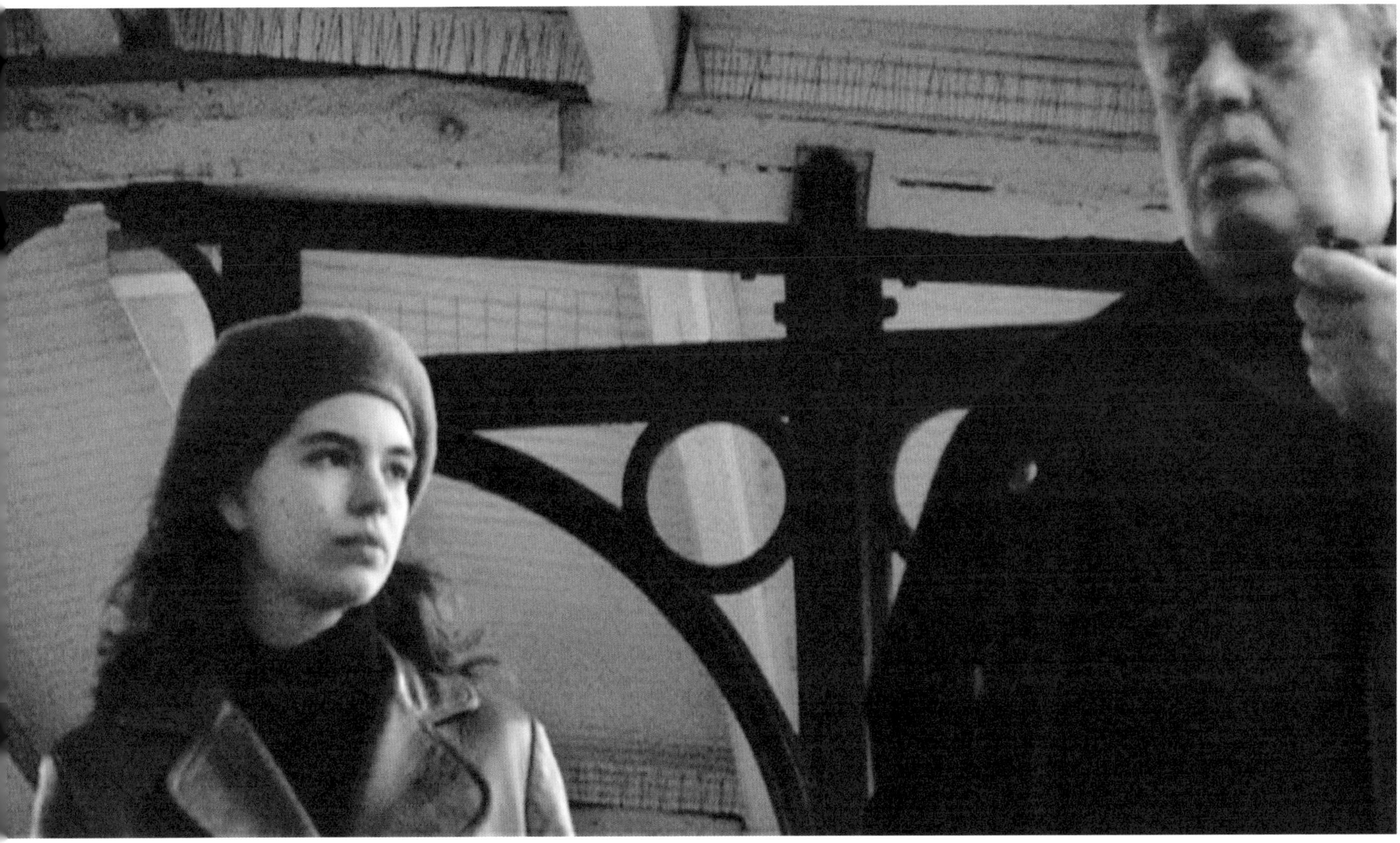

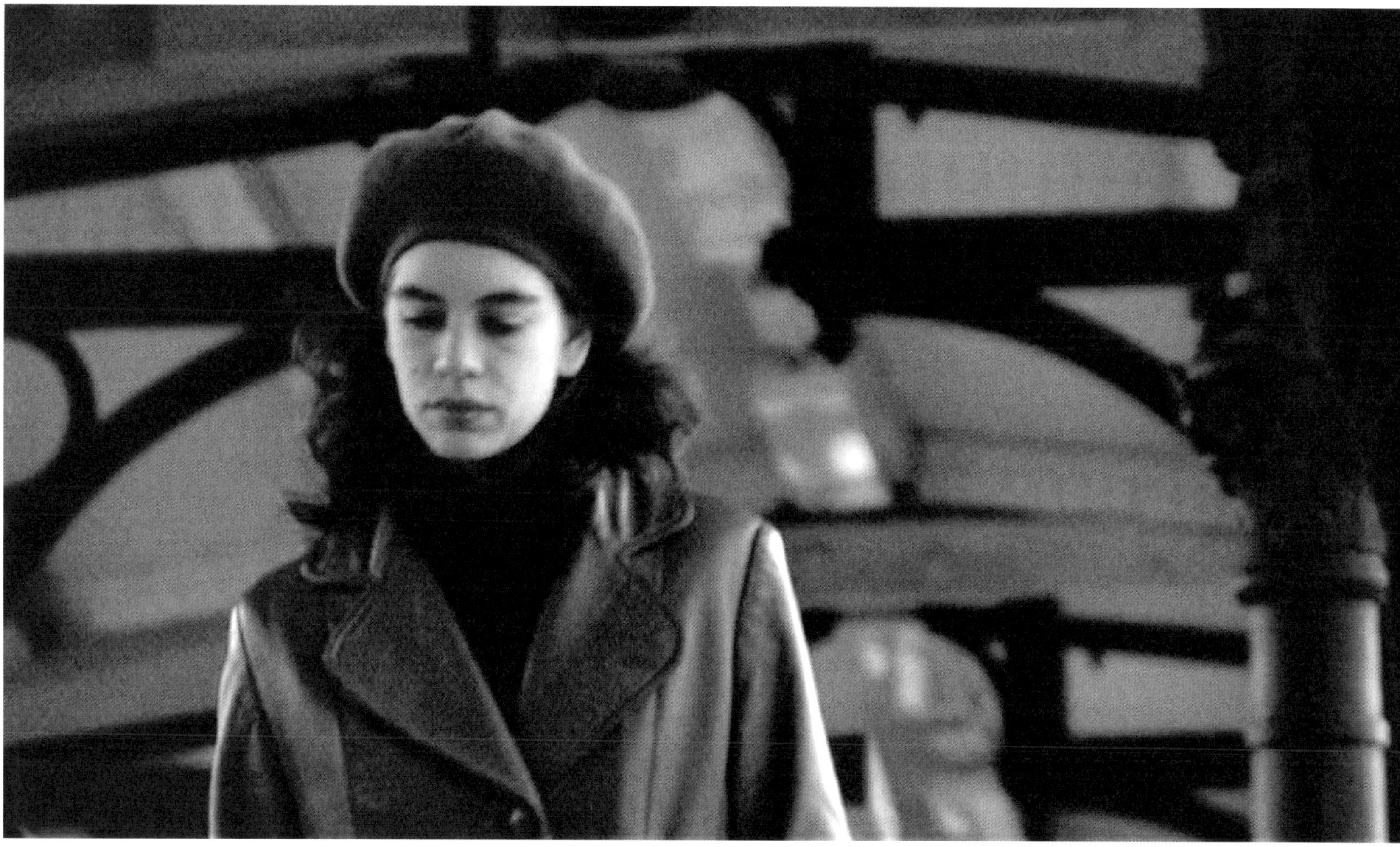

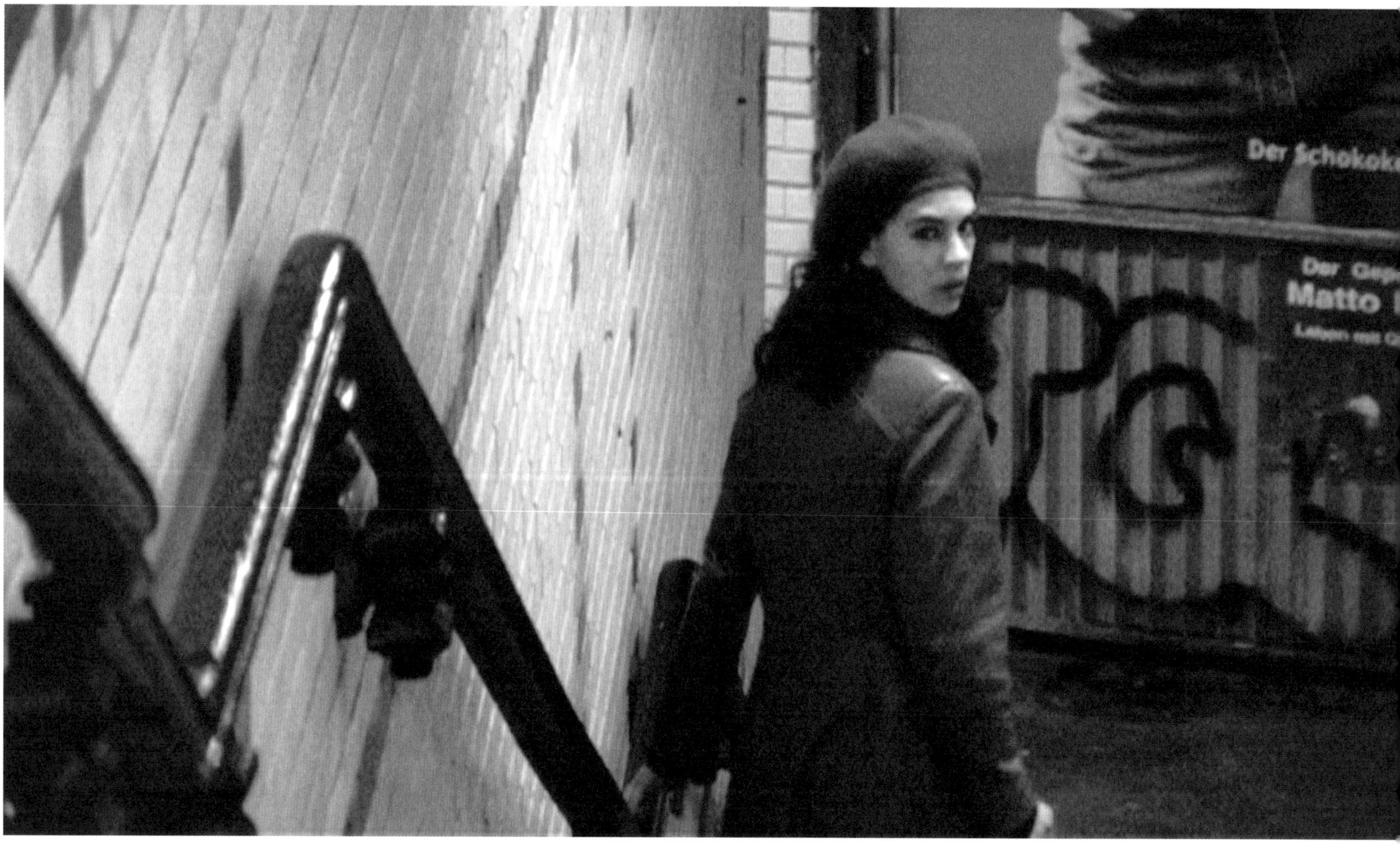

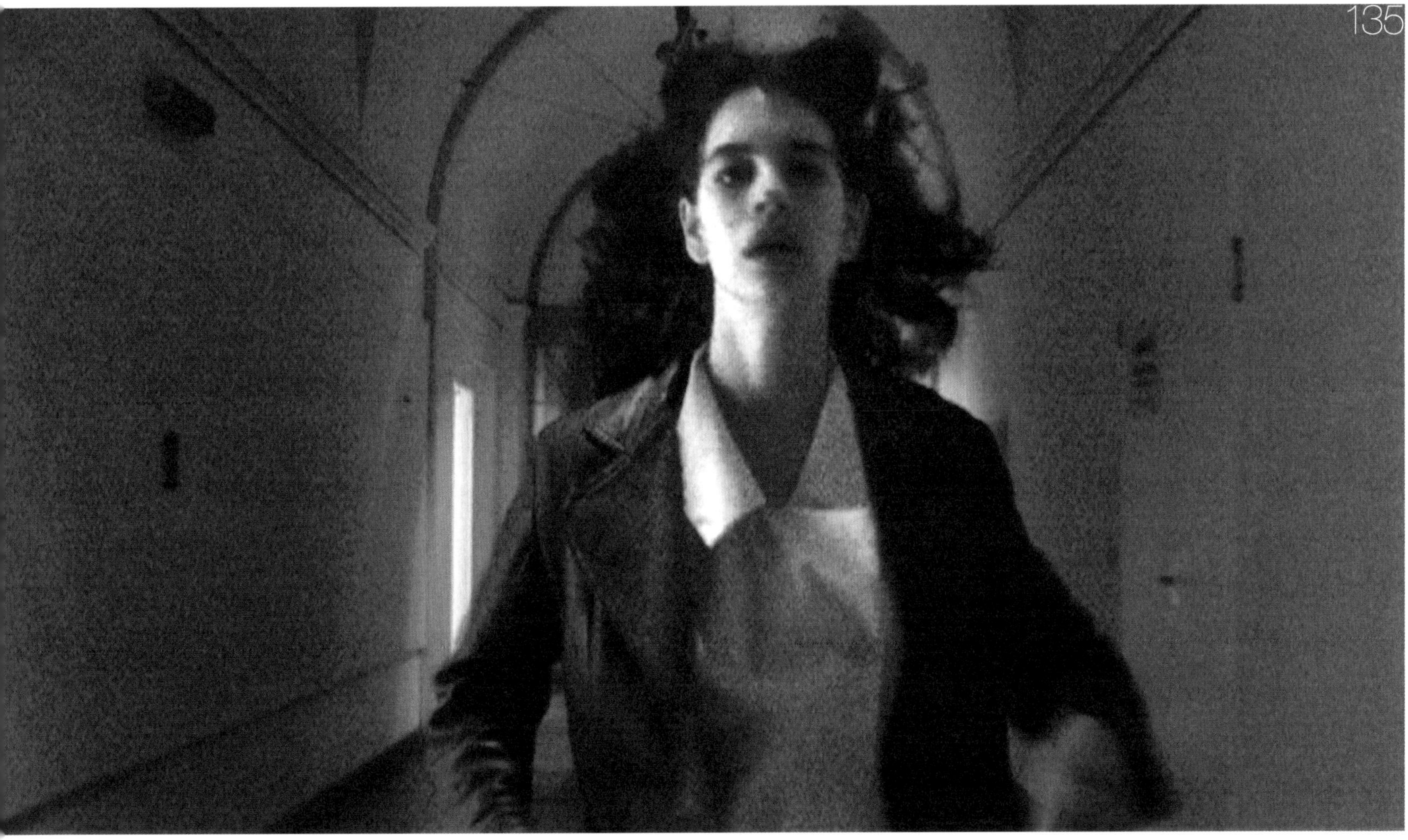

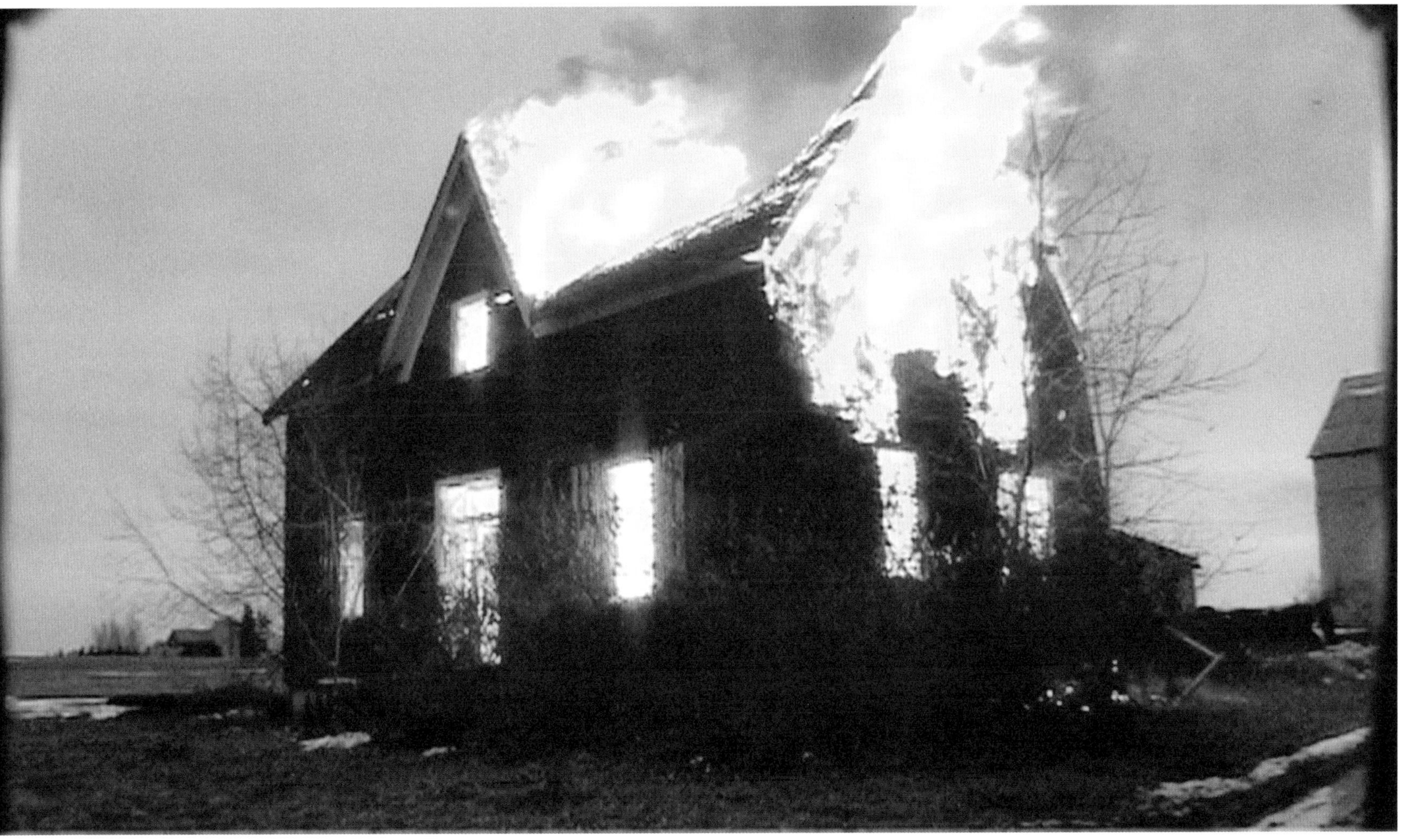

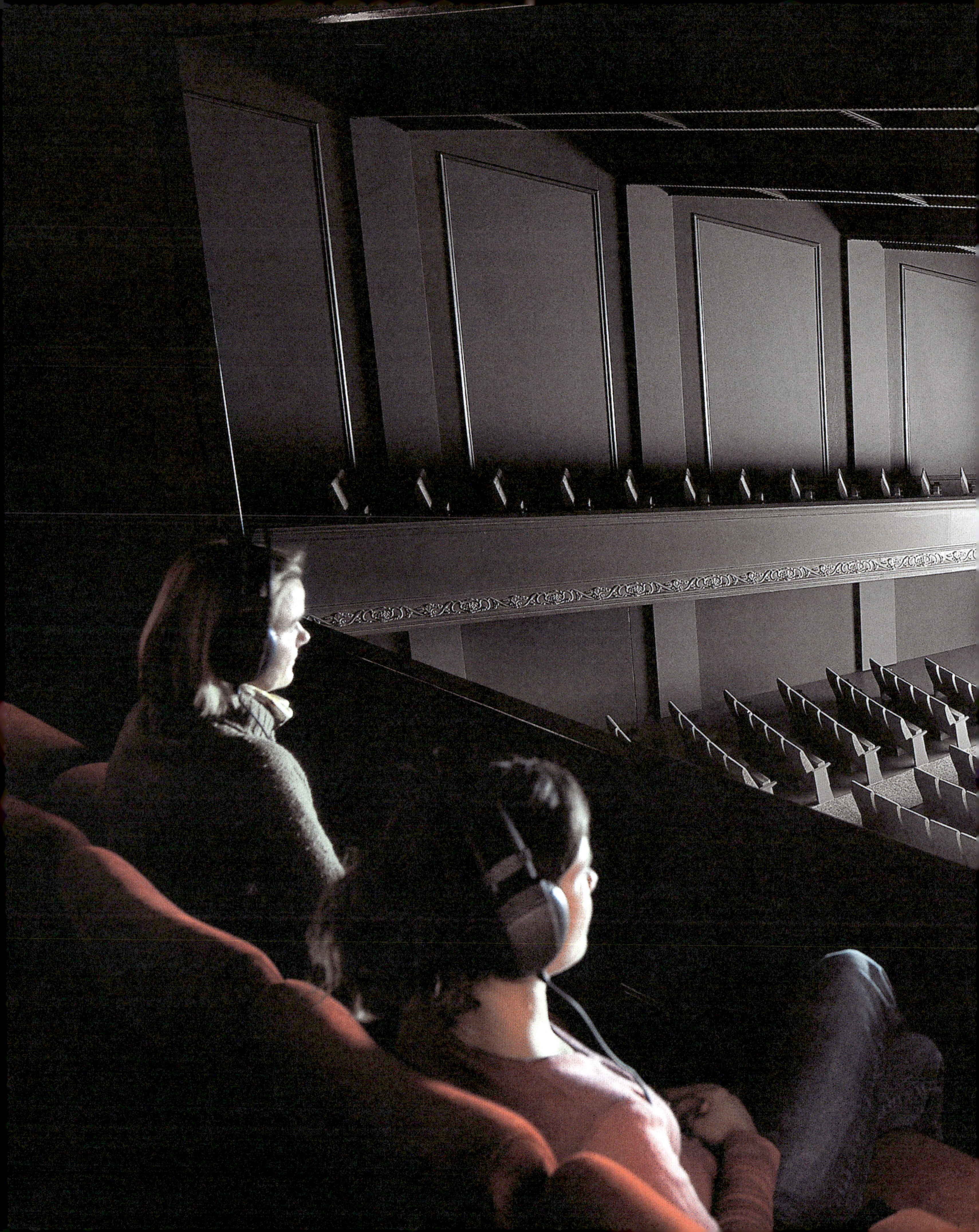

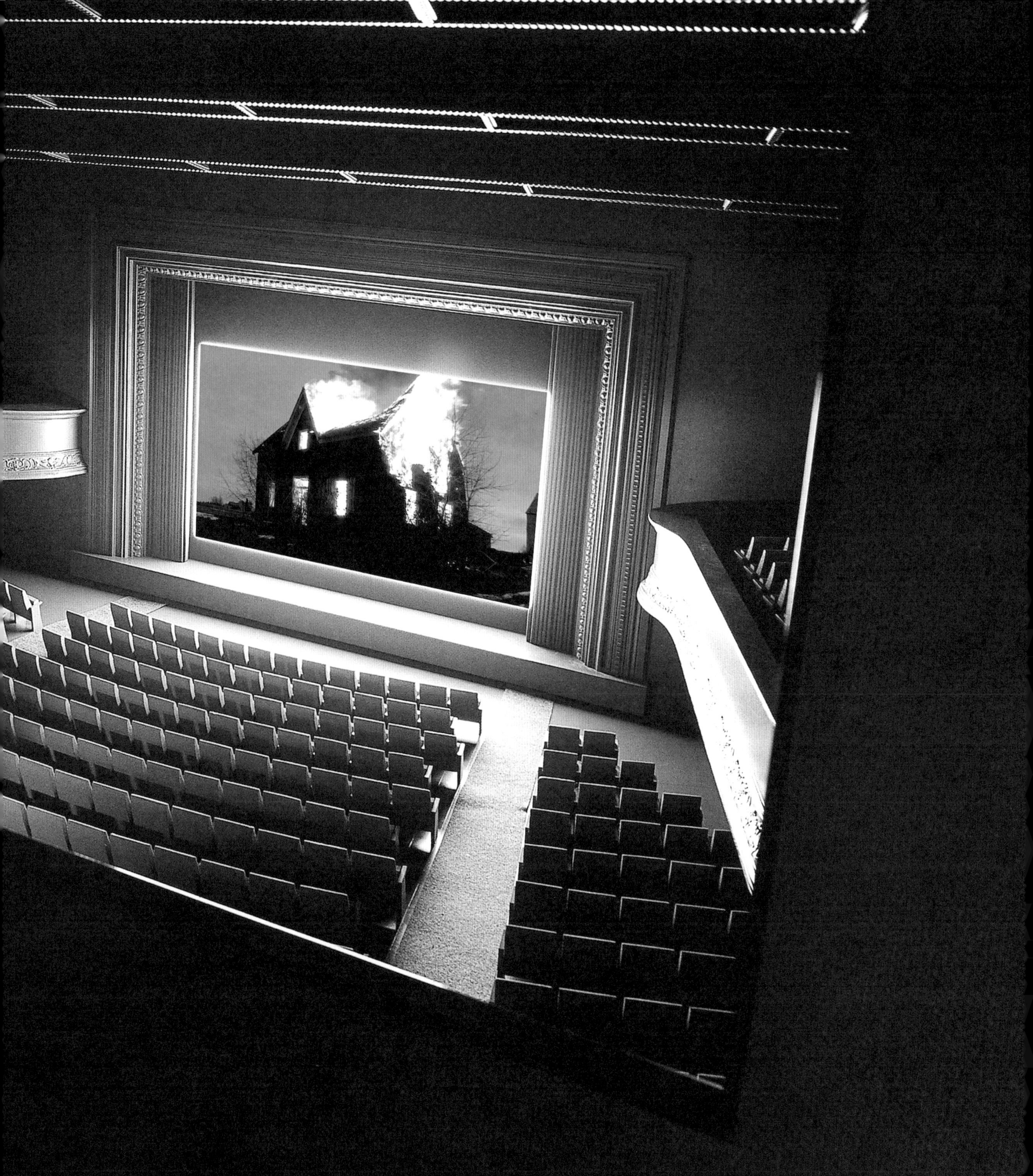

stefan trinks

das tönen der bilder —

zeitliche und mediale grenzerweiterungen bei janet cardiff und george bures miller

the sounds of the images —

the expansion of temporal and media boundaries in the work of janet cardiff and george bures miller

Klang-Körper und ihre Befindlichkeiten

Vom Philosophen Immanuel Kant stammt der — trotz dessen Weltfremdheit — zutiefst wahre, weil humanistische Satz: »Nicht sehen können entfernt von den Dingen, nicht hören können von den Menschen.« In diesem Sinne sind die beiden Welt-Klang-Künstler Cardiff und Miller Humanisten und Historiker romantischer Prägung in einer Person. Sie modellieren Töne, formen Klänge — wie einst Wilhelm Lehmbruck den tönernen Ton. Dieser Klang-Analogieschluss soll kein heideggersches Etymologisieren sein, denn Ton und Ton besitzen tatsächlich etwas Verwandtes, da gebrannter Ton charakteristisch tönt — die größten Bildhauer der Antike erkannten einander der Legende nach am Klang ihrer Figuren. Zwischen Spätantike und Mittelalter erklärte etwa der neben Plinius bedeutendste Enzyklopädist Isidor von Sevilla in seinen »Etymologiae« wörtlich: »Donner [lateinisch tonitrus] soll so genannt worden sein, weil sein Klang erschreckt. Denn *sonus* [Klang] ist *tonus* [Ton]. Dieser erschüttert deswegen manchmal alles so schwer, dass der Himmel zu zerreißen scheint, weil [...] er mit einem gewaltigen Krachen in die Lüfte hinabgetragen wird.«[1] Die Grundüberzeugung Isidors wie auch der Antike war, dass der Klang der Dinge deren Bezeichnungen erst hervorbringt und diese das Bedeutete weiter körperlich ausformen und prägen. Ein »Klang-Bild« führt somit bei Isidor wie auch bei Cardiff und Miller jeweils zu einem neuen Bild und immer so fort. Für ihre subtilen Klang-Metamorphosen erhielten Cardiff und Miller den Lehmbruck-Preis für plastisches Schaffen. Tatsächlich besitzen Stimmen, insbesondere jene sonoren und dreidimensional ausgreifenden, die Cardiff und Miller für ihre Arbeiten häufig wählen, eine raumhaltige Komponente, die sich in unserer Alltagssprache beispielsweise in topologischen Metaphern wie »soweit die Stimme reicht«, »in den Raum hineinrufen« oder »in uns hineinhorchen« spiegelt. Immer gehört zu den Stimmen in ihren Werken ein Körper, der in unserer Imagination entsteht. Bei der Installation *The Forty Part Motet* (Abb. S. 117) geht dies so weit, dass die vierzig im Kreis aufgestellten und tönenden Lautsprecher auf ihren Metallständern unwill-

1 In ihrem von Skizzen und Fotografien durchzogenen Bändchen *Something Strange This Way* setzen Cardiff und Miller interessanterweise über die Außenansicht des mit 200 LPs gefüllten Raums von *Opera for a Small Room* (erstmals: Kunsthaus Bregenz, 2005) den Ausriss einer brockhaushaften Lehrzeichnung des richtigen Verhaltens bei aufziehendem Gewitter mit Donner und Abzählens der Sekunden zwischen Donnergrollen und Blitz — automatisch bezieht man die »Oper für einen kleinem Raum« und den darüber in der Schwarz-Weiß-Zeichnung dräuenden Gewitterhimmel mit mächtig dunkler Wolke aufeinander. Vgl. *Janet Cardiff und George Bures Miller. Something Strange This Way*, hrsg. von Maria Kappel Blegvad und Zev Tiefenbach, Ostfildern 2014.

Bodies of Sound and Their Sensitivities

Philosopher Immanuel Kant once wrote the following sentence, which for all its unworldliness is deeply humanist: »Not being able to see cuts us off from things, but not being able to hear cuts us off from people.« In this sense, the two world-renowned sound artists Cardiff and Miller are at once both humanists and historians in a Romantic vein. They mould *Töne* [clay AND sounds, translator's note], and shape them — just as Wilhelm Lehmbruck did with his clay. I do not intend this analogy of sound and clay to be some etymological exploration along of the lines of how Heidegger used the various meanings of words to a philosophical end. After all, sound [*Ton*] and clay [*Ton*] actually have something in common, as fired clay has a characteristic sound of its own (legend has it that the greatest sculptors of the ancient world recognised one another by the sound of their figures). Between Late Antiquity and the Middle Ages, the most important encyclopaedist after Pliny, Isidore of Seville, explained this literally in his *Etymologiae*: »Thunder [Lat. tonitrus] should be named thus because its sound frightens, because sonus [tone, sound] is tonus [tone, sound]. This sometimes shakes everything so much that the sky seems to tear, because [...] it is carried off into the air with mighty crashes.«[1] It was Isodore's fundamental conviction — one he shared with all scholars of Classical Antiquity — that the sound of a thing gives birth to its name, physically shaping and defining the meaning further. For Isidore, as for Cardiff and Miller, in each instance a »sound image« leads to a new image, and so on and so forth. Cardiff and Miller were awarded the Wilhelm Lehmbruck Prize for their subtle sound metamorphoses. Voices, especially those sonorous voices that resound in the sort of spaces often chosen by Cardiff and Miller for their works, do in fact possess a spatial element that is reflected in everyday parlance: for example, in topological metaphors such as »to call out«, »as far as the voice carries« or »listen to your inner voice«. Always integral to the voices in the artists' works is a body: one that originates in our imagination. In the case of the installation *The Forty Part Motet* (fig. p. 117), this even leads to

1 In their small volume entitled *Something Strange This Way*, which is filled with sketches and photographs, Cardiff and Miller interestingly place the explanatory drawing of correct behaviour in the event of a coming storm with thunder and the counting of the seconds between the rolling thunder and the lightning from an encyclopaedia on top of the exterior view of the room filled with 200 LPs from *Opera for a Small Room* (first presentation: Kunsthaus Bregenz, 2005) — one automatically links the *Opera for a Small Room* and the ominous stormy sky, with its mighty, dark clouds above it in the black-and-white drawing, with one another. See *Janet Cardiff und George Bures Miller. Something Strange This Way*, ed. Maria Kappel Blegvad and Zev Tiefenbach (Ostfildern, 2014).

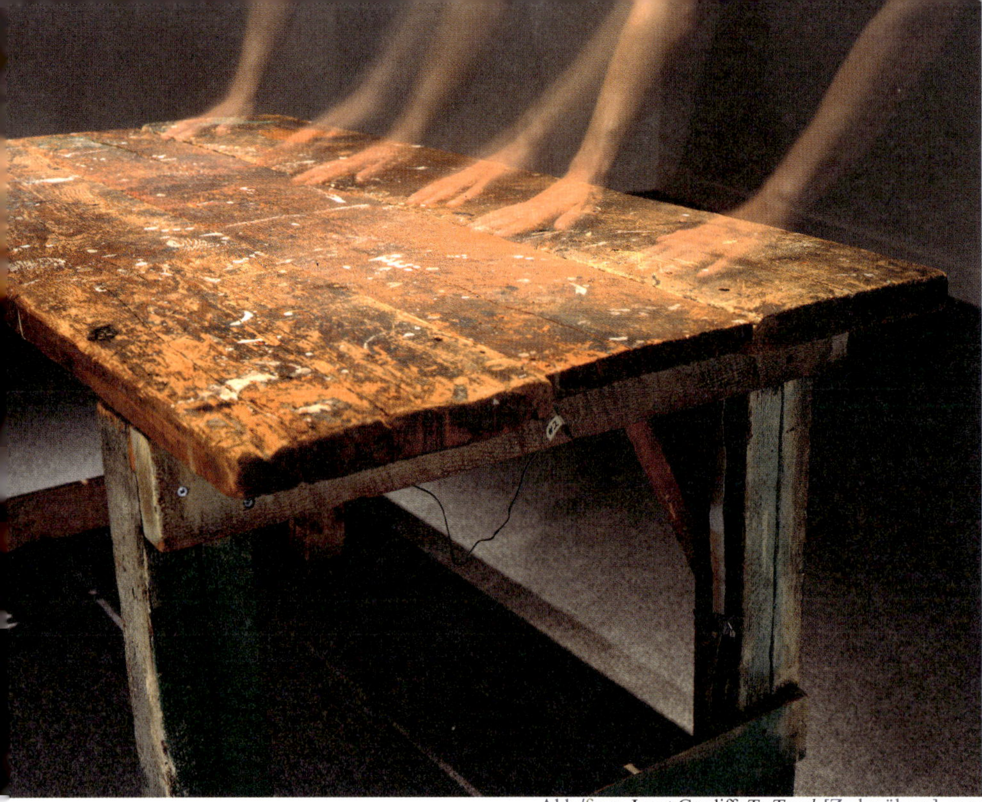

Abb./fig. 1: Janet Cardiff, *To Touch* [Zu berühren], 1993

kürlich als körperliche Wesen anthropomorphisiert werden, indem die Boxen zu Köpfen und die Stative zu schmächtigen Körpern wie bei singenden Strichmännchen mutieren. Das Einwirken von Klang auf uns ist stets auch eine körperliche Erfahrung, die wie das Geruchsgedächtnis mächtige Erinnerungen und damit physische Reaktionen freisetzt, so dass analog zu Geschmacksverstärkern bei Cardiff und Miller von tonalen Gefühlsverstärkern gesprochen werden kann.

So vermag beispielsweise allein das haptische Geräusch beim Befühlen des reliefartig farbbekleckesten Tisches in der Arbeit *To Touch* (Abb. 1) von 2001 eine ganze Kaskade an Kindheitserinnerungen auszulösen, »akustische Madeleines«,[2] wie einmal treffend geschrieben wurde, aber auch eine Art Brailleschrift für Auge und Ohr wie ein synästhetisch-tonaler Pinselstrich Jackson Pollocks.[3] Dies kann auch die nun im Lehmbruck Museum ausgestellte Arbeit *Kathmandu Dreams #6* (Abb. S. 86) eines duchampesk auf einem Holzblock aufgesockelten schwarzen Wählscheibentelefons der 1950er Jahre — der Versuch, etwa in Kommunikationsmuseen Kindern den haptischen Unterschied zwischen dem Den-Finger-in-eine-Vertiefung-der-Wählscheibe-Legen und dem gedankenlos und buchstäblich oberflächlichen Wischen zu vermitteln, gelingt stets sofort und zu hundert Prozent. Darüber hinaus ist die mittels eines solchen Kohlemembrantelefons übertragene Stimme wesentlich physischer als bei digitalisierten Übertragungen. All diese physischen Anregungen via Klang bei Cardiff und Miller gelten — leider wie naturgemäß — auch für die dunklen Seiten unserer Seele.[4] In beider persönlicher Privatenzyklopädie unter Shakespeares Macbeth-Thema der schnippenden Daumen *Something Strange This Way*, einem schwarzromantischen ABC der für ihr Schaffen wichtigsten Begriffe, findet sich unter dem Buchstaben »N« wie »Nightmare« der treffende Punkt, dass jene Alpträume die schlimmsten seien, die uns körperlich am stärksten »berühren«.[5] Einen leiblichen Effekt haben freilich alle diese »unheimlichen Träume«,[6] wie Cardiff und Miller sie nennen, in denen wir schweißgebadet und mit beschleunigter Atmung aufwachen,

2 *Janet Cardiff und George Bures Miller. Works from the Goetz Collection*, hrsg. von Okwui Enwezor, Ausst.-Kat. Haus der Kunst, München, Ostfildern 2012, hier: S. 64.

3 *Janet Cardiff und George Bures Miller. The Walk Book*, hrsg. von Mirjam Schaub, Ausst.-Kat. Thyssen-Bornemisza Art Contemporary Vienna, Köln 2005, hier: S. 161/162.

4 Häufig werden dabei Gedanken Sigmund Freuds zur Traumdeutung implizit eingeflochten, aber auch direkt zitiert. Vgl. etwa *Janet Cardiff und George Bures Miller. The Murder of Crows*, hrsg. von Catherine Crowston, Ausst.-Kat. Hamburger Bahnhof, Berlin, Ostfildern 2009, S. 48.

5 Cardiff & Miller 2014 (wie Anm. 1), S. 119.

6 Ebenda.

the forty loudspeakers on metal stands, set up and sounding in a circle, involuntarily being anthropomorphised like physical beings. The speakers mutate into heads and the stands become slight bodies like those of singing stick figures. The effect of a sound on us is always a physical experience, which, like olfactory memory, triggers powerful memories and therefore physical reactions. Thus, in a way similar to flavour enhancers, in the case of Cardiff and Miller's work we can speak of tonal emotion enhancers.

For example, the haptic sound when touching the relief-like table splotched with paint in the work *To Touch* (fig. 1), dating from 2001, is capable of triggering a veritable cascade of childhood memories: »acoustic madeleines«,[2] as someone once aptly put it. At the same time, it is also a kind of Braille alphabet for the eyes and ears, akin to a synaesthetic-tonal drip by Jackson Pollock.[3] Something similar is achieved by the work *Kathmandu Dreams #6* (fig. p. 86), now on show at the Lehmbruck Museum: a Duchamp-like black rotary-dial telephone from the 1950s presented on a wooden plinth. When museums of communication attempt to convey to children the tactile difference between placing a finger in a rotary-dial indent and using that finger to literally superficially swipe a smartphone, the result is always and immediately successful. Moreover, the voice transmitted by such a carbon membrane phone is significantly more physical than is the case with digitised transmissions. Unfortunately, all of these physical stimuli via sound found in Cardiff and Miller's work also apply to the dark sides of our souls.[4] In the duo's personal, private encyclopaedia that takes up Shakespeare's Macbeth theme of a pricked thumb and is entitled *Something Strange This Way*, we find a dark, Romantic ABC of the most important terms created for their work. The poignant item is to be found under the letter »N« for »Nightmare«: the worst nightmares are those that physically »touch« us the most strongly.[5] Of course, all of these »scary dreams«,[6] as Cardiff and Miller call them, have a physical effect. We awake from them bathed in sweat, gasping for breath, or even feel paralysed during the nightmare itself, and after waking are unable to

2 *Janet Cardiff und George Bures Miller. Works from the Goetz Collection*, ed. Okwui Enwezor, exhib. cat. Haus der Kunst, Munich (Ostfildern, 2012), p. 64.

3 *Janet Cardiff und George Bures Miller. The Walk Book*, ed. Mirjam Schaub, exhib. cat. Thyssen-Bornemisza Art Contemporary Vienna (Cologne, 2005), pp. 161–62.

4 The thoughts of Sigmund Freud on the interpretation of dreams are often interwoven in the process but are also directly cited. See, for example, *Janet Cardiff und George Bures Miller. The Murder of Crows*, ed. Catherine Crowston, exhib. cat. Hamburger Bahnhof, Berlin (Ostfildern, 2009), p. 48.

5 Cardiff & Miller 2014 (as in note 1), p. 119.

6 Ibid.

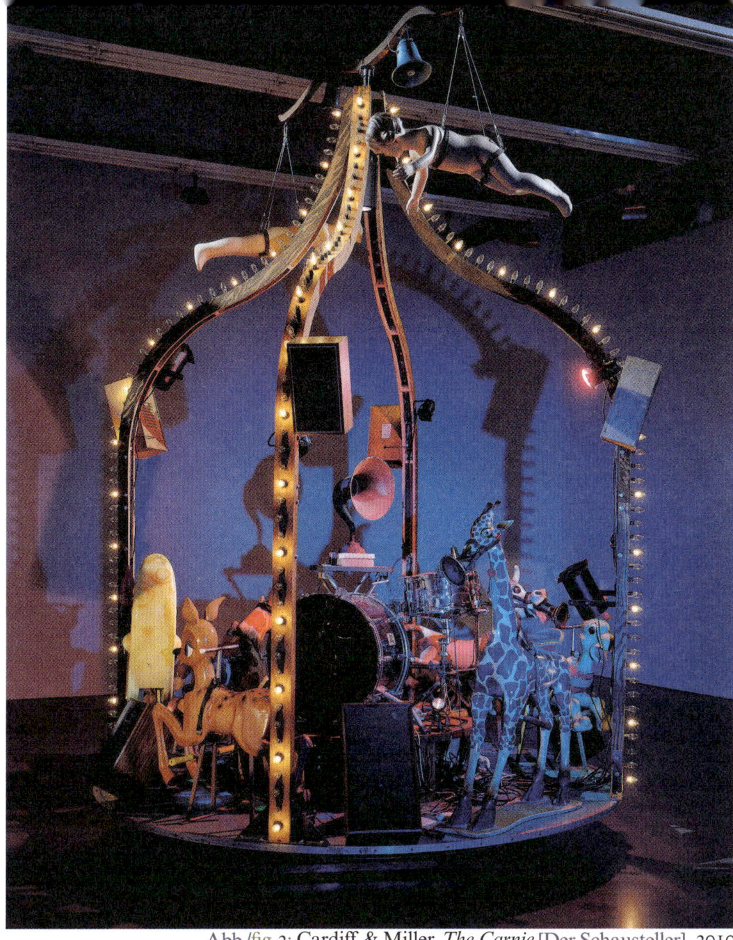

Abb./fig. 2: Cardiff & Miller, *The Carnie* [Der Schausteller], 2010

im Nachtmahr selbst uns paralysiert fühlen und auch nach dem Erwachen oft noch minutenlang bewegungsunfähig im Bett liegen. Solche zutiefst körperlichen Alptraum-Erfahrungen, die meist mit beklemmend-ungewohnten Klängen einhergehen, haben Cardiff und Miller wiederholt auf ihr Erschütterungspotenzial hin erforscht und in ihren Arbeiten eingesetzt. Am deutlichsten wird diese Klangkulisse des Unheimeligen in ihrer Installation *The Carnie* (Abb. 2) für die Galerie Luhring Augustine aus dem Jahr 2010: Im Zentrum eines abgedunkelten Raumes stand ein »entbeintes« Karussell mit funzeligen Glühbirnen, über dem zwei nackte Schaufensterpuppen eines Jungen und eines Mädchens wie Barockputten schwebend an einem Joch zusammen mit zwei größeren Glocken aufgehängt waren. Auch die handgeschnitzten und grellbunt bemalten Karusselltiere wie Bambi, Kuh und Giraffe mit ihren surreal vor die Mäuler geschnallten Lautsprechertrichtern ließen eher an dunkle SM- als an unbeschwerte Kinderspiele denken. Das Karussell selbst mit seiner verspielt geschwungenen kielbogigen Architektur stammt aus den 1940er Jahren und spielte wie ein überdimensionierter Plattenspieler den von Freida Abtan eigens komponierten Song *The Works and Days and Hands* immer wieder kakophonisch rückwärts ab, als wäre die Tretmühle der alltäglichen Routine schlicht unausweichlich. Wer würde sich nicht an derartige Alpträume mit schrill verzerrten, weil gefühlt aus einem herumwirbelnden Karussell wahrgenommenen Jahrmarktstönen mit Leierkästen, Geisterbahnschreien und grellen Jauchzern des überzogenen Amüsements erinnern, vielleicht noch unter zusätzlich drehbeschleunigendem Alkoholabusus? Und wie Verehrer von Nick Cave angesichts des Titels der Arbeit unmittelbar an dessen gleichnamiges Dunkellied »The Carny« denken müssen, hatten auch Cardiff und Miller beim Arrangieren ihres frisch im Antiquitätenhandel erstandenen Karussells[7] den singenden »Fürsten der Finsternis« vor ihrem inneren Auge. So geschieht es auch bei der Klangskulptur *The Poetry Machine* (Abb. S. 65) des kanadischen Künstlerpaars: Zwar spielen auf der historischen Orgel der »Poesiemaschine« die Besucher selbst, mit dem Berühren der Tasten aber erklingt die Stimme Leonhard Cohens, der Gedichte aus seinem Buch *Book of Longing* rezitiert. Obwohl jeder Benutzer so seine je eigenen Stücke collagiert, bleibt es doch stets schwarzromantisch[8] ein Leonard Cohen. Die Seele des Crooners aus Montreal, einem Landsmann von Cardiff und Miller mithin, schlüpft gleichsam animistisch in unsere Finger und Körper, eine tonale Seelenwanderung, die dem »baritönenden« Buddhisten Cohen wohl gefallen hätte. Völlig verschieden ist

7 Cardiff & Miller 2014 (wie Anm. 1), S. 8.
8 Dass der Begriff der Schwarzromantik am Platz ist, zeigen etwa die wiederholten Verweise von Cardiff und Miller auf Texte und Stellen von Edgar Allan Poe, vgl. etwa Cardiff & Miller 2005 (wie Anm. 3), S. 131/132.

move for some minutes. Cardiff and Miller have repeatedly explored the unsettling potential of such profoundly physical nightmare experiences, which mostly go hand in hand with oppressive and unfamiliar sounds. Such an uncanny soundscape is most evident in their installation *The Carnie* (fig. 2), created in 2010 for Luhring Augustine, New York. In the centre of a darkened room stood a »de-boned« carousel with dim light bulbs, above which two nude shop mannequins representing a boy and a girl hung, floating together there like Baroque putti, but attached to a yoke with two larger bells. The hand-carved and garishly painted carousel animals (such as a small deer, a cow and a giraffe), with surreal speaker horns strapped in front of their mouths, were more reminiscent of dark S&M practices than of light-hearted children's games. The carousel, originally from the 1940s, with its playful, double-curved architecture, repeatedly played *The Works and Days and Hands* — a piece of music specially composed by Canadian composer Freida Abtan — backwards, in a veritable cacophony, as if it were an oversized record player. The implication was that the treadmill of everyday routines is simply inescapable. Who wouldn't be reminded of such nightmares seemingly experienced on a spinning carousel, complete with jarringly distorted fairground sounds? And accompanied by the sound of organ grinders, haunted-house shrieks and the lurid cries of exaggerated entertainment, possibly under the influence of alcohol and the resulting sensations intensified by the rotations? Admirers of Nick Cave would immediately think of the singer's eponymous dark song »The Carny«, and clearly Cardiff and Miller also had the bard, the »Prince of Darkness«, in their mind's eye when arranging their carousel, which they purchased from an antiques dealer.[7] The same can be said of the duo's sound sculpture *The Poetry Machine* (fig. p. 65). While it is the visitors themselves who play the historical organ of the machine, it is the voice of Leonard Cohen, who recites poems from his *Book of Longing*, that sounds when the keys are touched.[8] Although each visitor collages his or her own score in this way, nonetheless it always remains the dark Romantic Leonard Cohen. The soul of the crooner from Montreal, a compatriot of Cardiff and Miller, slips animistically into our fingers and bodies, as it were: a tonal transmogrification that would surely have pleased Cohen, the »baritone« Buddhist. This is not entirely different from the long-since outdated but all the dearer habit of putting on a tape or a record and letting yourself be carried away by Cohen's dark whisper of

7 Cardiff & Miller 2014 (as in note 1), p. 8.
8 That the term dark Romanticism is appropriate is shown, for example, by the repeated references of Cardiff and Miller to texts and passages of Edgar Allan Poe; see, for example, Cardiff & Miller 2005 (as in note 3), pp. 131–32.

das nicht von der inzwischen längst antiquierten, umso lieberen Gewohnheit, ein Magnetband ein- oder eine Schallplatte aufzulegen und sich von Cohens dunkelraunender Stimme forttragen zu lassen. Bei Cardiff und Miller indes werden die Bedienenden der *Poetry Machine* selbst zu Mozarts der Poesie, indem sie durch Betätigung der Tasten Klangschnipsel (der Begriff »Fetzen« verbietet sich hier) in Collagetechnik zusammensetzen.

Natürlich formen und gewichten Cardiff und Miller in ihren komplexen Kompositionen all diese eingesetzten Stimmen und Klänge noch zusätzlich kunstvoll. Die akustische Illusion, die meist mittels binauraler Aufnahmetechnik in den Kopfhörern einen natürlichen Höreindruck mit genauer Richtungslokalisation erzeugt, ist dabei derart perfekt, dass man bei ihren »Hör-Kunstwerken« statt von Trompe-l'œil von ohrentäuscherischem Trompe-l'oreille-Effekt sprechen müsste.[9] In ihrer ebenfalls in Duisburg zu sehenden Arbeit *The Paradise Institute* (Abb. S. 125), die erstmals im Jahr 2001 auf der Biennale von Venedig gezeigt wurde, gingen Cardiff und Miller in diesem Trompe-l'oreille einen entscheidenden Schritt weiter, indem sie bewusst Zweifel am Realitätscharakter des zu Hörenden säten. Gewissermaßen »über die Schultern« zweier zu Beginn des Filmes zu sehenden Stellvertreterfiguren öffnet sich in einem weiten Kinosaal der Blick auf eine Leinwand, auf der ein Film zu flackern anfängt, während allerdings Störgeräusche das dort zu Sehende torpedieren. So klingelt zu den Worten »Es ist Zeit aufzuwachen« einer sich herabbeugenden Krankenschwester durchdringend ein Handy, sowohl bei der flüsternd auf Italienisch antwortenden Stimme wie auch bei dem Hupen eines Autos und erst recht bei dem in das schwarze Fade-out des Bildes einbrechende laute Husten kann sich der Zuschauhörer keineswegs mehr sicher sein, ob es zu den Filmbildern oder nicht viel eher zu den (imaginären) Kinositznachbarn gehört, da es ohrentäuscherisch-binaural von der Seite zu kommen scheint. Gleich darauf bindet sich das Hupen wieder »naturalistisch« und logisch nachvollziehbar an einen ältlichen Kleinbus, der sich mühsam Serpentinen in einer Wüste hochmüht. Das schöne Konstrukt bricht jedoch im nächsten Moment wieder zusammen, wenn eine der italienischen Handyflüsterin ähnliche Stimme zu Tütenrascheln neben uns »Du solltest etwas trinken!« wispert und damit irritierend die staubtrockene Wüste der Filmleinwand in das Innere des Kinos holt. Derartige Realitätsbrüche durchziehen *The Paradise Institute* wie ein übertrieben starkes Krakelee eine künstlich gealterte Fälscherleinwand. Es ist eine audiovisuelle Achterbahnfahrt, bei der sich der Zuschauhörer seiner Wahrnehmung immer wieder aufs Neue versichern muss, ohne je sicher sein zu können, in welcher Zeit- und Realitätsebene er sich wirklich befindet.

9 Vgl.: Clara Meister: *Stimme*, in: Cardiff & Miller 2012 (wie Anm. 2), S. 19.

a voice. For Cardiff and Miller, however, the operators of *The Poetry Machine* themselves become Mozarts of poetry because, by activating the keys, they compile sound snippets into a type of collage.

Of course Cardiff and Miller also artfully shape all of these voices and sounds, giving each its special weighting in a complex composition. The acoustic illusion — which, thanks to binaural recording technology, usually means that the headphones offer a natural listening experience with a precise localisation of the sound's direction — is so perfect that, with regards to their »audio artworks«, it might be best to speak of an aurally deceptive *trompe l'oreille* rather than a *trompe l'oeil*.[9] In *The Paradise Institute* (fig. p. 125), which was shown for the first time in 2001 at the Venice Biennale and can also be seen in Duisburg, Cardiff and Miller went one decisive step further in this *trompe l'oreille* by deliberately sowing doubt as to whether what was being heard was real. A view of a wide movie-theatre screen unfolds before our eyes as if seen »over the shoulders« of two proxy figures shown at the start of the film. A film begins to flicker on the screen, but noises sabotage what we are seeing. For example, just as a nurse bends down and says, »It's time to wake up now«, we hear the annoying sound of a mobile phone ringing. We can't be certain whether the sound is part of the film or is in fact caused by an (imaginary) cinema-goer seated next to us because, deceptively, it seems to originate binaurally from the side. It's the same with the response to the nurse's words, whispered in Italian, and the simultaneous honking of a horn, and particularly with the loud coughing that erupts during the fade-out of the image. Immediately afterwards, the honking horn »naturalistically« and logically accompanies an old minivan laboriously climbing its way up a switchback in a desert — only for the well-edited construct to collapse once again the very next moment when a voice, seemingly right next to us and similar to that of the Italian mobile-phone user, whispers, »You should drink!«; this is accompanied by the sound of rustling packaging, thus irritatingly transporting the dry-as-dust desert of the movie screen to the interior of the cinema. Such ruptures of reality persist throughout *The Paradise Institute* like the exaggeratedly pronounced craquelure on an artificially aged canvas by a forger. It is an audiovisual roller-coaster ride, during which we, as viewers/listeners, must constantly reassure ourselves that we are perceiving things correctly, without ever being certain as to the level of time and reality we actually find ourselves in.

9 See Clara Meister, *Stimme*, in Cardiff & Miller 2012 (as in note 2), p. 19.

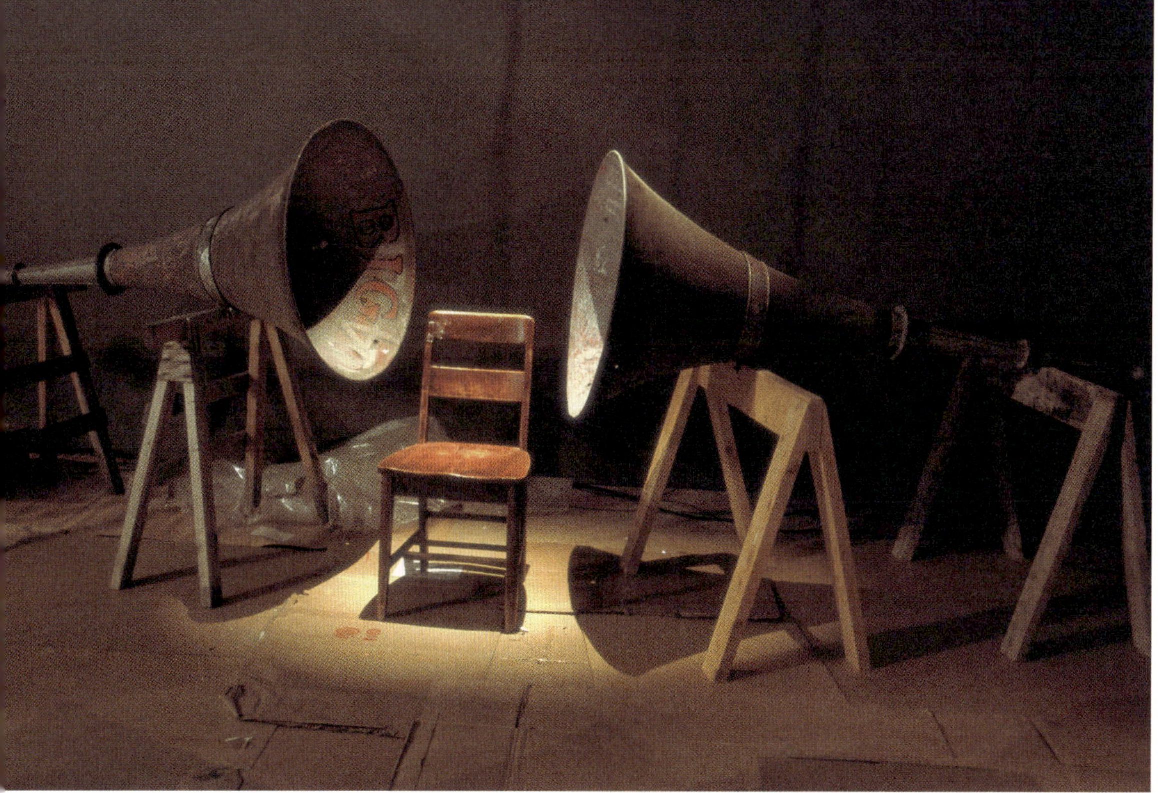

Abb./fig. 3: Cardiff & Miller, *The Dark Pool* [Der dunkle Teich], 1995

Ein unüberbietbar erweiterter Skulpturenbegriff: Stadtporträts mittels Klang

Längst schon hat sich unser Verständnis von Skulptur beträchtlich erweitert, von Joseph Beuys' sozialer Skulptur hin zu dreidimensionalen Klangskulpturen à la Bruce Nauman[10] oder John Cage,[11] die kunstgeschichtlich seit der Zeit Lehmbrucks etwa mit Kurt Schwitters Tongedicht *Ursonate*, dem Röhren eines Rennwagens im futuristischen Manifest, das Marinetti zufolge schöner als die Nike von Samothrake sei, bis hin zu Alexander Calders *Art Car*, das im Herbst 2021 nach langen Jahren der Renovierung vor Mies van der Rohes Neuer Nationalgalerie in Berlin röhrend aufgestellt war und dabei den Sockel des Gebäudes für dieses technoide »Auto-Mobile« nutzte, ebenfalls Tonskulpturen sui generis sind. Auch die in Collagen des Dadaismus häufig vorkommenden Grammphon-Trichter, die mit ihren oft monströs aufgeblasenen riesenhaften Metall-Ohren gewissermaßen menschliche Form zitieren, werden von Cardiff und Miller als surreale Filmraumteiler immer wieder eingesetzt (Abb. 3). Als solche fungierten sie bereits in den Filmen von Monty Python, die auch ansonsten weit mehr als bislang gesehen wurde in der Tradition des englischen Dada-Expressionismus der britischen Künstlergruppe BLAST stehen.[12] Allein das Integrieren altertümlicher Grammophon-Schalltrichter ermöglicht es somit Cardiff und Miller im Bruchteil eines Augenblicks, die Betrachter auf eine tonale, oft auch atonale Zeitreise zu schicken: Unwiderruflich assoziieren wir die den blechernen Monty-Python-Schalltrichtern entfahrenden Klänge mit Knistern und elektrisierendem Gebratzel — kein Vergleich somit zu dem aseptisch kristallklaren Sound heutiger Aufnahmetechnik.

Und ebenso wie Monty Python hoffnungslose Romantiker sind, deutet viel darauf hin, auch Cardiff und Miller seien als stark europäisch geprägte Kanadier mindestens im Herzen der Romantik verpflichtet. Da ist zum einen die Nähe zu der »allmählichen Verfertigung der Gedanken beim Reden« und Herumwandeln

10 Zu Nauman als lebender Klangskulptur vgl. *Bruce Nauman. Dream Passage,* Ausst.-Kat. Hamburger Bahnhof, Berlin, Berlin 2010.

11 Zu John Cages über extreme Zeiträume verteilte Klangkörper wie im Fall der Halberstädter Orgel-Intervalle über Jahrzehnte oder im Beispiel der über verschiedene Frankfurter Museen translozierten Klänge vgl. jüngst *John Cage. Museumcircle*, Ausstellung Zollamt, MMK Museum für moderne Kunst, Frankfurt am Main, 2021.

12 Erinnert sei nur an die grundsätzliche Bedeutung von Musik und einschneidender Zeitsprünge in den beiden Historienfilmen Monty Pythons: die signaturhafte Erkennungsfanfaren in *Ritter der Kokosnuss* oder *Das Leben des Brian* binden die Filme zusammen, im ersteren Fall, dem Genre nach ein Ritterfilm, erscheinen unvermittelt neuzeitliche Kriminalkommissare, während im zweiten Beispiel der römerzeitliche Brian kurzzeitig von Außerirdischen entführt wird.

An Unsurpassably Expanded Concept of Sculpture: Urban Portraits with Sound

Our understanding of sculpture has expanded considerably since the time of Joseph Beuys's concept of »social sculpture«, through to 3 D sound sculptures à la Bruce Nauman[10] or John Cage,[11] which ever since the time of Lehmbruck have, in art-historical terms, been sound sculptures sui generis. Earlier examples range from Kurt Schwitters's sound poem *Ursonate* (1922–1932), through to the manifesto of the Futurists with the roar of a racing car (which, according to Marinetti, is more beautiful than the Nike of Samothrace), and on to Alexander Calder's *Art Car*, which was placed, roaring, in front of Mies van der Rohe's Neue Nationalgalerie in Berlin in the autumn of 2021 after many years of renovation, thereby using the building's podium as a plinth for this technoid auto-mobile. Cardiff and Miller, too, repeatedly use the gramophone horns that frequently appear in Dadaist collages with their often monstrously exaggerated, gigantic metal ears (which to a certain extent cite the human form), as surreal devices to subdivide films (fig. 3). The horns already functioned that way in Monty Python films, which also owe more of a debt to the tradition of the English Dada-Expressionism of British artist group BLAST than has previously been acknowledged.[12] The integration of the antiquated gramophone horn alone thus enables Cardiff and Miller to send viewers on a tonal, and often atonal, journey through time in a fraction of a second. We invariably associate the sounds escaping from the tinny Monty Python horns with crackling and some electrical sizzling — no comparison, therefore, with the aseptic, crystal-clear sound of today's recording technology.

Just as the members of Monty Python are hopeless romantics, there is much to suggest that Cardiff and Miller, as Canadians strongly influenced by Europe, are at least in their hearts committed to Romanticism. Firstly there is their affinity for what Heinrich von Kleist referred to as the »gradual formulation of

10 On Nauman as a living sound sculpture, see *Bruce Nauman. Dream Passage*, exhib. cat. Hamburger Bahnhof, Berlin (Berlin, 2010).

11 On John Cage's bodies of sound distributed over extreme periods of time, as in the case of the Halberstadt organ intervals over decades, or in the example of sounds translocated through various Frankfurt museums, see most recently *John Cage. Museumcircle*, exhibition at the Zollamt, MMK Museum für moderne Kunst, Frankfurt am Main, 2021.

12 Here, only a reminder of the fundamental importance of music and the radical time jumps in the two historical films of Monty Python; the signature-like recognition fanfares in *Monty Python and the Holy Grail* or *Monty Python's Life of Brian* tie the films together. In the former case, playing to the genre of the knight film, modern-day police detectives appear abruptly, while the Roman-Age Brian is briefly abducted by aliens in the latter example.

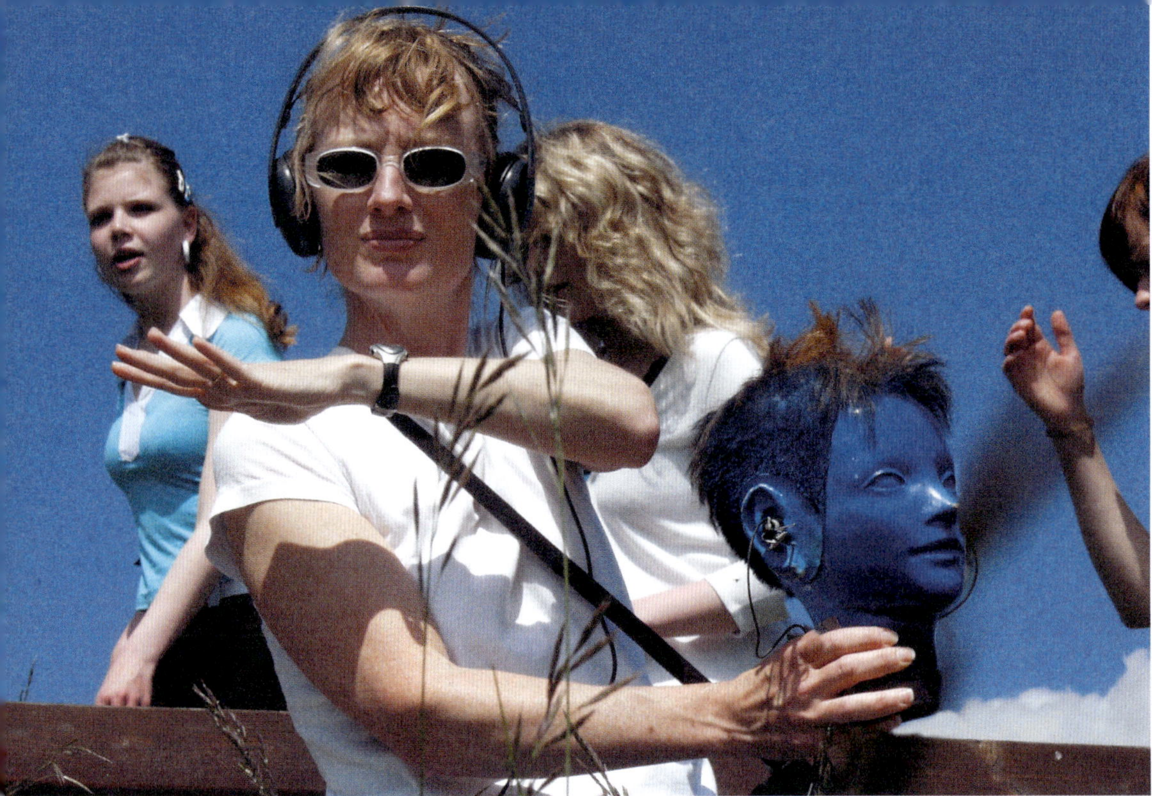

Abb./fig.4: Cardiff & Miller, *Jena Walk (Memory Field)* [Jena-Spaziergang (Erinnerungsfeld)], 2006

à la Heinrich von Kleist.[13] Ursprünglich mit dem »Walkman« aufgenommen, heute mit dem iPod, scheint in vielen ihrer Werktitel das Wort »Walk« auf, so im berühmten *Video Walk* im Alten Bahnhof der documenta 13, im *Münster Walk* für die Skulptur Projekte in Münster 1997,[14] im *Villa Medici Walk* 1998,[15] im thüringischen *Jena Walk* 2006 (Abb.4),[16] wo die Künstlerin selbst mit — man ist angesichts der bemerkenswerten Frisuren versucht zu sagen: gleich vier — Kunstkopf-Stereofonien zu sehen ist. Erst recht zentral ist das gleichsam somnambul unbewusste Herumwandeln im *Night Walk for Edinburgh* aus dem Jahr 2019 (Abb. 5–8).[17]

Letzterer Walk soll hier als *Pars pro toto* für das enzyklopädische Gesamtwerk gebündelt gezeigt werden, auch wenn dabei eigentlich wie bei den ursprünglich Beteiligten Kopfhörer für den stets räumlich gut zu verorteten binauralen Ton des Videos zu tragen wären:

Schon der Auftakt des 55 Minuten langen *Walks* versetzt uns unvermittelt in eine recht schmale Gasse, deren verputzte Wand links und ziegelsteinsichtige Mauer rechts als Repoussoir den Blick auf das Display eines Handys in der Bildmitte kanalisieren. Der Himmel über dem weißen Haus am Ende der Gasse ist Blauschwarz, streulichtig vom gelben Strahlen der Laternen aufgehellt. Es handelt sich um ein klassisches Nachtstück, das durch Edinburghs kopfsteingepflasterte und nebelverhangene Gassen mit ihrer Spukatmosphäre etwas Verwunschenes und Romantisches gewinnt.

Die Betrachtenden folgen daher gebannt einer Frau, die in einem leuchtend orangen Mantel auf dem uns via Handystange vom Leib gehaltenen Display erscheint und zu einer Art metallischem Glocken-Gamelan-Klang eiligen Schrittes die abschüssige Gasse in Richtung eines sandsteinernen Häuschens mit Dreiecksgiebel hinabeilt. Nachdem wir ihr beim Öffnen der Tür zusehen, lässt sich zum ersten Mal das dem Video zugrunde liegende, raffiniert verwobene Zeit-Raum-Diskontinuum wahrnehmen. Der Film auf dem Handydisplay spielt ganz offensichtlich nicht in derselben Zeitebene wie der sichtbare Umraum, denn im Handyfilm ist ein an die Tür gehefteter Zettel mit Aufschrift zu sehen, den es in der vorgeblichen Realität nicht gibt; der Film-im-Film ist mithin nicht deckungsgleich mit dem, was uns der kleine Bildschirm zeigt und wie anfangs

13 Der gleichnamige Aufsatz Heinrich von Kleists entstand wohl 1805/06, wurde jedoch erst 1878 postum in der Zeitschrift *Nord und Süd*, hrsg. von Paul Lindau, Bd. 4, S. 3–7, veröffentlicht.
14 Cardiff & Miller 2005 (wie Anm. 3), hier: S. 102.
15 Ebenda, S. 112.
16 Ebenda, S. 343.
17 *Janet Cardiff and George Bures Miller. Night Walk for Edinburgh*, hrsg. von Sam Wood, Ausst.-Kat. The Fruitmarket Gallery, Edinburgh, Edinburgh 2019.

thoughts while speaking« and wandering around.[13] Originally recorded with a Walkman, and today with an iPod, the word »walk« crops up in many of their work titles, such as the famous *Video Walk* in the Alter Bahnhof at documenta 13, the *Münster Walk* for the Skulptur Projekte Münster in 1997,[14] the *Villa Medici Walk* in 1998,[15] and the *Jena Walk* in Thuringia in 2006 (fig.4),[16] where Cardiff herself can be seen with (given the remarkable hairstyles, one is tempted to say *no less than*) four artificial head stereophonies. Of especially vital importance is the quasi somnambulistic, unconscious wander in the *Night Walk for Edinburgh* from 2019 (figs.5–8).[17]

The Edinburgh walk bears considering here in its entirety, standing, as it does, for the duo's encyclopaedic oeuvre, although headphones such as those worn by the original participants should be worn to fully appreciate the binaural sound of the video, which is always easy to locate spatially.

The start of fifity-five minute walk transports us abruptly into a very narrow alleyway, the plastered wall to the left and the brick-layered wall to the right of which function as a *repoussoir* to channel our gaze to the display of a mobile phone at the centre of the image. The sky above the white building at the end of the alley is blue-black, brightened by the stray light of the yellow rays of the lamps. This is a classic nocturne, which acquires something enchanted and romantic thanks to Edinburgh's cobbled and foggy alleys, with their haunting atmosphere.

Entranced, we follow the woman in a bright orange coat who appears on the display, held away from her body by a selfie stick; she rushes down the steeply sloping alley in the direction of a small sandstone house with a triangular gable, accompanied by a kind of metallic gamelan sound. After we watch her open the door, for the first time the sophisticatedly woven time-space discontinuum upon which the video is based becomes apparent. Obviously, the film on the mobile-phone display is not taking place on the same time plane as the visible surrounding space. In the mobile-phone film we can see a note stuck to the door that does not exist in the ostensible reality; the film-in-film is simply not congruent with what the small display shows us, and what was initially still believed thanks to the nearly perfect deception of the eye and the seamless image-in-image form.

13 The essay with the almost identical title by Heinrich von Kleist did in fact originate in 1805/06, but was first published posthumously in 1878 in the journal *Nord und Süd*, ed. Paul Lindau, vol. 4, pp. 3–7.
14 Cardiff & Miller 2005 (as in note 3), p. 102.
15 Ibid., p. 112.
16 Ibid., p. 343.
17 *Janet Cardiff and George Bures Miller. Night Walk for Edinburgh*, ed. Sam Wood, exhib. cat. The Fruitmarket Gallery, Edinburgh (Edinburgh, 2019).

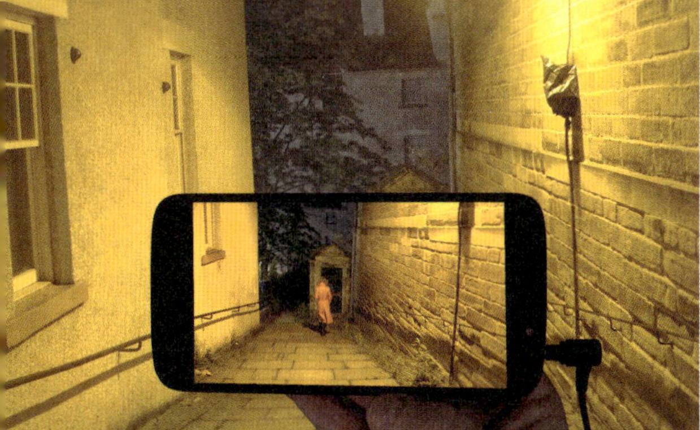

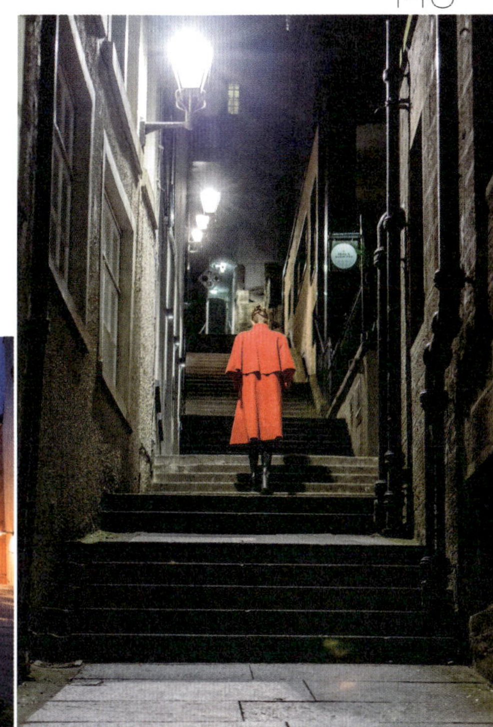

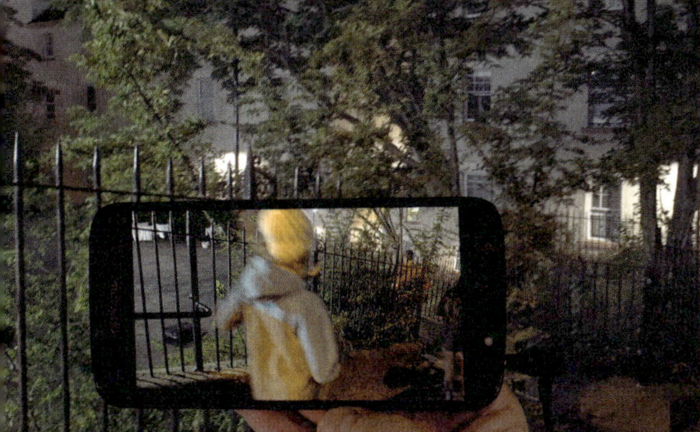

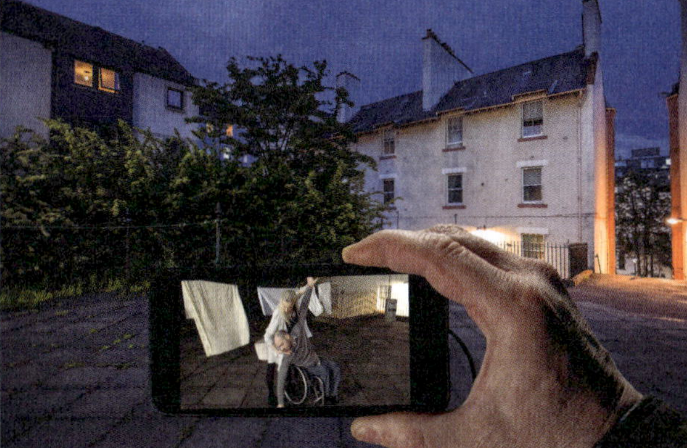

Abb./figs. 5–8: Cardiff & Miller, *Night Walk for Edinburgh* [Nachtspaziergang für Edinburgh], 2019

durch die fast perfekte Augentäuschung und nahtlose Bild-im-Bild-Form noch geglaubt wurde.
An diesen fast unmerklichen Bruch der Zeitebenen via Zettel schließen sich philosophische Fragen an: Ist die Affiche im »großen« Film nicht zu sehen, weil es sie dort durch eventuelle Säuberung der Tür nicht mehr oder noch nicht gibt? Befinden wir uns also mit dem »Umraum« in der »bereinigten« Gegenwart oder vielmehr in der Vergangenheit, weil das Handydisplay uns bereits die Zukunft zeigt? Oder ist alles doch ganz anders?
Spätestens als dann die sportlich gekleideten Jogger auf dem Handydisplay vorbeifegen, während der echte Zaun sichtbar leer bleibt, sind unsere Sinne endgültig für das Disparate geschärft. Die Betrachter sind zu Sherlock-Holmes-Bilddetektiven geworden, die ab jetzt mit scharfem Blick jede weitere Spur eines Hinweises auf die »Echtheit« der gesehenen Bilder zu lesen und zu verfolgen bereit sind. Die Frage nach der Authentizität und Realitätsebene des zu Sehenden lässt auch hier nicht lange auf sich warten, da die Handy-Wünschelrute auf einem von Häusern gesäumten Platz mit leeren Wäscheleinen angelangt ist, wohingegen sich auf der Guckkastenbühne des Displays im Folgenden ein surrealer Tanz in weißen Laken zwischen einer weißgewandeten Frau und einem im Rollstuhl sitzenden, sich dennoch nicht minder enthusiasmiert Bewegenden abspielt. Diese Geistertänze in weißen Tüchern, die ein großer Spaß in der Kindheit waren, tauchen in mehreren Videos auf, so zum Beispiel auch in der Halle des Alten Bahnhofs in Kassel auf der lange nachhallenden documenta-13-Arbeit von Cardiff und Miller.[18] Vor dem bemerkenswerten Tanz hatte sich der Kamerablick noch kurz auf ein Schwarz-Weiß-Foto mit dem alten, leicht ruinösen Zustand der jetzigen Gebäuderückfront mit ihren Balkonpergolen gerichtet, so dass wenigstens in diesem Fall die Zeitebenen eines Vorher-Nachher klar scheinen. Nur wären Cardiff und Miller nicht die zeitreisenden Time-Shifter, die sie erklärtermaßen sind,[19] wenn sie nicht auch hier eine zeitliche Zwischenebene eingezogen hätten: Erkennbar sind die Steinplatten des Tanzbodens zwischen den Wäscheleinen vom Unkraut befreit, während der Ist-Zustand nach dem Tanz einen pflanzenüberwucherten Boden aufweist. Zum Schluss geht die Kamera über einen Brückenweg und der Blick nach unten, wo ein Mann allmäh-

18 Siehe auch Abb. 7 in diesem Katalog.
19 Janet Cardiff erklärte die Fluchten in andere Epochen und Orte mit ihrem ausgeprägten Eskapismus, der sie bisweilen eine größere Nähe zu grauen Steinbrocken als zu Menschen fühlen lässt: »I wish I could connect so easily with people as I do with chunks of grey stone« [»Ich wünschte, ich könnte so leicht mit Menschen in Kontakt treten, wie ich es mit grauen Steinbrocken kann.«]; vgl. Cardiff & Miller 2019 (wie Anm. 17), ohne Paginierung.

The almost imperceptible rupture of the time levels via the sheet of paper gives rise to various philosophical questions. Can the note not be seen in the »large« film because it is no longer there after a possible cleaning of the door, or rather is it not yet in existence? Do we thus find ourselves in the »purged« present with its »surrounding space«, or instead in the past, because the mobile-phone display is already showing us the future? Or is it actually something completely different?
Our senses are finally and at the latest sharpened into recognising the disparities when the athletically clad joggers sweep by on the display, while the real fence remains visibly empty. We have now become Sherlock Holmes-like image detectives, ready with a sharp eye to identify and pursue each further clue in order to establish the »reality« of the images seen. It is also not long before we inevitably start questioning the authenticity and the level of reality of what we see, as the mobile-phone's stick brings us to a square lined with houses with empty washing lines. By contrast, a surreal dance in white sheets, involving a woman also clad in white and a person in a wheelchair moving with no less enthusiasm, then unfolds in the picture-frame of the display. These ghost dances in white sheets, which were a lot of fun during childhood, turn up in several videos, as, for example, in the artist duo's piece for documenta 13, in the hall of Alter Bahnhof in Kassel, which had such a long-lasting impact.[18] Prior to the noteworthy dance, the camera's gaze turns briefly to a black-and-white photo depicting the old, slightly ruinous condition of the present rear façade of the building with its balcony pergolas, so that at least in this instance the temporal levels of a »before« and an »after« appear clear. However, Cardiff and Miller would not be the time-shifters that they avowedly are[19] if they did not also add here an intermediate level of time: The stone slabs of the »dancefloor« between the washing lines have been noticeably cleared of weeds, while the actual condition of the space after the dance is a ground overgrown with vegetation. The camera finally passes over a bridge path, pointing downward to where a man gradually overtakes a woman walking in front of him and looking into her brightly lit display. As Cardiff and Miller stated in an artist talk for *Night Walk for Edinburgh*, this image-time collage is designed to offer viewers different »characters« of the va-

18 See also fig. 7 in this catalogue.
19 Janet Cardiff explained the flight to other eras and places with her pronounced tendency to escapism, which sometimes results in her feeling closer to grey boulders than to people: »I wish I could connect so easily with people as I do with chunks of grey stone«; see Cardiff & Miller 2019 (as in note 17), no page

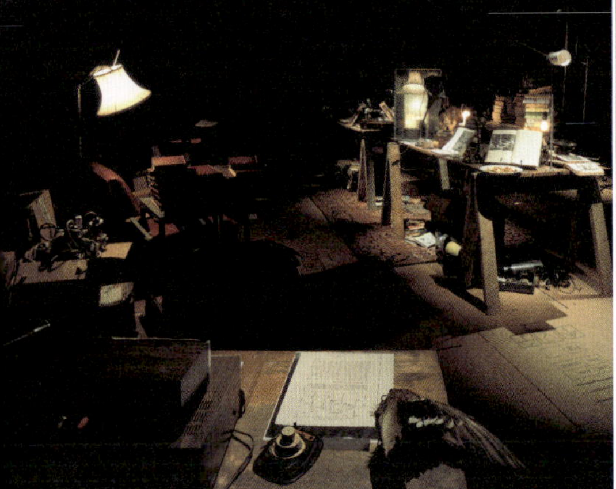
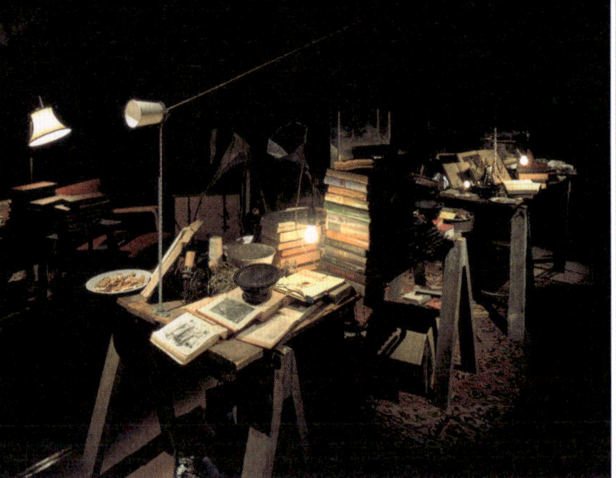
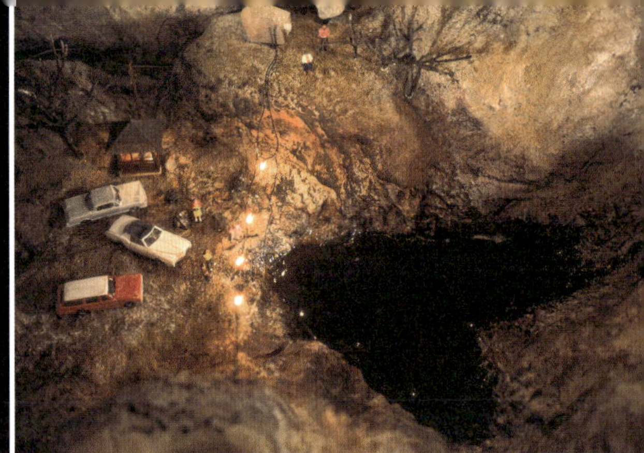
Abb./figs. 9–11: Cardiff & Miller, *The Dark Pool* [Der dunkle Teich], 1995

lich eine Frau überholt, die vor ihm läuft und in ihr hell leuchtendes Display schaut.

Wie Cardiff und Miller in einem Künstlergespräch zu *Night Walk for Edinburgh* bekundeten, ist diese Bild-Zeit-Collage dazu angelegt, den Betrachtenden unterschiedliche »Charaktere« der diversen Szenen zu offerieren,[20] die sie im Kopf selbst zu neuen Bildern montieren können — ganz so wie ein Traum, den wir meist am nächsten Tag auch nur noch bruchstückhaft zusammenzusetzen vermögen. So schaffen es die beiden auf einzigartige Weise, uns gewissermaßen schlafwandlerisch durch die tausendjährige Stadt streifen und wie W.G. Sebald, der in seinen Geschichts-Ab-Schichtungen von einem Stück Acker vor der ostenglischen Stadt Norwich zur chinesischen Seidenzucht der Ming-Dynastie gelangt, ein je individuelles Bild aus dem Gesehenen entstehen zu lassen.

»Spaces of Interior« — Das Ausloten der dunklen Innenausstattung des menschlichen Herzens

All diese schwarzromantischen Edinburgh-Elemente finden sich schon vorbereitet in der Installation *The Dark Pool* (Abb. 9–11) aus dem Jahr 1995, die zugleich beider erste, offizielle Kollaboration ist, obwohl sie bereits seit dem Super 8-Film *The Guardian Angel* von 1983 zusammengearbeitet haben.

Der Auftakt mit der sich öffnenden Tür ist ein klassisch Shakespeare'sches »Intrat«, vielleicht aber auch eine Hommage an das ikonische Musikvideo »Love will tear us apart« der britischen Band Joy Division, bei dem ebenfalls eine Tür zu einem symbolgeladenen »Space of Interior«[21] aufgeht, einem Raum unseres Inneren wie eine begehbare Herzkammer der Innerlichkeit.

Symbolträchtig deshalb, weil in *The Dark Pool* eine Fülle von Stilllebenelementen (Abb. 12) wie Bücherstapel und diverse Instrumente in einem ikonografisch verstaubten Raum der 1960er-Jahre-Gruselenvironment-Vorläufer Ed und Nancy Kienholz mit langsamen Kameraschwenks abgetastet wird. Besonders eindrücklich ist dies, wenn der betrachtende Blick zu düsteren Pianoklängen über eine fein ziselierte Modelllandschaft mit amerikanischen Straßenkreuzern schweift, die auch die mit Korallen und Mineralien bedeckte Weltlandschaft einer barocken Kunstkammer sein könnte.[22] Als Substitut für die Musikinstrumente der

20 Vgl. ebenda.

21 Obgleich ursprünglich auf die unterschiedlich affizierende Farbpsychologie von Museumsinnenräumen gemünzt, sei hier der Titel abgewandelt übernommen von Charlotte Klonk: *Spaces of Experience: Art Gallery Interiors from 1800 to 2000*, Yale 2009.

22 Wiederholt hat sich Janet Cardiff als Initialzündung ihrer Assemblagen auf die Wissensansammlungen symbolisierenden »Cabinets of curiosities« der Renaissance und des Barock berufen, vgl. beispielsweise Cardiff & Miller 2014 (wie Anm. 1), S. 50.

rious scenes,[20] which they can themselves assemble in their heads to form new images — exactly like in a dream, which we are usually only able to reassemble the next day in a fragmentary fashion. Thus the two artists succeed in a unique way in enabling us to roam like sleepwalkers through the one-thousand-year-old city and — like W.G. Sebald, who, working and walking his way through layers of time, progresses from a field outside Norwich in East Anglia to the Chinese silk culture of the Ming Dynasty — to form our own individual images of that seen.

»Spaces of Interior« — Sounding out the Dark Interior of the Human Heart

All of these dark Romantic Edinburgh elements are already to be found in the 1995 installation *The Dark Pool* (figs. 9–10). This was also the first official collaboration of Cardiff and Miller, although they had worked together since 1983, with the Super 8 film *The Guardian Angel*.

The beginning with the opening door is a classic Shakespearean »entrance« while also perhaps being an homage to the iconic music video for the song »Love Will Tear Us Apart« by British band Joy Division. There, a door to a duly symbolic »Space of Interior«[21] is also pushed open: a space inside us like a walk-in ventricle of interiority.

The opening of *The Dark Pool* is heavily symbolic because a wealth of still-life elements (fig. 12), such as stacks of books and various instruments in an iconographically musty room of the 1960s horror environment precursors Ed and Nancy Kienholz, are explored in slow panning shots. This is especially impressive when, accompanied by sombre piano sounds, the observing gaze drifts over a finely chased model landscape with American limousines; this could equally have been the landscape of the world covered with corals and minerals, on display in a Baroque cabinet of curiosities.[22] As a substitute for the musical instruments in a traditional Baroque still life, Cardiff and Miller once again deploy diverse

20 See ibid.

21 Although originally intended for the variously affected colour psychology of museum interiors, the title is adopted here in a modified form by Charlotte Klonk, *Spaces of Experience: Art Gallery Interiors from 1800 to 2000* (Yale, 2009).

22 Janet Cardiff has repeatedly cited the »cabinets of curiosities« of the Renaissance and Baroque periods, symbolising conglomerates of knowledge, as the initial impetus for her assemblages; see, for example, Cardiff & Miller 2014 (as in note 1), p. 50.

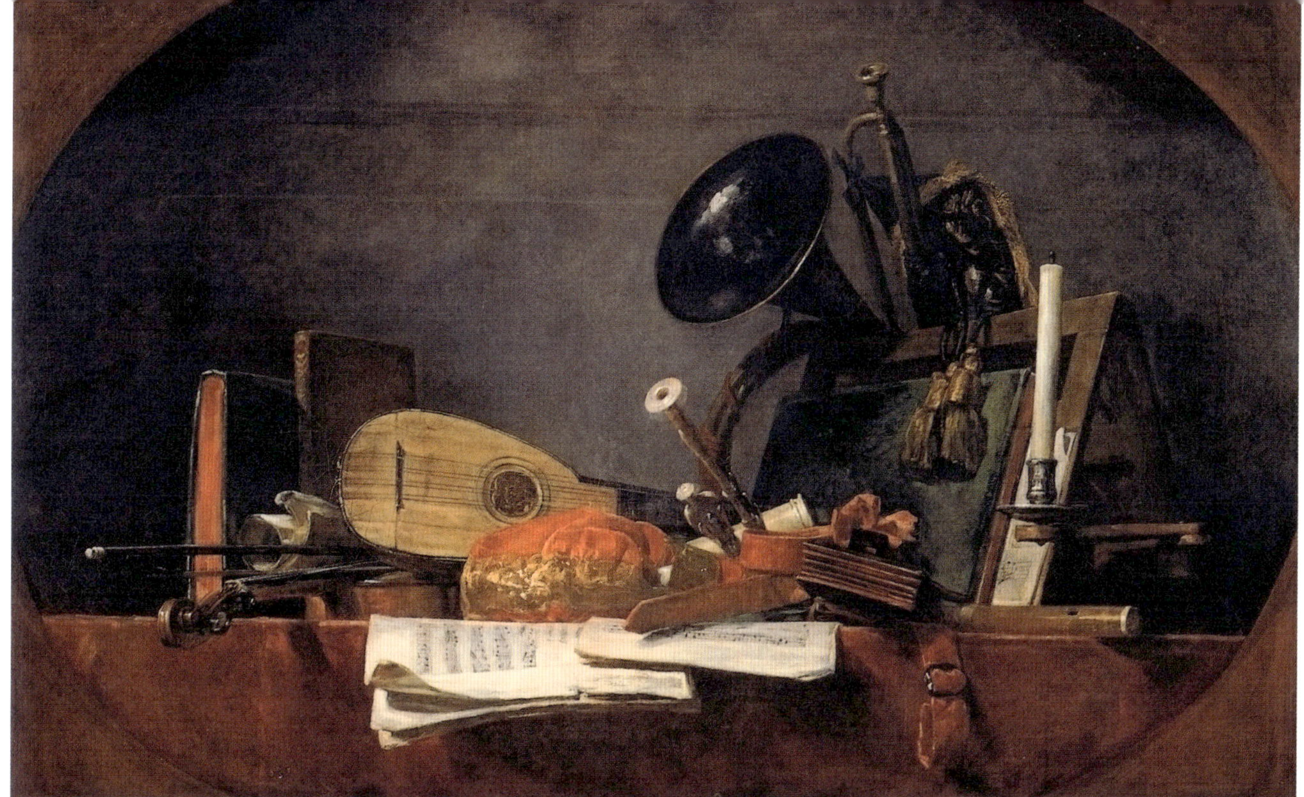

Abb./figs. 12: Jean-Baptiste Siméon Chardin, *Les Attributs des arts* [Die Attribute der Künste/The Attributes of Arts], 1765

traditionellen Barockstillleben setzen Cardiff und Miller abermals diverse Formen von Grammophontrichtern ein: antike, improvisierte, die an die Joghurtbechertelefone der Jugend erinnern, und monströs große, denen ein Kind abwechselnd den Kopf zuwendet, um die elterlich weich wirkenden Stimmen wahrzunehmen.[23]

Wie bei dem romantischen Dichter Joseph von Eichendorff schläft somit auch bei Cardiff und Miller »ein Lied in allen Dingen, die da träumen fort und fort«,[24] welche dadurch wie in der Erzählung »Die Automate« von E.T.A. Hoffmann, eines anderen wichtigen Vertreters der sogenannten schwarzen Romantik, auf unheimliche Weise in *Dark Pool* zu Leben werden: Jedes zu sehende Ding, die Bücher und Karteikästen, scheint aus seinen Innereien eine Geschichte beizutragen, die in einer Sprachwolke sich überlappender Stimmen münden und unser Inneres berühren.

Anstelle eines Fazits, das bei den meta-rationalen Traumwelten bei Cardiff und Miller sowie der Materialfülle ihrer tagebuchartigen Notizen und Zettelkästen fast unmöglich scheint: Obwohl es streng verboten ist, generalisierende Schneisen durch ein derart komplexes Gesamtwerk wie jenes von Cardiff und Miller schlagen zu wollen, kann vielleicht eine Grobunterteilung gewagt werden. Während Werke für Räume im Außen eher kollektive, öffentlich geteilte Erinnerungen wie die des Stadtraums Edinburgh aufrufen, so triggern die Stimmen und Bilder in Arbeiten mit Interieurs gerade durch die intime Eingehaustheit des Privaten weit stärker individuelle Gefühle und Eigenerinnerungen. Beide Künstler werden als Archäologen gemeinschaftlicher wie individueller Erinnerungen absehbar noch viele Werke »erspüren«, die unser sinnliches Empfinden durch ihre disparaten Bilder und ihr babylonisches Stimmengewirr zugleich kathartisch reinigen und aufs Äußerste schärfen.

23 Als teilveraltete, gar altertümliche Insignien der Antike oder einer vorgeblich besseren Alten Zeit wurden die Schalltrichter von Fanfaren und Luren freilich bereits in vielen Stillleben eingesetzt, vgl. Claus Grimm: *Stilleben. Vom Zauber stummer Gegenstände. Die niederländischen und deutschen Meister. Die italienischen, spanischen und französischen Meister*. 2 Bände in 1 Band, Stuttgart u. a. 1997.

24 Bei Eichendorff treten gleich zwei für Cardiff und Miller bedeutsame Motive auf: Einerseits das somnambul-sichere Umherwandeln und nichtsdestoweniger Finden, denn Eichendorffs Gedicht mit der Ding-Schlaf-Lied-Metapher heißt *Wünschelrute* (1835, erschienen 1838 im Deutschen Musenalmanach), andererseits eben die Betonung des tiefen Träumens und Schlafens der Dinge (und Menschen).

forms of gramophone horns: antique, improvised, reminiscent of the tin-can phones of our youth, and monstrously large, to which a child alternately turns its head to listen to the voices, so parentally dulcet.[23]

As with the Romantic poet Joseph von Eichendorff, in the works of Cardiff and Miller »a song [also] sleeps in all things around, which dream on and on unheard«.[24] As in the story »The Automata« by E.T.A. Hoffmann (another important representative of the so-called dark Romanticism) in *The Dark Pool* things consequently come alive in an uncanny fashion. Each object that can be seen, the books and the card index boxes, appears to contribute a story drawn from its interior, which culminate in a cloud of overlapping speaking voices and touches us inside.

A summary would seem impossible given the meta-rational dream worlds of Cardiff and Miller and the sheer wealth of material of their diary-like notes and card index boxes. Yet in its place we could hazard a rough classification, albeit without cutting impermissibly generalising swaths through an oeuvre as complex as that of these artists. Their works for outdoor spaces evoke more collective, commonly shared memories, such as that of the urban space of Edinburgh. By contrast, precisely owing to the intimate, enclosed nature of the private domain, the voices and images in works with interiors prompt personal feelings and memories to a much greater extent. As archaeologists of both collective and personal memories, Cardiff and Miller will foreseeably »feel their way« through many more works that will simultaneously cathartically purify and keenly sharpen our sensory perception when faced by their disparate images and Babylonian babble.

23 The horns of fanfares and lurs were of course already used in many still lifes as to some extent antiquated, sometimes even archaic insignia of antiquity or of ostensibly better old times; see *Claus Grimm, Stilleben. Vom Zauber stummer Gegenstände. Die niederländischen und deutschen Meister. Die italienischen, spanischen und französischen Meister,* 2 volumes in 1 volume (Stuttgart et al., 1997).

24 Two motifs important to Cardiff and Miller appear in Eichendorff: first, the somnambulistic but assured ambulation and finding nevertheless, because Eichendorff's poem with the lullaby-of-things metaphor is entitled »Wünschelrute« (Dowsing Rod) (1835, appeared in 1838 in the *Deutscher Musenalmanach*), and second, just this emphasis on the deep dreams and sleep of things (and people).

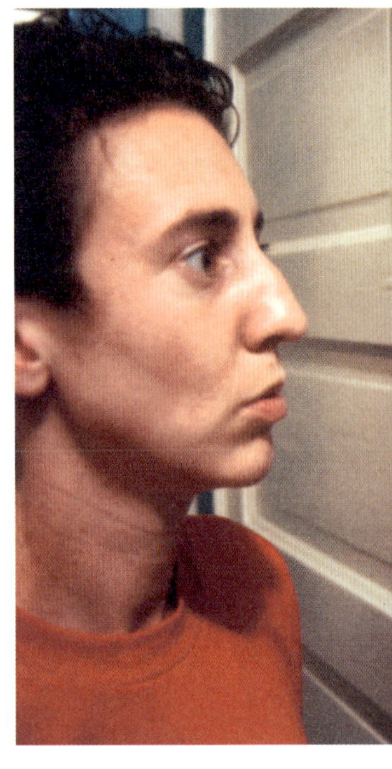

spuren
traces

Seit den 1990er Jahren kollaborieren Janet Cardiff und George Bures Miller. Gemeinsam haben sie ein faszinierendes Œuvre von über 30 großen Installationen, 28 *Walks* und diversen kleineren Arbeiten geschaffen. Während biografische Lebensdaten vor allem den sachlichen Teil eines Lebens wiedergeben, bleiben die persönlichen Erinnerungen, Geschichten und Faszinationen das eigentlich Spannende. Anstelle einer Biografie berichten Weggefährt:innen von gemeinsamen Projekten, von professionellen und persönlichen Spuren, die Cardiff und Miller bei ihnen hinterlassen haben.

Janet Cardiff and George Bures Miller have been collaborating since the 1990s. Together they have created a fascinating oeuvre of more than thirty large installations, twenty-eight *Walks* and various smaller works. While biographical data primarily reproduce the factual part of a life, personal memories, stories and fascinations are what actually make it interesting. In place of a biography, companions along the way recall joint projects as well as the professional mark and personal traces Cardiff and Miller made.

Anfang der 1990er Jahre habe ich Foto-Kurse belegt, die Janet Cardiff an der University of Lethbridge in Alberta gab. Unter dem Vorwand technischer Aufgaben stellte sie provokante Fragen über alles Mögliche — von sozialen und politischen Problemen bis zu eher persönlichen Dingen wie Kindheitserinnerungen und/oder emotionalen Erfahrungen. Die ganzen Dunkelkammerübungen habe ich vergessen, doch durch diese Methode habe ich gelernt, mich meiner eigenen Verwundbarkeit zu stellen und die Grenzen meiner Realität und Sensibilität zu erweitern.
In the early 1990s, I took photography studio classes taught by Janet Cardiff at the University of Lethbridge, Alberta. Under the guise of technical assignments, she asked provocative questions about everything from social and political issues to rather personal matters such as one's childhood memories and/or emotional experiences. I have forgotten about all the darkroom exercises, but through those practices, I learned ways to face my own vulnerability and to push the boundaries of my reality and sensitivity.
Keiko Okamura Kuratorin/Curator, Museum of Contemporary Art Tokio/Tokyo, Japan

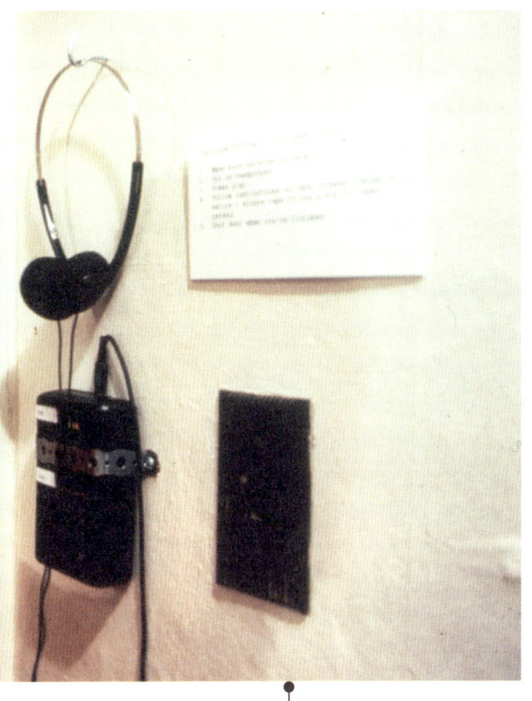

Ich lernte Janet und George im Sommer oder Herbst 1991 kennen, als sie in Alberta lebten. Was mich sofort anzog, war die Art und Weise, wie sie darüber nachdachten, was Kunst sein könnte. Wenig später stellte ich ihre Werke in der Edmonton Art Gallery aus. George zeigte eine auf Film basierende Arbeit, die draußen vor dem Museum lief und die Illusion eines Mannes erzeugte, der nachts in der Nähe des Eingangs des geschlossenen Museums herumlungert. Janet arbeitete mit ihm zusammen, um *To Touch* zu präsentieren. Die Besucher:innen wurden aufgefordert, mit den Händen über die Oberfläche eines großen, sehr alten und vernarbten Tisches zu streichen, was eine Komposition überraschender Klänge auslöste. Schon damals haben Janet und George das Potenzial der Technik ausgelotet, um Klanglandschaften zu erzeugen, die in Kombination mit bewegten Bildern in den Raum, in Objekte und in die Psyche der Besuchenden vordringen.
I met Janet and George in the summer or fall of 1991, when they were living in Alberta, and was immediately attracted to the ways in which they were thinking expansively about what art could be. I exhibited their work soon after at the Edmonton Art Gallery. George showed a public-facing film-based work that created an illusion at night-time of a man loitering near the entryway of the closed museum. Janet collaborated with him to present *To Touch*. Visitors were invited to run their hands over the surface of a large, very old, pock-marked table, which generated a composition of surprising sounds. Already Janet and George were exploring the power of technology to create soundscapes that, combined with moving images, reach into space, objects and visitors' psyches.
Kitty Scott Leitende Kuratorin/Senior curator, National Gallery of Canada, Ottawa, Kanada/Canada

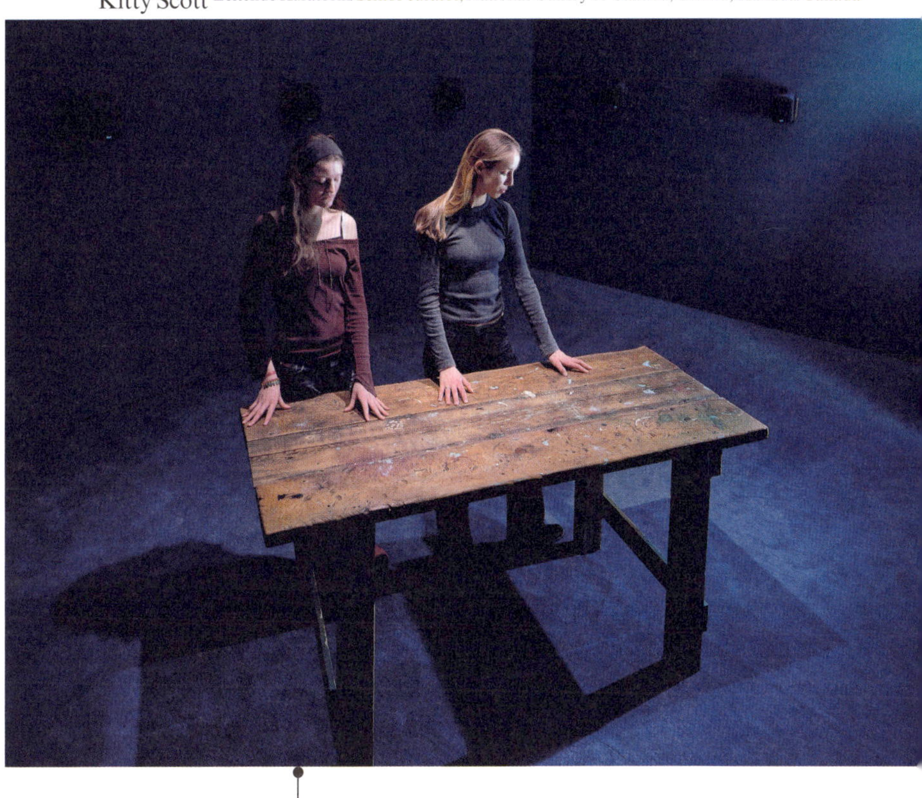

Whispering Room [Flüsternder Raum], 1991

Bathroom Stories [Badezimmergeschichten], 1991

Forest Walk [Waldspaziergang], 1991

An Inability to Make a Sound [Die Unfähigkeit, ein Geräusch zu machen], 1992

To Touch [Zu berühren], 1993

The Dark Pool [Der dunkle Teich], 1995

1991 1992 1993 1995

Als ich, um mein Gedächtnis ein wenig aufzufrischen, Janet Cardiffs *Louisiana Walk #14* von 1996 auf der Website des Louisiana Museum of Modern Art aufrief, bemerkte ich, dass das Werk unter »Skulpturen und Objekte« eingeordnet war. Wie passend!, dachte ich. Abgesehen von anderen wichtigen Merkmalen, wie dem einzigartigen individuellen Tonfall, der fesselnden Erzählweise und der puren Sinnlichkeit, geht es im Werk von Cardiff und Miller um — Raum. Es geht darum, Raum zu schaffen und, im Fall des *Louisiana Walk*, den Raum neu zu gestalten, darum, den atemberaubend schönen Skulpturenpark mit Blick auf die Meerenge zwischen Dänemark und Schweden zu einem eigenen, ganz persönlichen Raum zu machen. Dieser Spaziergang war meine erste Begegnung mit der Arbeit von Janet und George. Der kanadische Kurator und Autor Bruce W. Ferguson hatte sie für seinen Teil der riesigen Louisiana-Ausstellung *NowHere* in Auftrag gegeben — meine erste große Ausstellung zur Gegenwartskunst nach meinem Amtsantritt als Direktor des Museums. Und obwohl es sich um ein ganz anderes Werk handelt, bestätigte *The Forty Part Motet*, als es 2006 im Moderna Museet in Stockholm ausgestellt wurde, meine Einschätzung, dass ihre Arbeit, obwohl fast immateriell, letztlich skulptural ist. Erstaunlich!

When I, to freshen up my memory a bit, was looking up Janet Cardiff's 1996 work *Louisiana Walk #14* on the website of the Louisiana Museum of Modern Art, I noticed that it was categorised among »sculptures and objects«. How spot on! I thought. For, besides other relevant qualities such as the uniquely personal tone, the captivating storytelling, and the sheer sensuality, the work of Cardiff and Miller is about — space. About constructing space and, in the case of the *Louisiana Walk*, reconfiguring space: making the stunningly beautiful sculpture park overlooking the strait between Denmark and Sweden your own personal space. This walk was also my first encounter with Janet and George's work. The Canadian curator and writer Bruce W. Ferguson had commissioned this piece for his section of the mega exhibition *NowHere* at the Louisiana — which was my first large contemporary art exhibition after I had come to the museum as a director. And, although a very different work, when presented at the Moderna Museet in Stockholm in 2006, *The Forty Part Motet* totally confirmed my thoughts about their work being, although almost immaterial, ultimately sculptural. Amazing!

Dr. Lars Nittve Kurator und ehemaliger Direktor/Curator and former director, Tate Modern, London, UK; Moderna Museet, Stockholm, Schweden/Sweden; Louisiana Museum of Modern Art, Humlebæk, Dänemark/Denmark u.a./i.a.

1996 war ich zur Eröffnung einer Gruppenausstellung im Louisiana Museum im dänischen Humlebæk eingeladen. Ich kam irgendwo aus dem Ausland, war fix und fertig von der langen Reise und habe das Dinner größtenteils geschwänzt, um einen Spaziergang an der Ostsee zu machen. Statt eine Überdosis an Kunstbetrieb und Smalltalk drinnen über mich ergehen zu lassen, hörte ich mir über den Abend verteilt dreimal die Audioarbeit der mir damals unbekannten Janet Cardiff an, die zu der Zeit auf dem weitläufigen Gelände installiert war. Jedes Mal war die Wirkung eine andere. Die spontane Einladung der Künstlerin zu den Skulptur Projekten Münster, die noch vor Ort erfolgte, hat sich im Folgejahr als großartig herausgestellt.

In 1996, I was invited to the opening of a group exhibition in the Louisiana Museum in Humlebæk, Denmark. I arrived from somewhere abroad, was wiped out by the long journey and skipped most of the dinner in order to go for a walk by the Baltic Sea. Instead of staying inside and letting an overdose of art scene and small talk wash over me, I listened three times throughout the evening to an audio work installed on the extensive museum grounds by an artist unknown to me at that time — Janet Cardiff. The effect of the work was different each time. My spontaneous decision then and there, to invite the artist to participate in Skulptur Projekte Münster the following year, turned out to be a fantastic one.

Kasper König Kurator der/Curator of Skulptur Projekte Münster, ehemaliger Direktor/former director, Museum Ludwig Köln, Deutschland/Germany

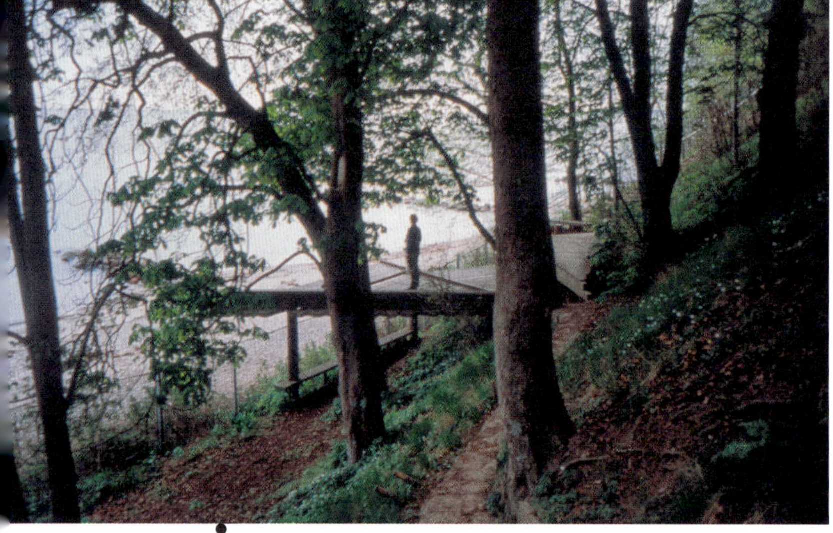

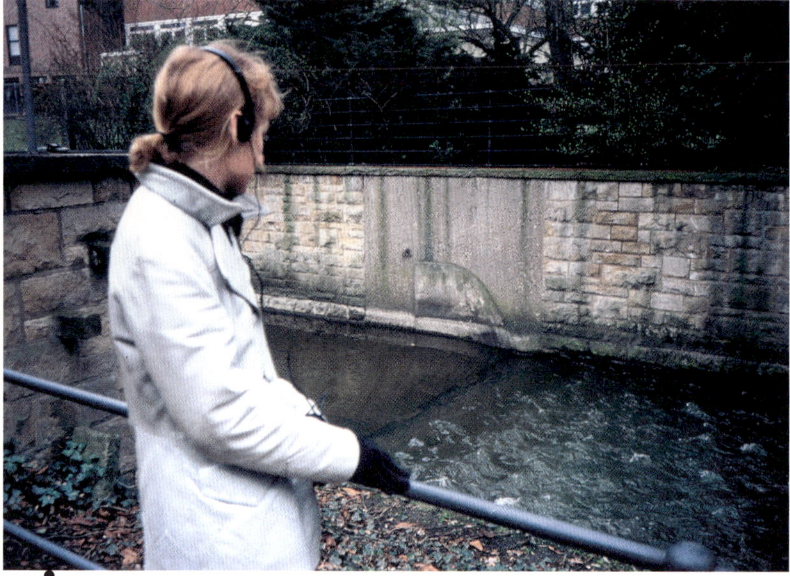

Louisiana Walk [Louisiana Walk], 1996

Chiaroscuro [Chiaroscuro], 1997

Münster Walk [Münsterspaziergang], 1997

The Empty Room [Der leere Raum], 1997

La Tour [Der Turm], 1997

Mallins' Night Walk [Mallins Nachtspaziergang], 1998

Drogan's Nightmare [Drogans Alptraum], 1998

Villa Medici Walk [Villa-Medici-Spaziergang], 1998

Wanås Walk [Wanås-Spaziergang], 1998

1996

1997

1998

Der lange Spaziergang Zum ersten Mal begegnete ich Janets Arbeit 1997 im Rahmen der Skulptur Projekte in Münster: Es war ein Walk mit Kopfhörern, etwa 15 Minuten lang. Er war äußerst fesselnd, und ich wollte nicht, dass er aufhört. Kurze Zeit später folgten Janet und George meiner Einladung nach London, und die Idee eines viel längeren Spaziergangs nahm allmählich Gestalt an. *The Missing Voice (Case Study B)* begann in der öffentlichen Bibliothek von Whitechapel im Londoner East End und endete ungefähr 40 Minuten später am Bahnhof Liverpool Street, in der City of London. Es war kein Rundweg, und die Zuhörenden wurden in der großen Bahnhofshalle inmitten der Menschenmenge allein gelassen. 23 Jahre später kann man diesen Weg immer noch gehen. Der Soundtrack hat sich nicht geändert, die Route ist immer noch die gleiche, doch ist aus der Bibliothek eine Galerie geworden und Teile der Stadt haben sich sehr verändert. Die Diskrepanz zwischen dem, was Janets Stimme beschreibt, und dem, was die Zuhörenden sehen — stets ein wesentlicher Bestandteil im Werk von Cardiff und Miller —, ist noch deutlicher geworden. Dieser Tatsache und der zeitlichen Distanz zum Trotz schlängelt sich *The Missing Voice (Case Study B)* noch immer auf faszinierende Weise durch das Gefüge der Stadt.

The Long Walk I first came across Janet's work in the 1997 Skulptur Projekte Münster: a walk with headphones, perhaps about fifteen minutes long. It was completely absorbing and I didn't want it to stop. Not long after, Janet and George accepted my invitation to come to London, and the idea of a much longer walk gradually took root. *The Missing Voice (Case Study B)* began in the Whitechapel public library in London's East End and ended some forty minutes later in Liverpool Street Station, in the City of London. The route was not circular and the listener was left alone amongst the crowds, on the main concourse of the station. Twenty-three years later, you can still walk the walk. The soundtrack hasn't changed, the route is still the same, but the library has become a gallery and parts of the city have changed a lot. The dislocation between what Janet's voice describes and what the listener sees — always an integral part of the artists' work — is more accentuated. Despite this, and the distance in time, *The Missing Voice (Case Study B)* still weaves its mesmerising way into the fabric of the city.

James Lingwood Kodirektor/Co-director, Artangel, London, UK

Meine erste Begegnung mit der Arbeit von Janet fand in Münster statt — eine intime, tiefe und aufregende Erfahrung. Ich schrieb ihr, um sie zu fragen, ob sie eine Zusammenarbeit mit mir in Betracht ziehen würde; wir trafen uns und sie erzählte mir von ihrer Idee, eine 40-teilige Aufnahme von Thomas Tallis' *Spem in Alium* zu produzieren. Ob ich ihr hierbei vielleicht helfen wollte? Wir machten uns an die Arbeit, und ein Jahr später wurde *The Forty Part Motet* in Ottawa uraufgeführt und erhielt den Millennium Prize. Ich nahm das Werk mit auf eine Tournee durch Großbritannien und werde nie vergessen, wie ich die Lautstärke für jede einzelne Stimme einstellte, die Persönlichkeiten der einzelnen Sängerinnen und Sänger, und dass ich das Gefühl hatte, körperlich von der Musik aufgesogen zu werden. Die Produktion dieses Werks war nicht nur ein wichtiger Schritt in meiner Karriere, sondern ich habe in Janet und George auch Freunde fürs Leben gefunden.

My first introduction to Janet's work was in Münster. The experience was intimate, visceral and thrilling. I wrote to her to ask if she would consider working with me; we met and she told me of her idea to create a forty-part recording of Thomas Tallis's *Spem in Alium*. Perhaps I would like to help her? We set to work and a year later *The Forty Part Motet* was premiered in Ottawa, winning the Millennium Prize. I took the work on tour across the UK and will never forget tuning the sound levels for each individual voice, the personalities of each speaker, and the sense of becoming physically absorbed into the music. Producing the work was not only a seminal part of my career, but in Janet and George I have also found friends for life.

Theresa Bergne Kuratorin und Producerin/Curator and producer, Field Art Projects, UK

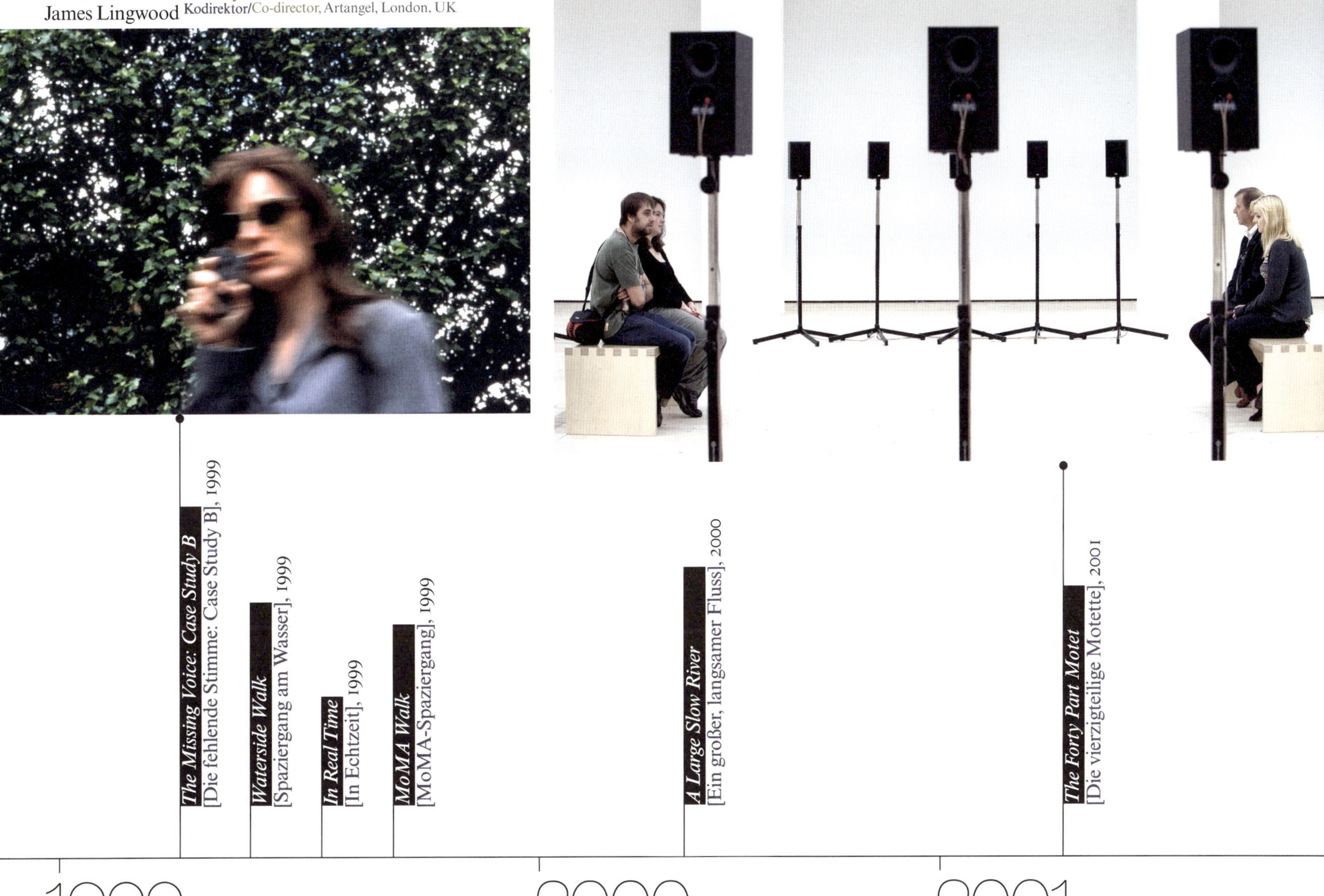

Janet Cardiff und George Bures Miller erzählen mit ihren immersiven Multimedia-Installationen Geschichten, die sich an der Grenze zwischen Realität und Fiktion bewegen. Die filmische Handlung, der Soundtrack, die fiktiven Umgebungsgeräusche in Verbindung mit eigenen Erinnerungen lassen die verschiedenen Wahrnehmungsebenen miteinander verschmelzen und machen ihre Installationen zu einem magischen Ort. Mich fasziniert, dass man schon nach kurzer Zeit in den Sog der Handlung gerät, dem man sich nicht mehr entziehen kann.

With their immersive multimedia installations, Janet Cardiff and George Bures Miller tell stories that move on the boundaries between reality and fiction. The cinematic plots, the soundtracks, and the fictitious ambient noises in connection with one's own memories allow the various levels of perception to merge, and make their installations magical places. What fascinates me is that after only a brief time one is already drawn in by the plot, from which one can no longer escape from.

Ingvild Goetz Sammlerin und Kuratorin, München, Deutschland/Collector and curator, Munich, Germany

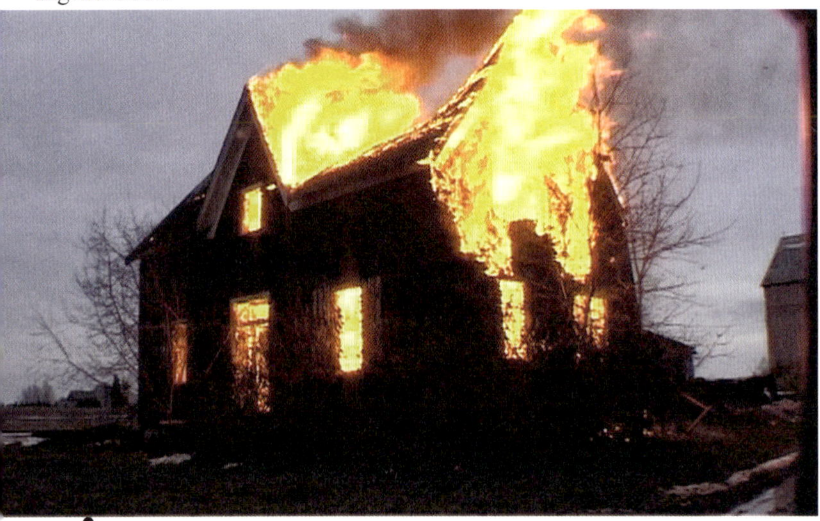

»Die beiden Kanadier sind heute bei unserer Aufnahmesession dabei…«. So informierte man mich, dass bei einer unserer Orchesteraufnahmen 2002 im Berliner Funkhaus zwei Klangkünstler anwesend sein würden, die Aufnahmen machen und dazu mit eigenen Mikrofonen im Orchester umhergehen wollten. Allein der Gedanke war ein Alptraum. Ein extrem enger Aufnahmezeitplan mit endlosen Wiederholungen und der Musik zahlreicher Komponisten, und mittendrin zwei Menschen, die über Kabel stolpern und Mikrofonständer verschieben!

Aber keine Kabel wurden herausgezogen und die anderen Mikrofone nicht berührt. Dieses höchst unübliche Vorgehen überraschte mich, ebenso wie die Tatsache, dass ein Track, den wir aufnahmen, die Orchesteruntermalung für einen Bowie-Song war… Die Installation, für die die Musik aufgenommen wurde, war *The Berlin Files*, ein 13-minütiges Video mit einem Bowie-Song am Ende. Ich freute mich, als man mich bat, nicht nur bei der Musik, sondern auch beim Abmischen des Films zu helfen. Einige Aufnahme- und Abmisch-Sessions später fragte man mich, ob ich jemanden wüsste, der gut im Abmischen von Chormusik wäre. Die erste Person, die mir in den Sinn kam, war ich selbst. So kam ich in das Team, wo ich mich schließlich um die Installation von *The Forty Part Motet* kümmerte und weiterhin mit »den beiden Kanadiern« arbeitete, die zu Janet und George wurden.

»The two Canadians will be joining our recording session today…« This is how I was informed that our orchestral recording session back in 2002 at Berlin's Funkhaus would be joined by two sound artists who were asking to record and move around among the orchestra with their own microphones. A nightmare to think about it. In a very tightly packed recording schedule, with endless retakes and multiple composers, having two people walking around tripping over cables and moving microphone stands! But no cable got pulled and no other microphones were touched. This extremely unusual approach caught my attention, as did the fact that one track we recorded was the orchestra backing for a Bowie song… The installation for which the music was recorded for was *The Berlin Files*, a thirteen-minute video with a Bowie song at the end. I was happy to be asked to help with mixing not only the music but also the film. Some recording and mixing sessions later, I was asked if I knew someone who would be good at mixing a choir. The first person that came to my mind was myself. This is how I joined the team and ended up taking care of installing *The Forty Part Motet* and continued working with »the two Canadians« who became Janet and George.

Titus Maderlechner Tonmeister, Berlin, Deutschland/Germany

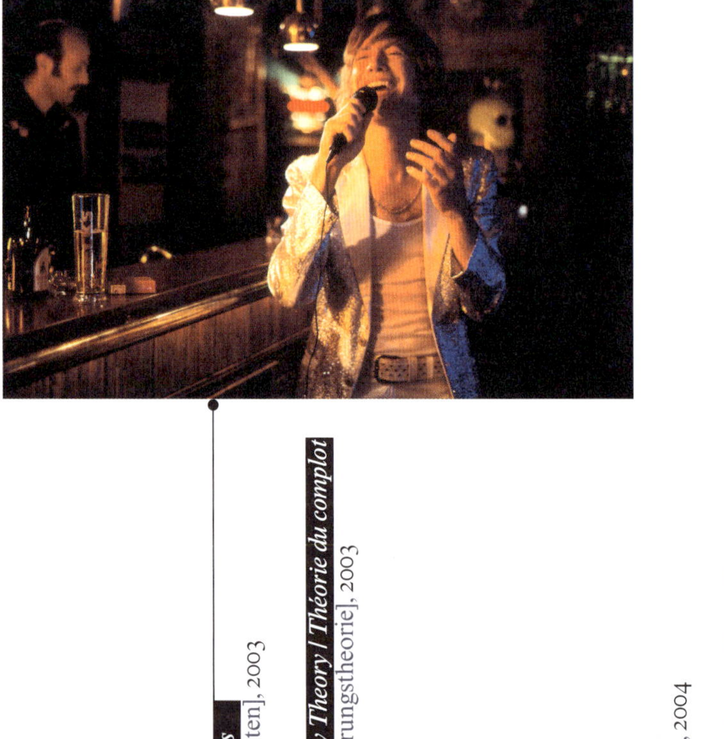

The Paradise Institute [Das Paradiesinstitut], 2001

P.S. 1 Walk [P.S.-1-Spaziergang], 2001

The Telephone Call [Der Telefonanruf], 2001

Taking Pictures [Fotos machen], 2001

Ittingen Walk [Ittingen-Spaziergang], 2002

Berlin Files [Berlin-Akten], 2003

Conspiracy Theory / Théorie du complot [Verschwörungstheorie], 2003

Road Trip [Roadtrip], 2004

Her Long Black Hair [Ihr langes, schwarzes Haar], 2004

2001 2002 2003 2004

Die Werke von Cardiff und Miller verbinden bestimmte Teile der Welt mit der Wirklichkeit. Sie laden das Publikum ein, an ihnen teilzunehmen und dadurch Realität und Fiktion zu verschmelzen. Besonders gut ist die Serie der *Walks*; ich habe selbst erlebt, dass ich — geleitet von Janets Stimme — den Eindruck hatte, am gleichen Ort wie sie umherzugehen. Meine Lieblingsarbeit ist *The Killing Machine* (2007), die all unsere Sinne anspricht. Es ist ein brillantes, theatralisches Werk, das zeigt, wie das unbedachte Drücken des Startknopfs durch das Publikum geradewegs zu einem grausamen Ende führen kann, dem die Menschen vom Rande aus zusehen. Scheinbar folgen wir der Handlung von Cardiff und Miller, doch am Ende entscheiden wir selbst, wie die Geschichte endet.

Cardiff and Miller's works connect certain parts of the world to reality, inviting the audience to participate and to blend reality and fiction. The *Walk* series is particularly good, and I have had the experience of being guided by Janet's voice and then having a vision of walking in the same place. My favourite piece is *The Killing Machine* (2007), which stimulates all of our perceptions. It's a brilliant theatrical piece, showing how the careless pressing of the start button by the audience can lead directly to a cruel end, with people watching from the sidelines. We seem to be following narrative by Cardiff and Miller, but in the end it is up to each of us to decide how it ends.

Hiromi Kurosawa Chefkuratorin/Chief curator, 21st Century Museum of Contemporary Art, Kanazawa, Japan

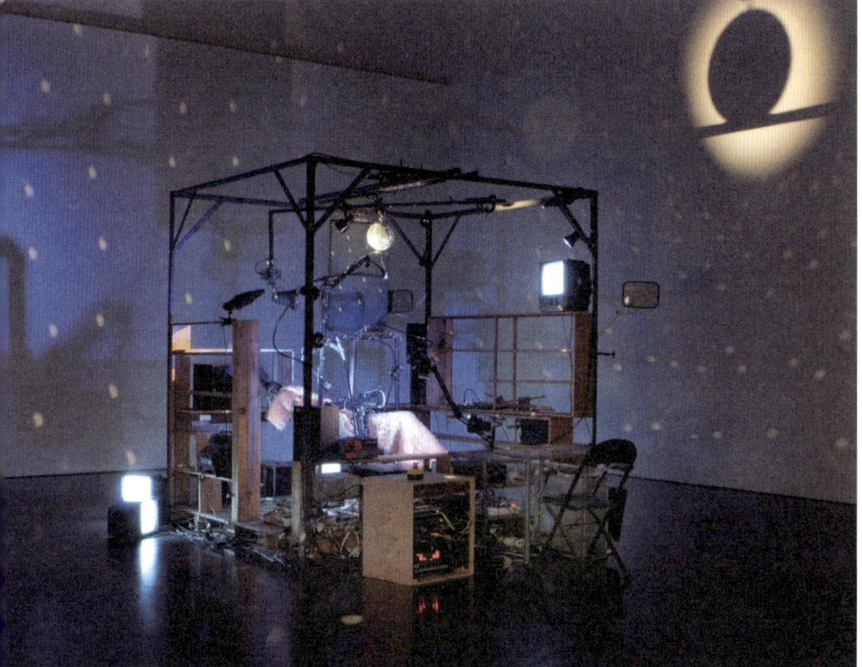

Mit ihrer Installation *Blue Hawaii Bar* haben Cardiff und Miller 2007 einen Ort von regelrecht magischer Anziehungskraft geschaffen. Während im Ausstellungsgebäude der Mathildenhöhe Darmstadt die Stimmen von *The Forty Part Motet* die Besucher:innen buchstäblich zu Tränen rührten und das Kinotheater des *Paradise Institute* sie massiv irritierte, wartete zehn Meter tiefer noch eine ganz andere Überraschung auf sie: Wasser umspülte knöcheltief die bereitgestellten Gummistiefel beim Einstieg in das monumentale, alte Backsteingewölbe. War zuerst nur sehnsuchtsvolle Musik aus dem Dunkel zu hören, so erschienen den durch das Wasser Watenden bald in der Ferne bunte Lichter und, einem Phantombild gleich, eine veritable Tiki-Tiki-Bar tief im Inneren des Wasserreservoirs. Das unterirdische Reservoir wurde unversehens zum nächtlichen Strand, an dessen seltsam verlassener Bar wir zwischen Campari-Flaschen, Gläsern und Orangen gleichsam endlos verweilten, hypnotisiert vom glitzernden Grün, Blau, Rot und Gelb der Lichterketten, dem leisen Plätschern des Wassers und der traumverlorenen Melodie von »Blue Velvet«…

With their installation *Blue Hawaii Bar*, Cardiff and Miller created a place of veritably magical appeal. While the voices of *The Forty Part Motet* literally moved visitors to tears in the exhibition building of the Mathildenhöhe in Darmstadt, and the movie theatre of *The Paradise Institute* profoundly affected them, an entirely different surprise was waiting for them ten metres further down: Upon entering the monumental old brick vault, they found ankle-deep water washing around the rubber boots provided to them. While at first only yearning music could be heard coming from out of the darkness, soon visitors, wading on through the water, could see colourful lights and a tiki bar deep inside the reservoir, like a phantom image. The subterranean reservoir unexpectedly became a nocturnal beach, and we lingered at the strangely deserted bar surrounded by Campari bottles, glasses and oranges, hypnotised by the glittering green, blue, red and yellow of the strings of lights, the gentle lapping of the water and the dreamy melody of »Blue Velvet«…

Dr. Ralf Beil Generaldirektor Weltkulturerbe Völklinger Hütte, ehemaliger Direktor des Instituts Mathildenhöhe Darmstadt und Kurator der Ausstellung/General director, World Heritage Site Völklinger Hütte, Völklingen, Germany; former director, Institut Mathildenhöhe, Darmstadt, Germany and curator of, *Janet Cardiff & George Bures Miller. The Killing Machine and Other Stories*

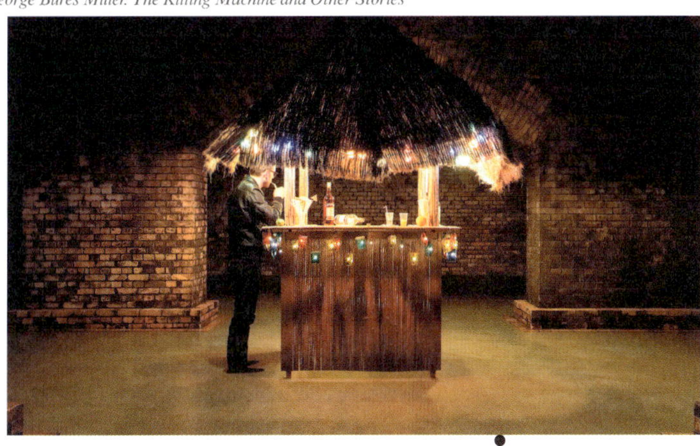

Pandemonium [Pandämonium], 2005

The Secret Hotel [Das geheime Hotel], 2005

Opera for a Small Room [Oper für einen kleinen Raum], 2005

Words Drawn in Water [Ins Wasser gezeichnete Wörter], 2005

Ghost Machine [Geistermaschine], 2005

Jena Walk (Memory Field) [Jena-Spaziergang (Erinnerungsfeld)], 2006

The Killing Machine [Die Tötungsmaschine], 2007

Blue Hawaii Bar [Blaue Hawaii-Bar], 2007

2005

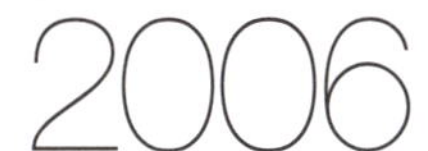

2007

Im Jahr 2001 bin ich zwei Geschichtenerzählern begegnet. Ich sollte ihnen in der Endphase einer Arbeit helfen, die sie *The Paradise Institute* nannten. Nach diesem »Paradies« zogen wir durch die Straßen von Berlin und filmten für *The Berlin Files*. Kurz darauf zog ich in einem Gefängnis in Philadelphia Kabel für ein *Pandemonium* betiteltes Stück, bevor man mich aufforderte, in *Opera for a Small Room* einen Kronleuchter zum Schwingen zu bringen. Meine Fähigkeiten führten zum Bau eines Roboters für *The Killing Machine*. Und dann? … Hundert Lautsprecher wurden, mal hoch, mal tief, wie ein Krähenschwarm [*The Murder of Crows*] in einen riesigen Raum gehängt; vielleicht war es nur logisch, dass ich als Nächstes ein schmales *Cabinet of Curiousness* adaptierte, damit es interaktive DJ-artige Köstlichkeiten lieferte, und dann folgte ich meinem Instinkt, aufs Meer hinauszufahren und meiner Fantasie freien Lauf zu lassen, um ein *Ship of Fools* zu bauen. Wieder an Land, musste ein *FOREST (for a thousand years)* gehängt und verkabelt werden. Nicht zuletzt wurden für *The Marionette Maker* Schuhe für das Gehen auf der Stelle benötigt: Geräusche malen Bilder. Und schließlich, für mein räumliches Vorstellungsvermögen: Bitte 150 Spiegel aufhängen! Zeit für *The Infinity Machine*. Bei jeder Erkundung von Wegen und Möglichkeiten, ein Werk zu produzieren, sind Janet und George wie Maler/Dirigenten/Improvisationskünstler, die Selbstdarstellung zulassen, aber auch nicht vor dem Wort »nein« zurückschrecken … sei bereit … gib dein Bestes (und noch mehr) und werde kreativ, doch gib dein Gepäck an der Tür ab … Bitte keine Touristen, hier geht es um etwas Langfristiges. Sei du selbst — mach', was *du* kannst! Deshalb bist *du* hier. *Ein* kann ohne *Aus* nicht existieren. In TEAM gibt es kein I[ch], aber *Tea* [Tee] für alle.

In 2001 I met two storytellers; I was to assist in the final stages of a work they called *The Paradise Institute*. From »Paradise«, we went rushing around the streets of Berlin filming for *The Berlin Files*. Not long afterwards, I was pulling cables in a penitentiary in Philadelphia for a *Pandemonium* piece before being invited to shake a chandelier in an *Opera for a Small Room*. My skills at making a chandelier tremble led to a *Killing Machine* robot build. Then what? … A hundred speakers hung as a *Murder of Crows* placed in a huge space, high and low; perhaps it was natural that what came next was to adapt a skinny *Cabinet of Curiousness* to deliver delicious interactive DJ-esque delights, and then follow an off-to-sea instinct, imaginations running free, to build a *Ship o' Fools*. From the sea back to land, for a *FOREST (for a thousand years)* needing to be hung and cabled. Last but not least, *The Marionette Maker* that required some shoes for walking on the spot: sounds paint pictures. Finally, for my spatial awareness aptitude — hang 150 mirrors, please! Time for *The Infinity Machine*. On each exploration into the ways and possibilities of producing a piece, Janet and George are akin to painters/conductors/improvisors, allowing self-expression but not averse to saying »no«… be prepared… bring your A–Z game to make and create, but leave your baggage at the door… No tourists, please, we're in it for the long haul. Be yourself — do you! That's why you're here. *On* cannot exist without *Off*. There is no I in TEAM but there is tea for all.

Carlo Crovato Künstler und technischer Assistent von/Artist and technical assistant to Cardiff und/and Miller, Berlin, Deutschland/Germany

1996 kehrte mein Mann Cesare aus dem Louisiana Museum zurück, wo er einen von Janets ersten *Audio Walks* gesehen hatte: ein Vorläufer der Augmented Reality, aber so viel besser. Im nächsten Jahr lernte ich sie und George, ihren Partner und künstlerischen Mitstreiter, persönlich kennen. Der *Münster Walk* ließ mich kathartisch weinen, und seitdem haben ihre Werke immer wieder diese Wirkung auf mich. Kitty Scott war die erste in meinem Umfeld, die sich mit Janet und George beschäftigt hat, und dafür hat sie wirklich einen Preis verdient. Ich selbst hatte die Ehre, viele ihrer großartigen Werke zu kuratieren: *Villa Medici Walk*, *PS1 Walk*, *The Murder of Crows*, *Alter Bahnhof Video Walk*, *Sad Waltz and the Dancer Who Couldn't Dance*. Ich habe zudem ihre erste Museumsretrospektive für das MoMA PS1 organisiert, die später ins Castello di Rivoli wanderte. Wenn ich an Janet denke, muss ich immer noch weinen. Wenn ich an George denke, muss ich immer noch lachen, denn er verbirgt seine Empathie hinter Witzen.

In 1996, my husband Cesare returned from Louisiana Museum where he'd come across one of Janet's first *Audio Walks*: predecessors to Augmented Reality, and so much better. The following year I met her and George, her partner and artistic collaborator. The Münster Walk made me weep cathartically, and since then I have a similar response to their work. Kitty Scott was the first in my field to focus on Janet and George and deserves an award. I have had the privilege of curating many of their great works: *Villa Medici Walk*, *PS1 Walk*, *The Murder of Crows*, *Alter Bahnhof Video Walk*, *Sad Waltz and the Dancer Who Couldn't Dance*. I also organised their first museum retrospective for MoMA PS1, which travelled to Castello di Rivoli. When I think of Janet, I still cry. When I think of George, I still laugh, as he hides his empathy behind jokes.

Carolyn Christov-Bakargiev Leiterin des/Director of Castello di Rivoli, Turin, Italien/Italy; künstlerische Leiterin der/Artistic director documenta 13, Kassel, Deutschland/Germany

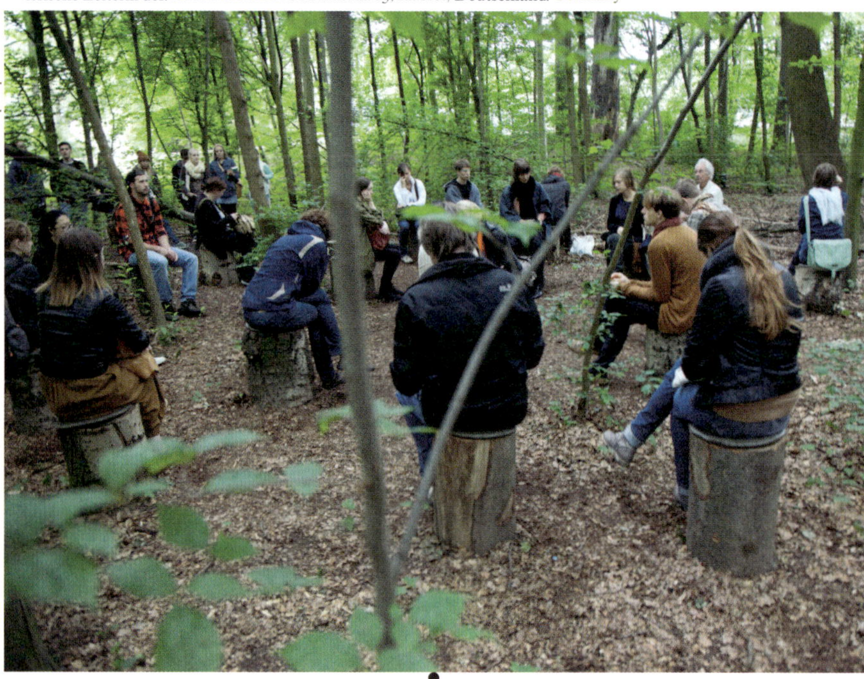

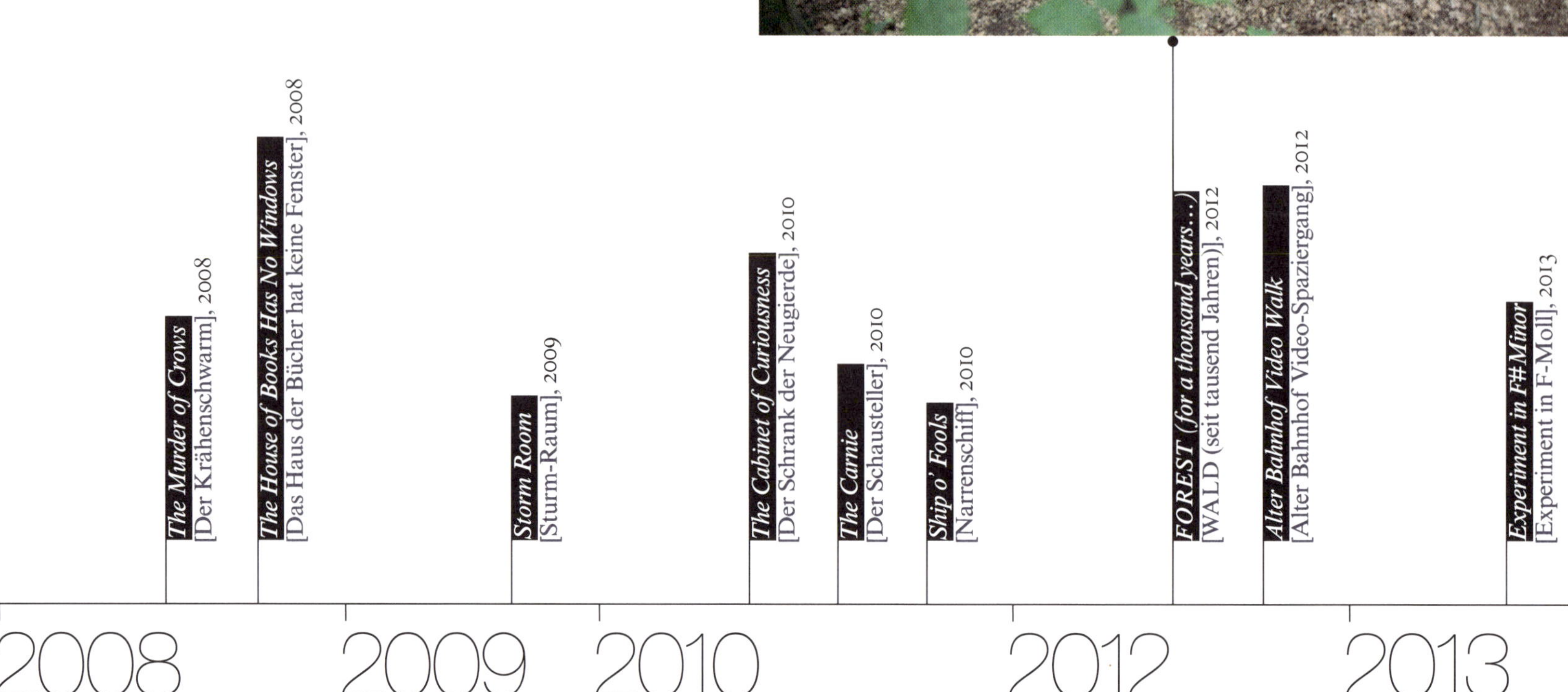

Wie glücklich wir waren … wie glücklich wir sind! Was für ein Glück, dass wir in die Welt von Janet und George eintauchen durften, damals, nach Janets bemerkenswerter Vorführung von *The Forty Part Motet* 2001 im New Yorker PS 1, wo der feierliche Gesang von Thomas Tallis wie eine poetische Anklage jener Katastrophe klang, die uns im schrecklichen Herbst jenes Jahres widerfahren war. Ihre eindringlich surrealen und in ihrer Erzählform ungeheuer erfinderischen *Audio Walks* lockten uns in eine andere außergewöhnliche Facette ihrer Kunst. Wir durchquerten mit ihnen eine Landschaft, die uns von London in den New Yorker Central Park, nach San Francisco, Sydney, einfach immer weiterführte und dazu beitrug, dass wir uns einer geradezu grundlegenden Veränderung in der Geschichte des künstlerischen Schaffens bewusst wurden. Alles passte immer zusammen, und als offensichtlich wurde, dass der Audio-Spaziergang den vorgesehenen Sinn und Zweck erfüllt hatte, widmeten sich die beiden der Erkundung eines Universums, das ganz am Anfang, 1995, *The Dark Pool* hervorgebracht hatte und 2021 mit *The Escape Room* zu seinem Höhepunkt gelangte … und dazwischen immer wieder andere Werke von *Opera for a Small Room* und *The Killing Machine* bis zu *The Carnie* und *The Marionette Maker*. Was für eine Herausforderung und was für ein Glück wir alle hatten, mit den beiden zu arbeiten und an ihren Einfällen und ihrem Esprit teilzuhaben … eine Welt voller großartiger Kunstwerke, ob in ihrer Dunkelheit oder ihrem kindlichen Spuk, ob in ihrer Ironie oder ihrem feinen Sinn für erzählerische Erfindungen und Form … Wie glücklich wir waren und wie glücklich wir sind …

How lucky we were… how lucky we are! How fortunate we were to enter Janet and George's landscape, following in the wake of Janet's remarkable *The Forty Part Motet* presentation at PS 1 in New York in 2001, where Thomas Tallis's solemn song resounded as a poetic rebuke to the disaster that we faced in the terrible autumn of that year. The further deployment of their audio walks, hauntingly surreal and wildly inventive in their narrative form, brought us into yet another extraordinary domain of their artistic achievement, causing us to traverse a landscape with the artists, from London to Central Park to San Francisco to Sydney and onwards, fostering an awareness within us of an almost seismic shift in the history of artistic production. Each and every cut of cloth was for its wearer, and when, after it became apparent that the audio walk had served its intended purpose and relevance, the artists were back exploring a universe which, in its beginning, had unearthed *The Dark Pool* in 1995 and which culminated in *Escape Room* in 2021… but punctuated with the likes of works ranging from *Opera for a Small Room* and *The Killing Machine* to *The Carnie* and *The Marionette Maker*…. How challenged and fortunate we all were to work with these two artists, and to partake of their inventions and spirit… replete with the poles of great artistry, from its darkness to its childlike spectre, from its irony to its sublime sense of narrative invention and form…. How lucky we were, and how lucky we are…

Lawrence Luhring, Roland Augustine Galeristen/Gallerists, Luhring Augustine, New York, USA

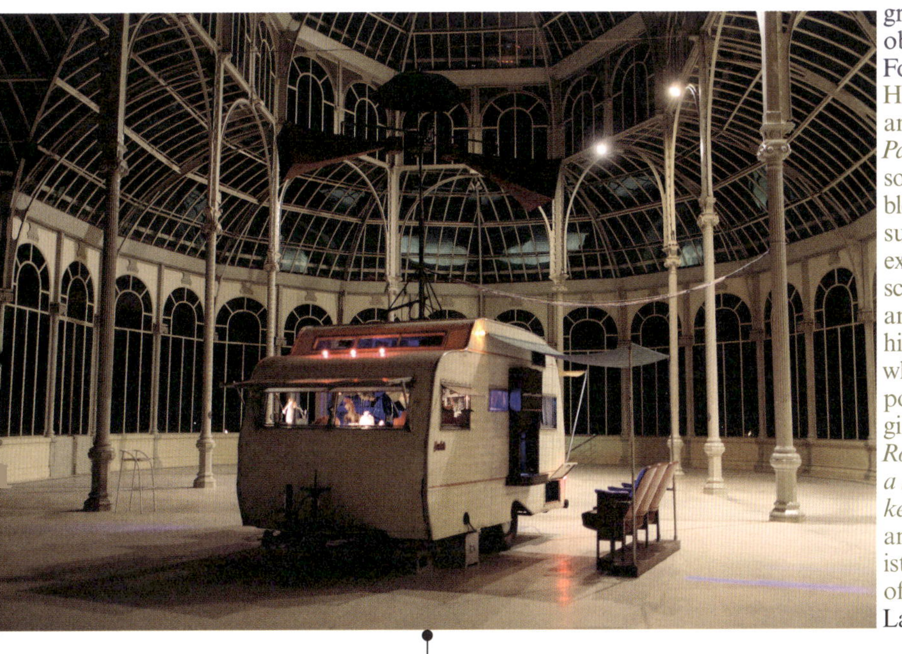

The Marionette Maker [Der Marionettenmacher], 2014

The City of Forking Paths [Die Stadt der Gabelpfade], 2014

Conversation with Antonello [Gespräch mit Antonello], 2015

The Infinity Machine [Die Unendlichkeitsmaschine], 2015

2014

2015

Ich lernte die Arbeit von Janet und George 1999 kennen, als Janet *In Real Time* bei der Carnegie International zeigte. Das Magazin einer Bibliothek zu durchwandern, allein, mit einer Handycam in der Hand und geführt von Janets geheimnisvoller Stimme, war eine äußerst faszinierende Erfahrung. 14 Jahre lang habe ich mich geduldig bemüht, die Herzen der beiden zu erobern und konnte schließlich 2013 in unserer Galerie in Tokio die Ausstellung *Experiment in F# Minor* zeigen. Seitdem haben wir *Storm House* (2010), *Dreaming Naoshima* (2016) und *Osaka Symphony* (2018) realisiert. Es war wunderbar zu beobachten, wie ihnen Japan ans Herz gewachsen ist. Für das Projekt in Naoshima wohnten sie in einem Haus auf der Insel. Etwa drei Wochen lang lebten sie dort mit ihrem Kind als Familie und arbeiteten zugleich. Die Erinnerungen an die Zeit, in der ich ihre Nachbarin war, das tägliche Leben mit ihnen teilte und sie näher kennenlernen konnte, sind etwas ganz Besonderes. So hatte ich das Glück, hautnah zu erfahren, warum ihre Werke derart von Wärme erfüllt sind. Während der Arbeit an ihrer Ausstellung im 21st Century Museum of Contemporary Art in Kanazawa (2017/18) lernte ich aber auch die technische Präzision ihrer Arbeit kennen. Heute weiß ich, dass ihre Werke ein genaues Spiegelbild ihrer Persönlichkeit sind: sympathisch und professionell. Ich schätze meine Beziehung zu ihnen sehr und hoffe, dass sie noch viele Jahre andauert.

I encountered Janet and George's work in 1999 when Janet showed *In Real Time* at the Carnegie International. The experience of walking through the stockroom of a library, alone, holding a Handycam in one hand, led by Janet's mysterious voice, was extremely intriguing. I've tried patiently, for fourteen years, to win the artists' hearts, and finally realised the show entitled *Experiment in F# Minor* at our gallery in Tokyo in 2013. Since then, we've realised commissioned works *Storm House* (2010), *Dreaming Naoshima* (2016) and *Osaka Symphony* (2018). All the while, it has been a joy to watch the artists grow fond of Japan. For the project in Naoshima, they and their child stayed in a house on the island, living and working as a family for about three weeks. The memories of being their neighbour, of sharing daily life with them and getting to know them, are very special. So I was lucky to learn in depth the reason for the warmth of their work. But I also got to know their technical precision through working on their show in the 21st Century Museum of Contemporary Art, Kanazawa (2017/2018). Installing their works in this unique place wasn't easy. I know now that their work is a perfect reflection of who they are, personable and professional. I cherish my relationship with them and hope that this will last for many years to come.

Atsuko Koyanagi Direktorin/Director, Gallery Koyanagi, Tokio/Tokyo, Japan

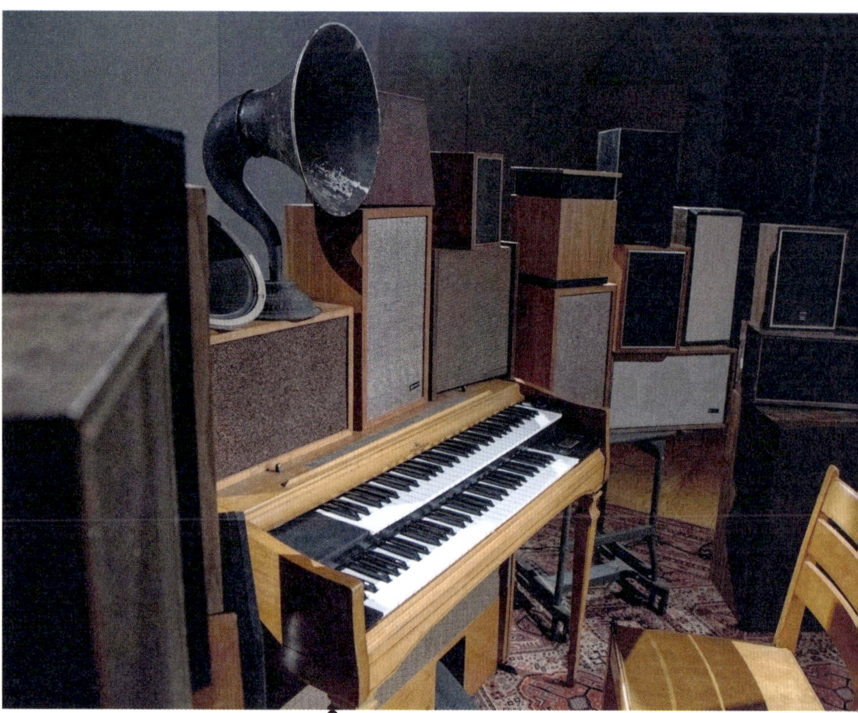

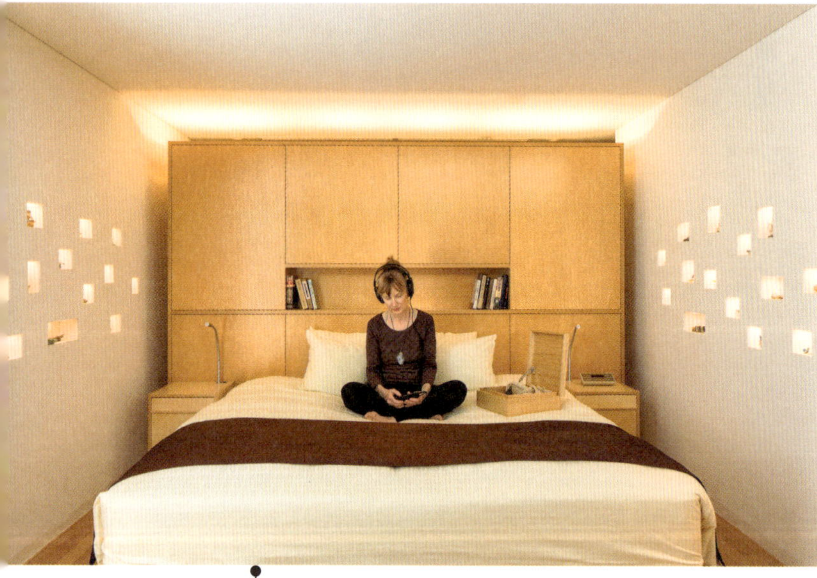

Dreaming Naoshima
[Naoshima träumen], 2016

The Poetry Machine
[Die Gedichtsmaschine], 2017

2016

2017

Wie erinnert man sich an die erste Begegnung mit dem Werk eines Künstlers oder einer Künstlerin, wenn es sich eigentlich so anfühlt, als ob es im Zentrum der eigenen lebenslangen Kunsterfahrungen steht? War es vielleicht *The Forty Part Motet*? Oder war es der *Video Walk* des SFMOMA? Oder war es die Begegnung mit *Road Trip* in einem obskuren Raum irgendwo in einem weit entfernten Museum? Jedes Mal war es wie das Treffen mit einem alten Freund, der mir neue Geschichten zu erzählen hatte. »Komm mit, lass mich dir etwas zeigen, das du noch nie gesehen hast, etwas erzählen, das du noch nie gehört hast.« Bei der ersten und allen folgenden Begegnungen haben sich die Werke von Janet und George in mein Bewusstsein eingebrannt, sind bis ins Unterbewusstsein vorgedrungen und Teil meines Lebensgefühls geworden. Zu der Zeit, als die Fraenkel Gallery im Mai 2018 die erste gemeinsame Ausstellung *JANET CARDIFF & GEORGE BURES MILLER: The Poetry Machine and Other Works* zeigte, hatte ich das Werk der beiden bereits seit mehr als zehn Jahren verfolgt und mehr als drei Jahre mit einer solchen Ausstellung geliebäugelt. Sowohl die Werke der beiden als auch das Arbeiten mit ihnen haben etwas Transformatives. Die Kunstwerke entwickeln sich langsam, organisch, spielerisch und mühsam, und so, wie sich das Werk auf geheimnisvolle Weise für seine Schöpfer entfaltet, so offenbart es sich auch den Betrachtenden. Wenn Sie auch nur mit einem Werk Zeit verbracht haben, wissen Sie, dass dies wahr ist. Magie liegt in der Luft.

How does one remember the first time encountering an artist's work when in fact it feels as if it's at the centre of one's lifetime of art experiences? Could it have been *The Forty Part Motet*? Or was it SFMOMA's video-walk? Or was it happening upon *Road Trip* in an obscure room in a distant museum somewhere? Each time, it was like meeting an old friend who had new stories to tell me. »Come with me, let me show you something you've never seen before, tell you something you've never heard before.« Upon first, and all subsequent meetings, Janet and George's work burrowed itself into my consciousness as well as my subconscious, weaving itself into the ethos and ether of my life. By the time Fraenkel Gallery mounted our first exhibition, *JANET CARDIFF & GEORGE BURES MILLER: The Poetry Machine and Other Works* in May of 2018, I had been tracking the artists' work for over ten years and courting this prospect for more than three. It is both the work and the working with them that is transformative. The artworks evolve slowly, organically, playfully and arduously, and so it is that, in the mysterious ways the work unfurls for the makers, it manifests for the witness. If you have spent time with even just one piece, you know this to be true. There is magic in the room.

Frish Brandt Direktorin/President, Fraenkel Gallery, San Francisco, USA

Die Zusammenarbeit mit Janet und George hat mich die Welt mit anderen Augen sehen lassen. Vergleichbar war diese Erfahrung mit der Lektüre von Patrick Süskinds Buch *Das Parfüm* (1985): Plötzlich besteht die Welt aus Gerüchen. Im Fall des Werks von Janet und George öffnet sich die Welt durch Klang, durch den eine ganze neue Frequenz des Verstehens freigelegt wird. Die Wahrnehmung von Klängen öffnet neue Ebenen der Reflexion, des Bewusstseins und der Vorstellungskraft. Die Arbeiten der beiden schaffen eine filmische Umgebung, in der sich ein gewöhnlicher Alltagsmoment in eine persönliche Erzählung verwandelt. Erinnerung, Unvorhersehbarkeit und das Mysterium der Technik tragen dazu bei, einen vorübergehenden Soundtrack für einen Raum, einen Ort oder eine Umgebung zu schaffen. Die enge Zusammenarbeit mit Janet und George war für mich in vielerlei Hinsicht von Bedeutung. Am wichtigsten ist, dass daraus eine neue Freundschaft entstanden ist. Wir sind in Kontakt geblieben, sogar während der Covid-Pandemie, und haben während der Isolation Erfahrungen ausgetauscht. Sie saßen in der verschneiten kanadischen Landschaft von British Columbia fest, fühlten sich dort aber wohl und machten auf einem Feld nahe des Flusses ein Lagerfeuer. Als ich die Bilder sah, konnte ich mir die Geräusche vorstellen.

Working with Janet and George made me look at the world in a different way. The experience was comparable to reading the book *Perfume* (1985) by Patrick Süskind: Suddenly, the world consists of smells. In the case of Janet and George's work, the world opens up through sound, through which a whole new frequency of understanding is exposed. Awareness of sound triggers new levels of reflection, awareness and imagination. Works by the two artists create a cinematic environment, and as a result an ordinary everyday moment transforms into a personal narrative. Memory, unpredictability and the mystery of technique all contribute to the creation of a temporary soundtrack for a space, a place or an environment. Collaborating closely with Janet and George was meaningful in many ways. Most importantly, a new friendship grew out of our collaboration. We have remained in contact, even during Covid times when we shared our mutual experiences during isolation. They were stuck but comfortable enough in the snow-covered landscape of Britsh Columbia, Canada, making a bonfire in the fields near the river. When I saw the images, I could imagine the sounds.

Jacqueline Grandjean Künstlerische Direktorin/Artistic director, Koninklijk Museum voor Schone Kunsten, Antwerpen, Belgien/Royal Museum of Fine Arts, Antwerp, Belgium

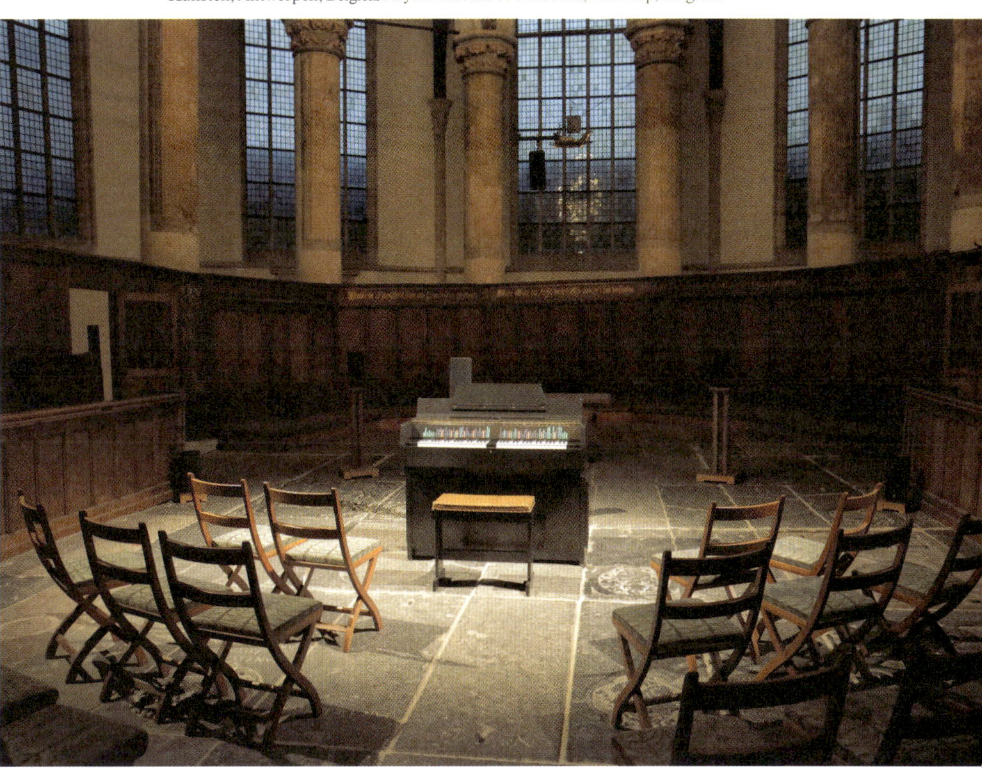

Osaka Symphony
[Osaka-Sinfonie], 2018

The Instrument of Troubled Dreams
[Das Instrument der unruhigen Träume], 2018

2018

Night Walk for Edinburgh ist das Ergebnis der Begeisterung von Janet Cardiff und George Bures Miller für Edinburgh, die während unserer Zusammenarbeit an der Fruitmarket-Ausstellung *The House of Books Has No Windows* im Jahr 2008 entfacht wurde. Die Arbeit führt uns durch die Vergangenheit und in die Zukunft. Und schließlich hielt sie für uns die Kunst lebendig, indem wir sie für Menschen zugänglich machten, die (unter Einhaltung der Abstandsregeln) während der Covid-Lockdowns durch die leeren Straßen von Edinburgh gingen. Es ist zwar ein digitales Kunstwerk, das aber in seinem Kern zugleich materiell und menschlich ist. Wenn ich es mir heute anschaue, verspüre ich dieselbe Freude wie damals, als Cardiff und Miller zu »Janet« verschmolzen, jener halbfiktiven Figur, die uns durch die Spaziergänge führt und das Video mit dem binauralen Soundtrack aufnimmt, das uns bis heute unsere Stadt auf eine irgendwie seltsame und immer bedeutendere Weise zurückzugibt.

Night Walk for Edinburgh grew out of Janet Cardiff and George Bures Miller's enthusiasm for Edinburgh, kindled when we worked together on the 2008 Fruitmarket exhibition *The House of Books Has No Windows*. The work led us through the past and into the future. It also became something that kept art alive for us, as we made it available for people to access as they walked (socially distancing) through the empty streets of Edinburgh during the Covid lockdowns. It's a digital artwork that is nevertheless intrinsically, and essentially, both material and human. Watching it now takes me back to the pure joy of witnessing Cardiff and Miller together becoming »Janet«, the semi-fictional figure that guides you through the walks, shooting the video and binaural audio who continue to give us back our city in strange and ever-more relevant ways.

Dr. Fiona Bradley Direktorin/Director, Fruitmarket, Edinburgh, Schottland/Scotland

Als wir die Dreharbeiten für *Night Walk for Edinburgh* planten, schickte Zev, der Studiomanager von Janet und George, Janets roten Mantel nach Edinburgh. Er kam nie an. Ob im Atelier in Kanada oder der Galerie in Schottland, wir alle versuchten herauszufinden, wo der Mantel geblieben sein könnte. Schließlich stellte sich heraus, dass er irrtümlich an den falschen Ort geliefert worden war, etwa 20 Autominuten vom Fruitmarket entfernt in einem ganz anderen Teil der Stadt. Also fuhren wir hin, um ihn abzuholen. Der Mann, der die Tür öffnete, stritt ab, dass er jemals dorthin geliefert worden war. Wir fuhren wieder weg und suchten weiter, bis jemand in der Galerie vorschlug, dem Mann eine Belohnung anzubieten, wenn er das Paket »finden« würde. Und das tat er. Der verlorene Mantel wurde Teil der Geschichte — mit dieser Anekdote, die ich hier erzähle, aber auch in kreativer Hinsicht, da er in das Drehbuch einfloss. Und das ist das Wunderbare an der Arbeit von Janet Cardiff und George Bures Miller: Sie ist der Ort, an dem Vergangenheit und Gegenwart, Fantasie und Realität, Zufall und Absicht, Alltägliches und Magie aufeinandertreffen. Im *Night Walk* hat Janet, die Figur, der wir durch die Altstadt von Edinburgh folgen, im Flugzeug nach Edinburgh ihr Buch vergessen, und sie weiß nicht, wie die Geschichte enden wird. Immer wieder lerne ich aus den Arbeiten von Janet und George und aus ihrer Art, die Welt zu sehen, und so ist auch für mich die Geschichte niemals zu Ende.

When we were planning the filming for *Night Walk for Edinburgh*, Janet and George's studio manager, Zev, sent Janet's red coat to Edinburgh. It never arrived. Between the studio in Canada and the gallery in Scotland we all tried to discover the whereabouts of the coat. Eventually it transpired that it had been mistakenly delivered to the wrong place, some twenty minutes' drive from the Fruitmarket in a very different part of the city, so we drove out to collect it. The man who answered the door denied it had ever been delivered there. We left and continued to search, until someone in the gallery suggested offering the man some money if he could »find« the package. And he did. The lost coat became part of the story — both practically with this anecdote that I'm telling you now, but also creatively, as it became part of the script. And that is the wonder of Janet Cardiff and George Bures Miller's work: It is where the past and the present, the imaginative and the real, the accidental and the deliberate, the mundane and the magical all converge. In *Night Walk*, »Janet«, the character we follow around the Old Town of Edinburgh, has left her book on the plane to Edinburgh and she doesn't know how her story ends. I keep learning from Janet and George's work and their way of seeing the world, and so the story never ends for me, either.

Sam Woods Kuratorin, Ausstellungen und Auftragsarbeiten/Curator exhibitions and commissions, Fruitmarket, Edinburgh, Schottland/Scotland

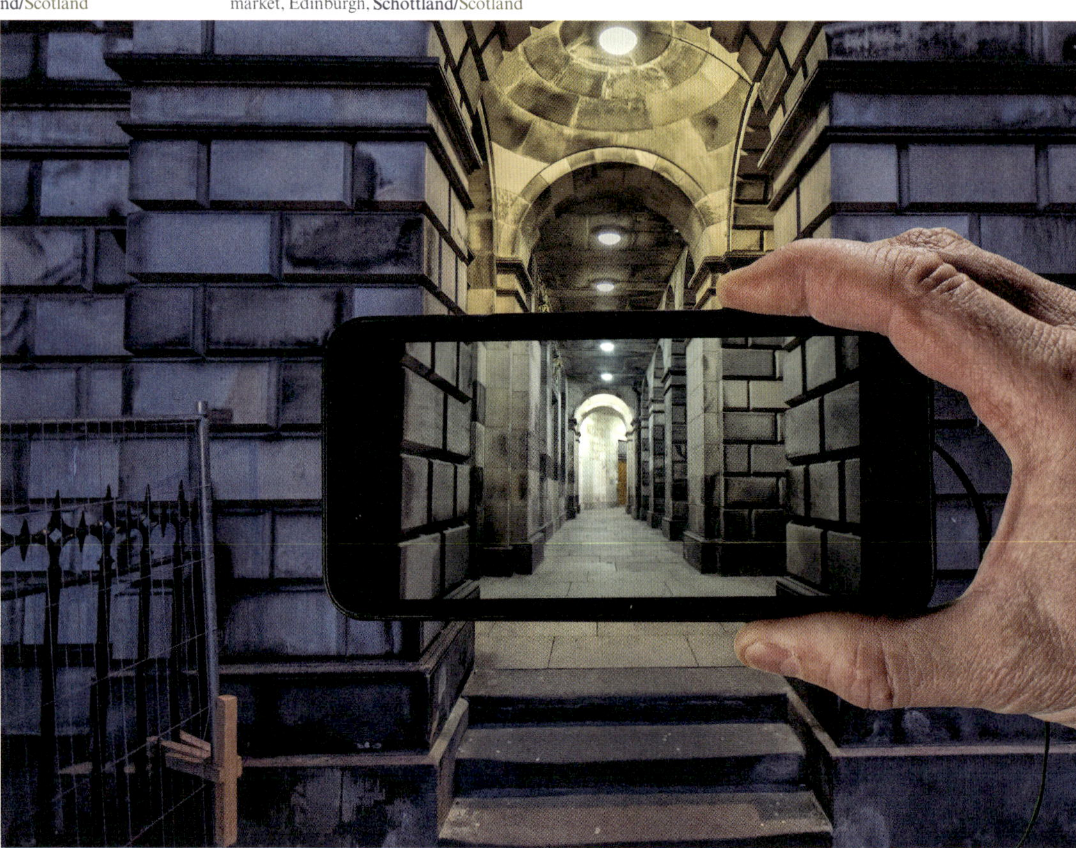

Thought Experiments in F♯Minor [Gedankenexperimente in F-Moll], 2019

Night Walk for Edinburgh [Nachtspaziergang für Edinburgh], 2019

2019

Ich lernte Janet und George in den 1980er Jahren in Toronto kennen, als ich am OCA [Ontario College of Art] studierte, das auch George besuchte. […] Janet unterrichtete am Fanshawe College in London, Ontario, und bat mich, eine Vorlesung für ihre Studenten und Studentinnen zu halten, also überlegte ich mir eine Vorführung. Es war mein erster professioneller Auftritt als Künstlerin. In letzter Zeit — und das hat wirklich Spaß gemacht — habe ich Janet einige Kritzeleien gezeigt, die ich zusammen mit Norman White gemacht habe. Dabei beginnt eine Person eine Zeichnung und schickt sie der anderen per Post, dann fügt die andere Person etwas hinzu und sendet es zurück, und so geht es immer weiter, bis man meint, fertig zu sein. Janets Stil ist ganz anders als der von anderen, komplett eigenständig. Ich bin so froh, dass wir das zusammen machen. Außerdem freue ich mich, sagen zu können, dass wir nach wie vor eine fantastische Beziehung haben. (Aus einem Gespräch mit Gordon Monahan, 23. Dezember 2021)

I met Janet and George in the 1980s in Toronto when I was going to OCA (Ontario College of Art), the same college George went to. … Janet was teaching at Fanshawe College, London, Ontario and she asked me to do a lecture for her students, so I did a »show and tell«. It was my first professional gig as an artist. More recently — which has been really fun — I showed Janet some doodles that I'm doing with Norman White, where one person starts a drawing and then sends it to the other via post, then the other person adds to it and sends it back, and it goes like that until you think you're finished. Janet's style is so different than others, and original. It makes me so happy to do that together. Plus, I am thrilled to say that we continue to have an awe-inspiring connection. (Excerpt from an interview conducted by Gordon Monahan, 23 December 2021)

Laura Kikauka Künstlerin/Artist, Ontario, Kanada/Canada

Escape Room ist ein (vorläufiger) Höhepunkt im Werk von Janet Cardiff und George Bures Miller. Wir durchwandern eine labyrinthische Anordnung von menschenleeren Modellen und Arrangements — Zeugen von Vergangenheit, Gegenwart und einer möglichen Zukunft, die wir mit unseren Bewegungen zum Leben erwecken können. Das immersive Environment bündelt zentrale Themen der künstlerischen Arbeit von Cardiff und Miller wie in einem Brennglas: ihre Begeisterung für Miniaturwelten, in die wir uns intuitiv einfühlen, ihre Leidenschaft für das Theatrale, das große Gespür für Erzählungen, die verborgene Erinnerungen wecken, die uns gefangen nehmen und zugleich Rätsel aufgeben sowie ihr Hang zum Pittoresken, zur Vergänglichkeit, die allem Leben innewohnt. *Escape Room* macht die Isolation in der Zeit des Lockdowns (wieder) erlebbar und transzendiert sie zugleich — eine psychedelische Erfahrung, die uns verzaubert und gestärkt zurücklässt. Es macht mich glücklich, dass wir mit dem Wilhelm-Lehmbruck-Preis zur Produktion dieses großartigen Werkes einen Beitrag leisten konnten. Es ist eine große Freude für uns alle, mit Janet und George diese umfassende Ausstellung ausrichten zu können.

Escape Room is a (preliminary) highlight in the work of Janet Cardiff and George Bures Miller. We roam through a labyrinthine arrangement of uninhabited scenes — testimonials to the past, the present and a possible future, which we can bring to life with our movements. The immersive environment bundles central themes of the artistic work of Cardiff and Miller as if under a magnifying glass: the artists' enthusiasm for miniature worlds into which we feel our way intuitively, their passion for the theatrical, the grand sense for narratives that rouse hidden memories and take us prisoner, while turning our preconceptions upside down, as well as their tendency to portray the picturesque and the impermanence inherent to all life. *Escape Room* makes the isolation during lockdown experienceable (again) and at the same time transcends it — a psychedelic experience that enchants us and leaves us strengthened. It makes me happy to think that we could contribute to the production of this fantastic work with the Wilhelm Lehmbruck Prize. It is a great pleasure for us all to be able to organise this comprehensive exhibition together with Janet and George.

Dr. Söke Dinkla Direktorin/Director, Lehmbruck Museum, Duisburg, Deutschland/Germany

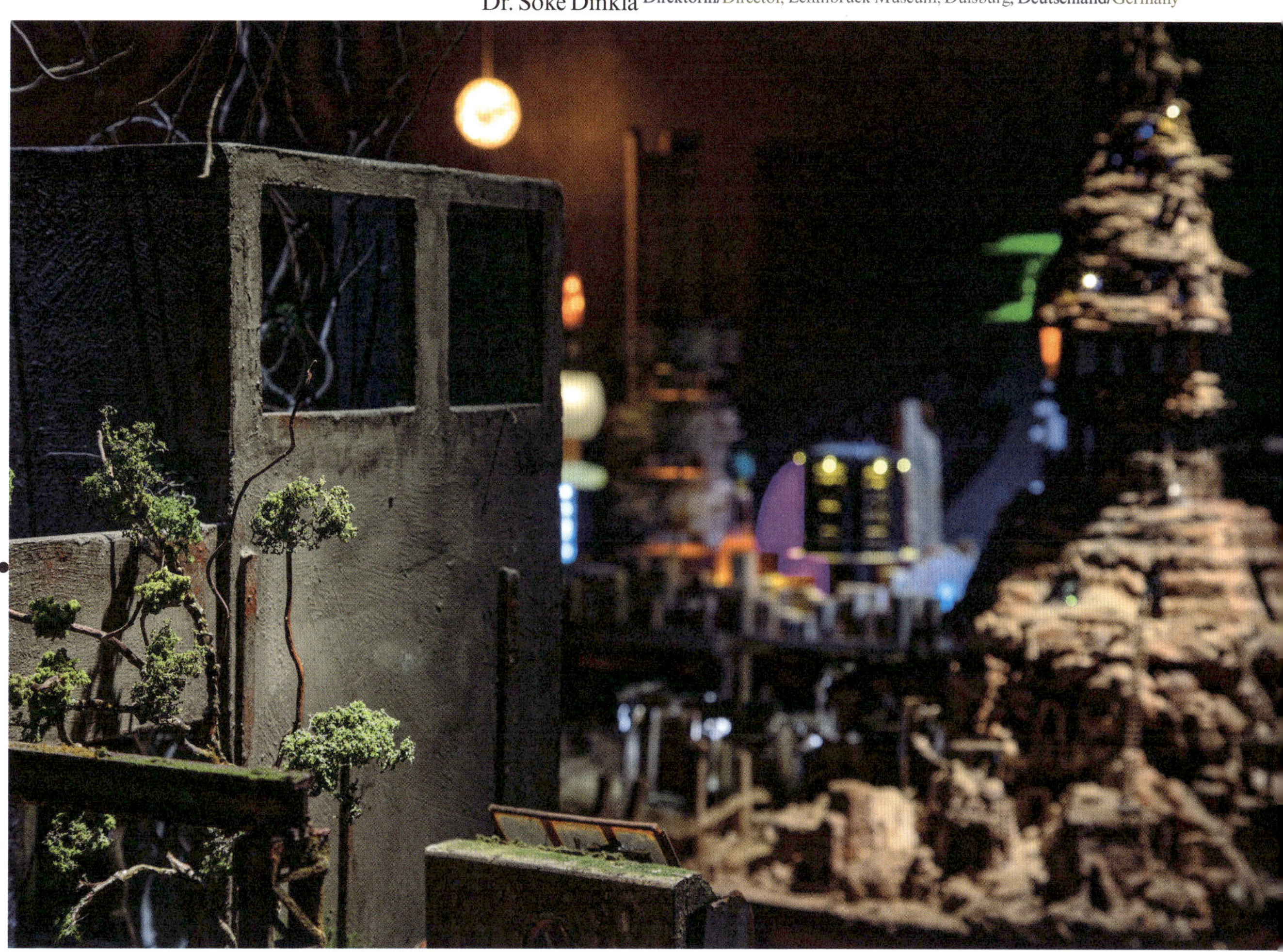

Escape Room [Fluchtraum], 2021

wilhelm-lehmbruck-preis

der stadt duisburg und
des landschaftsverbandes rheinland

wilhelm lehmbruck prize

of the city of duisburg and
the rhineland regional council

Der Wilhelm-Lehmbruck-Preis ist eine der renommiertesten Auszeichnungen im Bereich der bildenden Kunst und einer der wenigen Preise, die speziell für Bildhauerei verliehen werden. Die erste Preisvergabe fand 1966 anlässlich des 85. Geburtstags Wilhelm Lehmbrucks (1881–1919) statt. Die Auszeichnung wird Künstler:innen verliehen, die einen herausragenden Beitrag zur Entwicklung der Skulptur geleistet haben. Zu den Wilhelm-Lehmbruck-Preisträger:innen gehören Eduardo Chillida (1966), Norbert Kricke (1971), Jean Tinguely (1976), Claes Oldenburg (1981), Joseph Beuys (1986), Richard Serra (1991), Richard Long (1996), Nam June Paik (2001), Reiner Ruthenbeck (2006), Rebecca Horn (2017) und im Jahr 2020 Janet Cardiff und George Bures Miller.

The Wilhelm Lehmbruck Prize is one of the most renowned awards in the field of visual arts and one of the few prizes bestowed especially for sculpture. It was first awarded in 1966, on the occasion of the eighty-fifth birthday of Wilhelm Lehmbruck (1881–1919). The prize is presented to artists who have made an outstanding contribution to the development of sculpture. Winners of the Wilhelm Lehmbruck Prize include Eduardo Chillida (1966), Norbert Kricke (1971), Jean Tinguely (1976), Claes Oldenburg (1981), Joseph Beuys (1986), Richard Serra (1991), Richard Long (1996), Nam June Paik (2001), Reiner Ruthenbeck (2006), Rebecca Horn (2017) and, in 2020 Janet Cardiff and George Bures Miller.

jurystatement

wilhelm-lehmbruck-preis
der stadt duisburg und
des landschaftsverbandes rheinland

jury statement

wilhelm lehmbruck prize
of the city of duisburg and
the rhineland regional council

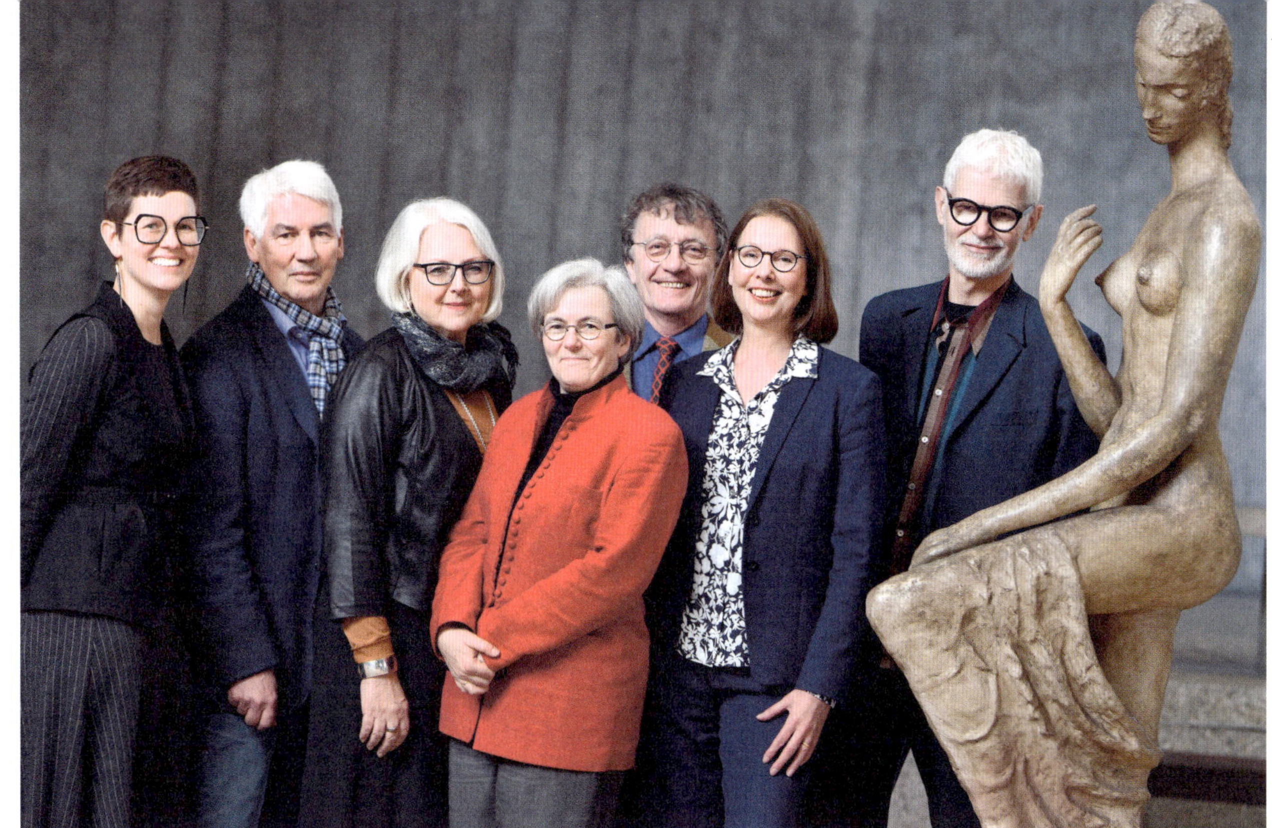

Jury Wilhelm-Lehmbruck-Preis/Wilhelm Lehmbruck Prize 2020 [v.l.n.r./f.l.t.r.: Dr. Lynette Roth, Udo Vohl, Milena Karabaic, Dr. Catherine Chevillot, Michael Rademacher-Dubbick, Dr. Söke Dinkla, Rein Wolfs]

Janet Cardiff und George Bures Miller

Mit ihren Klangräumen und fesselnden Geschichten haben sich Janet Cardiff und George Bures Miller in das kollektive Gedächtnis eines internationalen Publikums eingeschrieben. Ihre raumbezogenen Werke berühren so verschiedene Gattungen wie Theater, Kino, Musik, Klangkunst und Hörspiel und beziehen uns in einen Erfahrungsraum ein, der mit allen Sinnen zu erleben ist. Besonders hat uns überzeugt, dass Cardiff und Miller nicht ausschließlich für das Museum arbeiten, sondern mit ihren suggestiven Hörspaziergängen ihr Wirkungsfeld auch in den öffentlichen Raum der Städte erweitern und so Grenzen und Barrieren durchdringen. Mit ihrem multimedialen Werk haben Janet Cardiff und George Bures Miller, die seit den 1990er Jahren zusammenarbeiten, ein ganzes Genre geprägt.

Janet Cardiff and George Bures Miller

With their sound spaces and captivating stories, the artists Janet Cardiff and George Bures Miller have inscribed themselves into the collective memory of an international public. Their room-related works touch upon such varied genres as theatre, cinema, music, sound art and audio drama, and integrate us into spaces of experience that are intended to be experienced with all the senses. What we as a jury found especially convincing was the fact that Cardiff and Miller do not work exclusively for the museum but also, with their evocative *Audio Walks*, expand their sphere of activity into the public urban areas, thus penetrating boundaries and barriers. Cardiff and Miller, who have worked together since the 1990s, have defined an entire genre with their multimedia work.

Jurymitglieder am 12. Februar 2020:

Rein Wolfs, Direktor Stedelijk Museum, Amsterdam (Juryvorsitz)
Dr. Söke Dinkla, Direktorin Stiftung Wilhelm Lehmbruck Museum, Duisburg
Dr. Catherine Chevillot, Direktorin Musée Rodin, Paris
Dr. Lynette Roth, Kuratorin Busch-Reisinger-Museum, Harvard Art Museums, Cambridge/Mass.
Milena Karabaic, Dezernentin für Kultur und Landschaftliche Kulturpflege im Landschaftsverband Rheinland
Thomas Krützberg, Kulturdezernent der Stadt Duisburg und Mitglied des Kuratoriums der Stiftung Wilhelm Lehmbruck Museum
Michael Rademacher-Dubbick, Mitglied des Kuratoriums der Stiftung Wilhelm Lehmbruck Museum
Udo Vohl, Ratsherr und Kulturausschussvorsitzender der Stadt Duisburg, Mitglied des Kuratoriums der Stiftung Wilhelm Lehmbruck Museum

Jury members on 12 February 2020:

Rein Wolfs, director of the Stedelijk Museum, Amsterdam (Jury Chair)
Dr Söke Dinkla, director of the Wilhelm Lehmbruck Museum Foundation, Duisburg
Dr Catherine Chevillot, director of the Musée Rodin, Paris
Dr Lynette Roth, curator at the Busch-Reisinger-Museum, Harvard Art Museums, Cambridge (MA)
Milena Karabaic, Head of Culture and Landscape Preservation for the Rhineland Regional Council
Thomas Krützberg, Department Head for Culture of the City of Duisburg and member of the Board of Trustees of the Wilhelm Lehmbruck Museum Foundation
Michael Rademacher-Dubbick, member of the Board of Trustees of the Wilhelm Lehmbruck Museum Foundation
Udo Vohl, City Council member and chairperson of the Culture Committee of the City of Duisburg, member of the Board of Trustees of the Wilhelm Lehmbruck Museum Foundation

»Ich habe oft gesagt, dass es die talentierten Teilnehmer:innen der *Walks* sind, die dafür sorgen, dass die physische Realität um sie herum mit dem aufgezeichneten Ton synchronisiert wird… mit ihrer Aufmerksamkeit und ihrem Bewusstsein lassen sie die Dinge Wirklichkeit werden. […] Ich denke also, es ergibt Sinn, die *Walks*, die buchstäblich Reisen sind, als Skulpturen zu betrachten.«

»I've often said that it's the talented participant in the *Walks* that makes the physical reality around them sync up with the recorded audio… they make things happen with their attention and awareness. […] So I guess it makes sense that the *Walks*, which are literal journeys, could be considered sculpture«.

Janet Cardiff, 2022

»In vielen unserer Arbeiten, nicht nur in den *Walks*, verwenden wir etwas, das wir ›skulpturalen Klang‹ nennen.«

»A lot of our work, not just the *Walks*, use what we call ›sculptural sound‹.«

George Bures Miller, 2022

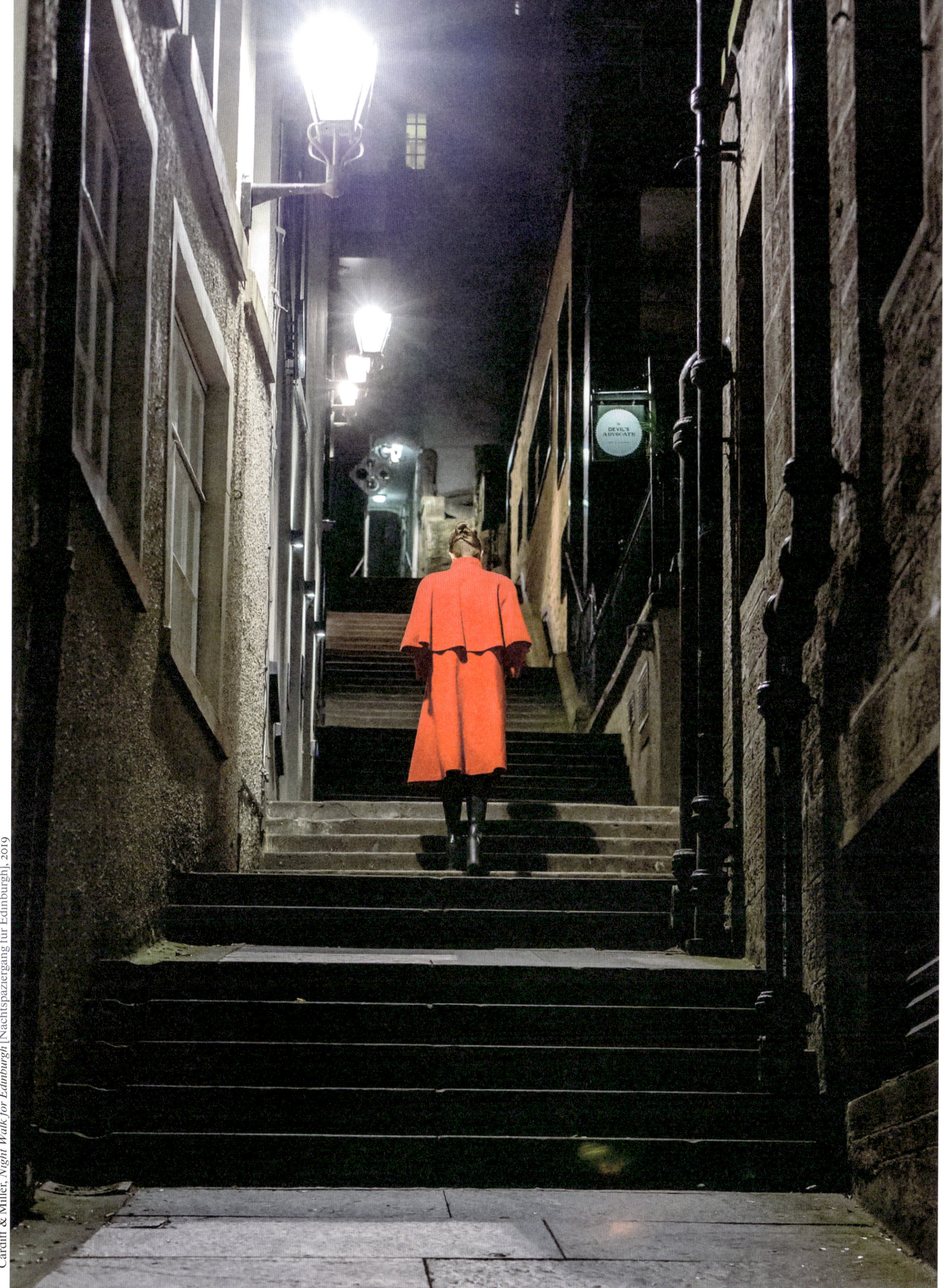

Cardiff & Miller, *Night Walk for Edinburgh* [Nachtspaziergang für Edinburgh], 2019

Impressum/
Imprint

Katalog/
Catalogue

Dieser Katalog erscheint anlässlich der Ausstellung/
This book is published on the occasion of the exhibition

Janet Cardiff & George Bures Miller

Lehmbruck Museum, Duisburg
27. März–14. August 2022/
27 March–14 August 2022

Museum Tinguely, Basel
7. Juni–24. September 2023/
7 June–24 September 2023

Herausgeber:innen/Publishers:
Dr. Söke Dinkla, Roland Wetzel
Redakteurinnen/Editors:
Ronja Friedrichs (Katalogkonzeption/catalogue conception),
Jessica Keilholz-Busch
Katalogmanagement/Catalogue management:
Jessica Keilholz-Busch
Lektorat/Copyediting:
ed_it! Heike Tekampe (Deutsch/German),
Dr. Sarah Quigley, Dr. Jeremy Gaines (Englisch/English)
Übersetzung/Translations:
Kenneth Friend, Uta Hasekamp, Dr. Jeremy Gaines
Grafische Gestaltung/Graphic design:
cyan Berlin
Gesamtherstellung/Production:
Wienand Verlag GmbH
Projektmanagement/Project management Wienand Verlag:
Johanna Gielen
Lithografie/Lithography:
haustætter herstellung
Papier/Paper:
Tauro Offset
Druck und Bindung/Printing and binding:
Druckerei Kettler, Bönen

Erschienen im/Published by Wienand Verlag
Weyertal 59, 50937 Köln/Cologne
www.wienand-koeln.de

ISBN 978-3-86832-693-2

Stiftung Wilhelm Lehmbruck Museum

Direktorin und Ausstellungskuratorin/
Director and exhibition curator:
Dr. Söke Dinkla
Stellvertretende Direktorin und Projektleitung/
Deputy director and project manager:
Nina Hülsmeier
Kuratorische Mitarbeit/
Curatorial assistants:
Nina Hülsmeier, Ronja Friedrichs
Ausstellungsmanagement/Exhibition management:
Thomas Buchardt
Studiomanager/Studio manager Cardiff & Miller:
Zev Tiefenbach
Verwaltungsleitung/Head of administration:
Marcus Hommers
Direktionsassistenz/Assistant to the director:
Marja Wardenga
Sekretariat des Vorstands und Freundeskreises/
Secretary of the Board of Trustees and
the Circle of Friends:
Lydie Yilmaz
Kunstvermittlung und Veranstaltungen/
Education and events:
Sybille Kastner, Jörg Mascherrek
Presse- und Öffentlichkeitsarbeit/
Communications and marketing:
Andreas Benedict, Maren Ullrich
Museumstechnik/Technical services:
Christof Hellmann, Oliver Kanaß, Christian Komorowski,
Holger Schikofsky
Auf- und Abbaumanagement /
Installation and de-installation management:
Carlo Crovato, Titus Maderlechner, Robyn Moody,
Zev Tiefenbach
Restaurierung/Conservation:
Petra Lohmann, André Schweers
Verwaltung und Rechnungswesen/Administration:
Heike Eiermann, Thomas Buchardt
Bibliothek/Library:
Matthias Esper
Besucherservice/Visitor service:
Martina David, Susanne Glaser, Vanessa Tacke,
Naile Amerllahi, Alexandra Demtröder, Ulla Korie,
Monika Rothländer

Kuratoriumsvorsitzender und Oberbürgermeister/
Chairperson of the Board of Trustees and mayor:
Sören Link
Kulturdezernentin/Head of culture:
Astrid Neese
Vorstand und Direktion/Executive director:
Dr. Söke Dinkla
Kuratoriumsmitglieder/Members of the Board of Trustees:
Dr. Stefan Dietzfelbinger (stellvertretender Vorsitzender/
deputy chairperson), Oliver Beltermann, Dr. Corinna Franz,
Dr. Reimund Göbel, Doris Janicki, Dieter Lieske,
Michael Rademacher-Dubbick, Christian Saris,
Werner Schaurte-Küppers, Jutta Stolle, Udo Vohl,
Sigrid Volk-Cuypers, Josef Wörmann,
Rainer Grillo (sachverständiger Gast/guest specialist)

Freundeskreis Vorstand/Board of the Circle of Friends:
Rainer Grillo (Vorsitzender und Schatzmeister/
Chairperson and treasurer), Dr. Otmar Franz (stellvertretender
Vorsitzender/deputy chairperson), Dr. Doris König
(stellvertretende Vorsitzende/deputy chairperson),
Jörg Mascherrek (Schriftführer/secretary)
Ehrenvorsitzende/Honorary chairperson: Dr. Susanne Henle

Stiftung Wilhelm Lehmbruck Museum —
Zentrum Internationaler Skulptur
Düsseldorfer Straße 51
47051 Duisburg
Deutschland/Germany
Tel.: + 49 203 283 3294
info@lehmbruckmuseum.de
www.lehmbruckmuseum.de

Wir danken unseren Förder:innen/
We thank our supporters and partners:
Landschaftsverband Rheinland (LVR), Stadt
Duisburg, Ministerium für Kultur und Wissenschaft
des Landes Nordrhein-Westfalen, Brost-Stiftung,
duisport–Duisburger Hafen AG, GEBAG Duisburger
Baugesellschaft mbH, Botschaft von Kanada/Embassy of
Canada, Freundeskreis Wilhelm Lehmbruck Museum e.V.
und/and Dr. Doris König, Dr. Otmar Franz, Paul Köser,
Ursula & Dr. Reimund Göbel sowie allen Förder:innen,
die ungenannt bleiben möchten./as well as all supporters who
wish to remain unnamed.

Museum Tinguely

Direktor und Ausstellungskurator/
Director and exhibition curator:
Roland Wetzel
Vizedirektor/Vice director:
Andres Pardey
Kuratorische Assistenz/Curatorial assistant:
Tabea Panizzi
Registrar und Ausstellungsmanagement/
and exhibition management:
Daniel Boos
Studiomanager/Studio manager Cardiff & Miller:
Zev Tiefenbach
Restauratorische Betreuung/Conservation:
Chantal Willi, Jean-Marc Gaillard
Ausstellungstechnik/Technical services:
Matthias Fluri, Roland Manteiga
Art-Handling-Team Museum Tinguely
Auf- und Abbaumanagement/
Installation and de-installation management:
Carlo Crovato, Titus Maderlechner, Robyn Moody,
Zev Tiefenbach
Presse und Kommunikation/
Communications and marketing:
Isabelle Beilfuss
Online and social media:
Janine Moroni
Kunstvermittlung/Education:
Lilian Steinle, Sarah Stocker
Archiv, Bibliothek und Dokumentation/
Archives, library and documentation:
Annja Müller-Alsbach, Anja Seiler, Balthasar Waldner
Administration/Office management:
Anna Schlaginhaufen, Céline Strässle, Céline Studer
Shop und Kasse/Shop and ticket desk:
Florence Dessemontet, Nathalie Gaillard, Esther Sidler,
Chiara Schmid, Christian Schoch

Museum Tinguely
Paul Sacher-Anlage 2
Postfach 3255
4002 Basel
Schweiz/Switzerland
Tel.: +41 61 681 93 20
infos@tinguely.ch
www.tinguely.ch

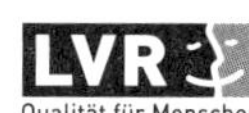

Ministerium für
Kultur und Wissenschaft
des Landes Nordrhein-Westfalen

Brost
Stiftung

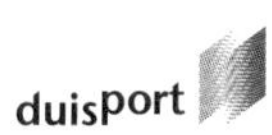

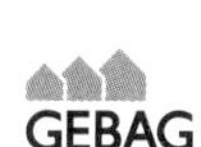

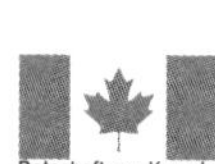

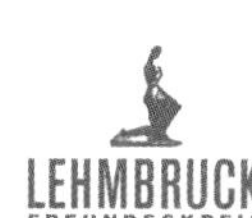

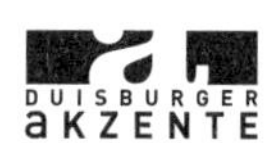

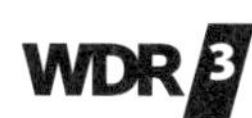

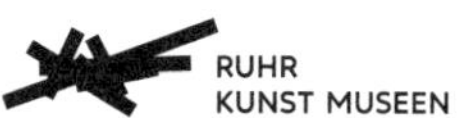

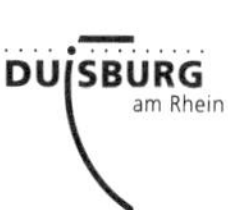

Bild- und Fotonachweis/
Image and photo credits

Wir haben uns bemüht, sämtliche Inhaber des Urheberrechts ausfindig zu machen. Sollte dies im Einzelfall nicht gelungen sein, bitten wir um Nachricht. Berechtigte Ansprüche werden im Rahmen der üblichen Vereinbarungen abgegolten./
We have made every effort to identify the copyright holders. If there are any omissions in an individual case, please contact us. Justified claims will be settled in accordance with the customary agreements.

Thomas Dashuber: S./p.: 79
Colin Davison: S./p.: 151 [BALTIC Centre for Contemporary Art, Gateshead]
Fraenkel Gallery: S./pp.: 65–67
Hugo Glenndinning: S./pp.: 23, 117
Wolfgang Günzel, Offenbach: S./p.: 153
Tahuya Inoue: S./p.: 157
Larry Lamay: S./pp.: 83, 85, 141
Musée d'Art Contemporain, Montreal: S./p.: 117
Myoung-Rae Park: S./p.: 123
Atsushi Nakamichi/Nacása & Partners Inc.: S./p.: 121
Stephan Rohner: S./p.: 14 [Kunstmuseum/Art Museum Thurgau, 2002, Warth, Schweiz/Switzerland]
David B. Smith: S./pp.: 28, 33, 34, 35, 36, 39–55, 57–61, 158, 159
Zev Tiefenbach: S./pp.: 96, 97
Markus Tretter: S./pp.: 20 [Kunstmuseum Bregenz], 22 [Johanniterkirche, Feldkirch, Austria, 2005], 29, 105, 106, 119, 125, 157
Chris Scott: S./pp.: 145, 165, Cover
Seber Ugarte, Lorena López: S./pp.: 30 [MACBA, Barcelona, 2007], 31, 89, 91, 103, 111–115, 153
Paolo Pellion: S./pp.: 15, 143, 146
Wilfried Petzi: S./pp.: 86, 87
Frank Vinken: S./p.: 163
Gerald Zugman: S./p.: 149